Elogio

«Richard Stearns es uno de los mejores líderes que he conocido jamás. Cuando le conocí por primera vez, él era un importante director general de una gran empresa estadounidense. A pesar del aire enrarecido en el que él estaba acostumbrado a operar, me sorprendieron su humildad y su perspectiva centrada en el reino. Cuando se convirtió en presidente de Visión Mundial, yo tuve un asiento en primera fila para ver el modo en que Dios utilizó su mente y su corazón para inspirar a miles de personas y donantes a hacer todo lo que pudieran para aliviar la pobreza y erradicar los efectos del SIDA del planeta. Su nuevo libro, *El vacío en nuestro evangelio*, te llamará a un nivel más elevado de discipulado. Te animo a que permitas que Dios te lleve a un nuevo lugar de compasión y activismo. Ahora es el momento... Richard Stearns tiene la estrategia... ¡te toca a ti mover la ficha!»

—**Bill Hybels**, fundador y pastor principal de Willow Creek Community Church

«Su forma de adoración es ser los ojos de los ciegos y los pies de los cojos. Rich Stearns es mucho más que una poderosa voz en la lucha contra el SIDA y la pobreza extrema, él es un héroe de acción».

—**Bono**, músico y cofundador de la campaña ONE

«Prepárate... ¡este es un libro poderoso! De manera informada y amorosa, Richard Stearns explica en detalle por qué hay un vacío en nuestro sistema de creencias cristiano. Él redefine palabras como *prójimo, riqueza, posible, conciencia...* entonces, con directrices desafiantes, nos muestra maneras palpables y posibles de reparar este vacío, e incluso erradicarlo, cuando cada uno de nosotros nos esforzamos con esperanza y compasión. Él amplía nuestro pensamiento, nos da valentía, y cree que puede suceder el cambio; y cuando hayas terminado de leer, también tú lo creerás».

—**Luci Swindoll**, autora y oradora de Women of Faith

«*El vacío en nuestro evangelio* nos recuerda que la sociedad en la cual vivimos refleja nuestras decisiones, nosotros somos responsables. Ese es un mensaje que da miedo, pero también un mensaje liberador y capacitador. Mediante la fuerza de su análisis y los lentes de su experiencia, Richard Stearns nos inspira como individuos a reconsiderar nuestras decisiones básicas acerca de la vida. El modo en que respondamos hará mucho para influenciar nuestro destino y el del mundo».

—**Madeleine Albright**, anterior secretaria de estado de Estados Unidos

«Si tuviera que escoger a una persona que haya realizado la transición de creencia a acción, de éxito a importancia, Rich Stearns estaría en lo más alto de la lista. *El vacío en nuestro evangelio* desafía a todos los cristianos a salir del claustro e ir al mundo: por causa de Dios».

—**Bob Buford**, fundador y presidente de Leadership Network
y autor de *Medio Tiempo* y *Finishing Well*

«Rich Stearns ha escrito un apasionado y persuasivo libro dirigido a cristianos que se encuentran absorbidos con su propia existencia, persiguiendo el sueño americano de salud, riqueza y felicidad. Rich relata su propio viaje espiritual desde tenerlo todo hasta vivir sacrificialmente por causa de aquellos que no tienen nada. Rich no sólo es elocuente, tiene razón».

—**Kay Warren**, directora ejecutiva de HIV/AIDS Initiative,
Saddleback Church, Lake Forest, CA

«Visión Mundial desempeña un papel estratégico en nuestro planeta. Como la mayor organización de ayuda humanitaria en la historia del mundo, ellos inician el interés y responden a la crisis. Rich Stearns dirige esta misión de misericordia con gran capacidad. Su libro nos insta a pensar de nuevo sobre la oportunidad de amar a nuestro prójimo y consolar a los afligidos. Su mensaje es oportuno y necesario. Que Dios le bendiga a él, a la misión de Visión Mundial y a todos los que la aceptan».

—**Max Lucado**, ministro y autor de éxitos de ventas

«*El vacío en nuestro evangelio* nos recuerda que Dios tiene el poder para transformar el mundo por medio de nosotros. Lee este libro y deja que Richard Stearns sea tu guía de regreso al Señor».

—**Ken Blanchard**, coautor de *El manager al minuto* y *Un líder como Jesús*

«Este libro es un toque de trompeta para que la iglesia se levante y responda la pregunta: ¿Quién es mi prójimo? En un despreocupado mundo de indiferencia e intolerancia, el mundo busca una expresión del amor de Dios que vaya más allá de las meras palabras. Si lees este libro, serás inspirado, pero si haces lo que este libro pide, serás cambiado para siempre. El libro de Rich Stearns es como un safari de almas que sufren y que no puede escribirse en la seguridad de una oficina grande. Él ha estado en las trincheras y nos ha traído un mensaje de Dios: "Iglesia, ¿dónde estás?". Si has estado sintiendo que te falta algo o un doloroso vacío, lee *El vacío en nuestro evangelio*. ¡Te mostrará cómo llenar ese vacío!»

—**T. D. Jakes Sr.**, pastor de Potter's House of Dallas, Inc.

«Con apasionada urgencia y sinceridad, Rich Stearns desafía a los cristianos a aceptar el evangelio completo de Jesucristo aceptando a los más necesitados y los más vulnerables entre nosotros. Después de leer las conmovedoras historias, los inquietantes hechos y cifras, y la excelente aplicación que hace Stearns de las Escrituras y sus propias experiencias en Visión Mundial, sin duda te preguntarás: *¿Qué debería hacer yo?*»

—**Chuck Colson**, fundador de Prison Fellowship

«La primera vez que oí a Rich Stearns contar su propia historia sobre por qué dejó un trabajo de director general para dirigir Visión Mundial, se me saltaron las lágrimas. Rich Stearns es el "joven rico" que *no* se alejó de Jesús cuando fue llamado a servir a los pobres. Él es ahora un líder mundial en la erradicación de la pobreza, y proporciona una conmovedora visión del evangelio y del Dios que le llamó a ser las "buenas nuevas a los pobres". Esta es la historia sobre cómo los cristianos ricos pueden ser salvos. Su vida y ahora su libro sirven como testamentos del "evangelio completo" al cual es llamada la iglesia. Para cualquiera que haya sentido que ha faltado algo en su fe con su vida, o cualquiera que desee profundizar más en la misión de Cristo para el mundo, *El vacío en nuestro evangelio* muestra el camino».

—**Jim Wallis**, presidente de Sojourners

«¡Me encanta este libro! Estoy profundamente agradecida con Rich por el regalo que ofrece mediante su mensaje claro y fascinante. He leído libros que destacan las abrumadoras necesidades de nuestro mundo, y me he quedado con un sentimiento de gemido por mi incapacidad para satisfacer esa necesidad. Ese no es el corazón del libro de Rich. Este libro abre la puerta de par en par a todo creyente que anhela seguir los pasos de Cristo y marcar una diferencia duradera en las vidas de hombres, mujeres y niños en todo el mundo. Dios está vivo y obrando en los lugares más inesperados. ¡Esta es una invitación divina a participar!»

—**Sheila Walsh**, autora de *Déjalo en las manos de Dios* y oradora de Women of Faith

«Este es el legado de Visión Mundial en su mejor forma. *El vacío en nuestro evangelio* es un fuerte llamado a la acción tanto penetrante como urgente. Es una palabra profética y llena de esperanza para nuestra época. Si suficientes personas lo leen y lo ponen en práctica, el mundo cambiará».

—**John Ortberg**, autor y pastor de Menlo Park Presbyterian Church

«Este es mucho más que "sólo otro libro" de un líder cristiano. Es un mensaje a la cristiandad que todos necesitamos».

—**Tony Campolo**, pastor, profesor emérito de Eastern University, orador, y autor de *It's Friday but Sunday's Comin'*

«Lo vemos en las noticias con adormecedora regularidad: un tsunami en Asia, huérfanos del SIDA que se mueren de hambre en África, niñas tan jóvenes como de diez años vendidas como esclavas. Esta es la fascinante historia del despertar espiritual de este director general que estudió en la Liga Ivy y que pensaba que lo tenía todo hasta que se encontró cara a cara con un joven huérfano del SIDA en Uganda. Como director de Visión Mundial, Rich Stearns es confrontado cada día con el hambre, la enfermedad, la pobreza extrema y la sorprendente injusticia; sin embargo, su fascinante y desafiante narrativa trae un mensaje de esperanza... la esperanza que llega cuando los cristianos descubren por sí mismos el significado de esa antigua oración: "Venga tu reino, hágase tu voluntad como en el cielo, así también en la tierra"».

—**J. Brady Anderson**, anterior embajador de Estados Unidos en Tanzania y administrador de la Agencia Estadounidense para el Desarrollo Internacional (USAID)

«Este libro representa una poderosa historia personal, experiencias directas con los pobres que cambiaron la vida del autor, además de un penetrante comentario de la Escritura. Como sucedió con Bob Pierce, fundador de Visión Mundial, el corazón de Richard Stearns ha sido quebrantado con las cosas que quebrantan el corazón de Dios. Ahora, Stearns está utilizando sus considerables capacidades de director general para servir a los pobres y los oprimidos. Recomiendo encarecidamente este libro».

—**John M. Perkins**, presidente de John M. Perkins Foundation For Reconciliation & Development, Inc.

«Un llamado urgente y potente a vivir como Jesús. Stearns entrelaza sana teología, historias conmovedoras y su propio viaje de fe en un fascinante llamado a vivir el evangelio completo. ¡Muy recomendado!»

—**Ronald J. Sider**, presidente de Evangelicals for Social Action, autor de *Rich Christians in an Age of Hunger*

«Rich Stearns nos llama a una vigorizadora obediencia al mandamiento de Dios, que transforma la vida y transforma el mundo, de reflejar su amor a nuestro prójimo en nuestra casa y globalmente. *El vacío en nuestro evangelio* está lleno de esperanza de lo que es posible cuando el pueblo de Dios es transformado para vivir radicalmente a la luz de su gran amor».

—**Gary Haugen**, presidente y director general de la Misión Internacional de Justicia

«En *El vacío en nuestro evangelio*, Rich Stearns pone sus dedos firmemente sobre una mancha muy duradera en la iglesia estadounidense. Durante demasiado tiempo hemos separado artificialmente la piedad personal de la justicia social. ¡Ya no más! Su voz profética nos llama a la reflexión, el arrepentimiento y la respuesta. No nos atrevamos a menos».

—**Alec Hill**, presidente de InterVarsity Christian Fellowship/Estados Unidos

«Cuando Dios quiere cambiarnos, con frecuencia nos lleva de viaje. En el caso de Rich Stearns, Dios lo llevó a un viaje vocacional desde Wall Street, pasando por Main Street hasta No Street. *El vacío en nuestro evangelio* hace una crónica del viaje de Stearns desde salas de juntas de dinero y poder hasta un encuentro con los pobres y quienes sufren en el mundo. Cambió su vida radicalmente para siempre. Leí cada palabra y fui desafiado página tras página a un compromiso más profundo con Cristo y con el mundo que Cristo ama. Este es un libro que no sólo quiero regalar a mis amigos, sino también leerlo con ellos. Partió mi corazón y levantó mis ojos para ver un nuevo camino».

—**Dr. Stephen Hayner**, anterior presidente de InterVarsity Christian Fellowship

«¿El anuncio y la vivencia del reino de Dios es de veras buena noticia más allá del ámbito de lo personal, individual, intra-eclesial? En vívido y honesto relato, Stearns da testimonio de su peregrinaje como discípulo de Jesucristo a quien sólo se le sigue con un compromiso total de vida que necesariamente afecta las dimensiones públicas, sociales y políticas de la vida. Su llamado no es nuevo para quienes nos hemos formado a los pies de profetas antiguos y contemporáneos, para quienes hemos bebido de fuentes teológicas latinoamericanas. De especial valor, sin embargo, es atestiguar la transformación de un hermano cuya condición y entorno bien podría haberlo anestesiado frente a las demandas radicales del reino de Dios. Una advertencia: ¡no leas este libro si no estás dispuesto a ser movido en similar manera!»

—**Ruth Padilla DeBorst** (Argentina-Costa Rica), Secretaria General, Fraternidad Teológica Latinoamericana; Directora de Formación Cristiana y Desarrollo del Liderazgo, Visión Mundial Internacional

«La fe sin obras está muerta. Definitivamente. Sin obras de justicia no hay evangelio y sin evangelio no hay Cristo. Esta es la conclusión a la que se llega después de leer *El vacío en nuestro evangelio* de Richard Stearns. Con una exégesis sencilla, pero impecable, nos conduce por la comprensión del evangelio que ahora nos falta combinándolo con vivencias personales en el servicio que sirven de estupenda aplicación para nuestro tiempo. El libro es la sacudida que los seguidores de Jesús necesitan. Es un regreso al evangelio y el regreso siempre implica desafío, arrepentimiento y conversión. He aquí un llamado a la conversión».

—**Mario Vega**, Pastor de la Iglesia Elim, San Salvador, El Salvador

«Le dijo el apóstol Pablo al rey Agripa: "No fui desobediente a la visión celestial" (Hechos 26.19). Richard Stearns tampoco quiere desobedecer la visión. Su extraordinario libro es un testimonio de las consecuencias de ese acto de obediencia y un desafío a que los lectores y lectoras revisen la historia de su propia vida».

—**Valdir Steuernagel** (Brasil), Teólogo y misionero al servicio de Visión Mundial Internacional

«Constantemente me pregunto, ¿Qué pasaría si cada cristiano viviera incondicionalmente Mateo 16.24?, ¿Si se comprometiera a ser lo que el Señor quiere que sea, hacer lo que el Señor le manda e ir a donde el Señor lo envía? Este libro describe la lucha personal de Richard por llegar a serlo pero también sus vívidos relatos nos muestran la urgencia que el mundo tiene hoy de que la iglesia se transforme en el verdadero cuerpo viviente de Jesucristo, para hacer efectiva su promesa de transformar el mundo».

—**David D. Ruiz M.** (Guatemala), Presidente de COMIBAM Internacional,
autor de *La transformación de la Iglesia*

«En un mundo pluralista y multireligioso, es un reto encontrar soluciones que mejoren las vidas de las personas más necesitadas, empobrecidas y vulnerables. La clave es el factor de la fe. Se dice que hay un "vacío" en cada ser humano que solo Dios puede llenar. En este libro transformador, Richard Stearns nos ayuda a cerrar el "vacío de nuestro evangelio": que la expresión de nuestro amor a Dios, es amar a nuestro prójimo de forma más tangible. En estas páginas, somos retados con información que describe el sufrimiento de muchas personas y familias, e igualmente seremos inspirados a pensar, hablar, amar y actuar como Jesús. ¡Vamos, actuemos personal y comunitariamente a favor de la transformación!»

—**Ricardo Luna** (Ecuador), Presidente de la Confraternidad Evangélica Latinoamericana, CONELA

«Richard Stearns nos relata con pasión lo que podríamos llamar su segunda conversión. La primera fue a Jesucristo. La segunda fue a un evangelio integral. Confrontado por las pestes, hambrunas y plagas que aquejan a la humanidad se dio cuenta de que el evangelio que había aprendido tenía un gran vacío. Había sido un evangelio individualista, egoísta, sin prójimo. El libro de Richard no podría llegar a nuestra lengua en un momento más oportuno. La iglesia evangélica en América Latina, tentada por su crecimiento, abundancia de recursos y autosuficiencia, aunque viva en medio de los pobres, puede ignorar este vacío del evangelio. O, por el contrario, transformarse en una iglesia sierva. Stearns nos desafía con su ejemplo de vida a volver al evangelio del reino».

—**Norberto Saracco** (Argentina), Director de la Facultad Internacional de Educación Teológica y Coordinador del Movimiento de Lausana para América Latina

«Este libro integra de manera práctica lo que es el evangelio en el ministerio cristiano. El autor utiliza las mejores fuentes para mostrar y demostrar el evangelio integral, arriba a conclusiones sólidas basadas en su experiencia personal y compromiso de fe. Con firme base bíblica desafía el dualismo entre lo espiritual y lo material y muestra cómo puede implementarse una visión integral. Es una gran obra para todos los que deseamos reflexionar y poner en práctica en su totalidad el evangelio de Cristo».

—**Víctor Rey** (Chile), Presidente de la Fraternidad Teológica Latinoamericana

EL
VACÍO
EN NUESTRO
EVANGELIO

El
VACÍO
EN NUESTRO
EVANGELIO

R ICHARD S TEARNS

GRUPO NELSON
Una división de Thomas Nelson Publishers
Desde 1798

NASHVILLE   DALLAS   MÉXICO DF.   RÍO DE JANEIRO

A petición del autor, todas las regalías debidas al autor serán para beneficio del trabajo de Visión Mundial con niños necesitados.

Editora general: *Graciela Lelli*
Traducción: *Belmonte Traductores*
Adaptación del diseño al español: *Grupo Nivel Uno, Inc.*

ISBN: 978-1-60255-588-4

Impreso en Estados Unidos de América

11 12 13 14 15 HCI 9 8 7 6 5 4 3 2

A Reneé...

Mi preciosa esposa y compañera, mi fiel fuente de fortaleza, el ancla de nuestra familia y quien es el ejemplo de la mujer de Proverbios 31. Ella es el regalo que Dios me hizo para que yo pudiera llegar a ser el hombre que Él deseaba que fuese.

Mujer ejemplar, ¿dónde se hallará?
¡Es más valiosa que las piedras preciosas!
Su esposo confía plenamente en ella
y no necesita de ganancias mal habidas.
Ella le es fuente de bien, no de mal,
todos los días de su vida.

Tiende la mano al pobre,
y con ella sostiene al necesitado.

Se reviste de fuerza y dignidad,
y afronta segura el porvenir.
Cuando habla, lo hace con sabiduría;
cuando instruye, lo hace con amor.
Está atenta a la marcha de su hogar,
y el pan que come no es fruto del ocio.
Sus hijos se levantan y la felicitan;
también su esposo la alaba:
«Muchas mujeres han realizado proezas,
pero tú las superas a todas».
Engañoso es el encanto y pasajera la belleza;
la mujer que teme al Señor es digna de alabanza.
¡Sean reconocidos sus logros,
y públicamente alabadas sus obras!

—Proverbios 31

ÍNDICE

PARTE 1: EL VACÍO EN MI EVANGELIO; Y QUIZÁ EN EL TUYO

PARTE 2: EL VACÍO SE HACE MÁS PROFUNDO

PARTE 3: UN VACÍO EN EL MUNDO

Parte 4: Un vacío en la iglesia

Parte 5: Reparar el vacío

PREFACIO

El libro de Richard Stearns se publica ahora en español después del éxito de ventas que resultó su versión original en inglés, *The Hole in Our Gospel*. Que sea editado en otros idiomas tan pronto comprueba el impacto significativo que causó en sus primeros lectores y el alcance de su contenido más allá de las fronteras del idioma original. De allí la razón de que lo tengamos en el idioma de Cervantes después de que se han vendido más de 250,000 ejemplares en inglés, sin mencionar las versiones en chino, alemán, holandés, portugués y coreano. Cristianos de diferentes latitudes han hecho de este libro texto de reflexión y de estudio.

Las preguntas medulares del autor resuenan en nuestro idioma con la misma urgencia, aunque con distinto acento, ya se trate del cristianismo en Estados Unidos, Holanda, China, Corea o Alemania o, para nuestro caso, en América Latina y España: «¿Qué pasaría», pregunta Stearns, «si los millones de los que nos llamamos seguidores de Jesucristo miráramos más allá de los límites de nuestras comunidades de fe y trabajáramos juntos para proclamar y promover el Reino de Cristo?» A esta pregunta le siguen otras de igual pertinencia para nuestro contexto de pobreza e injusticia: «¿Qué pasaría si realmente demostráramos el amor de Dios en lugar de hablar de él? ¿Y si uniéramos al amor a Dios el amor al prójimo?» Cuestiones éstas que nos recuerdan la predicación de los primeros cristianos y la del propio Jesús, el Maestro.

Las preguntas son válidas, tanto por la significación social y política que tienen para nuestro mundo golpeado por la pobreza, la enfermedad y la injusticia (entre mil males más), como por la importancia capital que tienen para la fe cristiana. Saber responderlas es dar razón de la esperanza que tenemos en Jesús (1 Pedro 3.15), tanto si somos católicos como si somos evangélicos. Se trata de profundizar las preguntas planteadas por la teología latinoamericana: ¿Cómo hablarles de Dios a las personas que sufren? O, en otras palabras, ¿cómo decir Dios y lograr que esa verdad tenga sentido en un contexto de pobreza extrema?

Son preguntas que atañen a la esencia y a la relevancia de nuestra fe. Dejarlas sin respuestas es mantener abierto un inmenso *vacío en nuestro evangelio* que desacredita el mensaje que anunciamos y atenta contra la dignidad del ser humano creado a imagen y semejanza del Dios que anunciamos (el silencio ante los temas sociales es una contradicción de la vida plena que Jesús desea para todos los seres humanos y para la creación).

Lo anterior, más que una pregunta social plantea una cuestión de carácter espiritual vinculada con la autenticidad de nuestra fe. El escritor y filósofo ruso Nokolái Berdiayev lo puso de esta manera: «Si yo tengo hambre, es un problema material; si otro tiene hambre, es un problema espiritual».[1]

El autor de la presente obra es un reconocido líder cristiano y presidente de Visión Mundial en Estados Unidos desde junio de 1998. Su experiencia ministerial no es como escritor profesional —aunque la pulcritud de su estilo y la claridad de su pluma nos hagan pensar lo contrario— sino como ejecutivo de una organización mundial de servicio humanitario empeñada en dar testimonio de Jesucristo por medio de la promoción de la justicia en el mundo, la atención a situaciones de emergencia y el acompañamiento de comunidades empobrecidas en busca de su desarrollo integral. Su libro es un testimonio de servicio y no una teoría acerca de lo que podría hacerse algún día en el mundo real. Él lo hace; su organización también; lo hacen miles de cristianos conscientes de que el evangelio es integral y abarca todas las dimensiones de la vida humana. Desde esa experiencia concreta de servicio es que escribe y lo hace con sentido de misión.

El libro ofrece historias reales que nos invitan a considerar la Buena Nueva como respuesta en medio de un mundo golpeado por la pobreza y la injusticia, nos inspiran a la acción y nos convocan al compromiso. Intuiciones teológicas nos hacen pensar en lo que realmente significa el evangelio de Jesús en el terreno de la política y la transformación social. El evangelio, nos dice Stearns, contiene una propuesta de *revolución social* que nos involucra a todos en acciones responsables de cambio. Es la revolución de Jesús la que cambia nuestra manera de vivir y de relacionarnos con los demás y nos involucra como agentes de cambio en el mundo.

En el fondo, la pregunta del autor es una sola aunque formulada de múltiples formas. Es la misma del profeta Miqueas (Miqueas 6.8): ¿Qué espera Dios de nosotros? La respuesta, aunque olvidada por la religiosidad tradicional y conformista es la que aprendimos de Jesús y de los profetas; la que cambió la vida de

Stearns y la que podría cambiar el mundo. Quizá por esto advierte que este no es un libro para conformistas, para quienes creen que las desigualdades sociales son una realidad inevitable y piensen que el evangelio nada tiene que ver con la transformación de las injusticias. No, *El vacío en nuestro evangelio* es una convocatoria al cambio que todos podemos hacer si nos decidimos a ser instrumentos de Dios en la proclamación de su Reino… Reino que, según el apóstol Pablo, no es cuestión de bebidas, comidas, ritos y legalismos, sino «justicia, paz y alegría en el Espíritu Santo» (Romanos 14.17).

—Rev. Harold Segura C.
Director de Relaciones Eclesiásticas y Compromiso Cristiano
para América Latina y el Caribe, Visión Mundial Internacional
Mayo 2011

RECONOCIMIENTOS

Este libro podría no haberse escrito sin el aliento de personas que sintieron que yo tenía un mensaje que necesitaba ser escuchado. Quizá la primera persona que me instó fue Dale Hanson-Bourke, miembro de la junta de Visión Mundial en ese momento y autora ella misma. Menos de un año después de que me contrataran, Dale preguntaba repetidamente cuando escribiría mi libro. Yo le dije que lo último y necesario en el mundo era escribir otro libro, y que cuando yo tuviera algo que decir que fuese importante, entonces escribiría un libro. Mi colega Joan Mussa, vicepresidenta primera de Defensa y Comunicaciones de Visión Mundial, fue otra voz alentadora. Ella vio la importancia y la oportunidad para un libro que elevase lo que quizás sea «la mayor causa» de Dios: responder a los más pobres de entre los pobres con compasión. Más importante aún, ella creía que yo tenía en mí tal libro. Joan reclutó a Laurie Delgatto, otra colega de Visión Mundial, para que leyese cada discurso que yo había dado a lo largo de más de diez años y los organizase en posibles conceptos para un libro. La pobre Laurie se afanó entre docenas de charlas garabateadas y mecanografiadas, intentando sacarles sentido a todas. Laurie y Joan incorporaron a otros para formar cierto tipo de «grupo de apoyo del libro». Dean Owen, Roger Flessing, Jane Sutton-Redner, y Milana McLead formaron el núcleo del grupo que me alentó a seguir, me ayudó a compartir ideas, dio forma a mis ideas y leyó mis primeros manuscritos con una pluma roja. Comenzó a tomar forma un libro.

Tengo la bendición de una junta de directores maravillosa, piadosa y visionaria, que vio la importancia de este mensaje y me otorgó un período sabático de seis meses para que pudiera terminar el proyecto sin las interminables interrupciones que conlleva dirigir Visión Mundial Estados Unidos; Larry Probus, otro de mis vicepresidentes principales, actuó como presidente suplente mientras yo no estaba y llevó una doble carga para que yo pudiese escribir. De hecho, el resto de mi increíblemente talentoso equipo de liderazgo, Atul Tandon, Mike Veitenhans, Julie Regnier, Kathy Evans y George Ward, se ocupó de todo de modo magnífico en mi ausencia.

Muchos otros a lo largo del camino estuvieron ahí para compensar mis defectos ayudando con multitud de detalles importantes. Entre ellos estuvieron Steve Hayner, miembro de la junta de Visión Mundial y anterior presidente de InterVarsity; y Steve Haas, vicepresidente de Visión Mundial para la colaboración con iglesias. Esos dos amigos leyeron el manuscrito poniendo especial atención en cualquier error teológico que yo pudiera haber escrito, y ambos hicieron valiosas sugerencias para mantenerme en el curso correcto. También estuvieron Beth Dotson-Brown y Wendy Chin, quienes realizaron gran parte de la amplia investigación; Sally Zamadics en la gerencia del proyecto; Brian Vasey en los contratos; y Hilary Whitman, Arlene Mitsui y Selena Koosmann en el diseño de portada. Shelley Liester y Cheryl Plantenberg organizaron mis reuniones y montaron las primeras copias del manuscrito. Kari Costanza, reportero de Visión Mundial, viajó conmigo en muchas ocasiones y tomó gran cantidad de notas sobre las personas a las que conocíamos. Gracias también a mi agente, Beth Jusino, y Alive Communications por ayudar a un escritor novato a desenvolverse en el mundo editorial. Renée Chavez fue una increíble correctora que Thomas Nelson me proporcionó. Ella registró a fondo el manuscrito, captando todos los errores; mejoró la gramática; y añadió una valiosa perspectiva conceptual en lugares críticos. También quiero dar las gracias al equipo de Thomas Nelson, que invirtió en este proyecto y me alentó a lo largo del camino: Mary Graham, Matt Baugher, Joey Paul, Julie Faires, Emily Sweeney, Jennifer McNeil y Stephanie Newton.

Finalmente, quiero reconocer a algunas personas que cambiaron mi vida, de modo que pudiera haber una historia que contar.

Mi hermana, Karen, infundió en mí un amor por el aprendizaje y me alentó a elevarme por encima de nuestras circunstancias familiares por medio de la educación. Ella siempre ha creído en mí.

Merold Stern, mi primer pastor en el año 1974, y su increíble esposa, Margaret, pusieron el fundamento en mi vida espiritual para todo lo que llegaría después. El sabio entendimiento de la Escritura de Merold, su estupenda predicación y su carácter piadoso me han influenciado más de lo que él sabrá nunca.

Rob Stevenson fue mucho más que el reclutador ejecutivo que me llevó a Visión Mundial en el año 1998. Él fue el guía espiritual que me desafió y me condujo por un camino que yo no quería tomar. Sin la amable guía de Rob, seguramente yo no habría seguido el llamado de Dios.

Mi amigo Bill Bryce siempre ha sido capaz de ver en mí no lo que era, sino lo que podría ser. Él vio primeramente en mí un corazón para los pobres, y fue el primero en imaginarme saliendo del mundo empresarial. El discernimiento de Bill y su propio compromiso con los pobres han sido una firme influencia en mi vida durante más de veinticinco años.

Mi querida esposa, Reneé, y mis cinco estupendos hijos: Sarah, Andy, Hannah, Pete y Grace, quienes tuvieron que dejar atrás a sus amigos y sus vidas y aceptar mis frecuentes ausencias cuando todos nos trasladamos a Seattle para ser parte de Visión Mundial. También ellos se han sacrificado para ayudar a quienes tienen el corazón destrozado.

Finalmente, necesito reconocer a Lorraine Pierce, la «madre biológica» espiritual de Visión Mundial, quien, junto con su esposo y su familia, lo sacrificó casi todo para servir a los más pobres de entre los pobres en obediencia al evangelio.

Introducción

¿Qué espera Dios de nosotros? De eso se trata este libro. Realmente es una pregunta sencilla, pero, ¿es la respuesta tan sencilla? ¿De qué se trata la fe cristiana? ¿Asistir a la iglesia cada domingo, dar las gracias antes de las comidas y evitar los pecados más graves? ¿O espera más Dios?

Yo soy cristiano, y quizá tú también lo seas. ¿Pero qué significa eso exactamente? Para *ser* cristianos, antes debemos creer que Jesucristo es el hijo de Dios. Eso en sí mismo no es poco. Si es verdad, lo cambia todo porque, si Cristo es Dios, entonces todo lo que Él dijo e hizo es profundamente importante con respecto a cómo vivimos nuestras vidas. Por tanto, creemos. Pero Dios espera más.

Por consiguiente, la pregunta «¿Qué espera Dios de mí?» es muy profunda; no sólo para mí, sino para todo aquel que afirme seguir a Cristo. Jesús tenía mucho que decir al respecto. Sí, Él nos dio profundas perspectivas del carácter de Dios y también de nuestra relación con Él, pero igualmente habló mucho sobre las expectativas de Dios, nuestros valores y cómo debemos vivir en el mundo. Por tanto, ¿cómo debemos vivir? ¿Qué tipo de relación debemos tener con un Dios santo? ¿Qué pide Dios realmente de ti y de mí? Mucho más que la asistencia a una iglesia. Más que la oración también. Más que creer, e incluso más que la abnegación. Dios nos pide *todo*. Él requiere un compromiso total de por vida de aquellos que quieren ser sus seguidores. De hecho, Cristo nos llama a ser sus colaboradores para cambiar nuestro mundo, al igual que él llamó a los Doce a cambiar su mundo hace dos mil años.

El mundo del siglo XXI tiene necesidad de un cambio. Es difícil leer los titulares cada día sin tener un creciente sentimiento de alarma. Escuchamos sobre terrorismo, tensiones étnicas y religiosas, guerras y conflictos, hambre y pobreza muy extendidos, desorden económico global, dictadores brutales, gobiernos corruptos, desastres naturales y masivos, cambio climático, intimidaciones nucleares e incluso tráfico de niños y esclavitud. Nuestro mundo después del once de septiembre parece aterrador y amenazador, y a la mayoría de nosotros nos cuesta entenderlo, mucho menos hacer algo al respecto. Los problemas del mundo sencillamente parecen demasiado grandes y demasiado difíciles para la mayoría de nosotros; es mucho más fácil retirarse de ellos que enfrentarse a ellos. Los domingos en la mañana, seguros en los bancos de nuestras iglesias y rodeados por amigos, puede ser muy fácil dejar fuera la violencia, el sufrimiento y los problemas del mundo: fuera de nuestra vista, fuera de nuestra mente.

Pero un momento; como cristianos, ¿realmente se nos da la opción de alejarnos de los problemas del mundo? ¿Permite Dios eso?

Escribo este libro desde una perspectiva muy parcial. Creo que «tanto amó Dios al mundo, que dio a su Hijo unigénito, para que todo el que cree en él no se pierda, sino que tenga vida eterna» (Juan 3.16). Y si Jesús estuvo dispuesto a morir por este conflictivo planeta, quizá también yo necesite interesarme al respecto. Quizá yo debería amar más a la gente que vive en él. Quizá yo tenga la responsabilidad de hacer mi parte para amar al mundo al que Jesús ama tanto.

La idea tras *El vacío en nuestro evangelio* es bastante sencilla. Es básicamente la creencia en que ser cristiano, o seguidor de Jesucristo, requiere mucho más que solamente tener una relación *personal* y transformadora con Dios. También conlleva una relación *pública* y transformadora con el mundo.

Si tu fe personal en Cristo no tiene una expresión externa positiva, entonces tu fe, y la mía, tienen un vacío en ella. Como cantaba Johnny Cash: «Piensas tanto en el cielo, que no eres bueno para la tierra».[1] El apóstol Santiago tenía fuertes sentimientos en cuanto a ese tipo de persona. Él desafió: «muéstrame tu fe sin las obras, y yo te mostraré la fe por mis obras» (Santiago 2.18). En otras palabras: *haz pública tu fe*.

Aceptar el evangelio, o las buenas nuevas, proclamado por Jesús es mucho más que una transacción privada entre Dios y nosotros. El evangelio mismo nació de la visión de Dios de un pueblo cambiado, que desafía y transforma los valores y las prácticas predominantes de nuestro mundo. Jesús denominó al nuevo orden mundial resultante «reino de Dios» (ver Mateo 12.28; 19.24; 21.32, 43; y Marcos 1.15, entre otros), y dijo que se convertiría en realidad mediante las vidas y las obras de sus seguidores. Jesús pidió mucho de aquellos que le seguían; esperaba mucho más de ellos que sólo creer que Él era el Hijo de Dios. Los desafió a aceptar estándares radicalmente diferentes, a amar a su prójimo *y* a sus enemigos, a perdonar a quienes les habían herido, a ocuparse de los pobres y los oprimidos, a compartir lo que tenían con aquellos que tenían poco y a vivir vidas de sacrificio. Entonces Él comparó el efecto de ellos en el mundo que les rodeaba con el que tiene la luz en la oscuridad. La luz disipa la oscuridad; la cambia. De igual manera, la verdad disipa la falsedad y la bondad cambia la maldad.

Esto no es tarea fácil. Cualquiera que haya intentado seguir a Jesús sabe que el viaje está cargado de reveses, desafíos y fracasos; dos pasos hacia adelante y un paso hacia atrás. Quienes escogen seguir a Cristo han batallado desde el comienzo mismo por vivir de modo diferente en un mundo que con frecuencia rechaza sus valores y se burla de sus creencias. La tentación a apartarnos de Él y a mantener nuestra fe en privado se ha producido en cada generación de cristianos.

Sin embargo, somos los portadores del evangelio: las buenas nuevas que han de *cambiar* el mundo. Creer no es suficiente. Adorar no es suficiente. La moralidad personal no es suficiente. Y la comunidad cristiana no es suficiente, Dios siempre ha demandado *más*. Cuando nos comprometemos a seguir a Cristo, también nos comprometemos a vivir nuestra vida de tal manera que un mundo que observa pudiese captar un destello del carácter de Dios, de su amor, justicia y misericordia, por medio de nuestras palabras, acciones y conducta. El apóstol Pablo escribió: «somos embajadores de Cristo, como si Dios los exhortara a ustedes por medio de nosotros» (2 Corintios 5.20).[2] Dios nos escogió para ser representantes de Él. Nos llamó para salir a proclamar las «buenas nuevas», para *ser* las «buenas nuevas», y para cambiar el mundo. Vivir nuestra fe privadamente nunca debió haber sido una opción.

Escribo este libro sin pedir disculpas desde la perspectiva de alguien que tiene una visión cristiana del mundo. Y debido a que más de tres cuartas partes de todos los estadounidenses se denominan a sí mismos «cristianos», obviamente es una visión del mundo que sostiene una gran mayoría. Cito frecuentemente el Antiguo y el Nuevo Testamento porque creo que son las palabras inspiradas de Dios para nosotros y, como tales, tienen gran autoridad. Pero si tú no eres cristiano, espero que de todos modos leas este libro; descubrirás que es autocrítico y también crítico con los defectos que fácilmente se encuentran en la comunidad cristiana. Como grupo, estamos lejos de ser perfectos; pero seas cristiano o no, no debes leer este libro de modo desapasionado, como si en cierto modo estuvieras exento de que te importase. Todos los que vivimos en este mundo compartimos la responsabilidad de abordar los problemas del mundo y mostrar compasión a nuestros congéneres.

He entretejido mi propia historia en este libro porque es el relato de una persona normal y corriente con la que Dios ha sido paciente. Es un relato como muchos otros de una persona que intenta ser fiel a Dios a la vez que trata que el mundo sea un poco mejor por la vida que él vivió. Desde el día que entregué mi vida para seguir a Cristo, he batallado por entender lo que Dios espera de mí. Hasta donde me ha permitido mi capacidad, sin embargo, me he propuesto vivir mi fe tanto en privado, mediante la oración, el estudio de la Escritura y la adoración, como públicamente, mostrando el amor de Dios a otros por medio de mis actos y mis palabras, y no sólo dentro de mi pequeño círculo de relaciones sino también en la comunidad en general. He intentado valorar el misterio de las buenas nuevas que los cristianos denominamos el «evangelio» y su capacidad para cambiar el mundo cambiando el corazón del hombre. He tropezado muchas veces en este viaje, y no afirmo haberlo solucionado todo.

Quizá imagines que el autor de un libro que te desafía a responder a las grandes necesidades de las personas más pobres en nuestro mundo, un autor que, de hecho, dirige una organización humanitaria muy grande y global que alimenta a quienes tienen hambre, ayuda a las víctimas de desastres y se ocupa de viudas y huérfanos en todo el planeta, es cierto tipo de héroe o santo espiritual. Incluso podrías inclinarte a pensar de mí como una «madre Teresa» vistiendo un traje de negocios. Pero si tienes cualquiera de esas impresiones, estás totalmente equivocado. Déjame aclarar eso desde un principio. También yo he librado una larga batalla tratando de «poner en práctica las palabras». Sin duda alguna, yo no soy ningún santo o héroe, y nunca me propuse «salvar al mundo», pues no tenía este tipo de valentía o imaginación. Fui un recluta muy reacio hacia esta causa; en muchas maneras un cobarde. Pero a medida que leas un poco más de mi historia, espero que aprendas de mis errores y te rías un poco con mis fracasos. El que Dios siga escogiendo utilizar a seres humanos imperfectos como yo es a la vez sorprendente y alentador. Y si Él puede usarme a mí, Él puede usarte a ti.

Este libro hace la pregunta: ¿Y si? ¿Y si cada uno de nosotros decidiera con un compromiso renovado aceptar verdaderamente las buenas nuevas, el evangelio completo, y demostrarlo mediante nuestras vidas; ni siquiera de manera grande sino en pequeñas maneras? ¿Y si cada uno de nosotros dijera a Dios: «Úsame; quiero cambiar el mundo»? Actualmente hay dos mil millones de personas en la tierra que afirman ser cristianas. Eso supone casi una de cada tres. ¿Hemos cambiado el mundo? Sin duda, pero nuestros críticos enseguida señalarían que los cambios no han sido siempre buenos. Por tanto, ¿hemos cambiado el mundo de la manera que *Dios* quería? ¿Hemos sido eficaces embajadores de las buenas nuevas que llamamos el «evangelio»? El Padre Nuestro, repetido en iglesias en todo el mundo contiene la frase: «Venga tu reino, hágase tu voluntad *en la tierra* como en el cielo» (Mateo 6.10; énfasis añadido). ¿Creemos lo que oramos?

El evangelio completo es una visión para dar entrada al reino de Dios; ahora, no en algún tiempo futuro, y aquí en la tierra, no en un cielo distante. ¿Y si dos mil millones de personas aceptaran esta visión de Dios transformando nuestro mundo por medio de *ellas*? Imagínalo. Además, ¿y si incluso dos *mil* personas llevasen su fe al siguiente nivel; que podría hacer Dios? Hace dos mil años, el mundo fue cambiado para siempre solamente por doce.

Puede volver a suceder.

—Rich Stearns
Bellevue, Washington
Diciembre 2008

NOTA DEL AUTOR PARA LA EDICIÓN RÚSTICA

La edición original de *El vacío en nuestro evangelio* ha desafiado e inspirado a muchos lectores a poner en acción su fe y sus convicciones. Estoy agradecido por todos aquellos que han ayudado a hacer que este libro sea un éxito. Aun así, sabíamos que faltaba algo, de hecho, un puñado de cosas, que creíamos que haría que el libro fuese más útil para los lectores. Por tanto, en esta nueva edición hemos incluido páginas de fotografías; preguntas y respuestas con mi esposa, Reneé (todos los que leen el libro dicen que quieren oír a mi increíble esposa); una sección «¿Qué vas a hacer tú al respecto?» para ayudarte a comenzar a marcar una diferencia hoy; preguntas y respuestas que exploran la pregunta: «¿Puede ser derrotada la pobreza?»; y un índice de escrituras y uno general que hacen que el libro sea un recurso más manejable. Gracias por comprar este libro. Espero oír sobre las muchas maneras en que Dios te está moviendo a llevar su evangelio a un mundo perdido y que sufre.

«No me avergüenzo del evangelio, pues es poder de Dios para la salvación de todos los que creen». —Romanos 1.16

Los que me oían, hablaban bien de mí;
los que me veían, me alababan.
Si el pobre recurría a mí, yo lo ponía a salvo,
y también al huérfano, si no tenía quien lo ayudara.
Me bendecían los desahuciados;
¡por mí gritaba de alegría
el corazón de las viudas!
De justicia y rectitud me revestía;
ellas eran mi manto y mi turbante.
Para los ciegos fui sus ojos;
para los tullidos, sus pies.
Fui padre de los necesitados
y defensor de los extranjeros.
A los malvados les rompí la cara;
¡de sus fauces les arrebaté la presa!

—Job 29.11-17

PRÓLOGO

Pero el ángel les dijo: No tengan miedo.
Miren que les traigo buenas noticias que serán motivo
de mucha alegría para todo el pueblo.

—LUCAS 2.10

Rakai, Uganda, agosto de 1998

Su nombre era Richard, el mismo que el mío. Yo estaba sentado dentro de su escasa cabaña de paja, escuchando su historia, contada a través de las lágrimas de un huérfano cuyos padres habían muerto de SIDA. Con trece años de edad, Richard intentaba criar él mismo a sus dos hermanos más pequeños en aquella pequeña cabaña que no tenía agua potable, electricidad o ni siquiera camas donde dormir. No había adultos en sus vidas; nadie para ocuparse de ellos, alimentarlos, amarlos o enseñarlos como convertirse en hombres. Tampoco había nadie para abrazarlos, o para meterlos en la cama por las noches. Aparte de sus hermanos, Richard estaba solo, como ningún niño debería estar. Yo intento imaginarme a mis propios hijos abandonados en ese tipo de privación, cuidando de ellos mismos sin padres que los protejan, y no puedo.

Yo no quería estar allí. No *debía* estar allí tan lejos de mi zona de comodidad; no en ese lugar donde niños huérfanos viven solos en su agonía. Allí, la pobreza, la enfermedad y la miseria tenían ojos y rostros que miraban, y yo tenía que ver, oler y tocar el dolor de los pobres. Aquel distrito en particular, Rakai, se cree que es la zona cero de la pandemia del SIDA en Uganda.[1] Allí, el virus mortal ha seguido los pasos de sus víctimas en la oscuridad durante décadas. El sudor caía por mi cara mientras estaba sentado incómodamente con

Richard y sus hermanos mientras la cámara filmaba cada lágrima: las mías y las de ellos.

Yo prefería mucho más vivir en mi burbuja, la que hasta ese momento había contenido seguramente mi vida, mi familia y mi carrera. Mantenía fuera cosas difíciles como esa, aislándome de todo lo que fuese demasiado crudo o terrible. Cuando tales cosas se entrometían, aunque rara vez lo hacían, podía cambiarse de canal, mirar otra página del periódico, o rellenar un cheque para mantener a una distancia segura a los pobres. Pero no en Rakai. Allí, «tales cosas» tenían caras y nombres; incluso mi nombre: Richard.

Menos de sesenta días antes, yo había sido director general de Lenox, la mejor empresa de vajillas de Estados Unidos, produciendo y vendiendo artículos de lujo a aquellos que podían permitírselo. Vivía con mi esposa y mis cinco hijos en una casa de diez dormitorios en las afueras de Filadelfia. Conducía un Jaguar para ir al trabajo cada día, y mis viajes de negocios me llevaban a lugares como París, Tokio, Londres y Florencia. Volaba en primera clase y me alojaba en los mejores hoteles. Era respetado en mi comunidad, asistía a una venerable iglesia de clase media y me sentaba en la junta de la escuela cristiana de mis hijos. Yo era uno de los muchachos buenos; podrías decir que era un «niño de póster» para la exitosa vida cristiana. Yo nunca había oído de Rakai, el lugar donde explotaría mi burbuja. Pero en sólo sesenta días, Dios cambió por completo mi vida, y nunca más volvió a ser igual.

De manera bastante inesperada, ocho meses antes me había contactado Visión Mundial, la organización cristiana de ayuda y desarrollo, durante su búsqueda de un nuevo presidente. ¿Por qué yo? No fue algo que yo hubiera buscado. De hecho, se podría decir que yo me había estado ocupando de mis propios negocios cuando sonó el teléfono aquel día. Pero fue una llamada telefónica que se había estado planeando durante 24 años. En 1974, cuando yo tenía 23 años, en mi residencia de graduados, me arrodillé al lado de mi cama y dediqué mi vida a Cristo. Aquella no fue una decisión pequeña para mí, y se produjo sólo después de meses de leer, estudiar y mantener conversaciones con amigos, y el importante testimonio de Reneé, la mujer que más adelante se convertiría en mi esposa. Aunque en aquel momento yo sabía muy poco sobre las implicaciones de esa decisión, sí sabía lo siguiente: nada volvería a ser lo mismo, porque yo había hecho una promesa de seguir a Cristo a pesar de todo.

El hombre que no compró porcelana...

Varios meses después de convertirme en cristiano, me comprometí con Reneé. A medida que planeábamos nuestra boda y nuestra vida juntos, ella sugirió que fuésemos a unos grandes almacenes para elegir nuestra vajilla, cristalería y cubertería. Mi creída respuesta fue una indicación del modo en que mi fe recién encontrada se estaba integrando en mi vida: «Mientras haya niños muriéndose de hambre en el mundo no vamos a poseer una fina vajilla, cristalería y cubertería». Quizá puedas ver el sentido de ironía de Dios en el hecho de que yo llegase a ser presidente de la principal empresa de vajillas de Estados Unidos un par de décadas después. Por tanto, cuando respondí esa llamada telefónica de Visión Mundial en enero de 1998, supe que Dios estaba al otro lado de la línea. Era la voz de Él la que oí, y no la del reclutador: *Rich, ¿recuerda a ese joven idealista que en 1974 estaba tan apasionado por los niños que se mueren de hambre que ni siquiera quería rellenar una lista de bodas? Mírese bien a usted mismo ahora. ¿Ve en lo que se ha convertido? Pero, Rich, si aún se preocupa por esos niños, tengo un trabajo que quiero que usted haga.*

> «Que mi corazón sea quebrantado por las cosas que quebrantan el corazón de Dios».
>
> —una oración de Bob Pierce, fundador de Visión Mundial

En mis oraciones durante las semanas que condujeron a mi nombramiento como presidente de Visión Mundial, le supliqué a Dios que enviase a otra persona para hacerlo, parecido a lo que Moisés había hecho. Seguramente aquello era un error. Yo no era ninguna madre Teresa. Recuerdo orar para que Dios me enviase a cualquier otro lugar, «pero por favor, Dios, no a los pobres, no al dolor y el aislamiento de la pobreza y la enfermedad, allí no». Yo no *quería* ir allí.

Sin embargo, ahí estaba yo, el nuevo presidente de Visión Mundial, enviado por el personal experimentado para pasar por «un bautismo de fuego» para mi nuevo llamado, con un grupo de cámaras para documentar cada momento.

Bob Pierce, el fundador de Visión Mundial, oró una vez: «Que mi corazón sea quebrantado por las cosas que quebrantan el corazón de Dios». ¿Pero quién quiere *realmente* que su corazón se rompa? ¿Es eso algo que pedir a Dios? ¿No oramos para que Dios *no* rompa nuestros corazones? Pero cuando miro la vida de Jesús, veo que Él fue, como Isaías lo describió, «Varón de dolores, hecho para el sufrimiento» (53.3). El corazón de Jesús era continuamente movido a compasión cuando se encontraba con paralíticos, enfermos, viudas y huérfanos. Yo intento imaginar el corazón quebrantado de Dios cuando Él mira en la actualidad al mundo roto por el cual Él murió. Sin duda, la historia de Richard le rompe el corazón.

Dos toscos montones de piedras fuera de la puerta indican las tumbas de los padres de Richard. Me molesta que él tenga que pasar al lado de ellas cada día. Él y sus hermanos debieron de haber visto primero a su padre y después a su madre morir de manera lenta y horrible. Yo me preguntaba si los muchachos fueron quienes les alimentaron y les bañaron en sus últimos días. Cualquiera que fuese el caso, Richard, que es un niño él mismo, es ahora la cabeza del hogar.

Niño-cabeza de familia, palabras que nunca debieron ir juntas. Yo intenté entender esta nueva frase, que describe no sólo la terrible situación de Richard sino también de otros miles, incluso millones. Me dicen que hay sesenta mil huérfanos sólo en Rakai, doce millones de huérfanos debido al SIDA en el África subsahariana.[2] ¿Cómo puede ser cierto eso? Incómodamente le pregunté a Richard qué espera ser él cuando sea mayor, una pregunta ridícula que hacer a un niño que ha perdido su niñez. Él dijo: «Médico, para poder ayudar a las personas que tienen la enfermedad».

«¿Tienes una Biblia?», le pregunté. Él corrió al otro cuarto y regresó con su atesorado libro con páginas de cantos dorados. «¿Puedes leerla?»

«Me encanta leer el libro de Juan, porque dice que Jesús ama a los niños».

Eso me abrumó, y comenzaron a aflorar mis lágrimas. *Perdóname, Señor, perdóname. No lo sabía*. Pero yo sí lo sabía. Sabía de la pobreza y el sufrimiento en el mundo; era consciente de que hay niños que mueren diariamente de hambre y por falta de agua potable; también sabía sobre el SIDA y los huérfanos que deja atrás, pero seguía manteniendo esas cosas fuera de mi burbuja aislada y mirando hacia otra parte.

Sin embargo, aquel fue el momento que me definiría para siempre. Rakai era lo que Dios quería que yo viese. Mi tristeza aquel día fue sustituida por arrepentimiento. A pesar de lo que la Biblia me había dicho tan claramente, yo había cerrado mis ojos a los pobres. Ahora mi corazón estaba lleno de enojo. Primero conmigo mismo y después hacia el mundo. ¿Por qué no se contaba la historia de

Richard? Los medios de comunicación estaban llenos de dramas de celebridades, actualizaciones del mercado bursátil, y el inminente juicio por destitución de Bill Clinton. ¿Pero dónde estaban los titulares y las portadas de revistas sobre África? Doce millones de huérfanos, ¿y nadie lo nota? Pero lo que más me enfermaba era la siguiente pregunta: ¿Dónde estaba la iglesia? Además, ¿dónde *estaban* los seguidores de Jesucristo en medio quizá de la mayor crisis humanitaria de nuestra época? Sin duda, la iglesia debería haber estado ocupándose de esos huérfanos y viudas en sus aflicciones (ver Santiago 1.27). ¿No deberían los púlpitos en toda América haber ardido con exhortaciones de acudir a las primeras líneas de compasión? ¿No deberían estar ardiendo actualmente? ¿No deberían las iglesias estar extendiéndose para ocuparse de los niños que tienen una necesidad tan desesperada? ¿Podría la gran tragedia de esos huérfanos ser ahogada por coros de música de alabanza en cientos de miles de iglesias por todo el país? Sentado en una cabaña en Rakai, recuerdo pensar: *¿Cómo lo hemos perdido tan trágicamente, cuando incluso estrellas del rock y actores de Hollywood parecen entender?*

Diez años después lo sé. Ha faltado algo fundamental en nuestro entendimiento del evangelio.

La palabra *evangelio* significa literalmente «buenas noticias». Jesús declaró que Él había venido a «anunciar buenas nuevas a los pobres» (Lucas 4.18). ¿Pero qué buenas nuevas, qué *evangelio*, tenía la iglesia para Richard y sus hermanos en Rakai? ¿Qué «buenas nuevas» ha llevado el pueblo de Dios a los tres mil millones de pobres del mundo?[3] ¿Qué «evangelio» han visto los millones de huérfanos por SIDA en África?[4]

La respuesta se encuentra en el título de este libro: un evangelio que tiene un *vacío* en él.

PARTE 1

EL VACÍO EN MI EVANGELIO; Y QUIZÁ EN EL TUYO

Cristo no tiene ningún cuerpo en la tierra sino el tuyo, ningunas manos sino las tuyas, ningunos pies sino los tuyos. Los tuyos son los ojos mediante los cuales la compasión de Cristo por el mundo debe mirar; los tuyos son los pies con los cuales Él va a ir haciendo el bien; y las tuyas son las manos con las cuales Él nos va a bendecir ahora.

—SANTA TERESA DE ÁVILA

La bondad ha convertido a más pecadores que el celo, la elocuencia o el aprendizaje.

—FREDERICK W. FABER

Un vacío en el todo

La fe actualmente es tratada como algo que sólo debería hacernos diferentes, lo que realmente nos haga o pueda hacernos diferentes. En realidad, batallamos en vano contra los males de este mundo, esperando morir e ir al cielo. De alguna manera hemos obtenido la idea de que la esencia de la fe es una cosa interior y propia de la mente.

—DALLAS WILLARD

¿Dónde está el vacío?

¿Pero cómo puede nuestro evangelio tener un vacío en él? Como mencioné en el prólogo, la palabra *evangelio* significa literalmente buenas noticias o buenas nuevas. Es taquigrafía, con la intención de comunicar la venida del reino de Dios mediante el Mesías. Un diccionario tiene la siguiente definición:

Evangelio: alegres noticias, especialmente con respecto a la salvación y el reino de Dios como Cristo lo anunció al mundo.[1]

La increíble noticia del evangelio es que mujeres y hombres, por medio de la muerte expiatoria de Cristo, ahora pueden reconciliarse con Dios. Pero las buenas nuevas que Jesús proclamó tenían una plenitud más allá de la salvación y del perdón de pecados; también significaban la venida del reino de Dios a la tierra. Este nuevo reino, del cual quedaron captadas características en las Bienaventuranzas, trastornó el mundo existente por completo.

> Dichosos los pobres en espíritu,
>> porque el reino de los cielos les pertenece.
> Dichosos los que lloran,
>> porque serán consolados.
> Dichosos los humildes,
>> porque recibirán la tierra como herencia.
> Dichosos los que tienen hambre y sed de justicia,
>> porque serán saciados.
> Dichosos los compasivos,
>> porque serán tratados con compasión.
> Dichosos los de corazón limpio,
>> porque ellos verán a Dios.
> Dichosos los que trabajan por la paz,
>> porque serán llamados hijos de Dios.
> Dichosos los perseguidos por causa de la justicia,
>> porque el reino de los cielos les pertenece. (Mateo 5.3-10)

El reino del cual habló Cristo era un reino en el que los pobres, los enfermos, los afligidos, los paralíticos, los esclavos, las mujeres, los niños, las viudas, los huérfanos, los leprosos y los extranjeros, «los más pequeños» (Mateo 25.40), habrían de ser levantados y abrazados por Dios. Era un orden mundial en el cual la justicia habría de convertirse en realidad, primero en los corazones y las mentes de los seguidores de Jesús, y después en la sociedad en general por medio de su influencia. Los discípulos de Jesús tenían que ser «sal» y «luz» para el mundo (ver Mateo 5.13-14). Tenían que ser la «levadura» que leuda toda la masa (ver Mateo 13.33). Ese reino no tenía que ser lejano y distante, para experimentarlo solamente después de la muerte; no, la proclamación de Cristo del «reino de los cielos» era un llamado a un orden mundial redimido poblado por personas redimidas: *en el presente*. En otras palabras, el perfecto reino de Dios que acabo de describir tenía que comenzar *en la tierra*. Esa era la visión que proclamó Jesús por primera vez y eran buenas noticias para nuestro mundo. Pero esto no parece encajar en nuestra perspectiva del siglo XXI del evangelio. De algún modo, esta grandiosa visión de Dios ha quedado opacada y disminuida.

EL EVANGELIO DE «CARTÓN DE BINGO»

En efecto, al recibir esta demostración de servicio, ellos alabarán a Dios por la obediencia con que ustedes acompañan la confesión del evangelio de Cristo, y por su generosa solidaridad con ellos y con todos. —2 Corintios 9.13

Cada vez más, nuestra perspectiva del evangelio ha quedado limitada a una simple transacción marcada por resaltar una casilla en un cartón de bingo en algún desayuno de oración, registrando una decisión por Cristo, o pasando al frente durante un llamado al altar. Tengo que admitir que mi propia perspectiva del evangelismo, basada en la Gran Comisión, se limitó solamente a eso durante muchos años. Se trataba de salvar del infierno a todas las personas que fuese posible, para la vida *siguiente*.

Minimizaba cualquier preocupación por esas mismas personas en *esta* vida. No era tan importante que ellos fuesen pobres, tuvieran hambre o estuvieran perseguidos, o quizá fuesen ricos, avariciosos y arrogantes; sencillamente teníamos que conseguir que hicieran «la oración del pecador» y después pasar al siguiente convertido potencial. En nuestros esfuerzos evangelísticos por hacer que las buenas nuevas sean accesibles y sencillas de entender, parecemos haberlas reducido a cierto tipo de «seguro contra incendios» que uno puede comprar. Entonces, una vez que la política está en vigor, el pecador puede regresar a cualquier tipo de vida que estuviera viviendo, ya fuese de riqueza y éxito o de pobreza y sufrimiento. Mientras el acuerdo esté en el cajón, las demás cosas no importan tanto. Tenemos nuestro «billete» a la siguiente vida.

> En nuestros esfuerzos evangelísticos por hacer que las buenas nuevas sean accesibles y sencillas de entender, parecemos haberlas reducido a cierto tipo de «seguro contra incendios» que uno puede comprar.

Hay un verdadero problema con esta perspectiva limitada del reino de Dios; no es el evangelio completo. En cambio, es un evangelio que tiene un gran vacío. Primero, enfocarse casi exclusivamente en la vida después de la muerte reduce la importancia de lo que Dios espera de nosotros en esta vida. El reino de Dios, el cual Cristo dijo que está «entre ustedes» (Lucas 17.21), fue para cambiar y desafiar todo en nuestro mundo caído en el aquí y ahora. No había de ser un camino para dejar el mundo, sino más bien el medio para redimirlo en realidad. Sí, primero se requiere que nos arrepintamos de nuestros propios pecados y rindamos totalmente nuestras vidas individuales para seguir a Cristo, pero después también se nos manda que vayamos al mundo, que llevemos fruto levantando a los pobres y los marginados, desafiando la injusticia dondequiera que la encontremos, rechazando los valores mundanos que se encuentran en todas las culturas, y amando a nuestro prójimo como a nosotros mismos. Aunque nuestro «ingreso» en el reino de Dios pueda comenzar con una decisión, una transacción, requiere mucho más que eso.

Yo creo que hemos reducido el evangelio de una dinámica y hermosa sinfonía del amor de Dios *por* el mundo y *en* el mundo a un escueto y estridente monótono. Hemos arrebatado a Dios estas increíbles buenas nuevas, originalmente presentadas en alta definición y sonido estéreo, y las hemos reducido a una película muda y en blanco y negro. Al hacerlo, también le hemos arrebatado gran parte de su capacidad de cambiar no sólo el corazón del ser humano sino también el mundo. Eso se refleja de manera especial en nuestra limitada perspectiva del evangelismo. Jesús mandó a sus seguidores que llevasen las buenas nuevas de la reconciliación y el perdón hasta los confines de la tierra. El mandato es el mismo en el presente.

El cristianismo es una creencia que debía extenderse, pero no mediante la fuerza. El amor de Dios tenía que ser demostrado, no obligado. Nuestra tarea no es manipular a otros ni inducirlos a estar de acuerdo con nosotros o a dejar su religión y aceptar el cristianismo. Nuestro mandato es proclamar y personificar el evangelio a fin de que otros puedan ver, oír y sentir el amor de Dios de maneras tangibles. Cuando practicamos nuestra fe con integridad y compasión, Dios puede usarnos para dar a otros un destello de su amor y su carácter. Es Dios, no nosotros, quien obra en los corazones de los hombres y las mujeres para perdonar y redimir. Y la coerción no es necesaria, ni siquiera particularmente útil. Dios es responsable de la cosecha, pero nosotros *debemos* plantar, regar y cultivar las semillas.

Veamos más de cerca esta metáfora, utilizada con frecuencia en el Nuevo Testamento para describir el evangelismo (ver, por ejemplo, Mateo 9.37-38; Marcos 4.1-20, 26-29; Lucas 10.1-3; y Juan 4.35-36). Durante la mayor parte del siglo XX, evangelistas estadounidenses realmente asimilaron esta idea de la cosecha creyendo que el fruto ya estaba maduro y sólo era necesario recogerlo. Esa fue la esencia de las grandes cruzadas globales de Billy Graham, el panfleto de Campus Crusade, *Las cuatro leyes espirituales*, la película *JESÚS* y *Evangelismo Explosivo*. Todas esas herramientas y esfuerzos fueron muy efectivos en la proclamación de las buenas nuevas de que nuestros pecados podían ser perdonados si entregábamos nuestras vidas a Cristo. Muchos millones de personas sí entregaron sus vidas a Él. De hecho, mi propia vida fue influenciada por *Las cuatro leyes espirituales* y una cruzada de Billy Graham, así que puedo atestiguar personalmente lo exitosas que son esas «técnicas de cosecha» para recoger el fruto que ya está maduro.

¿Pero qué del fruto que *no está* maduro? Para la mayoría de nosotros que hicimos nuestro primer compromiso con Cristo como adultos, nuestras historias no fueron de una conversión al instante la primera vez que oímos sobre Jesús. De hecho, según el grupo Barna Research, aproximadamente sólo un 6 por ciento de las personas que no son cristianas cuando llegan a los 18 años de edad se convertirán en cristianas más adelante en la vida.[2] Es extraño que una simple recitación del evangelio haga que las personas cambien instantáneamente su modo de pensar. Normalmente es necesario mucho más que eso. Nuestra propia narrativa normalmente implica un viaje de descubrimiento que estuvo marcado por relaciones con amigos y seres queridos respetados, lectura, conversaciones, aprender sobre los fundamentos de la fe cristiana, ver la diferencia que la fe marcaba en las vidas de personas a las que conocíamos, y ser testigos de una fe genuina mostrada mediante actos de amor y bondad hacia otros. En otras palabras, antes de que nosotros estuviéramos «maduros» para la cosecha, tuvieron que suceder antes muchas otras cosas.

Pensemos en todas las cosas que deben suceder antes de que pueda haber una buena cosecha. En primer lugar, alguien tiene que ir y preparar la tierra; ese es un trabajo pionero que implica cortar árboles, arrancar de la tierra raíces masivas, extraer rocas y piedras del campo y hacerlas a un lado. Pero todavía no hay cosecha. Seguidamente el terreno tiene que ser roto. Es necesario arar la tierra, fertilizarla, y hacer surcos derechos para prepararla para la semilla. Entonces hay que plantar y cubrir con mucha atención la semilla. Pero sigue sin haber cosecha. Quizá haya que construir una valla para proteger las plantas de los animales que podrían devorarlas. Y siempre, los brotes deben ser cuidadosamente regados, alimentados y cuidados durante la larga estación de crecimiento.

A veces se producen reveses, mal tiempo, plagas, inundaciones e insectos, que pueden poner en peligro la cosecha. Pero si se hace todo el trabajo duro con fidelidad y con perseverancia y si Dios proporciona buena semilla y tiempo favorable, finalmente una gloriosa cosecha es el resultado.

¿No hemos oído las historias de fieles misioneros que dedicaron toda su vida en otro país sin ver ni siquiera una sola persona aceptar a Cristo como Salvador, sólo para saber que 50 años después hubo una tremenda cosecha? En nuestra sociedad de gratificación instantánea, nosotros preferiríamos ir directamente a la cosecha. ¿Quién quiere hacer todo ese trabajo duro de quitar raíces y mover piedras? ¿Pero no es todo ese «otro» trabajo la esencia de la venida del reino de Dios en su plenitud? Cuando nos implicamos en las vidas de las personas, trabajamos para

> El evangelio significa mucho más que la salvación personal de individuos. Significa una *revolución social.*

edificar relaciones, les acompañamos en sus tristezas y en sus alegrías, vivimos con generosidad hacia los demás, los amamos y nos preocupamos por ellos incondicionalmente, defendemos a los que no pueden defenderse, y prestamos particular atención a los más pobres y los más vulnerables, estamos demostrando el amor de Cristo a quienes nos rodean y no sólo hablando de Él. Esas son las cosas que plantan las semillas del evangelio en el corazón del hombre.

¿No se ocupaba siempre Jesús de la persona *completa*, de su salud, familia, trabajo, valores, relaciones, conducta hacia los demás, y de su alma? La perspectiva de Jesús del evangelio iba más allá de una transacción de cartón de bingo; englobaba una nueva visión revolucionaria del mundo, una tierra transformada por personas transformadas, sus «discípulos a todas las naciones» (Mateo 28.19), que darían entrada al revolucionario reino de Dios. Las palabras del Padre Nuestro, «venga tu reino hágase tu voluntad en la tierra como en el cielo» eran y son una fuerte llamada a los seguidores de Jesús no sólo a proclamar las buenas nuevas sino también a *ser* las buenas nuevas, aquí y ahora (Mateo 6.10). Este evangelio, el evangelio *completo*, significa mucho más que la salvación personal del individuo. Significa una *revolución social*.

Jesús tenía una declaración de misión

Yo he venido para que tengan vida, y la tengan en abundancia. —Juan 10.10

La revolución comenzó en Nazaret, donde Jesús se crió.

Imagina por un momento que al hijo de tu vecino le pidieran hablar en el servicio dominical en tu iglesia. ¿Puedes imaginar tu asombro si él se pusiera en pie, leyese los pasajes pertenecientes a la segunda venida de Cristo, y después dijese: «Hoy se cumple esta Escritura en presencia de ustedes»? Eso es exactamente lo que Jesús hizo en la sinagoga en Nazaret, a excepción de que Él se refirió a la primera venida del Mesías. Esto sucedió al comienzo del ministerio público de Jesús, inmediatamente después de su bautismo por Juan el Bautista y los cuarenta días en el desierto, enfrentándose a las tentaciones de Satanás. Leamos este notable pasaje:

Jesús regresó a Galilea en el poder del Espíritu, y se extendió su fama por toda aquella región. Enseñaba en las sinagogas, y todos lo admiraban.

Fue a Nazaret, donde se había criado, y un sábado entró en la sinagoga, como era su costumbre. Se levantó para hacer la lectura, y le entregaron el libro del profeta Isaías. Al desenrollarlo, encontró el lugar donde está escrito:

«El Espíritu del Señor está sobre mí,
    por cuanto me ha ungido
    para anunciar buenas nuevas a los pobres.
Me ha enviado a proclamar libertad a los cautivos
    y dar vista a los ciegos,
    a poner en libertad a los oprimidos,
    a pregonar el año del favor del Señor».

Luego enrolló el libro, se lo devolvió al ayudante y se sentó. Todos los que estaban en la sinagoga lo miraban detenidamente, y él comenzó a hablarles: «Hoy se cumple esta Escritura en presencia de ustedes». (Lucas 4.14-21)

El pasaje que Jesús leyó era una profecía mesiánica que imaginaba un futuro mesías que sería a la vez un rey y un siervo. Como quizá la primera declaración pública de Jesús de su identidad como Mesías, lo que Él dijo en Nazaret era una declaración de quién era Él y del porqué había venido. Era en esencia la *declaración de misión* de Jesús, y bosquejaba las grandes promesas de Dios a aquellos que reciben al Mesías y su reino venidero. En esta declaración de misión vemos tres componentes principales.

En primer lugar, vemos la *proclamación de las buenas nuevas* de salvación. Toma nota de que los receptores de estas buenas nuevas habían de ser, primeramente y sobre todo, los pobres, tal como Jesús prometió en las Bienaventuranzas. Cuando hablamos hoy sobre proclamar el evangelio, normalmente nos referimos a evangelismo, una proclamación verbal de las buenas nuevas de salvación y cómo pueden recibirse por cualquiera que pida perdón a Dios y entregue su vida a Cristo. Pero ese no es el evangelio completo.

En segundo lugar, vemos una referencia a «dar vista a los ciegos» (v. 18). En el texto original de Isaías 61 hay también una promesa de «sanar los corazones heridos» (v. 1). Esas referencias indican que las buenas nuevas incluyen una *compasión por los enfermos y los heridos*, una preocupación no sólo por nuestro estado espiritual, sino también por nuestro bienestar físico. Vemos esta misma preocupación una y otra vez en el ministerio de Jesús a medida que Él sanaba a los enfermos y los cojos, mostraba compasión por los pobres, alimentaba a los hambrientos y literalmente daba vista a los ciegos. Jesús claramente se preocupaba por abordar la pobreza, la enfermedad y el quebrantamiento humano de maneras tangibles.

En tercer lugar, vemos un majestuoso *compromiso con la justicia* Jesús ha venido a «proclamar libertad a los cautivos», «poner en libertad a los oprimidos» y «pregonar el año del favor del Señor» (Lucas 4.18-19). En el primer siglo, la alusión a los cautivos y los oprimidos sin duda habría significado aquellos que vivían bajo la ocupación de Roma pero también, en un sentido más general, cualquiera que hubiera sido víctima de injusticia, ya fuese política, social o económica. La proclamación del «año del favor del Señor» era una clara referencia al año del jubileo del Antiguo Testamento, en el que los esclavos eran liberados, se perdonaban las deudas, y toda la tierra se devolvía a sus dueños originales. El año del jubileo era la manera de protección de Dios para que los ricos no se enriquecieran demasiado y los pobres no se empobrecieran demasiado.

Proclamar el evangelio completo, por tanto, significa mucho más que evangelismo con la esperanza de que la gente oiga las buenas nuevas de salvación por la fe en Cristo y responda a ello. También engloba una compasión tangible por los enfermos y los pobres, al igual que justicia bíblica y esfuerzos por enmendar las ofensas que están tan generalizadas en nuestro mundo. Dios se interesa por las dimensiones espiritual, física y social de nuestro ser. Este *evangelio completo* es verdaderamente buenas noticias para los pobres, y es el fundamento para una revolución social que tiene la capacidad de cambiar el mundo. Y si esa fue la misión de Jesús, también es una misión de todo aquel que afirma seguirle. Es mi misión, es tu misión, y es la misión de la iglesia.

El poder del todo

Unos seis meses después del terrible terremoto que mató a 20 mil personas en Gujarat, India, en 2001,[3] yo visité el lugar. La región había quedado arrasada; casi todas las casas y edificios se habían derrumbado. Varios de mis colegas y yo estábamos allí para dedicar la primera de cien nuevas casas construidas mediante una colaboración entre Visión Mundial, Hábitat para la Humanidad y USAID. El resistente pueblo indio, con ayuda de los extranjeros, estaba comenzando a reorganizar sus vidas y avanzar, aunque sus pérdidas humanas habían sido inimaginables para la mayoría de nosotros en occidente.

Durante los actos de la dedicación, un grupo de ancianos del pueblo estaba sentado a poca distancia detrás de nosotros, observándolo todo. Ellos se parecían a majestuosas y honradas figuras de las páginas del *National Geographic*, con caras con profundas arrugas; largas y blancas barbas y bigotes; y turbantes en sus cabezas. A medida que se llevaba a cabo el evento, ellos mantenían una conversación bastante viva en su dialecto local. Ellos no podían saber que uno de mis colegas, Atul Tandon,[4] se había criado en esa misma región y entendía cada palabra que ellos decían.

Después de la ceremonia, Atul compartió conmigo lo que había oído. Dijo que los hombres estaban especulando sobre el porqué «esos cristianos» habían viajado miles de kilómetros cruzando el océano para ayudar a la reconstrucción de su comunidad. Se preguntaban qué motivaba a unos completos extraños a ayudarles. Ellos estaban experimentando el amor de Dios y el reino de Dios en maneras profundas mediante el amor y la acción concretos demostrados por cristianos, actuando por medio de las organizaciones Hábitat para la Humanidad y Visión Mundial.

San Francisco de Asís entendía el poder de la fe puesta en acción para cambiar el corazón humano, porque fue él quien dijo: «Predica siempre el evangelio; y si es necesario usa palabras». Nosotros aún no habíamos pronunciado ni una sola palabra en su lenguaje, pero los ancianos del pueblo ya habían «oído» el evangelio.

UNA BIBLIA LLENA DE VACÍOS

Me asombra que tan pronto estén dejando ustedes a quien los llamó por la gracia de Cristo, para pasarse a otro evangelio. No es que haya otro evangelio, sino que ciertos individuos están sembrando confusión entre ustedes y quieren tergiversar el evangelio de Cristo. —Gálatas 1.6-7

Hemos encogido a Jesús al tamaño en que Él puede salvar nuestra alma, pero ahora no creemos que pueda cambiar el mundo. —Anónimo

Lucas 4 no es el único lugar en la Biblia que habla de los temas de la pobreza y la justicia. La Palabra de Dios está repleta de tales pasajes, desde Génesis a Apocalipsis; ¿pero les prestamos atención?

Cuando mi amigo Jim Wallis[5] era estudiante en el seminario Trinity Evangelical Divinity School en las afueras de Chicago, algunos de sus compañeros de clase y él hicieron un pequeño experimento. Leyeron los sesenta y seis libros de la Biblia y subrayaron cada pasaje y versículo que hablaban de la pobreza, la riqueza, la justicia y la opresión. Entonces, uno de los compañeros de Jim tomó un par de tijeras y físicamente cortó cada uno de esos versículos de la Biblia. El resultado fue un volumen hecho jirones que apenas se sostenía. Comenzando con los libros de Moisés, a lo largo de los libros de historia, los Salmos y Proverbios, y los profetas mayores y menores, hasta los cuatro Evangelios, el libro de Hechos, las Epístolas y el Apocalipsis, tan fundamentales eran esos temas para la Escritura que la Biblia resultante estaba hecha jirones. (Según *The Poverty and Justice Bible*, hay casi *dos mil* versículos en la Escritura que tratan de la pobreza y la justicia.[6]) Cuando Jim hablaba sobre esos temas, sostenía sobre libro hecho jirones en el aire y proclamaba: «Hermanos y hermanas, esta es nuestra Biblia estadounidense; está llena de vacíos. Cada uno de nosotros bien podría tomar también su Biblia, un par de tijeras, y comenzar a cortar todos los pasajes a los que no prestamos atención, todos los textos bíblicos que sencillamente pasamos por alto».[7] La Biblia de Jim estaba literalmente llena de vacíos.

Vacío: un lugar vacío en algo sólido.[8]

El evangelio que Jesús describió en Lucas 4 es sin duda algo sólido. Si hay un vacío en nuestro evangelio, en nuestro entendimiento de la naturaleza del llamado de Dios sobre nosotros, sus seguidores, no se debe a que la Escritura no sea clara con respecto a estos temas. En cambio, se debe a que hemos escogido, como sugiere Jim Wallis, prestar poca atención al inequívoco mensaje de Dios de llevar el evangelio completo a todo el mundo. Regresaremos a la base escritural para un entendimiento más pleno del «evangelio completo» en la siguiente sección. Pero cualquier análisis *mental* de lo que Jesús espera de aquellos que escogen seguirle debe estar acompañado por el *corazón*, y también por las *manos* y los *pies*. En mi propio caso, llevar lo que conocía en mi cabeza a mis manos y mis pies fue el desafío. Vivir lo predicado fue mucho más difícil que predicarlo. ¿No sucede siempre así?

CAPÍTULO DOS

Un cobarde para Dios

Saber lo que es correcto y no hacerlo es la peor cobardía.

—CONFUCIO

El verdadero evangelio es un llamado a la abnegación.
No es un llamado a la realización de la persona.

—JOHN MACARTHUR

Permite que regrese unos años atrás para ayudarte a entender cómo ese director general de artículos de lujo terminó en las junglas de Uganda. Uno de los puntos más bajos en mi vida fue una tarde de viernes en Seattle. Después de una búsqueda de nueve meses, la junta de directores de Visión Mundial me había elegido y me había ofrecido la oportunidad de convertirme en el primer presidente con base en Estados Unidos de Visión Mundial. Yo había volado a Seattle con mi esposa y mi hijo adolescente, Andy, para reunirme con los líderes clave, saber sobre los desafíos del trabajo y decidir si aceptaría la invitación de la junta. Como compartí en el prólogo, yo no había buscado ese puesto. De hecho, había orado para que Dios enviara a *otra* persona para hacerlo; a cualquiera excepto a mí. Sin embargo, la junta (y supongo que Dios) inexplicablemente me llamó *a mí*, y esa era la hora de la decisión.

Me gustaría poder decirte que acepté ese llamado con un sentimiento de emoción y pasión espiritual para ayudar a las personas quebrantadas de nuestro mundo. Me gustaría decir que oré con valentía: «Heme aquí, Señor. Envíame a mí»; que estaba ansioso por agarrar la oportunidad de servir. Pero eso sería una mentira.

Aquel viernes, después de dos días de reuniones y entrevistas con los principales líderes de Visión Mundial, yo me había hundido cada vez más profundamente en un temor espiritual y emocional. Había sido bombardeado por horribles historias de sufrimiento humano, confrontado con los considerables desafíos que el nuevo presidente afrontaría, e introducido a un idioma lleno de jerga y acrónimos que yo ni siquiera entendía. Seguramente aquello era un error. ¿Qué sabía yo sobre todo eso? Después de todo, yo era un hombre que había pasado los últimos once años vendiendo platos, y muy caros. Tenía que haber alguien mejor cualificado que yo.

Al volver a encontrarme con Reneé y Andy aquella tarde, estaba al final de mi cuerda emocional y espiritual. Se me había acabado el tiempo, y tenía una decisión que tomar. ¿Aceptaría la invitación de la junta, dejaría mi carrera de 23 años atrás, y trasladaría a mi esposa y a cinco hijos al otro lado del país, o rechazaría el trabajo y me quedaría en Lenox? Esa era una de esas decisiones en la vida que lo cambia todo, y yo no quería tomarla. Tenía temor. Cuando Reneé me preguntó cómo había ido el día, yo le dije que no podía hablar al respecto aún; necesitaba descansar y estar a solas. Yo era un caso perdido emocional. Y así, a las 4:00 de la tarde me puse mi pijama, me metí en la cama, me tapé hasta la cabeza y comencé a llorar y a orar, clamando a Dios que «apartase esa copa» de mí. Era bastante patético. Andy, que tenía 16 años entonces, entró en mi cuarto unos minutos después, me dio unos golpecitos en el hombro y dijo: «Todo saldrá bien, papá. Mamá y yo vamos a salir unas horas para comer algo. Duerme un poco». Allí estaba yo, lloriqueando delante de mi hijo adolescente, ¡vaya ejemplo espiritual a seguir!

> En todo momento de decisión, cada bifurcación en el camino, hemos de preguntar: «¿QHJ?»; o «¿Qué haría Jesús?»

¿QHJ?

El que afirma que permanece en él, debe vivir como él vivió. —1 Juan 2.6

Cuando yo era un niño, solía planear paseos en bicicleta «lanzando moneda» con algunos de mis amigos. La idea era que todos comenzábamos a ir en bicicleta por la calle, y cuando llegaba una importante bifurcación o intersección, nos deteníamos y lanzábamos una moneda. Decíamos: «Si sale cara, vamos rectos; si sale cruz, giramos a la derecha». Y entonces hacíamos lo que la moneda nos dijera. Para un grupo de niños de diez años, eso podía ser una aventura bastante emocionante, y a veces nos llevaba a lugares donde nunca habíamos estado, bastante lejos de nuestro pequeño barrio seguro. La única regla era que *había* que hacer lo que indicase la moneda.[1]

Como seguidores de Cristo, nosotros debemos hacer *precisamente lo mismo*: en cada momento de decisión, en cada bifurcación en el camino, hemos de preguntar: «¿QHJ? ¿Qué haría Jesús?»; y entonces hacer exactamente eso. Y muy parecido a mis paseos en bicicleta en mi niñez, ese tipo de compromiso inevitablemente nos sacará de nuestras zonas de seguridad; pero, oh, ¡qué aventura para la persona que realmente lo hace!

El día en que yo entregué mi vida a Cristo, entendí lo que significaba: seguir a Cristo a pesar de todo. Estaba decidido a no convertirme en uno de esos hipócritas que no practicaban lo que predicaban. Después de que Reneé y yo nos casáramos, trabajamos juntos para vivir intencionalmente para Cristo. Nos mudamos a Boston y fuimos a la iglesia Park Street en Boston Common aquel mismo primer domingo. Dirigíamos el grupo de jóvenes, dábamos el diezmo de nuestros ingresos fielmente, y participábamos en estudios bíblicos y grupos de compañerismo siempre que podíamos. Park Street era una increíble «iglesia misionera», y Reneé y yo asistíamos con ganas a cada conferencia misionera anual, donando de nuestro dinero liberalmente para apoyar la causa. Estábamos emocionados por difundir las buenas nuevas sobre Cristo por todo el mundo. Yo hasta llegué a ser el anciano más joven de la iglesia, a la edad de 27 años. Y en el trabajo, comencé mi ascenso por la escalera corporativa, testificaba a las personas sin avergonzarme y nunca evitaba una conversación sobre la fe o el cristianismo. De hecho, cuando tenía 26 años y trabajaba en Parker Brothers (sí, el fabricante del Monopoly, Clue y Nerf Ball), casi me despiden por salir una hora antes cada tarde del viernes para trabajar con los niños en nuestra iglesia. Me dijeron que el éxito en Parker Brothers requería no menos de un compromiso de un 110 por ciento, e irme temprano no causaba una buena impresión en la gerencia. Recuerdo preguntar a mi jefe: «¿No se supone que Parker Brothers se trata de los niños?», y después preguntar por qué trabajar realmente con niños de verdad era algo tan malo. Sobreviví a esa débil evaluación de rendimiento y prometí trabajar más.

Reneé se matriculó en la facultad de Derecho en la Universidad de Boston, decidida a seguir su propio sueño de ayudar a los pobres con sus problemas legales. Con nuestro primer bebé, Sarah, a remolque, ella se graduó con honores, pasó la abogacía, y comenzó a servir a los pobres en la Massachusetts rural. Nuestro matrimonio, nuestra familia, nuestra participación en la iglesia y nuestros trabajos estaban totalmente integrados en nuestro entendimiento de lo que significaba seguir a Jesús. Por tanto, ¿cómo sucedió que 22 años después me encontré a mí mismo llorando en pijama, con las sábanas tapando mi cabeza y suplicando a Dios que me dejase escapar?

Dos llamadas telefónicas que cambiaron mi vida

A lo largo de dos décadas sucedieron muchas cosas. Por una parte, teníamos cinco hijos. Reneé sabía que no podía compaginar cinco hijos y una carrera legal a jornada completa, así que tomó la difícil decisión de quedarse en casa con los niños. Yo seguí en Parker Brothers nueve años y llegué a ser presidente a los 33 años de edad. (Supongo que irme temprano los viernes para ayudar a niños no fue una decisión tan mala, después de todo.) Mi carrera despegó de maneras que no podía explicar. Parecía como si todo lo que yo tocase se convirtiese en oro, y estaba en el lugar correcto en el momento correcto en *cada* ocasión. Como promedio, me habían ascendido cada doce meses durante nueve años seguidos.

Pero entonces, como sucede a veces en las empresas, Parker Brothers pasó por un cambio de propietario, y me dijeron que ya no requerían mis servicios. Aquello fue una conmoción bastante traumática después de tantos años de éxito imparable, y tomé mal la mala noticia; pero pronto me recuperé y comencé mi búsqueda de un nuevo empleo con diligencia, confiando en que Dios tenía algo nuevo para nosotros.

Después de unos cinco meses de búsqueda, me las arreglé para encontrar un puesto en Franklin Mint en Pensilvania, ganando incluso más dinero del que ganaba en Parker Brothers. Al principio, las cosas iban hacia arriba. Trasladé a Reneé y a los tres hijos que teníamos entonces de Boston a Filadelfia; y entonces sucedió lo impensable: me despidieron de nuevo después de sólo nueve meses. Esa vez Dios captó toda mi atención.

Al echar la vista atrás, ahora creo que Él quería que yo viese que había llegado a depender más de mí mismo que de Él, confundiendo mi éxito con la aprobación de Él. Me habían despedido dos veces en un periodo de sólo un año, y pasé un total de 14 meses sin empleo. Ese periodo de humillación y reflexión, más que ninguna otra época de mi vida, me ayudó a entender lo que significaba poner mi relación con Dios por encima de todo lo demás. Cuando me levantaba cada mañana y comenzaba el día sin estar apresurado por reuniones y obligaciones, pasaba largas sesiones con mi Biblia, orando y pidiendo a Dios su dirección para mi vida. Y cuando leía la historia de Moisés y los israelitas vagando por el desierto durante 40 años, oraba para que mi propia experiencia de desierto no durase tanto tiempo. Entendí con mayor claridad que la provisión diaria de Dios de maná, pan que caía literalmente del cielo, fue una lección de 40 años para su pueblo de que ellos eran totalmente y completamente dependientes de Él para su propia supervivencia. Estaban indefensos en el desierto sin el constante cuidado de Dios, y yo estaba aprendiendo por el camino difícil que yo también lo estaba. Cuando no tienes empleo, te sientes indefenso. Sencillamente no puedes conseguir un trabajo; alguien tiene que ofrecerte uno. Para un anterior Director General, esa indefensión era horrorosa, pero me hizo entender el mensaje de que todo lo que somos y todo lo que tenemos viene de la mano de Dios.

Si tuviera que resumir todo lo que aprendí durante aquellos meses de «desierto», señalaría a una lección del catecismo que aprendí cuando tenía cinco o seis años. Como niño, tenía que memorizar sencillas preguntas y respuestas sobre Dios. Una de las preguntas era: ¿Por qué me creó Dios? ¿La respuesta? Para amarle, servirle y obedecerle. Eso era lo que ahora entendía por primera vez. Sin importar dónde estuviese yo o cuáles fuesen mis circunstancias, yo tenía que amar, servir y obedecer a Dios. Podía hacer las tres cosas estando sin empleo o como

Director General; mi situación no importaba. Cuando finalmente me ofrecieron un empleo, llevé conmigo esa lección y comenzaba cada día preguntando: ¿Cómo puedo amar, servir y obedecer a Dios hoy, en este lugar con estas personas?

Finalmente me ofrecieron un empleo como director de una pequeña división de Lenox, la empresa de porcelana fina. No tengo palabras para poder expresar lo agradecido que estaba a Dios por ese trabajo después de tantos meses sin trabajar. Dios ciertamente utiliza nuestros periodos más dolorosos para profundizar más nuestra fe y conformarnos a la voluntad de Él. Aunque fue doloroso, mi periodo de desempleo fue uno de los periodos espirituales más ricos de mi vida.

En Lenox comenzaron a suceder cosas buenas otra vez. La división que yo dirigía se triplicó en tamaño a lo largo de los tres siguientes años. La gerencia principal lo notó, y recibí ascenso tras ascenso, llegando a ser presidente y director general de Lenox en 1995. Pero esa vez las prioridades eran correctas, y yo sabía de quién dependía.

Tienes que entender lo increíble que fue para un muchacho que creció en relativa pobreza llegar a ser el director general de dos grandes corporaciones. Mi niñez había estado cargada de inseguridad. Mis padres se divorciaron, mi padre se declaró en bancarrota y el banco tenía un juicio hipotecario de nuestra casa. Yo crecí sabiendo siempre que estábamos a un cheque de distancia de estar arruinados. Solamente estudiar en la universidad había sido un milagro económico formado por préstamos, becas y una sucesión de trabajos de verano. Durante dos veranos conduje un taxi. Recuerdo que cuando llevaba a hombres de negocios al aeropuerto y oía sus conversaciones, soñaba no con convertirme en un ejecutivo algún día, sino con ir sentado en el asiento trasero de un taxi, algo que yo no había hecho nunca en mi vida. Por eso estar sin empleo fue tan traumático para mí; yo tenía una inseguridad que se remontaba a mi niñez. Por tanto, llegar a ser director general de una empresa no una vez sino dos veces, fue el sueño americano hecho realidad. Yo había llegado hasta lo más alto contra todo pronóstico, dos veces, y esa vez, Dios mediante, esperaba quedarme allí.

Varios años después, esa frase, «Dios mediante», descendió sobre todos los acontecimientos que en última instancia me llevaron a dejar Lenox y a unirme a Visión Mundial. Estaba sentado en mi oficina bastante elegante un día en 1997 cuando sonó el teléfono. Mi buen amigo Bill Bryce llamaba desde Massachusetts. Bill y yo y nuestras esposas habíamos sido amigos durante muchos años.

Habíamos conocido a Bill en la iglesia Park Street en 1975, y después de que él y Annette se casaran nos reuníamos semanalmente en un estudio bíblico para parejas.

En 1984, Bill llegó al grupo de estudio bíblico con un dilema. En ese momento él trabajaba recaudando fondos para el seminario teológico Gordon-Conwell, y le acababan de ofrecer un empleo en Visión Mundial, ayudando a recaudar dinero para su ministerio a los pobres. Con esa decisión que tomar, Bill nos pidió oración y consejo. En aquel momento yo nunca había oído de Visión Mundial, pero su misión parecía muy inspiradora. Yo dije: «¿Estás loco? ¿No puedes decidir si recaudar dinero para un viejo seminario o ayudar a salvar las vidas de niños que se mueren de hambre? ¿Es ésa una decisión *difícil* de tomar?» (Gordon-Conwell es uno de los mejores seminarios del país, produciendo increíbles graduados que, de hecho, están cambiando el mundo. Mi duro comentario a Bill en ese momento no fue muy maduro ni preciso, como estoy seguro de que estarás de acuerdo.) Por tanto, Bill dejó su trabajo para unirse a Visión Mundial, y yo, que era un bocazas, me convertí en su primer donante.

Ahora, trece años después, Bill me llamaba a Lenox. El presidente de Visión Mundial en Estados Unidos, Bob Seiple[2] había dicho a la junta directiva que deseaba irse al año siguiente y que deberían comenzar a buscar a un sucesor. Yo dije: «¡Vaya! ¿Qué va a hacer ahora Visión Mundial? ¿Cómo se sustituye a un hombre como Bob Seiple?»

Bill hizo una pausa y entonces dijo: «Esa es la razón de mi llamada». Lo que dijo a continuación fue de algún modo sorprendente. Me dijo que desde que oyó por primera vez de la decisión de Bob un par de semanas antes, había estado orando para que Dios le dirigiera a la persona correcta para ocupar su lugar. Y entonces dijo: «No me pidas que te lo explique, pero Dios me dijo que *tú* vas a ser el siguiente presidente de Visión Mundial». Siguió diciendo que Dios no solía hablarle de ese modo, pero cada vez que había orado con respecto al puesto vacante, oyó a Dios decir que iba a ser Rich, su amigo Rich. Y como punto final, Bill dijo que nunca había estado *tan seguro* de que Dios le estaba hablando.

Puede que preguntes qué hice yo con aquella trascendental noticia. Me reí en voz alta. Le dije a Bill que era una idea ridícula y que él había estado bebiendo demasiado té fuerte. ¿Cómo iba yo a convertirme en presidente de Visión

Mundial? En primer lugar, yo ni siquiera estaba interesado ni estaba disponible. Había llegado a lo más alto, me encantaba mi trabajo, me encantaban mi casa y mi comunidad, y tenía cinco hijos jóvenes que asistían a una estupenda escuela cristiana, y no tenía intención alguna de desarraigarlos. Después del tiempo en el «desierto» unos cuantos años antes, yo no tenía ganas de tener otra interrupción importante en mi vida.

En segundo lugar, yo no tenía cualificaciones para un trabajo así; no podía señalar la mayoría de países africanos en un mapa y menos saber cómo ayudar a las personas que vivían allí. Ni siquiera leía la sección internacional del periódico, solamente las secciones de noticias locales, deportes y entretenimiento. Y después de todo, yo estaba dirigiendo una empresa de porcelana de lujo, que vendía principalmente a los ricos.

En tercer lugar, yo no conocía a ninguna persona en la junta directiva de Visión Mundial, y ellos no me conocían a mí; por tanto, ¿cómo iba yo a convertirme en el presidente?

Bill me dijo: «Voy a decirte dónde debes enviar tu currículum».

Yo dije: «Bill, ¿no me has escuchado? No voy a enviar mi currículum a nadie. Esta es una idea ridícula».

Aturdido pero sin inmutarse, Bill dijo: «¿Cómo vas a conseguir el trabajo si no envías tu currículum?»

Yo respondí: «Exactamente. *No* voy a conseguir el trabajo; eso es lo que he intentado decirte». Creo que entonces él me dijo que no tenía esperanza y que yo no estaba escuchando el plan de Dios. Aún recuerdo las últimas palabras que yo le dije: «Si Dios me quiere, Él sabe dónde encontrarme».

Pasaron meses, y Bill periódicamente me ponía al día con respecto a la búsqueda del siguiente presidente de Visión Mundial. Habían contratado a una agencia de colocaciones, estaban haciendo una búsqueda nacional y habían formado un comité para dirigir el proceso de búsqueda. Cada vez Bill me preguntaba si había cambiado de opinión. Yo no había cambiado, y seguía pensando que él estaba loco.

Los seis meses después de la «profecía» de Bill, yo estaba otra vez sentado en mi escritorio, leyendo el correo, cuando encontré una nota escrita a mano de uno de mis vicepresidentes en Lenox, que trabajaba a unos veinte minutos de distancia, en el departamento de coleccionables. La nota decía:

Rich, estaba leyendo hoy el Wall Street Journal y mirando la sección de trabajo. Cuando vi este anuncio, me hizo pensar en usted. Siempre he creído que algún día usted haría algo parecido a esto, así que aquí está. No sabía si lo había visto.

—Bob

PD: Quizá esto ha sido un poco tonto. No me entienda mal. ¡Usted es un estupendo Director General y no querríamos perderlo!

Giré la página para ver una copia de un pequeño anuncio que decía: Presidente, Visión Mundial, y pasaba a describir el trabajo. Mucho más adelante me enteré de que la empresa de colocación había puesto el anuncio tan sólo una vez en el *Wall Street Journal*, para lanzar una red más grande y ver si algunos «tipos de negocios» podrían verlo y solicitarlo. Lo admitiré: leer esa nota me hizo sentir escalofríos en la espalda. Bob no tenía ni idea acerca de mis conversaciones con mi amigo Bill. Fue en cierto modo sobrecogedor. Pero se me ocurrió que podría divertirme un poco con Bill, así que agarre el teléfono y le llamé.

Cuando él oyó lo que había sucedido, se emocionó bastante. «Mira, te lo dije. Si ese no es un mensaje de Dios, no sé lo que es. ¿Me crees ahora?» Yo le dije que dudaba de que fuese ningún mensaje de Dios, y que ahora estaba en mi papelera; tan sólo era una loca coincidencia. Dios tendría que hablar con un poco más de claridad.

Era el mes de enero de 1998, unos siete meses después de que Bill me llamase por primera vez, cuando llegó la siguiente llamada telefónica transformadora. Una vez más mientras yo estaba sentado en mi escritorio del tamaño de un acorazado, mi asistente me indicó que un reclutador estaba a la línea y preguntaba si podía hablar con él.

«Claro», dije yo. Yo siempre hablaba con los reclutadores, porque, bien, uno nunca sabe. La conversación transcurrió de forma parecida a lo siguiente:

«Hola, Rich. Mi nombre es Rob Stevenson, y he sido contratado por la junta de Visión Mundial para ayudar a encontrar a su próximo presidente. ¿Tiene unos minutos para hablar?» En el momento en que él dijo «Visión Mundial», un escalofrío me recorrió la espalda. La serie de coincidencias estaba comenzando a ser un poco inquietante.

«¿Cómo consiguió usted mi nombre?», le pregunté. «¿Le dijo Bill Bryce que hiciera esto?»

El reclutador dijo que no conocía a ningún Bill Bryce y que había obtenido mi nombre de una lista de donantes.

«Muy bien», dije yo aliviado. «¿Cómo puedo ayudarle?»

El Sr. Stevenson pasó los siguientes minutos describiendo el trabajo de Visión Mundial, con el cual yo ya estaba familiarizado por haber mantenido tantas conversaciones con Bill. Después de un monólogo bastante largo que cubrió la descripción de trabajo y las cualificaciones, él me hizo la pregunta estándar: «¿Conoce usted a alguien que pudiera encajar bien en este puesto?»

Yo dije: «No lo creo. Según yo lo veo, usted parece estar buscando a alguien que sea en parte director general, en parte madre Teresa, y en parte Indiana Jones, y yo no conozco a nadie así. Podré encontrar a dos de sus tres, pero probablemente no a los tres. Pero mantendré mis ojos y mis oídos abiertos y si se me ocurre alguien, seguro que le llamaré». Yo esperaba en cierto modo que esa conversación fuese lo más breve posible. Era peligrosa. Pero entonces llegó la otra pregunta estándar que los cazatalentos tienden a hacer:

Él dijo: «¿Y usted? ¿Estaría usted interesado en este trabajo?»

Yo me reí incómodamente. «¿Yo? No lo creo yo no estoy cualificado, no estoy interesado y realmente no estoy disponible». ¿Qué sabía yo sobre los pobres, de todas maneras? ¿No recordaba ese hombre que yo estaba dirigiendo una empresa de productos *de lujo*? Aquello era una locura.

> «¿Estás dispuesto a estar abierto a la voluntad de Dios para tu vida?»

Sin inmutarse, Rob continuó: «Realmente creo que necesito conocerle. A medida que hemos hablado he sentido que el Espíritu Santo me está impulsando a organizar una reunión. He hablado a doscientas personas acerca de este empleo, y usted es la primera de las que he tenido esta confirmación espiritual. ¿Estaría usted dispuesto a reunirse conmigo para cenar y hablar más de esto?»

¿Decía él eso a todos los candidatos? Realmente estaba comenzando a quedarme helado. Recuerdo haber pensado que *tenía que finalizar esa llamada*.

Respondí: «Creo que no, Rob. Sería una pérdida de su tiempo y del mío. Yo estoy ocupado y usted está ocupado. Además, usted está en Minneapolis, y yo estoy en Filadelfia».

Él dijo: «Volaré hasta su ciudad. ¿Querría tan sólo mantener abierta su mente?»

Realmente no; de hecho, mi mente estaba totalmente cerrada. Eso no iba a suceder. Casi dije: «Oraré al respecto, pero la respuesta es no». Pero entonces, cuando ya estaba a punto de expresarme, él añadió: «Permítame hacerle una pregunta distinta...»

Y entonces llegó.

«¿Está usted dispuesto a estar abierto a la voluntad de Dios para su vida?»

¡Vaya! Qué pregunta tan terrible para hacérsela a alguien. ¡Qué pregunta tan *maleducada* para hacérsela a alguien! Esa única pregunta realmente me dejó sin palabras. Creo que hubo una larga pausa; entonces, lentamente, yo comencé a responder. «Bueno... sí... *sí* quiero estar abierto a la voluntad de Dios, pero...» Y, mira, mientras pensaba en mi respuesta, había muchos peros:

- Pero no estoy cualificado. Usted realmente no me quiere en ese puesto.
- Pero no conozco nada sobre la pobreza global, o sobre la ayuda y el desarrollo o sobre recaudar fondos. Seguramente este sería un tremendo error.

Y entonces llegaron los peros más egoístas:

- Pero he trabajado más de veinte años para llegar a lo más alto de la escalera corporativa. No puede usted sugerir que renuncie a todo eso. Eso sería un suicidio profesional.
- Pero me encanta ser el director general de Lenox, y estoy a punto de hacer mucho dinero. Tendré la vida resuelta tan sólo en unos años más.
- Pero vivimos en un caserío de piedra de 200 años de antigüedad con diez dormitorios; es la casa de nuestros sueños, la que hemos esperado durante años. No puede usted esperar que la vendamos.
- ¿Pero qué de mi auto de empresa totalmente nuevo, el Jaguar XY-8 de color azul? Tendría que devolverlo.
- Pero tengo cinco hijos, que aman a sus amigos y su escuela, y tendríamos que trasladarlos al otro lado del país. ¿Y cómo podríamos hacer que estudien todos en la universidad con el salario de Visión Mundial? ¿Y cuál es el salario, de todos modos?

Entonces, más profundos aún, estaban mis mayores temores, espirituales y emocionales...

- Pero Señor, no quiero hacer esto. Arruinará mi vida. No me envíes a los pobres; a cualquier lugar excepto allí.
- Pero *no puedo* hacer esto, Dios. No pobreza, chabolas, hambre y enfermedad, niños que mueren, padres que sufren; no me pidas que vaya allí, Señor. No a tanto dolor, sufrimiento, y desesperación.

En aquellos breves segundos, todos esos problemas pasaron por mi cabeza, porque, mira, en mi corazón yo sabía lo que estaba en juego. Dios me estaba pidiendo aquel día que escogiera. Él me estaba desafiando a decidir qué tipo de discípulo estaba dispuesto a ser. Dos décadas antes yo había «apostado la granja» a Jesucristo, y ahora Él me pedía que le entregase el contrato. ¿Cuál era la cosa más importante en mi vida? Él quería saberlo. ¿Era mi carrera, mi seguridad económica, mi familia, mis cosas? ¿O estaba yo comprometido a seguirle a Él cualquiera que fuese el costo, a pesar de todo?

¿Por qué me creó Dios?

Para adorarle, servirle y obedecerle...

«¿Está usted dispuesto a estar abierto a la voluntad de Dios para su vida?»

Oía la voz de Rob de nuevo al teléfono.

«Bueno... sí... sí quiero estar abierto a la voluntad de Dios para mi vida; pero estoy bastante seguro de que esto no lo es, Rob».

Él dijo: «Descubrámoslo. Cene conmigo».

CAPÍTULO TRES

Una cosa te falta

El lugar a donde Dios te llama es el lugar donde se encuentran tu profunda alegría y la profunda hambre del mundo.

—FREDERICK BUECHNER

Elijan ustedes mismos a quiénes van a servir...
Por mi parte, mi familia y yo serviremos al Señor.

—JOSUÉ 24.15

Durante mi «noche oscura del alma», causada por una llamada de Visión Mundial, comencé a leer mi Biblia con mayor intensidad. Pero cuando llegué a Mateo 19 y a la historia del joven rico, quise agarrar las tijeras y cortar esa página de mi Biblia. Recordarás la escena. Un hombre descrito diversamente en tres relatos diferentes del evangelio como joven, rico y gobernador se acercó a Jesús con esta pregunta: «Maestro, ¿qué de bueno tengo que hacer para obtener la vida eterna?» (v. 16). Ahora bien, cuando leí este pasaje, me vi a mí mismo en ese hombre. Él era joven y próspero; probablemente sus iguales y su comunidad le apreciaban; parecía ser ejemplo de la respetabilidad judía. Yo imaginaba que él era exitoso en todo lo que hacía, que iba al templo regularmente, diezmaba de sus ingresos, observaba todos los días y fiestas santos y leía su Torá. Él había trabajado por todo el sistema y había terminado en lo más alto. Eso era yo. Todos los que me conocían habrían dicho que yo era un chico de póster de la vida cristiana exitosa: en la iglesia cada domingo, con un gran matrimonio, cinco atractivos hijos (y por encima del promedio), Director General de una empresa con una Biblia sobre su escritorio, un fiel contribuyente a causas cristianas; la enchilada cristiana al completo. Por tanto, yo podía identificarme con la mentalidad de aquel hombre. A veces imagino que quizá él se acercó en realidad a Jesús aquel día lleno de un poco de orgullo, haciendo su pregunta y esperando un amable golpecito en la espalda, quizá pensando que Jesús le señalaría ahí delante de la multitud y diría: «Amigos míos, éste es exactamente el tipo de seguidor que estoy buscando». Pero la respuesta de Jesús fue bastante decepcionante: «Si quieres entrar en la vida, guarda los mandamientos» (v. 17).

Aquello no era lo que el hombre había querido oír. Por tanto, intentando forzar a Jesús un poco más, preguntó: «¿Cuáles?» (v. 18).

La respuesta de Jesús fue convencional: «No mates, no cometas adulterio, no robes, no presentes falso testimonio, honra a tu padre y a tu madre, y ama a tu prójimo como a ti mismo» (vv. 18-19).

El joven parecía ya más agradado. Dijo: «Todos ésos los he cumplido» (v. 20). En otras palabras: *Mírame, Jesús. Comprueba mi reputación. Pregunta a mi rabino. Descubrirás que tengo cubiertas todas esas bases.* Ahora bien, tal como yo lo veo, es ahí donde el joven debería haberse detenido; no perjuicio, ninguna falta. Él debería haber dado las gracias a Jesús, haber estrechado su mano y haberse alejado. Pero no, él decidió forzarlo un poco más. «¿Qué más me falta?» (Traducción: *Vamos, Rabí, esto es demasiado fácil. Ponme un examen más difícil.*)

Y fue entonces cuando Jesús le puso al descubierto. Le dijo al joven farisaico: «Una sola cosa te falta: anda, vende todo lo que tienes y dáselo a los pobres, y tendrás tesoro en el cielo. Luego ven y sígueme» (Marcos 10.21).

¡Vaya, Jesús, tiempo muerto! ¿Puedes imaginar lo que debió de haber pasado por la mente del joven en aquel momento? *Seamos serios, Jesús. ¿No es eso un poco extremo? He trabajado bastante duro para llegar a donde estoy, y tengo obligaciones. ¿Vender todo lo que tengo y darlo a los pobres? No puedo tan sólo recoger e irme. Tengo esposa e hijos a los que sostener, trabajadores que dependen de mí, y algunos contratos económicos pendientes; tengo muchas tierras aquí. No seamos demasiado radicales en cuanto a todo esto. ¿No estás llevando esto demasiado lejos? Te diré algo: quizá yo podría rellenar un cheque más cuantioso para ayudar a los pobres...*

Pero las palabras de Jesús quedaron en el aire: «Una sola cosa te falta: anda, vende todo lo que tienes y dáselo a los pobres... Luego ven y sígueme». Devastador.

Jesús había mirado en el alma del hombre y había diagnosticado el estado de su corazón. Por fuera, él estaba haciendo todas las cosas bien, pero por dentro su corazón estaba dividido. Sus posesiones y su posición estaban compitiendo con Dios por obtener la supremacía.

> **Cuando decimos que queremos ser su discípulo, y sin embargo adjuntamos una lista de condiciones, Jesús se niega a aceptar nuestros términos. Los términos de Él implican rendición incondicional.**

Él había rendido a Dios su conducta exterior, pero su compromiso con Él no era absoluto. No había hecho una rendición total del yo; no había «apostado la granja». Yo no creo que Jesús estuviera diciendo que todos nosotros tenemos que vender todo lo que tenemos y darlo a los pobres. No, Jesús estaba mirando al corazón de aquel joven en particular y vio que él no había entregado su vida incondicionalmente. Para él, su posición y sus cosas se habían convertido en ídolos. Lo más inquietante de todo es la siguiente frase en el relato de Mateo: «Cuando el joven oyó esto, se fue triste porque tenía muchas riquezas» (19.22). No pudo hacerlo. En el momento de la decisión, él simplemente no pudo entregarlo todo. Le dio la espalda a Jesús y se alejó.

¿Estás dispuesto a estar abierto a la voluntad de Dios para tu vida? Esa fue la pregunta que me hizo Rob, con bastante sencillez, pero llegó mucho más profundo. Jesús lo quería todo; Él siempre lo ha querido. *Una cosa te falta, Rich. Vende tus posesiones y dáselo a los pobres, y tendrás tesoro en el cielo. Entonces ven y sígueme.* Dejar mi trabajo, vender mi casa y trasladar a mi familia para servir en Visión Mundial era incómodamente equivalente a lo que Jesús le había pedido a aquel otro joven rico. ¿Puedes ver por qué yo quise agarrar las tijeras cuando leí esta historia en la Biblia?

A lo largo de los últimos años he hablado con bastantes hombres y mujeres que han escuchado mi historia y me han llamado porque también ellos quieren pasar del éxito al significado[1] sirviendo a Dios más directamente. Con frecuencia, han decidido que quieren pasar a un ministerio de algún tipo e invertirse a sí mismos a tiempo completo en la obra cristiana. Por tanto, les hago algunas preguntas: ¿Está dispuesto a mudarse? ¿Cuán importantes son el título y el salario? ¿Está usted dispuesto a trabajar donde más se necesite? Invariablemente, ellos responden con una lista de condiciones. Normalmente es algo parecido a esto: «Bueno, estamos muy comprometidos a quedarnos en el área de Atlanta. Todos nuestros amigos están aquí, y hemos empleado años para obtener la casa que necesitamos. Nuestros hijos están en una escuela privada muy especial, y no queremos trasladarlos. Hemos esperado seis años para unirnos al club campestre, y ahora somos miembros. No podríamos recortar tanto nuestro salario y seguir manteniendo nuestro estilo de vida... pero aparte de eso, estamos abiertos por completo a servir». Yo entiendo realmente lo que dicen, porque ésos son algunos de los mismos problemas que tenían gran peso en mi mente mientras batallaba con mi llamado a Visión Mundial. Pero la lección que aprendí fue que Dios espera de nosotros que le sirvamos según los términos de Él, no los nuestros. De hecho, Él trató esto claramente en Lucas:

> Iban por el camino cuando alguien le dijo:
> —Te seguiré a dondequiera que vayas.
> —Las zorras tienen madrigueras y las aves tienen nidos —le respondió Jesús—, pero el Hijo del hombre no tiene dónde recostar la cabeza.
> A otro le dijo: —Sígueme.
> —Señor —le contestó—, primero déjame ir a enterrar a mi padre.
> —Deja que los muertos entierren a sus propios muertos, pero tú ve y proclama el reino de Dios —le replicó Jesús.
> Otro afirmó: —Te seguiré, Señor; pero primero déjame despedirme de mi familia.
> Jesús le respondió: —Nadie que mire atrás después de poner la mano en el arado es apto para el reino de Dios. (9.57-62)

En coherencia con su encuentro con el joven rico, Jesús requería una rendición absoluta. Ser discípulo significa dejarlo todo para seguir a Jesús, incondicionalmente, poniendo nuestras vidas completamente en manos de Él. Cuando decimos que queremos ser su discípulo, y sin embargo adjuntamos una lista de condiciones, Jesús se niega a aceptar nuestros términos. Los términos de Él implican rendición incondicional.

Entonces llamó a la multitud y a sus discípulos. —Si alguien quiere ser mi discípulo —les dijo—, que se niegue a sí mismo, lleve su cruz y me siga. Porque el que quiera salvar su vida, la perderá; pero el que pierda su vida por mi causa y por el evangelio, la salvará. ¿De qué sirve ganar el mundo entero si se pierde la vida? (Marcos 8.34-36)

Estas son palabras duras. Ningún «evangelio de la prosperidad» aquí.

Regreso a la oración de Jabes

Dirigiéndose a todos, declaró: —Si alguien quiere ser mi discípulo, que se niegue a sí mismo, lleve su cruz cada día y me siga. Porque el que quiera salvar su vida, la perderá; pero el que pierda su vida por mi causa, la salvará. —Lucas 9.23-24

Hace algunos años, cuando el fenomenal libro *La oración de Jabes*[2] se publicó, yo estaba ansioso por leerlo y ver de lo que hablaba todo el mundo. El libro está basado en una oscura oración que se encuentra en mitad de una larga sección de genealogías en 1 Crónicas 4: «Bendíceme y ensancha mi territorio; ayúdame y líbrame del mal, para que no padezca aflicción» (vv. 9-10).

Lo esencial del libro era que si verdaderamente orásemos a Dios para que nos bendijera de esa manera, para ser usados por Él para el reino, sucederían cosas buenas: Dios «ensancharía nuestro territorio», y podríamos ser visibles de una manera más profunda y extensa. No hay nada de malo en eso. Pero muchos que leyeron el libro lo interpretaron de modo diferente. Entendieron que Dios quiere bendecirnos con *cosas*, como éxito en la carrera, ganancias económicas y otras señales externas de prosperidad; lo único que tenemos que hacer es pedir. Para muchos, de hecho, el libro se convirtió en una celebración del «evangelio de la prosperidad»: la creencia en que Dios recompensa a los cristianos fieles y sinceros con éxito, buena salud y prosperidad material.

Recuerdo haber pensado: *Un momento. Si oramos sinceramente para que Dios «ensanche nuestro territorio», ¿se deduce que Él siempre nos bendecirá de maneras que traigan felicidad, satisfacción y bendiciones materiales? ¿Y qué de ese versículo sobre tomar nuestra cruz diariamente, o el otro sobre negarnos a nosotros mismos? Mira el apóstol Pablo. ¡Eso sí que es un territorio ensanchado! Dios le hizo apóstol a los gentiles, le utilizó para escribir la mitad del Nuevo Testamento y para edificar y fortalecer a la iglesia primitiva de maneras sorprendentes; pero sin duda, eso no dio como resultado una vida «tranquila y bonita».*

Cierto. Lee lo que *realmente* le sucedió a Pablo cuando Dios ensanchó su territorio:

> He trabajado más arduamente, he sido encarcelado más veces, he recibido los azotes más severos, he estado en peligro de muerte repetidas veces. Cinco veces recibí de los judíos los treinta y nueve azotes. Tres veces me golpearon con varas, una vez me apedrearon, tres veces naufragué, y pasé un día y una noche como náufrago en alta mar. Mi vida ha sido un continuo ir y venir de un sitio a otro; en peligros de ríos, peligros de bandidos, peligros de parte de mis compatriotas, peligros a manos de los gentiles, peligros en la ciudad, peligros en el campo, peligros en el mar y peligros de parte de falsos hermanos. He pasado muchos trabajos y fatigas, y muchas veces me he quedado sin dormir; he sufrido hambre y sed, y muchas veces me he quedado en ayunas; he sufrido frío y desnudez. (2 Corintios 11.23-27)

Quizá queramos pensarlo dos veces antes de pedir a Dios ese tipo de bendición. La Biblia está repleta de personas a quienes Dios usó para hacer su voluntad pero que pagaron un alto precio. Diez de los doce discípulos murieron como mártires por su fe. Juan el Bautista fue decapitado por Herodes. Isaías fue aserrado en dos. A lo largo de los siglos, millones han sido martirizados por su fe en Jesucristo, y muchos otros han sido afligidos. Joni Eareckson Tada, quien ahora ministra a miles de personas, comenzó su mayor ministerio *después* de que su territorio fuese ensanchado: mediante un accidente al tirarse de cabeza al agua que la dejó paralizada. Chuck Colson, dinámico orador cristiano y fundador de Prison Fellowship, obtuvo su «territorio ensanchado» sólo después de ser condenado y metido en la cárcel por delitos que cometió durante el escándalo Watergate. Miles de misioneros han vivido vidas difíciles de sacrificio en relativa pobreza y privación cuando Dios ensanchó su trabajo y sus ministerios en los lugares donde servían. Dios no promete que todos sus seguidores serán protegidos de la dificultad y el sufrimiento. Hay cristianos que tienen cáncer, que pierden a seres queridos, y que sufren reveses económicos al igual que todos los demás. Pero Dios también puede usar nuestras tragedias para ensanchar nuestro territorio de maneras que muestren a un mundo escéptico una manera distinta de vivir.

¿Bendice Dios a aquellos de nosotros que entregamos nuestras vidas para servirle a Él? Claro que lo hace. A veces, Él nos bendice de maneras materiales, con dinero, éxito, buena salud y familias felices, pero esas cosas no están garantizadas. Sin embargo, siempre somos bendecidos por el amor de Dios por nosotros y por el significado que Él trae a nuestras vidas, ya sea en dificultades o en prosperidad. Dios también nos bendice por medio de nuestros sacrificios por Él a medida que sentimos el privilegio de ser una herramienta en sus manos.

La oración de Jabes vendió miles de ejemplares a personas que querían creer que los cristianos no experimentarán dificultades o sufrimiento. Yo no creo que esa fuera la intención del autor. Sin embargo, quise añadir otro capítulo a ese librito, titulado «Contar el costo», para ayudar a las personas a entender que a veces, y de hecho con frecuencia, las bendiciones de Dios llegan por medio de los sufrimientos y no por medio de nuestras cuentas bancarias; y tengo los versículos que lo demuestran: «Queridos hermanos, no se extrañen del fuego de la prueba que están soportando, como si fuera algo insólito. Al contrario, alégrense de tener parte en los sufrimientos de Cristo, para que también sea inmensa su alegría cuando se revele la gloria de Cristo. *Dichosos* ustedes si los insultan por causa del nombre de Cristo, porque el glorioso Espíritu de Dios reposa sobre ustedes» (1 Pedro 4.12-14, énfasis añadido).

FRODO Y EL ANILLO DEL PODER

Si el dinero no es tu siervo, será tu amo. No se puede decir apropiadamente del hombre avaro que posee la riqueza, pues puede decirse que ella le posee a él. —Sir Francis Bacon

Por tanto, ahí estaba, la historia del joven rico ardiendo en mi cabeza, con una incómoda decisión parecida que tomar. Ahora bien, recuerda que a mí ni siquiera me habían ofrecido el trabajo en Visión Mundial en aquel momento; tan sólo me habían pedido que permitiese que mi nombre fuese considerado como candidato. A estas alturas probablemente estés pensando: *¿Pero qué le pasa a este hombre?*

¿Cuán difícil podría ser tan sólo estar de acuerdo en ser considerado para un trabajo que realmente parece una oportunidad fenomenal? ¿Quién no querría ser el presidente de Visión Mundial? También quiero reconocer aquí, con cierta humildad, lo vacío que todo eso me parece incluso a mí cuando miro atrás. Pocas personas tendrían muchas simpatías por un pez gordo que tuviera que renunciar a su excesivo salario, su casa de excesivo tamaño y un lujoso auto. No me estaban pidiendo que renunciase a todo y me mudase a Sudán para vivir en una cabaña de barro; me estaban invitando a mudarme a Seattle para vivir en una casa muy bonita y para hacerme cargo de un trabajo emocionante con un generoso salario. El «sacrificio» que me pedían que hiciera era importante solamente en mi cabeza. Pero mira, cuando las cosas se han convertido en preciosas para nosotros, ya sean nuestras posesiones, nuestro trabajo, nuestro estatus y posiciones, e incluso nuestros amigos y familiares, realmente no queremos soltarlas. Pueden convertirse en ídolos que compiten con Dios en nuestras vidas.

Yo soy un gran fan de *El señor de los anillos*. He leído los libros varias veces y he visto las películas también más de una vez. En la historia, el anillo de poder tiene poderes mágicos que, entre otras cosas, permiten que quien lo lleva se vuelva invisible. Sin embargo, irónicamente, quien posee el anillo en última instancia descubre que el anillo le posee a él, pues el encanto de su poder se vuelve demasiado grande para resistirlo. Cuanto más lo lleva alguien y experimenta su poder, más difícil es quitárselo o separarse de él. El miserable Gollum, una vez poseído por el deseo de tenerlo, había sido reducido a una criatura arrugada y patética que no pensaba en otra cosa sino en su «precioso»: el anillo. Lo había perdido todo menos su humanidad. Quizá puedas ver la metáfora. Hay cosas en nuestras vidas que pueden también «poseernos» de una manera perniciosa. Para el seguidor de Cristo, cualquier cosa que se vuelva más preciosa que nuestra relación con el Señor se vuelve destructiva. Y al igual que el anillo, con frecuencia esas son cosas que parecen hermosas y brillantes, es decir, buenas y positivas en nuestras vidas: avance en la profesión, una creciente cuenta bancaria, nuestros cónyuges e hijos. Y esas cosas pueden, ciertamente, ser buenas, pero se vuelven piedras de tropiezo cuando empiezan a poseernos, cuando dividen nuestros corazones y ceden nuestro compromiso con el Señor. «Porque donde esté tu tesoro, allí estará también tu corazón» (Mateo 6.21).

En mi propia vida, el éxito, el prestigio de mi carrera, la admiración que yo sentía por parte de otros debido a eso y la prosperidad económica que había llegado con todo ello se hizo cada vez más importante para mi identidad. Aquellas cosas eran especialmente atractivas quizá en parte debido a mi inseguridad económica cuando era niño. No me resultaba fácil pensar en soltar mi propio «sueño americano». Pero eso no era nunca algo que pudiera notarse; es decir, hasta que Dios me pidió que pusiera mis ídolos a sus pies. *Rich, ¿estás dispuesto a estar abierto a la voluntad de Dios para tu vida?* Solamente entonces entendí lo controladoras que se habían vuelto esas cosas.

En *El señor de los anillos*, Gandalf el mago le habla a Frodo, el héroe de la historia, sobre los peligros que afrontará como quien tiene que llevar el anillo de poder en un peligroso viaje. Él advierte a Frodo del gran poder que tiene el anillo de poseer a aquel que lo lleva. Frodo, desde luego, es escéptico; después de todo, es tan sólo un anillo. Por tanto, como una prueba, Gandalf le desafía a renunciar al anillo, a destruirlo.

«¡Inténtalo! ¡Inténtalo ahora!», dijo Gandalf.

Frodo volvió a sacar el anillo de su bolsillo y lo miró... el anillo se veía muy bueno y puro, y Frodo pensó en lo rico y hermoso que era su color, en lo perfecto que era su círculo. Era una cosa admirable y totalmente preciosa. Cuando lo sacó de su bolsillo, fue con la intención de lanzarlo a la parte más caliente del fuego. Pero ahora descubrió que no podía hacerlo, no sin una gran lucha. Sopesó el anillo en su mano, dudando, y obligándose a sí mismo a recordar todo lo que Gandalf le había dicho; y entonces, con un esfuerzo de la voluntad hizo un movimiento, como si fuera a lanzarlo, pero descubrió que lo había vuelto a meter en su bolsillo.

Gandalf se rió forzadamente. «¿Lo ves?»[3]

Lo mismo le pasó al joven rico. Él estaba bastante unido a su identidad y su estatus, hasta el punto que cuando Jesús le pidió que vendiese todo lo que tenía y lo diese a los pobres, no pudo hacerlo. Y así sucedía conmigo. El «anillo» había estado en mi dedo durante muchos años, y me gustaba. «Anda, vende todo lo que tienes y dáselo a los pobres... Luego ven y sígueme»: más fácil decirlo que hacerlo.

SEGUNDO PREMIO EN UN CONCURSO DE BELLEZA

El crecimiento demanda una rendición temporal de la seguridad. —Gail Sheehy

Aquella llamada con Rob el reclutador sí dio como resultado que los dos cenásemos un par de semanas después. Hablamos durante cuatro horas, cubriendo cada tema imaginable relativo a Visión Mundial y yo. Al final, Rob dijo que creía, contrariamente a mi propia opinión, que yo sería un buen candidato a considerar. Preguntó si podía añadir mi nombre a su corta lista de quince candidatos y presentar mi trasfondo a la junta directiva. «Si esto es la voluntad de Dios para su vida, lo descubriremos. Si no lo es, también lo descubriremos. ¿Qué tiene usted que perder?» Era fácil para él decirlo.

Los siguientes meses están borrosos para mí cuando miro atrás. Parecía que cada pocas semanas Rob llamaba y decía algo como: «Lo hemos reducido a doce, y usted es uno de los doce». Después fueron ocho, y después fueron cuatro. Yo me estaba poniendo nervioso. Nunca en mi vida había querido tanto terminar en segundo lugar. Al haber sido anteriormente presidente de Parker Brothers, seguía pensando en esa tarjeta del Monopoly que dice: «¡Ha ganado el segundo premio en un concurso de belleza! Obtiene 10 dólares». Entonces podría alejarme con mi cabeza alta y sentirme como todo un discípulo por haber lanzado mi sombrero al cuadrilátero. Podría demostrar a Dios que estaba disponible para Él sin tener que hacer realmente nada. Pidieron a los cuatro candidatos finales (irónicamente, ya que la final del torneo de baloncesto universitario de los Cuatro estaba en marcha) que volasen a Chicago para ser entrevistados por miembros del comité de búsqueda.

Recuerdo en cada entrevista aquel día explicar con todo detalle todas las razones por las cuales yo era una mala elección y no tenía la experiencia necesaria. En una de las sesiones, Bill Hybels, miembro de la junta y el conocido pastor de la iglesia Willow Creek, me informó seriamente: «Rich, si es usted elegido para este trabajo, tendrá que viajar a algunos de los peores lugares del mundo. Será expuesto a cosas desgarradoras: niños que viven en montones de basura, mujeres que han perdido a sus hijos por las enfermedades, personas con SIDA en sus lechos de muerte. ¿Se siente cómodo con eso?»

Yo dije: «¿Cómodo? Estoy tan *in*cómodo con eso, ¡que ni siquiera puedo expresarlo! ¡Estoy aterrado! Yo no soy el hombre que ustedes querrían tener al lado de su cama en medio de su sufrimiento. No creo que Dios me haya dado el don de misericordia. No me malentienda; tengo un corazón tierno, y lloro en las películas de Disney. Mi corazón se rompe por los niños que tienen necesidad. ¿Pero *cómodo*? De ninguna manera. Si creen que estarán contratando a la madre Teresa, necesitan saber que tienen al hombre equivocado».[4]

Yo estaba bastante seguro de que aquellas palabras lo habían conseguido. Ellos nunca me escogerían. Y, por tanto, volé de regreso a casa, bastante seguro de que había ganado el segundo premio, o quizá el tercero o el cuarto. Podrás imaginar mi sorpresa cuando Rob me llamó a la mañana siguiente. Me dijo que había reunido a los seis miembros de la junta al final del día y les había pedido que sencillamente escribieran su primera elección en un pedazo de papel, lo doblasen, y se lo entregasen sin ninguna discusión. Entonces él había abierto los seis votos, y descubrió que mi nombre estaba en todos ellos.

«¿Qué significa eso?», pregunté incrédulamente.

Él dijo: «¡Felicidades! ¡Tiene usted el empleo!»

«Yo, ¿*qué*? Pero no quiero el empleo. No quiero realizar ese trabajo. No puede estar correcto». Yo debería haber sabido que podría suceder algo como eso. Dios nunca escoge a la persona que tú o yo escogeríamos. Él escogió a un pelotón de pescadores, recaudadores de impuestos e insurgentes para ser sus discípulos. Él escogió a Pablo, el mayor perseguidor de los cristianos, para ser apóstol a los gentiles y para escribir la mayor parte del Nuevo Testamento. Él eligió a David, el enano de los hijos de Isaí, para ser rey sobre Israel, y a Moisés, un pastor, para confrontar al hombre más poderoso de la tierra, el faraón, y para sacar a varios cientos de miles de israelitas de la esclavitud. Dios realmente parece tener sentido del humor con respecto a esas cosas; por tanto, ¿por qué no escoger a un hombre que vende porcelana de lujo para ayudar a los pobres? Tiene sentido, ¿verdad?

Este versículo de 1 Corintios se ha convertido en el versículo de mi vida: «Pero Dios escogió lo insensato del mundo para avergonzar a los sabios, y escogió lo débil del mundo para avergonzar a los poderosos» (1.27).

Recuerdo decirle a Rob que se siguiera quedando con su segunda elección porque la primera no estaba tan segura de que eso fuera a suceder. Entonces decidimos que Reneé y yo necesitábamos volar hasta Seattle para tener una serie de reuniones y conversaciones de investigación antes de tomar una decisión final. Visión Mundial había pasado varios meses investigándome a mí, pero yo no había hecho prácticamente nada para investigarlos a ellos; negación, supongo. Ahora necesitaba ir a las oficinas generales de Visión Mundial en Seattle por mi propia diligencia debida. Tenía mil preguntas que hacer antes de ir a dar un giro radical a mi vida.

Pero antes de terminar mi historia, necesito contarte otra cosa sorprendente que sucedió: el *mismo* día de nuestro vuelo a Seattle, yo había ido temprano a la oficina porque, meses antes, había invitado a un colega de la industria que vivía en Londres a visitar y recorrer nuestras oficinas de Lenox. Su nombre era Keith, y era un rico inversor que poseía una de las empresas de porcelana británica más prestigiosas. Como tenía mucho en qué pensar, incluso el vuelo más adelante aquel día a Seattle, estaba distraído mientras le enseñaba las oficinas de Lenox a Keith, y le llevé de nuevo a mi oficina para tomar café. Fue entonces cuando él se levantó y cerró la puerta diciéndome que tenía un asunto privado del que hablar conmigo.

Yo escuchaba cada vez más sorprendido a medida que Keith me explicaba que estaban planeando comprar otra gran empresa británica de porcelana y combinar las dos empresas. La nueva empresa sería la mayor de su tipo en el mundo. Y entonces dejó caer la bomba: quería que yo me uniese a él como Director General. Dijo que no quería molestarse en contratar a una empresa de contratación porque sabía que yo era el mejor candidato para el trabajo. Yo comencé a hablar, pero él me detuvo y dijo que yo necesitaba saber una cosa más: él me haría rico. Dijo que me ofrecería un 10% de participación en esa empresa, lo que suponía un valor de entre 25 y 50 millones de dólares, si yo estaba de acuerdo en dejar Lenox y pasar a ser su Director General.

Como podrás imaginar, acontecimientos como ese no sucedían cada día en mi vida. Inmediatamente recordé algo que Reneé me había dicho unos dos meses antes, justamente cuando yo había comenzado las conversaciones con Visión Mundial. Ella dijo que creía que en ese momento de decisión, una gran tentación se interpondría en mi camino, una seducción económica, que amenazaría con evitar que yo fuese a trabajar con Visión Mundial. Recuerda que tan sólo seis horas después yo iba a estar en un avión hacia Seattle para tomar mi decisión final.

Le dije a Keith que estaba pasmado con su oferta pero que había una complicación. Aunque nadie en Lenox era consciente de mis conversaciones con Visión Mundial, yo decidí compartir mi dilema con Keith. Sin nombrar la organización, le dije que mi esposa y yo éramos cristianos comprometidos, y que durante las últimas semanas yo había mantenido conversaciones con una organización humanitaria importante en cuanto a ser su presidente. Dije que si aceptaba la oferta, sería una oportunidad para mi esposa y yo de poner en acción nuestra fe de una manera más directa. Y le dije que más adelante ese día iba a volar hasta allí para realizar mis entrevistas finales. Entonces le dije que si las cosas no salían bien con la organización humanitaria, entonces yo estaría muy interesado en su oferta pero antes tenía que finalizar el proceso con ellos.

Keith pareció un poco desconcertado, y dijo que le sorprendía que yo realmente pensara en dejar mi carrera en Lenox para trabajar para una organización benéfica, pero que me admiraba por considerar hacerlo. Y entonces me contó una historia que se convirtió en un mensaje directo de Dios a Rich Stearns.

Me dijo en confianza que hacía décadas, su esposa no podía tener hijos, y finalmente adoptaron a una niña de India. La criaron como si fuese propia hasta que de manera muy repentina, la perdieron a los diez años de edad. Nunca me dijo cómo murió. El dolor los destrozó, él perdió el interés en sus negocios y, finalmente, él y su esposa se separaron. Pero entonces me dijo que un día, mientras miraba el correo, encontró una carta de una organización llamada Visión Mundial, en la cual le invitaban a apadrinar a un niño por 20 libras al mes. (Yo sentí otra vez ese escalofrío por mi espalda.) Con emoción, les escribió una carta explicando la pérdida de su hija y preguntando si sería posible apadrinar a una niña de diez años de edad de la misma región de India donde había nacido su hija. Dos semanas después, recibió una foto de su nueva «hija» y, durante los siguientes años, él le escribió y le envió regalos regularmente.

Me dijo: «Rich, en cierto modo, apadrinando a esa niña, finalmente pude soltar mi dolor». Entonces me dijo que el punto de su historia era que, a lo largo de los años, él había llegado a quedar muy impresionado con esa organización, Visión Mundial; que no era fácil ayudar a los pobres, pero que podía ver que ellos tenían una sólida experiencia, una pensada estrategia y personas con las cualidades necesarias para hacerlo de manera eficaz. «Por eso puedo ver por qué una organización tan grande como esa podría beneficiarse de alguien como usted, Rich. Pero de manera egoísta espero que decida usted venir a trabajar conmigo».

Quizá puedas imaginar mi sorpresa por lo que acababa de suceder. Aquello no podía ser una coincidencia. Dios me estaba hablando por medio de aquella increíble tentación, diciendo: *¿Lo ves, Rich? Mediante Visión Mundial yo puedo*

tocar a los más pobres de entre los pobres, pero también a los más ricos de entre los ricos.
¿Estás dispuesto a estar abierto a mi voluntad para tu vida? Con un poco de duda, le dije a Keith que Visión Mundial era quien quería que yo fuese su próximo presidente en Estados Unidos. Su cara pareció quedarse sin color cuando ambos entendimos que aquello era una extraña coincidencia. Terminamos nuestra reunión y yo prometí llamarle unas semanas después, tras haber tomado una decisión. Y entonces salí para el aeropuerto.

Por tanto, así es como terminé una tarde de viernes escondido entre las mantas y lloriqueando.

Después de dos días de reuniones y todo el sábado con un corredor de bienes raíces, buscando barrios potenciales donde podríamos vivir, algo también deprimente, regresamos a casa el domingo. Yo estaba tan inquieto y sentía tanto conflicto acerca de mi decisión que llamé a la oficina de Rob aquel domingo por la noche y le dejé un mensaje de voz. Era demasiado cobarde para hablar con él. Dije: «Lo siento, nunca debería haber dejado que este proceso llegase tan lejos. Fue un error terrible. Yo no estoy cualificado, Rob, y tengo que decir no y seguir adelante con mi vida. Perdóneme».

Cuando el joven oyó aquello, se alejó triste, porque tenía muchas posesiones...

Al día siguiente comenzaron varios días de intensas reuniones en Lenox con el presidente de nuestra empresa matriz y otros líderes principales. Yo tenía que volver a meter mi cabeza en el partido. Tenía que seguir adelante. Rob me llamó muchas veces aquella mañana y le dijeron que yo estaba ocupado. Yo le llamé al final del día y hablamos. Le expliqué lo mejor que podía por qué no podía aceptar el trabajo, y le pregunté qué haría ahora Visión Mundial. Rob, que estaba bastante conmocionado por mi decisión, dijo que tendrían que comenzar de nuevo desde el principio, porque la junta se había convencido de que los demás candidatos no eran los correctos. (Yo pensé: *¿Tan malos serían; peores que el Sr. Porcelana China?*)

Llegué a casa del trabajo aquella noche, preparado para derrumbarme en un agotamiento emocional, cuando Reneé anunció que era la noche de apertura de la conferencia misionera de nuestra iglesia, y que tenía que prepararme para que fuésemos. Yo no podía pensar en ningún lugar donde menos quisiera estar en aquel momento que en una conferencia misionera, y se lo dije. Ella dijo que nuestros hijos y ella irían, y que sería bueno si su padre también fuese y les diese un buen ejemplo, así que me arrastré a mí mismo hasta el auto.

En el servicio aquella noche, yo estaba distraído y prestando poca atención al orador. Él había estado hablando sobre el mundo y la gran necesidad, una buena preparación para pedirnos a todos nuestro dinero. Pero cuando concluyó, no pidió dinero; en cambio, adoptó un enfoque sorprendentemente distinto. Dijo, con cierto dramatismo, que él creía que Dios estaba hablando a alguien que estaba allí en el santuario aquella noche, que Dios estaba, de hecho *llamando* a esa persona no sólo a rellenar un cheque, sino a ir y servir. Dijo que en todo el mundo había niños que tienen hambre y sufren, y que necesitaban ayuda. Ellos nunca habían oído el evangelio, y el Señor necesitaba personas que fuesen a ellos. Entonces el orador dijo que mientras seguía sonando la música, su oración final sería que Dios tocara el corazón de esa persona. Yo no podía creerlo. Me sentía como si yo fuese la única persona que había en el santuario aquella noche. ¿Podía saberlo él? Yo seguía tratando de huir, tan sólo para encontrarme con que Dios me estaba esperando y preguntando: *Rich, ¿estás dispuesto a estar abierto a mi voluntad para tu vida?*

Aquella noche, cuando llegamos a casa y los niños se fueron a la cama, Reneé y yo estábamos sentados en la cocina; y me derrumbé. Me quebranté llorando. (Yo tiendo a hacer eso muchas veces.) Dos meses de entrevistas, ansiedad y tensión emocional y espiritual habían hecho su efecto. Pero una cosa me llegó aquella noche con perfecta claridad. El orador había hablado de niños que sufren en todo el mundo. Recuerdo haber pensado: *¿Y si hay niños que sufrirán de algún modo porque yo no obedecí a Dios? ¿*No les había yo enseñado a mis hijos siempre que los actos tenían consecuencias? *¿Y si mi cobardía le cuesta su vida aunque sea a un sólo niño en algún lugar del mundo?* Yo no podía vivir con ese pensamiento; sencillamente no podía, y por eso me derrumbé. Toda mi cuidada postura y racionalización en cuanto a no estar cualificado se hicieron añicos. Dios me había quebrantado, y yo sabía que ya no podía seguir huyendo de Él. Reneé me abrazó, y lloramos juntos. Ella había sido la persona fuerte en todo el proceso. Ella había dicho desde el principio: «Tenemos que estar donde Dios quiera que estemos, y si es en Visión Mundial, iremos». ¿Cuántas esposas de directores generales de empresas dirían eso? «Adelante; vende la casa de mis sueños; saca a mis cinco hijos de la escuela; trasládanos a Seattle, donde no conocemos ni a un alma; y reduce nuestros ingresos en un 75 por ciento porque Dios te está diciendo que lo hagas. No hay problema». Pero así era Reneé. Ella había soñado con ayudar a los pobres desde que era pequeña, y aquello parecía la manera que Dios tenía para nosotros de hacerlo. Dios había sabido desde un principio que ella era la mujer que yo necesitaría para ser el hombre que Él quería que yo llegase a ser.

Al día siguiente llamé a Rob otra vez y le dije que no podía dormir, ni comer, ni vivir conmigo mismo. Creo que perdí algunos kilos ese mes y muchas horas de sueño. Le dije que mi familia y yo estaríamos orando durante los días siguientes, y le pedí que dirigiese al comité en ese mismo tipo de oración en su siguiente reunión. Le dije que yo quería que orasen realmente, no sólo unos minutos sino una oración profunda, larga y sincera para que Dios nos diera a ellos y a mí claridad. Aquello era demasiado importante para hacerlo sin buscar a Dios, demasiado trascendental para que Visión Mundial cometiese un error. Acordamos volver a hablar unos días más tarde, después de la reunión. Y lo hicimos. Ellos oraron, yo oré, Reneé y los niños oraron, y las parejas de nuestro grupo de estudio bíblico oraron: *todos* oraron. Mi hijo que tiene diez años, Pete, con la fe de un niño, dijo que creía que debía ayunar mientras oraba, así que lo hizo. Unos días más tarde, después de que el comité se reuniera, Rob llamó otra vez. Dijo que la junta también había orado fervientemente acerca de su decisión. Habían orado por mí, por los otros candidatos y por la dirección de Dios en sus deliberaciones. Rob me dijo que después de su tiempo de oración, la junta sintió más seguridad que nunca de que Dios me estaba llamando a mí a Visión Mundial. Finalmente, con un sentimiento de resignación y rendición, dije: «Muy bien, entonces hagámoslo, y si es un terrible error, oremos para que Dios cierre las puertas de un portazo».

Él no lo hizo.

En abril, acepté oficialmente la invitación de la junta.

En mayo, dimití como Director General de Lenox.

En junio, comencé mi nuevo trabajo como presidente de Visión Mundial en Estados Unidos.

En julio, el camión de mudanzas entró en nuestro caserío de doscientos años de antigüedad.

Y en agosto, yo estaba en las junglas de Uganda, con Richard y sus hermanos huérfanos. Me preguntaba si Richard era ese único niño por el que yo me había preocupado en mi cocina aquella noche hacía tanto tiempo, el niño que podría morir si yo desobedecía a Dios. Creo que Dios me estaba mostrando que era él.

PARTE 2

EL VACÍO SE HACE MÁS PROFUNDO

Lo que pido de ustedes es amor y no sacrificios,
conocimiento de Dios y no holocaustos.

—OSEAS 6.6

La primera Reforma... se trataba de credos; ésta va a tratarse
sobre nuestras obras. La primera dividió a la iglesia;
esta vez unificará a la iglesia.

—RICK WARREN

CAPÍTULO CUATRO

LOS IMPONENTES PILARES DE LA COMPASIÓN Y LA JUSTICIA

*El infierno está lleno de personas que tenían en gran estima
el Sermón del Monte. Debes hacer algo más que eso.
Debes obedecer y emprender la acción.*

—JOHN MACARTHUR

*Al final, recordaremos no las palabras de nuestros enemigos
sino el silencio de nuestros amigos.*

—DR. MARTIN LUTHER KING JR.

¿Estás dispuesto a estar abierto a la voluntad de Dios para tu vida? Esa pregunta, y los acontecimientos que siguieron, me condujeron por un nuevo camino de descubrimiento. ¿Cuál *era* la voluntad de Dios para mi vida? ¿Qué esperaba Él de mí? ¿Qué espera Él de cualquiera de nosotros que quiera ser seguidor de Cristo y portador del evangelio? Esas expectativas no son misteriosas y muy difíciles de discernir. De hecho, están grabadas claramente página tras página de la Escritura: un brillante hilo de la compasión de Dios por la gente y su celo por la justicia:

¡Ya se te ha declarado lo que es bueno! Ya se te ha dicho lo que de ti espera el Señor: Practicar la justicia, amar la misericordia, y humillarte ante tu Dios. (Miqueas 6.8)

La declaración de la misión de Cristo, declarada en una sinagoga en Nazaret y registrada en Lucas 4, era solamente la punta del iceberg para entender lo que le faltaba a mi interpretación del evangelio y lo que significaba para mí personalmente. El pasaje de Lucas era la culminación y el cumplimiento de más de veinte siglos de que Dios hablara a la nación de Israel por medio de Moisés y los profetas. Los grandes temas de la reconciliación, la compasión y la justicia están entretejidos profundamente a lo largo del Antiguo y el Nuevo testamento. Un análisis exhaustivo de esos temas está por encima del ámbito de este libro. Pero hay dos notables pasajes que nos proporcionan mayor claridad con respecto a las expectativas de Dios para aquellos que afirman seguirle. Se encuentran en Isaías 58 y Mateo 25.

ISAÍAS 58

El siguiente pasaje de Isaías casi deja sin respiración en su esplendor, su visión del reino de Dios y cómo se vería esa visión manifestada en las vidas y las comunidades de su pueblo. Escrito en el siglo VII A.C., el libro de Isaías estaba dirigido a un pueblo en cautividad, un pueblo castigado que había sido brutalmente conquistado por Asiria como castigo de Dios por siglos de infidelidad e idolatría bajo una sucesión de reyes corruptos. Era una nación que ya no aguantaba más, que intentaba desesperadamente «estar bien con Dios». Sin embargo, Dios juzgó sus intentos de santidad como vacíos y poco sinceros. Ellos se limitaban a la formalidad de la fidelidad: orando, ayunando, guardando observaciones y ceremonias religiosas, y cosas parecidas. Dios primero ridiculizó su hipocresía y después mostró una inmensa visión de lo que sería la verdadera fidelidad:

> ¡Grita con toda tu fuerza, no te reprimas! Alza tu voz como trompeta. Denúnciale a mi pueblo sus rebeldías; sus pecados, a los descendientes de Jacob. Porque día tras día me buscan, y desean conocer mis caminos, como si fueran una nación que practicara la justicia, como si no hubieran abandonado mis mandamientos. Me piden decisiones justas, y desean acercarse a mí, y hasta me reclaman: «¿Para qué ayunamos, si no lo tomas en cuenta? ¿Para qué nos afligimos, si tú no lo notas?» (vv. 1-3)

Dios aquí reconoció que el pueblo *parecía* estar buscando su voluntad y su presencia. La imagen que tenían de ellos mismos era de una nación que practicaba la justicia y no había abandonado los mandamientos de Dios; hasta deseaban acercarse a Él. De hecho, ellos en realidad estaban un poco enojados con Dios, quien parecía estar pasando por alto su ayuno, adoración y oraciones. Pero Dios veía lo que había detrás de su máscara de religiosidad.

> Pero el día en que ustedes ayunan, hacen negocios y explotan a sus obreros. Ustedes sólo ayunan para pelear y reñir, y darse puñetazos a mansalva. Si quieren que el cielo atienda sus ruegos, ¡ayunen, pero no como ahora lo hacen! ¿Acaso el ayuno que he escogido es sólo un día para que el hombre se mortifique? ¿Y sólo para que incline la cabeza como un junco, haga duelo y se cubra de ceniza? ¿A eso llaman ustedes día de ayuno y el día aceptable al Señor? (vv. 3-5)

Sí, Dios estaba en lo cierto con respecto a la superficialidad de Israel. A primera vista, puede que ellos parecieran piadosos, pero no habían cambiado su conducta de fondo. Dios nunca está satisfecho con rituales y liturgias cuando los corazones de su pueblo siguen siendo corruptos. Por tanto, Él sugirió en este pasaje algo que debiera asombrar nuestras propias creencias acerca de la oración: que debido a su hipocresía, ¡Él ni siquiera escucharía sus oraciones! Nosotros damos por sentado que Dios siempre escucha nuestras oraciones, pero este pasaje sugiere que no deberíamos esperar que Dios escuche oraciones ofrecidas por corazones insinceros. Por tanto, si Dios *no* se agrada de las oraciones y la veneración del hombre, *¿qué* le agrada?

> El ayuno que he escogido, ¿no es más bien romper las cadenas de injusticia y desatar las correas del yugo, poner en libertad a los oprimidos y romper toda atadura? ¿No es acaso el ayuno compartir tu pan con el hambriento y dar refugio a los pobres sin techo, vestir al desnudo y no dejar de lado a tus semejantes? (vv. 6-7)

Estas palabras describen a un pueblo y a una sociedad caracterizados por la justicia, la equidad y un interés por los pobres. Retratan no sólo una ética personal sino también una ética comunitaria. La referencia a «romper toda atadura» sugiere que cualquier sistema, ley o práctica que sea injusta debe ser rota, ya sea personal, social, política o económica. Esto suena muy parecido a lo que describí anteriormente como «el evangelio completo», las buenas noticias inherentes en un reino que se basa en el carácter de Dios en lugar de en el carácter del hombre. Y para este tipo de comunidad del reino, un pueblo cuyos actos demuestran este nivel de auténtico cambio personal y social, Dios ofrece esta increíble promesa:

> Si así procedes, tu luz despuntará como la aurora, y al instante llegará tu sanidad; tu justicia te abrirá el camino, y la gloria del Señor te seguirá. Llamarás, y el Señor responderá; pedirás ayuda, y él dirá: «¡Aquí estoy!» Si desechas el yugo de opresión, el dedo acusador y la lengua maliciosa, si te dedicas a ayudar a los hambrientos y a saciar la necesidad del desvalido, entonces brillará tu luz en las tinieblas, y como el mediodía será tu noche. El Señor te guiará siempre; te saciará en tierras resecas, y fortalecerá tus huesos. Serás como jardín bien regado, como manantial cuyas aguas no se agotan. (vv. 8-11)

¡Qué promesa! Estas palabras requieren una pequeña explicación. Dios se deleitará en su pueblo cuando ellos le obedezcan. Cuando los hambrientos sean alimentados, se cuide de los pobres y se establezca justicia, Él oirá y responderá las oraciones de sus siervos; Él los guiará y los protegerá, y ellos serán una luz para el mundo. Esta es una visión del pueblo de Dios transformando el mundo de Dios a la manera de Dios. No hay ningún vacío en este evangelio. Eso es lo que Jesús quiso decir cuando oró: «Hágase tu voluntad, como en el cielo así también en la tierra». Caridad, equidad y misericordia son las marcas del reino del Mesías, y Cristo quería que comenzase *en la tierra*.

Más adelante en el ministerio público de Jesús, incluso Juan el Bautista comenzó a dudar de que Jesús fuera en realidad el Mesías, y por eso envió a algunos de sus propios seguidores a Jesús para obtener seguridad. Ellos dijeron: «Juan el Bautista nos ha enviado a preguntarte: ¿Eres tú el que ha de venir, o debemos esperar a otro?» (Lucas 7.20).

Jesús respondió enumerando las señales que anunciaban la venida de las buenas nuevas (el Mesías): «Vayan y cuéntenle a Juan lo que han visto y oído: Los ciegos ven, los cojos andan, los que tienen lepra son sanados, los sordos oyen, los muertos resucitan y a los pobres se les anuncian las buenas nuevas» (v. 22). Jesús alentó a Juan señalando la evidencia *tangible* de la venida del reino de Dios por medio de Él mismo: el Mesías.

Si hemos de ser parte de este reino que viene, Dios espera que nuestras vidas, nuestras iglesias y también nuestras comunidades de fe, estén caracterizadas por estas auténticas señales de nuestra propia transformación: compasión, misericordia, justicia y amor, demostrados *tangiblemente*. Solamente entonces nuestra luz brillará como el amanecer, nuestra sanidad aparecerá enseguida, y nuestros clamores pidiendo ayuda serán respondidos con un divino *Aquí estoy*.

MATEO 25

Aquí encontramos otra imponente marca que nos ayuda a entender la plenitud del evangelio y lo que Dios espera de sus seguidores. Es un destacado relato del futuro día del juicio, después de que el Cristo resucitado haya regresado. Las implicaciones de este pasaje habrían sido tan sorprendentes en tiempos de Mateo como lo son para nosotros en la actualidad. Léelo con atención.

Cuando el Hijo del hombre venga en su gloria, con todos sus ángeles, se sentará en su trono glorioso. Todas las naciones se reunirán delante de él, y él separará a unos de otros, como separa el pastor las ovejas de las cabras. Pondrá las ovejas a su derecha, y las cabras a su izquierda.

Entonces dirá el Rey a los que estén a su derecha: «Vengan ustedes, a quienes mi Padre ha bendecido; reciban su herencia, el reino preparado para ustedes desde la creación del mundo. Porque tuve hambre, y ustedes me dieron de comer; tuve sed, y me dieron de beber; fui forastero, y me dieron alojamiento; necesité ropa, y me vistieron; estuve enfermo, y me atendieron; estuve en la cárcel, y me visitaron». Y le contestarán los justos: «Señor, ¿cuándo te vimos hambriento y te alimentamos, o sediento y te dimos de beber? ¿Cuándo te vimos como forastero y te dimos alojamiento, o necesitado de ropa y te vestimos? ¿Cuándo te vimos enfermo o en la cárcel y te visitamos?» El Rey les responderá: «Les aseguro que todo lo que hicieron por uno de mis hermanos, aun por el más pequeño, lo hicieron por mí».

Luego dirá a los que estén a su izquierda: «Apártense de mí, malditos, al fuego eterno preparado para el diablo y sus ángeles. Porque tuve hambre, y ustedes no me dieron nada de comer; tuve sed, y no me dieron nada de beber;

fui forastero, y no me dieron alojamiento; necesité ropa, y no me vistieron; estuve enfermo y en la cárcel, y no me atendieron». Ellos también le contestarán: «Señor, ¿cuándo te vimos hambriento o sediento, o como forastero, o necesitado de ropa, o enfermo, o en la cárcel, y no te ayudamos?» Él les responderá: «Les aseguro que todo lo que no hicieron por el más pequeño de mis hermanos, tampoco lo hicieron por mí».

Aquéllos irán al castigo eterno, y los justos a la vida eterna. (vv. 31-46)

Aquí se ve con claridad el cuadro completo. Esto es un destello del juicio final (ver Daniel 7.13-14) al final de la historia, cuando Cristo se siente en su trono y juzgue a la humanidad, las personas reunidas delante de Cristo serán divididas en dos claros grupos: las ovejas y las cabras. Pero lo que quizá sea más sorprendente es que el criterio para dividir a los dos grupos no es que las ovejas confesaron fe en Cristo y las cabras no, sino más bien que las ovejas habían actuado de maneras tangibles y amorosas hacia los pobres, los enfermos, los encarcelados y los vulnerables, mientras que las cabras no lo hicieron. Aquellos cuyas vidas estuvieron caracterizadas por actos de amor hechos a «los más pequeños», fueron bendecidos y aceptados por Cristo al reino de su Padre.[1] Quienes no respondieron, cuya fe no encontró expresión en la compasión por los necesitados, fueron expulsados al fuego eterno.

Sin duda, este es otro de esos pasajes que serían fáciles de cortar en nuestra Biblia. Preferiríamos en cambio creer que las únicas cosas necesarias para nuestra salvación son pronunciar las palabras correctas y creer las cosas correctas, no vivir vidas que estén caracterizadas por el interés de Cristo por los pobres. ¿Por qué es este pasaje tan aleccionador para nosotros al leerlo en el siglo XXI? ¿Podría ser que tenga demasiado que ver con nosotros? Permítanme tomarme algunas libertades y parafrasear estos versículos para los lectores actuales:

Porque tuve hambre, mientras ustedes tenían todo lo que necesitaban. Tuve sed, pero ustedes bebían agua embotellada. Fui extranjero, y ustedes querían que me deportasen. Necesitaba ropa, pero ustedes necesitaban *más* ropa. Estuve enfermo y ustedes señalaron rutas que condujeron a mi enfermedad. Estuve en la cárcel, y ustedes dijeron que tenía lo que me merecía. (VRES - Versión Richard E. Stearns)

Si somos sinceros, nuestra respuesta a los pobres a veces podría describirse mejor mediante esta irreverente versión. Cualquiera que sea el caso, las palabras de Cristo en este pasaje no pueden descartarse. Tenemos que afrontar sus implicaciones a pesar de lo inquietantes que sean. Dios tiene claras expectativas para aquellos que escogen seguirle.

Pero quiero dejar claro que esto no significa que seamos salvos por amontonar suficientes buenas obras para satisfacer a Dios. No, significa que cualquier compromiso auténtico y genuino con Cristo estará acompañado por una evidencia demostrable de una vida transformada. En lenguaje contemporáneo, aquellos que no practican lo que predican serán expuestos como falsos. «¿Cómo sabemos si hemos llegado a conocer a Dios? Si obedecemos sus mandamientos. El que afirma: «Lo conozco», pero no obedece sus mandamientos, es un mentiroso y no tiene la verdad» (1 Juan 2.3-4).

Estos versículos de 1 Juan, como muchos otros de los cuales hablamos en esta sección, sugieren algo bastante inquietante: que muchos que profesan seguir a Cristo al final serán descubiertos como falsos, engañándose hasta a ellos mismos. Sin embargo, no quiero también sugerir que todos los verdaderos seguidores de Cristo deban abandonarlo todo para llevar consuelo y justicia a los pobres. Sólo propongo que un interés genuino por «los más pequeños» que encuentra una expresión tangible debe estar intercalado en el patrón de sus vidas y su fe. Esa expresión podría implicar pequeños pero regulares donativos a ministerios de compasión, defender a los pobres ante los representantes del gobierno, o prestarse voluntarios regularmente en un comedor popular, hogar de ancianos local, o en Ronald McDonald House (donde mi esposa y mis hijas Sarah y Grace están esta noche, mientras yo escribo). Ni siquiera Jesús pasaba cada una de las horas en que estaba despierto ayudando a los pobres. Él comía con los ricos, celebraba en bodas y fiestas, enseñaba en la sinagoga, y quizá también hacía un poco de carpintería. Aun así, no hay cuestión alguna con respecto a que su amor por los pobres encontraba expresión coherente y concreta en su vida y su ministerio. La pregunta para ti y para mí es la siguiente: ¿Encontrará Cristo evidencia de nuestro interés genuino por sus amados pobres cuando mire el fruto de nuestras vidas en aquel día? Además, ¿qué podría Él estar llamándote a hacer *hoy*? ¿Qué nuevos pasos de fe podrías dar para demostrar tu propio interés por «los más pequeños»?

Un último aspecto sorprendente de este pasaje es la notable afirmación de nuestro Señor: «Les aseguro que todo lo que hicieron por uno de mis hermanos, aun por el más pequeño, lo hicieron por mí» (Mateo 25.40). Incluso las ovejas buenas en este pasaje quedaron sorprendidas por eso. Lo que habían considerado sencillos gestos humanos de amor a los necesitados resultaron ser gestos a un «Cristo» de incógnito. La madre Teresa dijo una vez que en las caras de los pobres a los que ella servía, veía «a Cristo, en su disfraz más inquietante».

En resumen, vemos a lo largo del Antiguo y el Nuevo Testamento el brillante hilo del interés de Dios por los pobres y los marginados. Vemos en el dramático anuncio de Cristo de su identidad mesiánica y su misión en Lucas 4 que Él vino «para anunciar buenas nuevas a los pobres» (v. 18). Aprendemos que el criterio de Cristo para determinar la autenticidad de la profesión que hace alguien de seguirle es si se ha ocupado o no de manera tangible de quienes tienen necesidad, y ahora se nos dice que cuando nos ocupamos de ellos, en realidad nos estamos ocupando de Cristo mismo: su identidad fusionada con los más pequeños. No hay «evangelio completo» sin compasión y justicia mostradas a los pobres. Es así de sencillo.

Ahora la pregunta es: ¿Hemos *pasado por alto* en el siglo XXI algo tan sencillo y tan profundo?

Un disfraz de lo más inquietante

Nos reunimos en un grupo de unos sesenta: mi esposa, mi hija Hannah y yo, junto con parte del personal de Visión Mundial Uganda y quizá 40 niños de varias edades. Estábamos esperando que llegasen, planeando darles la bienvenida con cantos y celebración; nos habían dicho que llegarían aquella mañana.

Cuando las puertas de metal chirriaron, nuestra anticipación creció; ellos habían llegado. El vehículo entró lentamente, se acercó despacio hacia nosotros, y finalmente se detuvo. Entonces se abrieron las puertas y los dos muchachos adolescentes salieron para conocer a la multitud. Yo podía ver temor y a la vez confusión en sus caras; claramente, ellos no esperaban ese tipo de bienvenida, no para dos autores de una masacre.

No creo que haya estado nunca en un lugar tan oscuro espiritualmente como Gulu, en el norte de Uganda. Gulu es el centro de más de veinte años de violentas atrocidades cometidas por el así denominado Ejército de Resistencia del Señor y su líder, Joseph Kony, que se declaró asimismo como hijo de Dios. Si Satanás está vivo y se manifiesta en nuestro mundo, sin duda está presente en este grupo cultista y brutal cuya marca es el secuestro de niños que después son obligados a punta de pistola a cometer asesinatos, violaciones e incluso actos de canibalismo. Durante su reinado del terror, se cree que Kony ha secuestrado a más de 38 mil niños, matando a algunos de ellos y obligando al resto a convertirse ellos mismos en asesinos reclutándolos para el ERS como niños soldados.[2] Como parte de su brutal adoctrinamiento, los niños con frecuencia son obligados a matar a sus propios hermanos o hermanas con un machete, porque las balas son demasiado preciosas para desperdiciarlas, y después a beberse la sangre de aquellos a quienes han matado. Las niñas, a menudo de sólo doce o trece años de edad, son violadas en grupo y obligadas a convertirse en esclavas sexuales y «esposas» de los comandantes rebeldes. Como resultado de los horrorosos ataques del ERS durante más de dos décadas, aproximadamente 1.5 millones de personas han sido expulsadas de su tierra y obligadas a vivir en campos para personas desplazadas[3] en Gulu y sus alrededores. Ante este telón de fondo, fui testigo del increíble poder del evangelio que se ha vuelto tan insulso para nosotros en Estados Unidos.

Durante más de una década, el centro para niños de la guerra de Visión Mundial ha trabajado para rehabilitar y restaurar a los niños que son rescatados o se las arreglan para escaparse de los rebeldes del ERS. Son niños con unas inimaginables heridas espirituales, psicológicas y emocionales, niños que normalmente son tenidos como monstruos y rechazados precisamente por las comunidades de las que proceden debido a lo que han sido obligados a hacer. A veces, sus propios padres no quieren que regresen; les han robado su niñez, y sus mismas almas han sido profanadas por horror tras horror. Una intensa consejería espiritual y emocional, perdón y reconciliación, e incluso formación para el trabajo han sido proporcionadas a miles de esos niños dañados. Los dos muchachos que entraron en las instalaciones aquel día también habían estado sujetos a los estragos de su propia cautividad por parte del ERS. También ellos habían sido obligados a matar y mutilar.

Sus ojos estaban vacíos y ausentes, ojos que habían visto cosas indescriptibles. Sus almas parecían muertas. Yo no podía ver vida alguna en ellos. *Jesús en su disfraz más inquietante*. Ellos habían sido capturados por el ejército de Uganda, y ahora eran llevados a Visión Mundial para recibir ayuda, redención, sanidad.

Tenían nombres, Michael y Joseph.[4] El brazo izquierdo de Michael estaba paralizado, como resultado de una herida de bala que recibió cuando era niño, en algún tiroteo en el pasado. El ERS advertía a sus niños soldados que serían asesinados por su propio pueblo si alguna vez intentaban regresar a casa. Incluso les decían que si Visión Mundial los llevaba al centro para niños de la guerra, serían envenenados, o algo peor. Por eso aquellos muchachos estaban aterrorizados aquel día al salir del vehículo.

Los otros cuarenta «niños de la guerra», todos ellos con almas dañadas, los rodearon y comenzaron a cantar y a aplaudir con alegría. Aquellos cantos de alabanza a Dios, llenos de sanidad y perdón, eran más hermosos que ningún coro de ángeles. Michael y Joseph se quedaron boquiabiertos ante aquella bienvenida, tan distinta a lo que habían esperado. Comenzaron a ver caras que conocían, otros niños que habían escapado y que, al igual que ellos, también conocen la mano brutal del ERS y habían asesinado siguiendo sus órdenes. Cierta chispa de luz comenzó a regresar a sus hundidos ojos. Sonrisas vacilantes lentamente se dibujaron en las comisuras de sus bocas, mientras uno y otro les ofrecían palmadas y abrazos. Enseguida, todos los que estábamos allí entramos en la capilla hecha a mano de chapas y bastos bancos de madera que había en las instalaciones. Se produjo un servicio de adoración espontáneo a medida que los cantos del perdón sanador de Dios y su poder se entonaban una y otra vez. *Bienvenidos a casa, bienvenidos a casa, Michael y Joseph. Ahora están en casa.* Las buenas nuevas del glorioso y transformador evangelio invadieron a Michael y Joseph, y en ese momento la impensable posibilidad de perdón nació en ellos como un nuevo amanecer. Ellos *podían* ser perdonados, restaurados sanados otra vez. Aquello era casi imposible de creer, las «buenas nuevas» tan abrumadoramente buenas.

> Por cuanto me ha ungido para anunciar buenas nuevas a los pobres. Me ha enviado a proclamar libertad a los cautivos y dar vista a los ciegos, a poner en libertad a los oprimidos, a pregonar el año del favor del Señor. (Lucas 4.18-19)

Incluso una pequeña cerilla que se enciende en un lugar de total oscuridad da una luz resplandeciente. Tan grande había sido la oscuridad de Michael y Joseph que la luz del evangelio, el evangelio completo, era brillante y resplandeciente, brillaba con intensidad, autoridad y esperanza. También Jesús había sido raptado;

también Él había sido golpeado y mutilado. Y Él, al igual que ellos, había afrontado una maldad indescriptible, y la había derrotado. Jesús había hecho posible el perdón.

Era la semana de Semana Santa, y dos días después me pidieron que predicase en el servicio en la capilla en el Centro para Niños de la Guerra, a los cuarenta niños «soldados» que habían encontrado el significado de la Semana Santa en uno de los rincones más oscuros del mundo. Decidí hablar sobre la parábola del hijo pródigo del padre que abrazaba a su hijo distanciado perdonando toda transgresión incondicionalmente, que mató el becerro más gordo celebrando que el hijo perdido había sido hallado, y restaurándole a su lugar en casa, *dándole la bienvenida* a casa. Mientras yo predicaba, observaba a Michael y Joseph, que ahora eran dos caras más en el coro, mientras ellos escuchaban el mensaje con una nueva esperanza en sus ojos y una ferviente alabanza en sus labios. También hijos pródigos, ellos estaban en casa ahora, en brazos de su Padre. Habían experimentado las buenas nuevas, el *evangelio*, y habían encontrado en él su propia redención; al igual que yo.

Pero teníamos que hacer fiesta y alegrarnos, porque este hermano tuyo estaba muerto, pero ahora ha vuelto a la vida; se había perdido, pero ya lo hemos encontrado. (Lucas 15.32)

CAPÍTULO CINCO

LOS TRES MANDAMIENTOS MÁS IMPORTANTES

Vive como si Cristo hubiera muerto ayer,
hubiera resucitado hoy y fuese a regresar mañana.

—MARTIN LUTERO

Si hemos pasado por alto algo en el entendimiento pleno del evangelio, no estamos solos. A veces, lo más difícil para una persona de fe es ver el cuadro general. La Biblia está llena de pasajes, parábolas y principios que pueden ayudarnos, y nos ayudan, con el día a día y las pequeñas cosas de la vida. Vamos a la iglesia cada semana y oímos un sermón sobre algunos versículos de entre dos mil páginas (o más). Empleamos gran parte de nuestro tiempo, por tanto, mirando «árboles» individuales que fácilmente pueden ocultar el «bosque» que define el cuadro general de nuestra fe.

Con la inmensa ventaja de la retrospección, podemos leer en los relatos del Antiguo Testamento sobre la nación de Israel y entender por qué Dios los llamó un pueblo «terco» (ver, por ejemplo, Éxodo 32.9; 33.3, 5; y Deuteronomio 9.13). ¿Cuántas veces no lo «entendieron» y, en cambio, escogieron comportarse de tal manera que causaron el juicio de Dios sobre ellos? Una y otra vez después del éxodo, el pueblo desobedeció las claras enseñanzas de Dios; adoraron a un becerro de oro en Sinaí justamente después de haber sido testigos del poder de Dios al llevar las plagas a Egipto y dividir milagrosamente el Mar Rojo. Durante el período de los reyes, líder tras líder tanto en Israel como en Judá desobedecieron a Dios y llevaron también al pueblo a la desobediencia. De hecho, en Jueces, 1 y 2 Reyes, y 1 y 2 Crónicas, la frase «hicieron lo malo a los ojos del Señor» se utiliza 50 veces[1] para describir la conducta de los reyes y de sus súbditos: ¡el pueblo *escogido* de Dios! Cada vez que leo esos pasajes, me quedo pasmado por lo despistados que parecían ser los pueblos de Israel y Judá, aunque Dios los había escogido y les había dado profetas que moraban entre ellos. ¿Cómo pudieron pasar por alto el cuadro general de manera tan flagrante?

Avancemos hasta el Nuevo Testamento. Después de más de dos mil años de profecía, el tan esperado Mesías finalmente llegó en la persona de Jesús. Pero no sólo precisamente el pueblo que había esperado tanto tiempo a su Salvador no le reconoció, sino que sus líderes, el sumo sacerdote, los fariseos y el Sanedrín, hasta conspiraron para hacer que lo ejecutaran porque Él desafiaba el sistema religioso imperante. De hecho, las denuncias más fuertes de Jesús estaban dirigidas no a ladrones, asesinos y adúlteros, sino a los líderes de la fe de la época, precisamente los hombres que habían estudiado más las Escrituras (en términos actuales, los pastores y profesores del seminario). Sin embargo, en tan sólo 21 versículos (Mateo 23.13-33), Jesús los llamó hipócritas siete veces, guías de ciegos dos veces, ciegos insensatos, hijos del infierno, sepulcros blanqueados, serpientes, ¡y camada de víboras! ¿Cómo se habían alejado tanto aquellos hombres, que estaban empapados de la ley y la historia de Israel? Me resulta asombroso que su ceguera espiritual fuese tan profunda que pudieron crucificar a su propio Mesías.

LA «BIBLIA PARA PRINCIPIANTES»

En aquel tiempo Jesús dijo: Te alabo, Padre, Señor del cielo y de la tierra, porque habiendo escondido estas cosas de los sabios e instruidos, se las has revelado a los que son como niños. (Mateo 11.25)

Mediante historias (parábolas), Jesús hacía que la verdad de Dios fuese mucho más accesible y entendible para la persona común. Él enseñaba de tal manera que no se requería una sofisticada erudición teológica para descifrar el significado que había detrás de sus palabras. El Sermón del Monte, por ejemplo, es hermoso en su simplicidad. Pero en una ocasión, Jesús lo hizo aún más sencillo. Los saduceos le habían acribillado con preguntas detalladas sobre la ley. Ahora los fariseos querían intentarlo, para ver si podían hacerle tropezar: «Los fariseos se reunieron al oír que Jesús había hecho callar a los saduceos. Uno de ellos, experto en la ley, le tendió una trampa con esta pregunta: Maestro, ¿cuál es el mandamiento más importante de la ley?»

En una amplia simplificación de miles de años de enseñanza judía, Jesús resumió la ley de Dios de una manera que cualquiera podía entender. El respondió: «Ama al Señor tu Dios con todo tu corazón, con todo tu ser y con toda tu mente. Éste es el primero y el más importante de los mandamientos. El segundo se parece a éste: Ama a tu prójimo como a ti mismo. De estos dos mandamientos dependen toda la ley y los profetas» (Mateo 22-34-40).

> Si amamos verdaderamente a Dios, lo expresaremos amando a nuestro prójimo, y cuando amamos verdaderamente a nuestro prójimo, eso expresa nuestro amor a Dios.

Ama a Dios. Ama a tu prójimo. Eso es. Eso es «la Biblia para principiantes».[2] Qué sencillo debió de haber sido esto para la persona común que estaba siendo manipulada por la complejidad que provenía de sus maestros y líderes. (A propósito, escucha lo que Jesús tenía que decir sobre esos maestros: «Atan cargas pesadas y las ponen sobre la espalda de los demás, pero ellos mismos no están dispuestos a mover ni un dedo para levantarlas... ¡Ay de ustedes, maestros de la ley y fariseos, hipócritas! Les cierran a los demás el reino de los cielos, y ni entran ustedes ni dejan entrar a los que intentan hacerlo» [Mateo 23.4, 13].) Esos dos mandamientos son del Antiguo Testamento (Levítico 19.18; Deuteronomio 6.5). El primero, amar a Dios con todo nuestro corazón, nuestra alma y nuestra mente, significa que debemos amar a Dios con *todo* nuestro ser: totalmente y completamente. Está por encima de los muchos y detallados requisitos de la ley del Antiguo Testamento porque reconoce que toda forma de obediencia a Dios debe, en primer lugar y sobre todo, surgir de nuestro amor por Él. La reprobación que Cristo hace de los fariseos condena a su legalismo vacío de amor, misericordia o justicia.

Con bastante intención, Jesús entonces vinculó el segundo mandamiento más importante al primero, diciendo: «El segundo se parece a éste...» En otras palabras, amar a nuestro prójimo como a nosotros mismos *es como* amar a Dios con todo nuestro ser. Por tanto, Jesús equiparó amar a *nuestro prójimo* a amar a *Dios*. Si amamos verdaderamente a Dios, lo expresaremos amando a nuestro prójimo, y cuando amamos verdaderamente a nuestro prójimo, eso expresa nuestro amor a Dios. Ambas cosas están plenamente relacionadas y entrelazadas.

Esta conexión es exactamente lo que acabamos de ver en Mateo 25, donde las evidencias de la fe verdadera eran actos de amor *por otros* que Cristo consideró como actos de amor *por Él*. Es también el núcleo de Isaías 58, donde Dios equiparó el ayuno verdadero (auténtica adoración) con alimentar a quienes tienen hambre, vestir a los desnudos y llevar justicia a los pobres.

Notablemente, estos dos «mandamientos más importantes» implica expresar amor a Dios *y* a nuestro prójimo. El amor es preeminente, y «de estos dos mandamientos dependen toda la ley y los profetas» (Mateo 22.40). En 1 Corintios 13, Pablo se hizo eco de este tema en un lenguaje muy hermoso: «Si hablo en lenguas humanas y angelicales, pero no tengo amor, no soy más que un metal que resuena o un platillo que hace ruido. Si tengo el don de profecía y entiendo todos los misterios y poseo todo conocimiento, y si tengo una fe que logra trasladar montañas, pero me falta el amor, no soy nada. Si reparto entre los pobres todo lo que poseo, y si entrego mi cuerpo para que lo consuman las llamas, pero no tengo amor, nada gano con eso» (vv. 1-3).

Por tanto, ¿cuál es entonces el tercer mandamiento más importante? Aquí me tomo un poco de libertad, pero al ser el último mandamiento que Cristo nos dio antes de su ascensión, la Gran Comisión sin duda debe de tener un peso similar a los dos primeros mandamientos. Si la misión que Jesús anunció en la sinagoga en Nazaret en Lucas 4 describía una revolución social con una visión para cambiar el mundo, la Gran Comisión de Jesús entonces desafió a sus seguidores a llevar esa revolución a todas las naciones.

Los once discípulos fueron a Galilea, a la montaña que Jesús les había indicado. Cuando lo vieron, lo adoraron; pero algunos dudaban. Jesús se acercó entonces a ellos y les dijo: —Se me ha dado toda autoridad en el cielo y en la tierra. Por tanto, vayan y hagan discípulos de todas las naciones, bautizándolos en el nombre del Padre y del Hijo y del Espíritu Santo, enseñándoles a obedecer todo lo que les he mandado a ustedes. Y les aseguro que estaré con ustedes siempre, hasta el fin del mundo. (Mateo 28.16-20)

Este fue un mandamiento totalmente nuevo en el amanecer de una era totalmente nueva: llevar todo el evangelio a todo el mundo. Este mandamiento de «hacer discípulos» implicaría en primer lugar anunciar las buenas nuevas de que el Mesías había llegado para reconciliar al hombre con Dios, una vez para siempre, por medio de la muerte expiatoria de Cristo y el perdón de pecados: para *todos*, judíos y gentiles. El llamado a salir a llevar el mensaje de Cristo al mundo es un marco al trascendental anuncio en Lucas 4 de que Cristo vino a predicar las buenas nuevas a los pobres, a restaurar la vista a los ciegos, a liberar cautivos y a proclamar el año del favor del Señor. Pero es más que un llamado a proclamar; es un llamado a hacer discípulos (los discípulos en aquellos que, debido a su creencia, viven vidas de obediencia a todo lo que Jesús mandó [v. 19]). Los dos primeros mandamientos, entonces, llaman a los creyentes a amar a Dios y también a amar al prójimo, y el tercero los llama a ir y discipular *nuevos* creyentes que harán lo mismo.

Por tanto, en su forma más sencilla, esta es la respuesta a la pregunta: ¿Qué espera Dios?

- Tenemos que *amar a Dios*.
- Tenemos que *amar a nuestro prójimo*.
- Tenemos que *ir y hacer discípulos a otros que harán lo mismo*.

La extensión del «reino de Dios» tenía que llevarse a cabo en la tierra por parte de su iglesia: hombres y mujeres enviados por Cristo, capacitados por el Espíritu Santo y dedicados en corazón y alma a la tarea. Los seguidores de Jesús no tenían que quedarse sentados ociosamente y esperar el regreso de Él; tenían que salir con valentía, como los guardias de avance en una revolución que solamente se completaría a su regreso, cuando todas las cosas sean restauradas y su reino sea hecho completo. Lo mismo es cierto en la actualidad. No tenemos que renunciar al mundo ni retirarnos de él; todo lo contrario. Tenemos que reclamar y redimir al mundo para el reino de Cristo.

Como el Padre me envió a mí, así yo los envío a ustedes. —Juan 20.21

Mi colega Sam Kamaleson, pastor y evangelista indio que sirvió durante décadas con Visión Mundial, me ayudó a ver la Gran Comisión en sus términos más claros. Él dijo que el mandato del Señor de salir y hacer discípulos es una invitación directa a unirnos a Dios en lo que Él está haciendo: es un llamado a la acción. Hablando a cada uno de nosotros, Dios está diciendo: *¡Tú, yo, vamos! Tenemos trabajo que hacer, ¡y es urgente! ¡Únete a mí!* Qué increíble ver que nuestra participación en el reino se menciona de esta manera: como *colaboradores* de Dios. Y si realmente *somos* colaboradores de Él, entonces se deduce que no debemos limitarnos a observar, «mirando al cielo» (ver Hechos 1.11) y esperar despreocupadamente el regreso de Cristo. No, tenemos que ocuparnos de los negocios del Maestro, llevando las buenas nuevas por medio de nuestras palabras y actos, dando entrada así al reino de Dios. Cuando Cristo regrese, será para completar la obra que nosotros, sus seguidores, hayamos comenzado en su nombre. Entonces Él hará completo aquello que nosotros hemos logrado solamente en parte. N. T. Wright, en su maravilloso libro *Surprised by Hope* [Sorprendido por la esperanza], escribió el papel que desempeñamos en el plan de Dios de esta manera:

Pero lo que podemos y debemos hacer en el presente, si somos obedientes al evangelio y estamos siguiendo a Jesús, y si el Espíritu que mora en nosotros nos vigoriza y nos dirige, es edificar *para* el reino. Esto nos lleva de nuevo a 1 Corintios 15.58: lo que hagamos en el Señor *no es en vano*. No estamos engrasando las ruedas de una máquina que está a punto de caer por un precipicio. No estamos restaurando un estupendo cuadro que en breve va a ser quemado. No estamos plantando rosas en un jardín que está a punto de ser derribado para construir casas. Estamos, por extraño que pueda parecer y casi tan difícil de creer como la resurrección misma, logrando algo que a su debido tiempo se convertirá en parte del nuevo mundo de Dios. Cada acto de amor, gratitud y bondad; cada obra de arte o música inspirados por el amor de Dios y el deleite en la belleza de su creación; cada minuto empleado enseñando a leer o a caminar a un niño con una grave minusvalía; cada actitud de cuidado y amor, de consuelo y apoyo, por uno de los seres humanos y también a una de las criaturas no humanas; y desde luego, cada oración, cada enseñanza guiada por el Espíritu, cada obra que difunde el evangelio, edifica la iglesia, acepta y personifica la santidad en lugar de la corrupción, y hace que el nombre de Jesús sea honrado en el mundo: todo ello se abrirá camino mediante el poder de resurrección de Dios, a la nueva creación que Dios hará un día. Esa es la lógica de la misión de Dios.[3]

Esta «misión de Dios» es ahora nuestra misión y «el evangelio completo», las buenas nuevas, nace del amor de Dios por nosotros y del nuestro por Él. Ese amor, cuando se demuestra al mundo mediante actos de bondad, compasión y justicia, es revolucionario; y cuando nos convertimos en agentes de él, hace más creíble el mensaje de un Salvador que transforma a hombres y mujeres para la eternidad.

El reino de los cielos ha venido avanzando contra viento y marea, y los que se esfuer-zan logran aferrarse a él. —Mateo 11.12

EL EVANGELIO COMPLETO EN ACCIÓN

Ahora bien, ¿cómo invocarán a aquel en quien no han creído? ¿Y cómo creerán en aquel de quien no han oído? ¿Y cómo oirán si no hay quien les predique? ¿Y quién predicará sin ser enviado? Así está escrito: «¡Qué hermoso es recibir al mensajero que trae buenas nuevas!» —Romanos 10.14-15

Habíamos viajado durante algunas horas por el río Mekong en una barca de madera. Nuestro propósito era visitar al pastor de una pequeña iglesia en una casa, un hombre llamado Roth Ourng. El pastor Ourng era un hombre pequeño con una gran sonrisa. Con entusiasmo, nos ofreció subir las escaleras hasta su pequeña casa de bambú sobre estacas. La tarea diaria del pastor Ourng era el cultivo de arroz, pero también pastoreaba una pequeña iglesia de ochenta y tres miembros que él había comenzado hacía varios años. Su congregación se reunía en su dimi-nuta casa cada domingo por la mañana para adorar.

Mientras nos sentábamos con el pastor Ourng, hablamos sobre su comunidad, su congregación y sus cultivos. Él anhelaba saber sobre las iglesias en Estados Unidos, y si teníamos comentarios bíblicos o guías de estudio que nos ayudasen a entender las Escrituras. Su único libro era una Biblia en el idioma khmer, un tesoro para él. Nos dijo: «Pero este es un libro difícil, y me encantaría tener otros libros para ayudarme a entenderlo». Entendí que, en comparación, yo vivía en un país literalmente ahogado en libros, comentarios y recursos cristianos.

El pastor Ourng nos enseñó el instrumento musical de cuerda hecho a mano que servía como la «orquesta» de su iglesia. Nos dijo que para una boda o una celebración especial, su iglesia enviaba corredores a dos iglesias diferentes, a 35 kilómetros en cada dirección, para tomar prestadas sus guitarras. Después, al día siguiente, regresaban corriendo para devolverlas. Eso me hizo pensar en el órgano de tubos de un millón de dólares de mi propia iglesia.

Después de un rato le pregunté: «Pastor, al vivir en un país que tiene más de un 90 por ciento de budistas, ¿cómo se convirtió usted en cristiano?» La historia que me relató fue una confirmación del poder del evangelio completo en acción.

Me dijo: «Hace cinco años, Visión Mundial vino a nuestra comunidad y comenzó a trabajar. Yo era receloso de esos extranjeros que estaban en nuestra comunidad, y estaba convencido de que tenían sus propios planes ocultos. Mire, en Camboya, desde el genocidio de Khmer Rouge, siempre somos desconfiados de los extranjeros. Pero esas personas de Visión Mundial [también camboyanos] establecieron una clínica para ocuparse de las personas con tuberculosis. Mejoraron las escuelas a las que nuestros hijos asistían y enseñaron mejores métodos agrícolas a los agricultores para mejorar nuestras cosechas. Pero yo seguía siendo receloso e incluso estaba enojado, convencido de que ellos no pretendían ningún bien. Yo pensaba: *¿Por qué nos ayudan estos extranjeros?*

»Un día decidí confrontarlos, y acudí al líder de Visión Mundial y demandé saber por qué estaban aquí. Su respuesta me agarró por sorpresa. Él me dijo: "Somos seguidores de Jesucristo, y se nos manda amar a nuestro prójimo como a nosotros mismos. Estamos aquí para mostrarles que Dios les ama".

»Yo dije en respuesta: "¿Quién es ese Jesucristo del que hablan?"

»El hombre fue y agarró esta Biblia que usted ve aquí hoy y me la regaló. Me dijo que en este libro estaba todo con respecto a Jesús. Aquella noche me fui a casa y leí el libro de Génesis. Quedé verdaderamente sorprendido porque en este Génesis me encontré con el Dios por el que me había preguntado durante toda mi vida. Aquí me encontré con el Dios que creó el cielo y la tierra: el Creador del universo. A la mañana siguiente regresé a él y le dije lo que había leído, pero dije que aún no conocía a ese Jesús del que él hablaba. Él me dijo que me llevaría a la ciudad para que conociese a un pastor cristiano que me explicaría esas cosas. Algunas semanas después, él nos llevó a un amigo y a mí a conocer al pastor. Él abrió su Biblia y nos leyó muchos pasajes sobre Jesús, y nos explicó las buenas nuevas de salvación. Al final, nos preguntó si queríamos hacernos discípulos de Jesús y entregarle nuestras vidas. Los dos dijimos sí, y aquel día nos comprometimos a seguir a Cristo como nuestro Salvador».

Yo estaba abrumado por la historia de ese hombre. Su encuentro con Cristo comenzó con cristianos que llegaron para servir a los pobres: cuidar de los enfermos, educar a los niños y ayudar a aumentar los alimentos para quienes tenían hambre. Ese servicio fue tan convincente que provocó preguntas en la mente de un hombre curioso: *¿Por qué están aquí? ¿Por qué nos ayudan?* La respuesta a esas preguntas fue el *evangelio*, las buenas nuevas.

Yo dije: «Pastor, esa es una historia maravillosa. Pero, ¿y las ochenta y tres personas que adoran en su iglesia? ¿Cómo llegaron *ellas* a seguir a Jesús?»

Él dijo: «Yo estaba tan emocionado por aprender sobre Jesús que tenía que compartir esas buenas noticias con todos los que conocía. Esas ochenta y tres son mi pequeño rebaño».

Guau. Allí, en una casa de bambú en Camboya, oí ecos de la Gran Comisión: «Por tanto, vayan y hagan discípulos de todas las naciones, bautizándolos en el nombre del Padre y del Hijo y del Espíritu Santo, enseñándoles a obedecer todo lo que les he mandado a ustedes» (Mateo 28.19-20). Y supe que acababa de ser testigo del evangelio *completo*: en acción.

CAPÍTULO SEIS

Un vacío en mí

Dos carreteras se bifurcaban en un bosque, y yo, yo tomé la menos transitada. Y eso ha marcado toda la diferencia.

—ROBERT FROST

Creo en el cristianismo como creo que el sol ha salido: no sólo porque lo veo, sino porque mediante él veo todo lo demás.

—C. S. LEWIS

Al comienzo, afirmé que toda mi vida he batallado con las implicaciones del evangelio de Jesucristo. He luchado y sigo luchando con todos los asuntos planteados en este libro. ¿Cuál es mi responsabilidad con los pobres? ¿Cómo debería utilizar mi dinero? ¿Cómo trato mi propio egoísmo? ¿Qué espera Dios de mí si afirmo que le sigo? ¿Puedo llamarle «Señor» aunque no siempre haga lo que Él dice? ¿Qué derecho tengo incluso a escribir un libro como este, desafiando a otros en *su* caminar cristiano? Yo no tengo ningún título ni formación teológica. Pasé la mayor parte de mi vida adulta subiendo por la escalera empresarial, sin ayudar a los necesitados. Me siento un poco como Pablo, que se llamó a sí mismo el «primero» de los pecadores (1 Timoteo 1.15), dando consejos a otros pecadores, como un mendigo ciego que ayuda a otro mendigo ciego a encontrar comida. Y sin embargo, Dios utiliza personas quebrantadas e imperfectas para desafiar e inspirar a otros. Él utiliza nuestros errores y nuestras victorias para arrojar una luz sobre el camino, a fin de que otros puedan seguir. El poder transformador del evangelio en la vida de cada persona es un milagro. Lo que Él ha hecho en mi vida también es un milagro.

Al final, responder al evangelio no es algo para naciones, comunidades o incluso iglesias; es para los individuos: persona a persona. Los tres mandamientos más importantes —amar a Dios, amar a nuestro prójimo y hacer discípulos a todas las naciones— son la obra del pueblo de Dios, aquellos que han respondido ellos mismos a las buenas nuevas. Se necesitan personas transformadas para transformar el mundo. Pero cada uno de nosotros antes debe tener su propia experiencia en «el camino de Damasco», su propio «momento Tomás», en el cual nuestras dudas se alejan y caemos de rodillas reconociendo a *nuestro* Señor y *nuestro* Dios (ver Hechos 22.1-11 y Juan 20.24-28). Solamente entonces comienza verdaderamente el viaje de la fe.

SOÑAR CON LA «LIGA IVY»

Puedo recordar la noche en que entendí por primera vez que mis padres no podían ayudarme. El recuerdo sigue brillando con intensidad. Yo tenía diez años de edad y estaba tumbado en la cama. La acalorada discusión que provenía de la cocina me hacía esconderme debajo de las sábanas. Me sentía seguro mientras estuviera oculto allí. Mi padre había llegado borracho otra vez después de varios días de ausencia. Yo no podía culpar a mi madre por desahogar su enojo y su temor; su matrimonio se estaba destruyendo. Se había terminado el dinero, el banco estaba a punto de subastar nuestra casa, y mi padre de nuevo nos había abandonado a su esposa y a sus dos hijos durante tres días de borracheras, escape y posiblemente otras mujeres.

A los diez años de edad, un niño no entiende esas cosas, pero las siente. Aquella noche yo me sentía inseguro y vulnerable, como si el piso que estaba a mis pies se estuviera derrumbando y yo estuviera comenzando a caerme. Nadie podía agarrarme; y fue entonces cuando lo entendí. *Ellos ya no pueden ayudarme; ya no.* No era que mis padres no me quisieran, porque sí me querían. Era simplemente que sus vidas, sus problemas, estaban tan fuera de control que ni siquiera podían ayudarse a ellos mismos, y menos a mi hermana y a mí. Por tanto, entendí que ahora era mi turno; tendría que ocuparme de mí mismo. Si había alguna manera de salir de mi situación, yo tendría que encontrarla. Y curiosamente, entender eso me dio cierto tipo de consuelo. *Puedo hacer esto*. Otros podrían decepcionarme, pero yo nunca me decepcionaría a mí mismo.

Comencé a planear las cosas que tendrían que suceder. En primer lugar, yo tendría que sobrevivir a mi niñez: ser lo bastante fuerte emocionalmente para capear la separación de mis padres, la bancarrota, el desahucio de nuestra casa y la serie de casas y apartamentos rentados que seguiría. Yo tendría que vivir una vida dentro de la disfunción de mi hogar que me hiciera salir intacto de todo aquello. Recuerdo que pensaba: *Ocho años. Ese es el tiempo que tendré que lograr*. A los 18 podría independizarme; si es que llegaba hasta entonces.

¿Pero entonces qué? ¿Qué haría que mi vida resultase mejor de lo que mis padres habían hecho? La escuela, razonaba yo. Ninguno de mis padres habían terminado la secundaria, y mi papá la había dejado en el octavo grado. Yo nunca había visto a ninguno de los dos leer un libro; sin embargo, ¿cuántas veces había visto yo a personas decir que una educación podría conducir directamente al éxito personal? Entonces supe que *yo* tendría que conseguir tener una educación. Ninguno de esos pensamientos estaban totalmente claros en mi mente de niño, pero comenzó a tomar forma un plan y se fue desarrollando año tras año.

Y por eso, a los trece años de edad, escribí cartas a las universidades de toda la liga Ivy, pidiéndoles catálogos de sus cursos. Mientras otros niños posiblemente estaban soñando con llegar a ser jugadores de béisbol o bomberos, yo me quedaba despierto por la noche mirando los cursos de Princeton y Cornell, creyendo que quizá, algún día...

Nunca fui tentado por el alcohol y las drogas que parecían implicar a muchos de mis compañeros de clase. ¿Por qué iba yo a tocar las cosas que habían destruido a mi padre, al igual que al resto de mi familia? Yo tenía una misión, y esas cosas no me distraerían.

Después de perder su matrimonio y su casa, mi madre alquiló un lugar y pasó a trabajar para la General Electric haciendo trabajo de oficina. Unido a cierto sostén económico ocasional de mi padre, fue suficiente para mantenernos en el mismo barrio general y distrito escolar durante los siguientes años, lo cual fue un gran alivio. Al menos esa parte de mi vida podía permanecer intacta mientras se desarrollaba el resto.

La confianza en mí mismo aumentó en mis años de adolescencia. Quizá incluso más que la mayoría de los adolescentes, me convertí en un sabelotodo. Yo había pasado por la primera comunión y la confirmación en la iglesia católica, por deseo de mis padres, pero ellos mismos nunca hicieron sombra en la puerta de la iglesia. Los dos anteriores matrimonios y divorcios de mi padre habían hecho que los dos no se sintieran bienvenidos e incómodos en la iglesia. Por tanto, a los quince años de edad, yo anuncié repentinamente que tampoco iría más a la misa, que aquello era para viejas con rosarios y no para intelectuales en potencia como yo. Según mi modo de verlo, la iglesia estaba llena de hipócritas y de personas débiles mentalmente que necesitaban una muletilla, lo cual ciertamente no me sucedía a mí. Además, mi nueva religión de confianza en mí mismo parecía estar funcionando. Yo tenía un plan para mi vida, y no necesitaba la ayuda de nadie más.

Mi hermana Karen, sin embargo, que era seis años mayor, fue de gran aliento. Ella, afrontando las mismas posibilidades que yo, había ido a la universidad y le había ido bien. Ella vivía en casa y se las arregló para graduarse con honores de la Universidad LeMoyne en Syracuse, convirtiéndose en maestra de inglés de secundaria al graduarse. Incluso hoy ella me llama su primer alumno. Karen me ayudó a mantener vivos los sueños y hacer las tareas, y en el último año yo había logrado graduarme como primero de mi clase. Pero la «liga Ivy» parecía cada vez más lejos de mi alcance. ¿Podría un muchacho de Syracuse, Nueva York, que nunca había viajado a otro estado, realmente ir a Harvard o Princeton? ¿No eran esas escuelas para los hijos de los ricos? Cuando le dije a mi madre que planeaba ir a una de esas escuelas, recuerdo que ella se rió. Me dijo: «Está bien. ¿Quién va a pagarlo? Yo no, ¡y sin duda, tu padre tampoco!»

Quizá *yo* podría. Desde los catorce años de edad, yo había tenido varios empleos como repartidor de periódicos, ayudante con las bolsas de la compra, en el cine local y hasta limpiando baños en una residencia de ancianos (eso es comenzar desde abajo), ahorrando cada moneda que podía. Pero a los dieciocho años de edad esos ahorros tan sólo sumaban 1,200 dólares, menos de un semestre de matrícula en una universidad de la liga Ivy.

Aun así, envíe la solicitud a una de ellas, pero sólo a una: la Universidad Cornell, a sesenta kilómetros de Syracuse. Al final, mi sueño no fue lo bastante grande para imaginar ir más lejos, pero Cornell, al estar tan cerca, parecía posible. Mi mejor amigo, Jon, también había elegido Cornell, lo cual hacía parecer que fuese posible. Para sorpresa mía (y de mi madre), me aceptaron y recibí una beca Regents del estado de Nueva York, una beca de ingeniería de Cornell, y el préstamo más grande a estudiantes que se permitía. Aquel mes de septiembre mi padre recorrió conmigo la distancia hasta Ithaca y me dejó allí. Nos detuvimos a desayunar en un restaurante en el camino, y recuerdo que él me dijo que estaba orgulloso de mí. No regresó hasta que me gradúe cuatro años después. Pero yo estaba en la plataforma de lanzamiento. Hasta ahí, todo bien. Lo había logrado.

UNA CITA A CIEGAS: CON DIOS

Hermanos, consideren su propio llamamiento: No muchos de ustedes son sabios, según criterios meramente humanos; ni son muchos los poderosos ni muchos los de noble cuna. Pero Dios escogió lo insensato del mundo para avergonzar a los sabios, y escogió lo débil del mundo para avergonzar a los poderosos. También escogió Dios lo más bajo y despreciado, y lo que no es nada, para anular lo que es, a fin de que en su presencia nadie pueda jactarse. —1 Corintios 1.26-29

«Dios te ama y tiene un plan maravilloso para tu vida». Ella me sonrió, sosteniendo un pequeño folleto en su mano mientras leía esas palabras.

Recuerdo haber dicho: «Estás de broma».

Ella dijo: «No, en realidad lo digo muy en serio. ¿Puedo seguir?»

Ella era hermosa, con diecinueve años, alumna de primer año en Cornell, y estábamos en una cita a ciegas. Seis semanas después, me gradué y me dirigí a mi segunda escuela de la liga Ivy: la facultad de comercio de Wharton de la Universidad de Pennsylvania, para estudiar mi Máster en gestión de empresas. Yo no conocía el plan de Dios para mi vida, pero mi propio plan seguía su curso.

Mis cuatro años en Cornell habían sido increíbles; habían cumplido hasta mis expectativas más elevadas al capacitarme para sobreponerse a mi inestable niñez para llegar a ser lo que yo quería ser. Al mirar atrás, no sé cómo lo logré económicamente en aquellos cuatro años. Me gradué con una montaña de deudas, pero tenía mi «billete». Me dirigía a la facultad Wharton para mí, y después al Estados Unidos empresarial; el sueño americano hecho realidad: *mi* sueño americano. De entre todas, mi asignatura principal había sido neurobiología. Me encantaban la certeza y la lógica de la ciencia. Mi religión personal de confianza en mí mismo se ajustaba bien al darwinismo social: la supervivencia del más fuerte. ¡Los fuertes prevalecían! Yo estaba teniendo éxito porque era fuerte, inteligente e independiente. Y lo había hecho, como entonaba Frank Sinatra, «a mi manera».

Así que ahí estaba yo, en una cita a ciegas organizada un par de semanas antes por otra muchacha de primer año. Ella había estado en mi hermandad, hablando de su compañera de cuarto, Reneé, «la cristiana ferviente». Aparentemente, ella pensaba que lo que su compañera de cuarto necesitaba era una buena dosis de alguien como yo, un muchacho del círculo estudiantil que fuera cualquier cosa *menos* un cristiano ferviente. Parecía que siempre me estaba tropezando con esos cristianos. La muchacha con quien había salido en la secundaria provenía de la élite cristiana, con unos abuelos que eran ministros y un tío que cantaba en las cruzadas de Billy Graham. Ella y yo habíamos discutido al respecto de modo intermitente durante los dos años y medio en que estuvimos saliendo. Pero yo era un escéptico endurecido, y ella finalmente me dejó. Me regaló un libro para que lo leyese que dijo que lo «explicaría todo», pero yo en realidad no lo leí; al menos entonces.

Después me fui a Cornell, y en mi primera noche allí me encontré al final del pasillo de mi residencia, mirando a todos los alumnos de primer año emborracharse. Otro alumno de primer año, Dave, estaba a mi lado; nosotros éramos los únicos que no bebíamos. Yo sabía por qué no lo hacía, pero quería saber por qué no lo hacía *él*, así que le pregunté.

Él me dijo: «Soy cristiano; ¿y tú?»

Yo respondí: «Mi padre es alcohólico». Así que Dave y yo nos hicimos amigos durante los cuatro años siguientes. No sé cuántas noches nos quedamos despiertos, dialogando acerca de si Cristo era Dios. Yo no podía entender cómo mi brillante amigo en otras cosas podía creer que alguien en realidad resucitase de la muerte. Para mí, eso era tan ridículo como el conejo de Semana Santa. Creo que yo pude haber sido la parte más frustrante de los cuatro años de Dave en Cornell. Estoy bastante seguro de que él también tiró la toalla conmigo.

Pero ahora, allí estaba *otra* cristiana. Yo la había llevado a ver una película, y después habíamos ido caminando hasta un pequeño café que había en el campus. (Había limitaciones cuando se planeaba una cita con una «cristiana ferviente».) Habíamos hablado un poco sobre cosas triviales, pero se nos habían acabado los temas. Fue en aquella incómoda pausa cuando ella había sacado el folleto de su bolsa. Eran *Las cuatro leyes espirituales* de Campus Crusade, una herramienta de evangelismo. Yo ya lo había visto antes.

Ella dijo: «Dios tiene un plan maravilloso para tu vida».

«Debes de estar bromeando». Pero ella lo decía bastante en serio. Yo le dije que continuase, que lo intentase, y que yo ya había visto todo aquello antes pero que me encantaría hablar con ella al respecto. Así que ella me habló de todo el proceso, página a página, y después comenzamos a dialogar. Yo le planteé mi argumento del «conejo de Semana Santa», pero ella no lo entendió. Pero terminamos manteniendo una estupenda conversación acerca de Dios, de la verdad y de los valores. Yo no había tenido muchas charlas como esa con chicas. Al tener veintiún años de edad y ser *mucho* mayor que ella, le pregunté qué quería hacer cuando «fuese mayor». Ella tampoco entendió eso, pero dijo que sabía exactamente lo que quería hacer, y que lo había sabido desde que tenía diez años de edad. Iba a convertirse en abogada y ayudar a los pobres con sus problemas legales. Eso me impresionó, y pensé que era bonito.

Yo dije: «Yo voy a llegar a ser un alto ejecutivo y a ganar mucho dinero». (Eso *no* le impresionó.) Entonces la acompañé a casa y regresé a mi propio apartamento, pero seguí pensando en Reneé. Ella era diferente.

Sorprendentemente, comenzamos a vernos: con frecuencia. «Por accidente» yo me la encontraba estudiando y me sentaba a su lado, fingiendo estudiar yo mismo. Poco después, la convencí de que hiciera una pausa y tomásemos un café. Salíamos a pasear en los días soleados, y ocasionalmente conducíamos hasta un parque cercano. La primavera y el romance son potentes compañeros, y unas semanas después descubrimos que nos estábamos enamorando, a pesar de nuestros puntos de vista contrarios. Las cosas iban bien hasta que surgía ese incómodo tema: Dios. Siempre que eso sucedía, discutíamos, el carácter se encendía y los sentimientos resultaban heridos, así que evitábamos hablar sobre eso tanto como podíamos.

Trágicamente, al final del año escolar su padre murió de repente de un ataque al corazón, y ella regresó de inmediato a su casa en California. Ella tenía una relación muy cercana con su papá y le amaba profundamente; su repentina muerte cuando ella tenía sólo diecinueve años fue devastadora. Puede que fuese esa tragedia la que finalmente nos acercó aún más. Nuestra relación adoptó una forma más profunda y más personal a medida que yo intentaba acompañarla en su pérdida. Nos escribimos cada día aquel verano, hablando de todo tipo de temas y siendo capaces de dialogar sobre asuntos de fe de una manera menos amenazante de lo que hacíamos en persona. Al final del verano, yo volé hasta California para pasar algún tiempo con ella antes de que comenzaran las clases otra vez.

Y entonces comenzó mi sueño americano, segunda parte, cuando me matriculé en la facultad de comercio Wharton en Filadelfia aquel otoño, financiado por aún más becas y préstamos. Reneé y yo mantuvimos una relación a larga distancia durante los meses siguientes, escribiéndonos y viéndonos esporádicamente. Pero un fin de semana en noviembre, explotaron nuestras diferencias religiosas reprimidas. Tuvimos una terrible discusión y me condujo a hacer algunas afirmaciones hirientes y necias. Yo le dije: «Nunca, *nunca* me haré cristiano, y es mejor que aceptes eso. Sería necesario un milagro de caminar sobre el agua y convertir el agua en vino para hacerme cambiar de opinión. Estoy harto de discutir sobre eso, así que tienes que decidir: Dios o yo». Hasta la fecha me estremece la arrogancia de aquellas palabras, pero fueron el ultimátum inevitable de alguien que había construido su propia religión alrededor de sí mismo. Lo que había comenzado siendo una manera de que un joven sobreviviera a una dura infancia se había convertido en una virulenta religión del yo, y ya se estaba volviendo autodestructiva.

Reneé sabía lo que tenía que hacer. Me dijo: «Has hecho que mi elección sea fácil. Nunca tendría que haber permitido que esta relación se desarrollase. Sabía en mi corazón que no funcionaría. Nunca podría casarme con alguien que no comparta mi fe en Cristo». Y entonces se terminó. Con tristeza y lágrimas, nos separamos.

UN VACÍO EN MI VISIÓN DE LA VIDA

Pero el que oye mis palabras y no las pone en práctica se parece a un hombre que construyó una casa sobre tierra y sin cimientos. Tan pronto como la azotó el torrente, la casa se derrumbó, y el desastre fue terrible. —Lucas 6.49

Era una noche normal y corriente, un par de meses después. Yo tenía vacaciones, estaba de regreso en Syracuse quedándome en el apartamento de mi padre durante unos días. Él seguía bebiendo, y tuvo una sucesión de compañeros de piso: tipos que bebían y que a veces compartían su apartamento en el tercer piso del edificio sin ascensor. La mayoría de las noches yo me escapaba de esa escena deprimente llamando a algunos amigos y saliendo por la ciudad. Pero aquella noche en particular no había nadie. Revisé los canales de la televisión y no encontré nada de interés; terminé revolviendo en una caja de libros de la universidad que estaban almacenados en un armario.

Fue entonces cuando saqué *Basic Christianity* [Cristianismo Básico], de John R. W. Stott,[1] y lo abrí. En la página en blanco encontré una nota de mi novia en la secundaria, que decía: «Richard, espero que lo leas. Explica lo que creo mejor de lo que puedo hacerlo yo».

Pensé: *Vaya, me pregunto lo que este tipo tiene que decir sobre el conejo de Semana Santa.*

Ahora bien, leer un libro de teología un sábado en la noche fue para mí en parte un milagro. Hasta el día de hoy no puedo explicar por qué lo hice, pero comencé a leer ese libro. Increíblemente, descubrí que no podía dejar de leer, y siete horas después, a las cuatro de la mañana, lo había terminado y estaba sentado temblando sobre mi cama. Lo que había leído me había sacudido profundamente de algún modo, aquella noche Dios se había acercado a mí, y la verdad había llegado de manera pasmosa a mi vida. Mi visión del mundo egoísta y científica había sido asaltada. Me sentí como un hombre en el mar cuya balsa salvavidas se había hundido, dejándolo a merced de las olas sin nada a lo que agarrarse.

No me convertí en cristiano aquella noche. Después de tantos años de escepticismo, necesitaría mucha más «prueba» intelectual antes de poner mi fe en cualquier otra cosa que no fuese yo mismo. Los años que había pasado estudiando ciencia en Cornell me habían ayudado a construir una fortaleza bastante racionalista contra cualquier cosa sobrenatural. Pero si era sincero conmigo mismo, a pesar de los muchos cursos que me habían llevado cada vez más profundamente al funcionamiento interno del mundo natural, seguía teniendo una persistente inquietud. Yo podía darte una explicación muy detallada de la fotosíntesis, pero seguía sin poder explicar la belleza de una flor. Podía hablarte de filogenia, ontogenia y genética, pero no podía explicar el milagro de una sencilla mariposa. Podía leer sobre el sistema solar, el ciclo de vida de las estrellas y el big bang, pero no podía explicar cómo se habían reunido todos esos elementos en un principio. Había un cavernoso vacío en mi visión del mundo que yo había pasado por alto convenientemente.

¿Por qué estamos aquí? ¿De dónde vinimos? ¿Cómo explicamos la belleza, el orden y la complejidad que vemos alrededor de nosotros? ¿De dónde vienen nuestras ideas del bien y del mal? ¿Qué sucede cuando morimos? Esas son las preguntas que hacen sentirse incómodos incluso a aquellos y agnósticos, porque no tienen verdaderas respuestas para ellas. Ese librito que encontré en mi armario parecía tener las respuestas. El autor había desarrollado un argumento potente y riguroso intelectualmente de que las afirmaciones del cristianismo eran verdad: que Cristo fue una persona histórica que vivió, murió y, sí, resucitó de la muerte; que Dios estuvo activo en la creación; y que era posible conocerle. En esta visión de la vida, todo encajaba.

Al día siguiente, sintiendo pánico, fui a una librería y busqué en la sección de religión. Creo que compré una docena de libros sobre religión comparativa, arqueología, teología, historia, ciencia y las Escrituras. Los leí vorazmente y estudié todo aquello que pude encontrar. Unos días después, llame a Reneé en California. Ella dijo: «Ah, eres tú. No esperaba oír de ti. ¿Por qué me llamas?»

«Sólo quería decirte que he estado leyendo sobre el tema del conejo de Semana Santa, así que la próxima vez que te vea tendré mejores argumentos». A ella no le resultó divertido. Le dije: «En serio (antes de que me colgase el teléfono), comencé a leer sobre todo esto y me preguntaba si tú me recomendarías algún libro».

Ella respondió: «¿Qué te parece la Biblia?» Sorprendentemente, después de cinco años en la universidad yo realmente no sabía ni siquiera lo que era la Biblia. Reconocía que era un libro religioso, pero no sabía casi nada de lo que decía. Al igual que muchos agnósticos y ateos, yo había rechazado un libro que no había leído nunca.

«Muy bien, ¿dónde puedo conseguir una?»

Ella me aseguró que la tendrían en cualquier librería, y que debería comenzar a leer primero el Evangelio de Juan. Así que me compré una Biblia en rústica y la añadí a mi lista de lecturas.

A lo largo de esos meses, leí más de cincuenta libros. Me sentía como un detective privado intentando desvelar un misterio. Por primera vez en mi vida, estaba buscando realmente la verdad en lugar de fabricar la mía propia. Reneé y yo hablábamos periódicamente, y yo le lanzaba todas mis nuevas preguntas. Ella me dijo que sus hermanas de fraternidad estaban orando por mí, lo cual me enfureció. «No quiero que tus hermanas de fraternidad estén orando por mí. ¡Tengo que hacer esto por mí mismo!» (¡Yo incluso intentaba estar a cargo de mi propia salvación!) Pero mientras tanto, con cada libro que leía eran respondidas preguntas y piezas del rompecabezas encajaban en su lugar. Comencé a ver el orden, la belleza y la credibilidad de la compleja verdad de Dios.

Entonces, un día normal cerré el último libro y lo supe: era verdad. Oh, había implicado un salto de fe; siempre lo hay. Pero mi investigación de la vida de Cristo y los convincentes acontecimientos que rodearon esa vida habían hecho que el salto fuese bastante pequeño. Yo estaba convencido intelectualmente de que las afirmaciones del cristianismo eran válidas. Soportaban la prueba del análisis lógico e histórico y no requerían cometer suicidio intelectual para creer. Al igual que el pastor camboyano que conocería años después, yo había descubierto al Dios del que siempre me había preguntado. Era este Dios quien había creado el increíble universo que yo había estudiado en mis clases en Cornell. Inexplicablemente, Dios se había hecho hombre y vivió, me amó y murió por mí. Más importante aún, mis pecados de orgullo, arrogancia, egoísmo y presunción podían ser perdonados.

Pero yo también sabía que tenía una clara elección que hacer. Podía aceptar la sorprendente verdad y comprometer mi vida a seguir a Jesucristo; o podía darle la espalda a Dios, alejarme de algo que sabía que era verdad y pasar el resto de mi vida viviendo una mentira. No había ningún paso parcial que pudiera dar. O bien Jesús sería la verdad más importante en mi vida, que gobernaría todo lo que yo haría jamás, o bien yo seguiría solo, haciéndolo todo a mi manera. Él dijo: «Yo soy el camino, la verdad y la vida... Nadie llega al Padre sino por mí» (Juan 14.6).

APOSTAR LA GRANJA

No es necio quien da lo que no puede guardar para obtener lo que no puede perder.
—Jim Elliot

Lo más molesto acerca de la verdad es que es *verdadera*, haciendo que cualquier cosa que la contradiga sea *falsa*. O bien Cristo es Dios encarnado, resucitado de la muerte, o bien no lo es. No hay posición intermedia aquí. Si Él no lo es, entonces sus enseñanzas no tienen más autoridad que las de Confucio, el doctor Phil o las de Oprah. Podemos tomarlas o dejarlas. Pero si Cristo es Dios, lo cambia todo: no hay nada más importante, más autoritativo o más central para la raza humana, para el modo en que vivimos nuestra vida y para nuestro entendimiento del mundo. Cristo es una proposición de todo o nada, y de un modo u otro, cada uno de nosotros ya ha hecho una elección con respecto a Él. O bien hemos entregado nuestra vida a Él enteramente, o no lo hemos hecho.

Quizá tú hayas rechazado a Cristo de plano, como yo hice durante muchos años. Has decidido que tú tienes una respuesta mejor a esas inquietantes preguntas acerca de por qué estamos aquí y dónde vamos. O quizá afirmes la importancia de Cristo de la misma manera en que lo harías con tu partido político o tu equipo deportivo favorito. Él ocupa una habitación en la «casa» de tu vida, pero no es el fundamento sobre el cual descansa toda la casa.

> Cristo es una proposición de todo o nada, y de un modo u otro, cada uno de nosotros ya ha hecho una elección con respecto a Él. O bien hemos entregado nuestra vida a Él enteramente, o no lo hemos hecho.

O quizá tú seas alguien que se oculta detrás del velo del agnosticismo, diciendo: «Realmente no estoy seguro». Sencillamente has pospuesto la decisión, decidiendo no decidir, lo cual es en sí mismo una decisión. O quizá hayas dado forma a Dios para que se conforme a tus propios valores, convirtiéndole en un «sello de goma» para cualquier cosa que creas que es mejor para ti.

Para mí, la decisión de escoger a Cristo no fue una decisión pequeña. Yo sabía lo que significaba. En este tipo de compromiso de fe no se retiene nada, ningún precio es demasiado elevado para pagarlo, se apuesta la granja y se firma el trato. Si Cristo es Señor, entonces nada que Él nos haya pedido es opcional. Sus enseñanzas se convierten en el sistema operativo de nuestras vidas. Esta verdad fue tan fundamental que cada acto, cada decisión y cada aspecto de mi vida entonces tenía que ser definido por Él.

Y así, aquel día, en mi cuarto y yo solo, hice lo que había hecho «el escéptico Tomás» muchos siglos antes. Me arrodillé y dije: «Señor mío y Dios mío». Pedí ser perdonado por mi arrogancia e incredulidad, y entregué mi vida desde aquel día en adelante al servicio de Cristo. No hubo ningún coro de ángeles ni una epifanía dramática, pero yo supe que mi vida había cambiado para siempre. El evangelio, las buenas nuevas de Dios, había entrado en mi vida con poder, y nada desde entonces ha sido igual. El vacío en mí había sido llenado.

Posdata

Reneé y yo comenzamos a salir otra vez a medida que celebrábamos mi nueva fe, y comenzamos a definir de nuevo nuestra relación con Cristo en el centro. Yo había sido bastante prudente con respecto a asegurarme de que no me convertí en cristiano por la razón equivocada: para reconciliarme con ella. Tenía que tomar mi decisión basándome en si el cristianismo era verdad. Aun así, estoy convencido de que su valiente decisión de alejarse del hombre al que amaba debido a que amaba a Dios aún más desempeñó un papel en mi propio camino hasta la fe. Dios honró su decisión de escogerle a Él, y finalmente le dio el deseo de su corazón. Los dos teníamos un sentimiento de que Dios había hecho algo milagroso y sagrado en nuestra relación. El amor que ahora compartíamos parecía mucho más profundo y mucho más fuerte que lo que habíamos experimentado antes. Ya no era tan sólo emocional y sentimental; ahora tenía una dimensión espiritual, como un círculo que se había convertido en una esfera o una fotografía en blanco y negro que de repente se llenó de colores. Nos comprometimos aproximadamente siete meses después de que yo acepté a Cristo y nos casamos inmediatamente después de que ambos terminamos las clases en junio de 1975. La nuestra fue una historia de amor para la cual Dios mismo proporcionó el final feliz.

«¿Por qué me llaman "Señor, Señor"?»

Y así comenzó mi propio caminar de fe, con una decisión, y un compromiso, a cambiar literalmente todo en mi vida basándome en una visión del mundo radicalmente alterada. Yo había pasado de la incredulidad a la creencia, pero ese fue tan sólo el primer paso. El verdadero viaje de fe requiere que nuestras elecciones, nuestros actos y todo lo demás en nuestra vida estén rendidos a la voluntad de Dios en lugar de estarlo a nuestra propia voluntad. Para el cristiano, es un proceso de toda la vida. La creencia, es decir, la fe, es sólo el comienzo. Sí, debemos *creer* que Cristo nos ama pero Cristo también nos llama a *demostrar* su amor a otros mediante las cosas buenas que hacemos, lo cual la Biblia denomina «obras». La fe sin obras no es fe en absoluto. Pero la fe auténtica, arraigada en el corazón de Dios, se expresa en obras hechas para aliviar el dolor de otros; está rodeada de sacrificio personal, y llega con un costo.

Jesús entendía que no todos los que le llamaban «Señor» rendirían verdaderamente sus vidas en servicio sacrificial, y Él reservó algunas de sus palabras más fuertes para quienes profesaban ser sus seguidores pero cuyas vidas no mostraban evidencia alguna de su fe. Sin duda, esta es una de las cosas más duras que Jesús dijo jamás a quienes afirmaban seguirle: «¿Por qué me llaman ustedes "Señor, Señor", y no hacen lo que les digo?» (Lucas 6.46). Cada vez que leo esas palabras, tiemblo.

Él no pudo haber sido más directo. Estaba diciendo no sólo a quienes le oían, sino también a todos los que algún día leerían sus palabras que si nos atrevemos a llamarle Señor, entonces Él espera que hagamos lo que Él dice. En otras palabras, cuando *creemos* que Jesús es Señor, entonces nuestras vidas deben cambiar; debemos *hacer* lo que Él mandó.

Justamente antes de hacer esta demandante pregunta, Jesús utilizó una metáfora de un árbol que lleva fruto para enseñar a sus seguidores, entonces y ahora, a reconocer al *verdadero* siervo de Dios. Dijo: «Ningún árbol bueno da fruto malo; tampoco da buen fruto el árbol malo. A cada árbol se le reconoce por su propio fruto» (vv. 43-44). Su verdadero discípulo, entonces, al igual que el árbol bueno, dará buen fruto. Se deduce que aquel que *no* da buen fruto no es discípulo de Cristo en absoluto. Este no es un argumento de que la salvación viene mediante las obras, sino más bien una afirmación de que alguien que haya entregado su vida a Jesús dará fruto de calidad como evidencia del señorío de Cristo. Esas buenas obras no son superficiales, sino que, por el contrario, son los frutos naturales de quienes han aceptado e interiorizado verdaderamente el mensaje radical del Sermón del Monte que precede inmediatamente a la pregunta de Jesús en Lucas 6. Lo que Jesús estaba demandando no era nada menos que un repudio del status quo, mucho más allá de hacer algunas obras buenas. Sus seguidores tenían que amar a su prójimo *y* a sus enemigos, presentar la otra mejilla, dar a los pobres, evitar juzgar a otros, perdonar a quienes les habían ofendido y hacerse tesoros en el cielo utilizando su dinero para que el reino de Dios avanzase. Quienes pudieran llamar legítimamente a Jesús «Señor» tenían que estar dispuestos a permitir que el Espíritu Santo lo cambiase todo, desde dentro hacia fuera. Lo mismo es cierto en la actualidad.

En el pasaje paralelo, que se encuentra en Mateo 7, Jesús fue más explícito sobre los árboles que no dan fruto; es decir, las personas que le llaman «Señor» pero que no hacen su voluntad:

Todo árbol que no da buen fruto se corta y se arroja al fuego. Así que por sus frutos los conocerán. No todo el que me dice: «Señor, Señor», entrará en el reino de los cielos, sino sólo el que hace la voluntad de mi Padre que está en el cielo. Muchos me dirán en aquel día: «Señor, Señor, ¿no profetizamos en tu nombre, y en tu nombre expulsamos demonios e hicimos muchos milagros?» Entonces les diré claramente: «Jamás los conocí. ¡Aléjense de mí, hacedores de maldad!» (Mateo 7.19-23)

¿Te hace temblar esta seria advertencia al igual que me hace temblar a mí? Debería hacerlo. Es el mismo mensaje que oímos en Mateo 25, cuando las ovejas fueron separadas de las cabras basándose en su respuesta a los pobres y los enfermos. ¿Es posible que muchos que hoy día profesan ser cristianos reciban algún día las palabras: «Jamás los conocí. ¡Aléjense de mí, hacedores de maldad!»? Evidentemente, Jesús estaba diciendo con claridad que sólo aquellos de nosotros que hagamos la voluntad de su Padre podremos entrar en el reino de los cielos.

¿Pero es éste tan sólo un breve pasaje que, quizá, podríamos descartar si no encaja en nosotros? ¿No tiene apoyo alguno en otros lugares de la Escritura? Desgraciadamente, si queremos cortar versículos como estos de nuestra Biblia, tenemos que cortar mucho más.

En el libro de Santiago, encontramos otra relación directa entre nuestra fe y nuestras obras. El autor lo expresó bastante sucintamente: «No se contenten sólo con escuchar la palabra, pues así se engañan ustedes mismos. *Llévenla a la práctica*» (Santiago 1.22, énfasis añadido). Santiago entonces pasó a poner un poco más de carne en los huesos de esta clara demanda:

Hermanos míos, ¿de qué le sirve a uno alegar que tiene fe, si no tiene obras? ¿Acaso podrá salvarlo esa fe? Supongamos que un hermano o una hermana no tienen con qué vestirse y carecen del alimento diario, y uno de ustedes les dice: «Que les vaya bien; abríguense y coman hasta saciarse», pero no les da lo necesario para el cuerpo. ¿De qué servirá eso? Así también la fe por sí sola, si no tiene obras, está muerta. Sin embargo, alguien dirá: «Tú tienes fe, y yo tengo obras». Pues bien, muéstrame tu fe sin las obras, y yo te mostraré la fe por mis obras. ¿Tú crees que hay un solo Dios? ¡Magnífico! También los demonios lo creen, y tiemblan. (2.14-19)

Aquí Santiago puso en negro sobre blanco que creer no es suficiente. Debe estar acompañado por fe *demostrada en actos*. Mi anterior pastor y buen amigo, Gary Gulbranson, dijo una vez: «Lo que cuenta no es lo que crees; es lo que crees lo bastante para hacerlo». Yo creo que a Santiago le habría gustado el entendimiento que tiene Gary del evangelio en acción.

> Lo que cuenta no es lo que crees; es lo que crees lo bastante para hacerlo.

Veamos lo que el apóstol Juan tenía que decir: «¿Cómo sabemos si hemos llegado a conocer a Dios? Si obedecemos sus mandamientos. El que afirma: «Lo conozco», pero no obedece sus mandamientos, es un mentiroso y no tiene la verdad. En cambio, el amor de Dios se manifiesta plenamente en la vida del que obedece su palabra. De este modo sabemos que estamos unidos a él: el que afirma que permanece en él, debe vivir como él vivió» (1 Juan 2.3-6). Lee eso de nuevo y asimílalo. Nuestra obediencia es la manera en que decidimos si realmente conocemos a Dios o no. Si afirmamos conocer a Cristo pero no hacemos lo que Él manda, ¡Juan dijo que somos mentirosos!

Y tan sólo un capítulo después, Juan fue aún más concreto con respecto a cómo podría verse la obediencia, uniéndola al modo en que utilizamos nuestra *riqueza*:

En esto conocemos lo que es el amor: en que Jesucristo entregó su vida por nosotros. Así también nosotros debemos entregar la vida por nuestros hermanos. Si alguien que posee bienes materiales ve que su hermano está pasando necesidad, y no tiene compasión de él, ¿cómo se puede decir que el amor de Dios habita en él? *Queridos hijos, no amemos de palabra ni de labios para afuera, sino con hechos y de verdad.* En esto sabremos que somos de la verdad, y nos sentiremos seguros delante de él: que aunque nuestro corazón nos condene, Dios es más grande que nuestro corazón y lo sabe todo. (3.16-20, énfasis añadido)

La conclusión es ineludible. Jesús pide mucho más de nosotros que solamente creer las cosas correctas.

Piensa por un momento en tu vida como una casa que tiene muchas habitaciones. Tu fe no puede ser tan sólo una habitación más en la casa, equiparada con tu trabajo, tu matrimonio, tu tendencia política o tus pasatiempos. No, tu fe debe ser como el aire que respiras, en *cada* habitación de la casa. Debe impregnar no sólo tu «adoración el domingo», o incluso tu vocación y tu conducta en casa, sino también tus tratos con *todos* los que te rodean, incluyendo a los pobres. Así de profundo debe ser el compromiso.

Por tanto, ¿qué espera Dios de ti entonces? Todo.

CAPÍTULO SIETE

LA VARA EN TU MANO

Una vida santa producirá la impresión más profunda. Los faros no tocan trompetas; solamente brillan.

—D. L. MOODY

Si Dios solamente usara a personas perfectas, no se haría nada. Dios usará a cualquier persona si está disponible.

—RICK WARREN

Mi conversión al cristianismo aquel día en una residencia universitaria y mi subsiguiente compromiso con Dios se convirtieron en la brújula en las dos siguientes décadas de mi vida, mi matrimonio y mi carrera. Quienes me conocían sabían que yo había cambiado. De hecho, los hermanos de la fraternidad se burlaron, diciendo que no duraría ni seis meses, pero sí duró. Sin embargo, aunque algunos cambios se produjeron enseguida, otros necesitaron años. Convertirse en un seguidor de Cristo es un proceso de toda la vida de crecimiento, aprendizaje y cambio. Es también un proceso de rendición. Para mí, debido a mis años de decidida independencia, esa rendición ha sido una continua batalla por el control.

Una metáfora adecuada para el caminar cristiano es la de alistarse en el ejército. Al alistarse, el soldado inmediatamente rinde el control de su vida. Dónde vive el soldado, cuándo se mueve, qué ropa llevará, cómo se comportará y que hará: *todas* esas cosas le corresponden decidirlas a los oficiales que están al mando.

Convertirse en cristiano requiere una rendición parecida, a excepción de que nadie *nunca* es obligado; siempre es voluntario, y es necesario más tiempo para cumplirlo que un alistamiento de cuatro años. La verdad es que esa rendición no es algo fácil de hacer. Pero sin esa rendición un soldado no es útil para el ejército, y un cristiano no es útil para Dios.

Anteriormente mencioné que una de las razones más potentes para que no rindamos nuestras vidas a Cristo es que no queremos sacrificar las cosas que poseemos; ellas han comenzado a poseernos. Esas cosas pueden incluir nuestros trabajos, nuestros bienes materiales, nuestro dinero, nuestra comunidad y nuestros amigos; incluso nuestra familia.

Nos aferramos a ellas con frecuencia por un deseo de seguridad, comodidad y felicidad, aunque sabemos en nuestro corazón que solamente podemos encontrar verdadera felicidad sirviendo al Señor. Por tanto, nuestras cosas se convierten en ídolos. De hecho, *cualquier cosa* que pongamos por delante de Dios en nuestra vida se convierte en un ídolo. Jonás aprendió esa lección por el camino difícil. Dios no puede darte las bendiciones que Él tiene para ti hasta que primero dejes las otras cosas que estás agarrando en tus manos.

> Dios no puede darte las bendiciones que Él tiene para ti hasta que primero dejes las otras cosas que estás agarrando en tus manos.

Cuando Dios le dijo a Jonás que fuese a Nínive a predicar a los paganos, Jonás se enojó y se subió en el primer barco que salía de la ciudad. De ninguna manera él iba a ir *allí*. Era la tierra de sus mayores enemigos. Desde luego, cuando el barco fue acosado por una terrible tormenta, la tripulación lanzó por la borda a Jonás, creyendo que él era el causante de la ira de Dios. Jonás entonces terminó siendo tragado por un gran pez.

En el «vientre de la ballena», Jonás clamó a Dios, sabiendo que le había desobedecido. Me parece que las siguientes palabras de su oración son particularmente relevantes para mi propia lucha para obedecer el llamado de Dios a Visión Mundial: «Los que siguen a ídolos vanos abandonan el amor de Dios» (Jonás 2.8). El que Jonás «siguiera a ídolos» también me hizo entender algo que Reneé había dicho una y otra vez: «Si le damos la espalda a la voluntad de Dios para nuestra vida, ¿qué nos hace pensar que nos irá mejor? Quizás Dios nos esté salvando de algo que nosotros no podemos saber: uno de nuestros hijos con problemas, perder el trabajo, un terrible accidente o algo peor».

Si estudias el libro de Jonás, *tienes que* llegar a la conclusión de que aferrarse a los propios «ídolos vanos» es el *verdadero* riesgo. (¡Uf!) Obedecer a Dios es la *única* cosa segura.

Otra excusa que con frecuencia usamos con bastante eficacia para evitar servir a Dios es que no tenemos las capacidades o destrezas correctas. Nos inclinamos ante sentimientos de inferioridad, los cuales nos dicen una y otra vez que Dios no puede utilizar a alguien como nosotros. *No soy lo bastante espiritual. No tengo la educación adecuada. No soy inteligente.* O: *No tengo suficiente dinero para ser de ningún uso para Dios*, susurran las vocecitas. Y cuando las escuchamos, perdemos el punto de 2 Corintios 12.9. *Creemos* que Dios prefiere utilizar a los fuertes y los capaces, pero Él dijo: «Te basta con mi gracia, pues mi poder se perfecciona *en la debilidad*» (énfasis añadido). Y es verdad. Mira las grandes historias de la Biblia. En la mayoría de los casos, Dios escogió a aquellos a quienes el mundo consideraba débiles e imperfectos para hacer grandes cosas. Muchos de ellos eran bastante reacios a servir.

Por ejemplo Moisés, el tartamudo. Él era el hijo biológico de esclavos, un asesino y un fugitivo adoptado príncipe con un precio por su cabeza. Sin embargo, Dios se le apareció de manera dramática en una zarza que ardía pero no se consumía. ¿No debería de haberle dado eso la valentía para servir?

Parece que no. Escucha el diálogo entre Dios y Moisés:

Han llegado a mis oídos los gritos desesperados de los israelitas, y he visto también cómo los oprimen los egipcios. Así que disponte a partir. Voy a enviarte al faraón para que saques de Egipto a los israelitas, que son mi pueblo.

Pero Moisés le dijo a Dios: —¿Y quién soy yo para presentarme ante el faraón y sacar de Egipto a los israelitas?

—Yo estaré contigo —le respondió Dios—. Y te voy a dar una señal de que soy yo quien te envía: Cuando hayas sacado de Egipto a mi pueblo, todos ustedes me rendirán culto en esta montaña.

Pero Moisés insistió: —Supongamos que me presento ante los israelitas y les digo: «El Dios de sus antepasados me ha enviado a ustedes». ¿Qué les respondo si me preguntan: «¿Y cómo se llama?»

—Yo soy el que soy —respondió Dios a Moisés—. Y esto es lo que tienes que decirles a los israelitas: «Yo soy me ha enviado a ustedes». (Éxodo 3.9-14)

LA VARA EN TU MANO | 97

Pero Moisés insistió en quejarse a Dios. No quería ir donde Dios le estaba enviando. No quería dejar su zona de comodidad. Unos versículos después...

—¿Y qué hago si no me creen ni me hacen caso? ¿Qué hago si me dicen: «El Señor no se te ha aparecido»?

—¿Qué tienes en la mano? —preguntó el Señor.

—Una vara —respondió Moisés.

—Déjala caer al suelo —ordenó el Señor. (Éxodo 4.1-3)

Ya conoces la historia. Cuando Moisés lanzó esa vara, Dios hizo un milagro: Él la convirtió en una serpiente. Observa que Dios no repasó las calificaciones de Moisés para realizar el trabajo; Él solamente quería su obediencia. Dios haría el resto. De hecho, Él puso de rodillas al faraón, utilizando esa misma vara, tan sólo un palo de madera, para demostrar la autoridad de Moisés. Seguramente *eso* daría a Moisés la confianza para obedecer, ¿no es cierto?

¡No!

—SEÑOR, yo nunca me he distinguido por mi facilidad de palabra —objetó Moisés—. Y esto no es algo que haya comenzado ayer ni anteayer, ni hoy que te diriges a este servidor tuyo. Francamente, me cuesta mucho trabajo hablar.

—¿Y quién le puso la boca al hombre? —le respondió el SEÑOR —. ¿Acaso no soy yo, el SEÑOR, quien lo hace sordo o mudo, quien le da la vista o se la quita? Anda, ponte en marcha, que yo te ayudaré a hablar y te diré lo que debas decir.

—SEÑOR —insistió Moisés—, te ruego que envíes a alguna otra persona.

Entonces el Señor ardió en ira contra Moisés. (vv. 10-14)

Yo me consolé en mi propio sufrimiento al ver que Moisés había sido tan patético como lo era yo.

Sabemos que Moisés finalmente obedeció y confrontó al faraón, utilizando su vara para realizar milagro tras milagro. Dios entonces capacitó a Moisés para sacar de Egipto exitosamente al pueblo de Israel. La vara de Moisés dividió el Mar Rojo y les dio maná del cielo, sosteniendo a los israelitas en el desierto durante los siguientes cuarenta años. ¿El punto? Dios no necesitaba gran valentía y destreza por parte de Moisés; Él podría haber utilizado *solamente* una vara para salvar a la nación de Israel. Pero escogió utilizar a Moisés, y su vara.

Lo único que Él requería era que Moisés estuviera disponible y fuese obediente.

«Dios no llama a los equipados; Él equipa a los llamados».

Alguien dijo una vez: «Dios no llama a los equipados; Él equipa a los llamados». Decir que no somos lo bastante inteligentes, lo bastante buenos, o lo bastante talentosos para servir a Dios son solamente excusas. Todos nosotros tenemos algo que Dios puede usar, aunque sólo sea una vara. La cuestión es si ofreceremos cualquier vara que tengamos para su servicio.

Antes de que sucediera todo lo de Visión Mundial en mi vida, yo creía que ser «llamado» por Dios era algo raro y que quizá ya ni siquiera sucedía tanto. Era fácil ver a Dios llamando a personas en la Biblia. Moisés experimentó una zarza ardiente: difícil de descartar eso como coincidencia. Cada discípulo fue llamado personalmente por Jesús. Pablo tuvo su encuentro en el camino de Damasco. Y Jacob luchó con Dios. Pero los acontecimientos que rodearon a mi propio llamado a Visión Mundial cambiaron el modo en que yo pensaba sobre el llamamiento. Bill Hybels, entonces miembro de la junta directiva de Visión Mundial y también del comité de búsqueda, me alentó durante el proceso diciendo que cada seguidor de Cristo fue creado con un propósito y que nuestra tarea más importante es discernir cuál es ese propósito. Dijo que cuando lo encontramos, estamos «en la zona» con Dios, al igual que un atleta durante su óptimo rendimiento. Bill también dijo que Dios no hace nada por casualidad. Él no se despierta un día y dice: «Necesito encontrar a alguien que dirija Visión Mundial; me pregunto a quién podré encontrar». No, Dios es un Dios de orden. Él nos creó a todos con un propósito y vio nuestras vidas en el comienzo del tiempo mismo. Él nos dio a cada uno una personalidad y un conjunto de aptitudes únicos, y nos situó a cada uno en una familia en particular. Día tras día, Él trae a personas clave a nuestra vida y nos proporciona experiencias que nos moldean. Dios hace todo eso con su propósito en mente, hecho a medida para el individuo: tú y yo.

En la película galardonada por la Academia, *Carros de fuego*, la cual relata la historia del medallista olímpico Eric Liddell, hay una escena en la que la hermana de

Eric, Jennie, le critica por ser desviado a causa de las carreras cuando debería estar en el campo misionero. Nunca olvidaré la respuesta de Liddell. En esencia, dijo: «Creo que Dios me hizo con un propósito, pero también me hizo rápido. Y cuando corro, siento que se agrada».[1] Eric Liddell estaba en «la zona» con Dios, ese lugar donde sus talentos, sus circunstancias y el plan de Dios para su vida se había unido. Él había encontrado su llamado, y lo utilizó como un testimonio para el mundo. Primero, llegó a los titulares de los periódicos globalmente cuando se perdió una de las carreras que se negó a correr el domingo. Entonces, como otro testimonio mayor, cuando ganó la medalla de oro en su otra carrera dio la gloria a Dios públicamente.

Discernir nuestro llamado único no es siempre sencillo. Necesitamos estar lo bastante tranquilos para oír el susurro de la voz de Dios. También debemos leer fielmente las Escrituras, orar con diligencia, seguir las enseñanzas del Señor, escuchar a los sabios amigos que nos conocen y estar disponibles regularmente para servir. Finalmente, tenemos que permanecer abiertos a las posibilidades de Dios, siempre dispuestos a correr el monstruoso riesgo y a hacer lo impredecible.

A menudo estamos demasiado ocupados siguiendo nuestras carreras para discernir cuál es nuestro llamado. Yo lo estaba. Pero hay una inmensa diferencia entre *carrera* y *llamado*. Lee lo que el pastor John Ortberg tiene que decir al respecto:

> La sociedad estadounidense ya no habla mucho sobre llamado. Es más probable que piense en términos de carrera. Sin embargo, para muchas personas una carrera se convierte en el altar sobre el cual sacrifican sus vidas.
>
> Un llamado, que es algo que yo hago para Dios, es sustituido por una carrera, la cual amenaza con convertirse en mi dios. Una carrera es algo que yo escojo para mí mismo; un llamado es algo que recibo. Una carrera es algo que yo hago para mí mismo; un llamado es algo que hago para Dios. Una carrera promete posición, dinero o poder; un llamado generalmente promete dificultad e incluso cierto sufrimiento, y la oportunidad de ser usado por Dios. Una carrera se trata de movilidad hacia arriba; un llamado generalmente conduce a movilidad hacia abajo.[2]

Las demandas de mi carrera y el ajetreo de criar a cinco hijos habían hecho difícil para mí que oyese el llamado de Dios. Me había acercado peligrosamente a alejarme de Él; pero Dios siguió buscándome, abriendo puerta tras puerta y llamándome a que las atravesara. Finalmente, lo hice.

TENSO Y ASUSTADO...

Aún recuerdo aquel primer día en mi nueva oficina en Visión Mundial. Yo había dado el salto, pero seguía estando aterrorizado. Llegué temprano, esperando realmente no ver a nadie mientras me subía al elevador de mi nueva vida. Estaba seguro de que me parecía un poco a un ciervo delante de los faros. Me metí en mi oficina, cerré la puerta y clamé a Dios en oración: «He venido, Señor. Estoy aquí. Fue necesario cada gramo de mi valentía sólo para estar aquí. Pero no puedo realizar este trabajo. Me siento impotente por primera vez en mi vida. Ni siquiera sé qué hacer a continuación. Ahora es tu turno. Tú me metiste en esto, y tú tendrás que hacer el resto. Ayúdame». Y Él lo hizo. Quizá por primera vez en mi vida, Dios me tenía donde Él quería, indefenso y apoyándome completamente en Él.

La madre Teresa dijo una vez: «Yo soy una pequeña pluma en la mano de un Dios escribano que está enviando una carta de amor al mundo». Ella lo entendió. No somos autores, ninguno de nosotros. Sólo somos las «plumas». Una vez que entendamos eso, podríamos realmente llegar a ser útiles para Dios.

¿Estás dispuesto a estar abierto a la voluntad de Dios para tu vida? Esa fue la pregunta que una vez sacudió mi mundo, la que lo cambió todo para mí. Para responderla tuve que soltar las cosas en mi vida que me poseían y dejar de ocultarme detrás de la falacia de que Dios no podía usarme. Tuve que seguir mi llamado, no mi carrera, y tuve que lanzar mi «vara» a tierra, ofreciéndola a Dios en servicio. Dios quiere que cada uno de nosotros rinda su vida a Él por completo, le sigamos,

obedezcamos sus mandamientos y mostremos su amor a otros. Pero antes de que podamos demostrar ese amor y ofrecer el evangelio al resto del mundo, tenemos que llenar el vacío que hay en nuestro propio evangelio.

¿Por qué me creó Dios? Para amarle, servirle y obedecerle. Muy sencillo y a la vez extremadamente profundo. Si todos nos despertásemos cada mañana preguntando: «¿Cómo puedo amar, servir y obedecer a Dios hoy?», eso podría cambiarlo todo; hasta podría cambiar el mundo.

PARTE 3

UN VACÍO
EN EL MUNDO

La pobreza de nuestro siglo es distinta a cualquier otra.
No es como la pobreza que era antes, el resultado de la escasez natural,
sino una serie de prioridades que se imponen al resto del mundo por parte
de los ricos. Por consiguiente, los pobres modernos no despiertan
lástima... sino que son descartados como basura.

La economía de consumo del siglo XXI ha producido la primera cultura
para la cual un mendigo no es un recordatorio de nada.

—JOHN BERGER

Porque sabemos que toda la creación gime a una, y a una está con dolores
de parto hasta ahora.

—ROMANOS 8.22

CAPÍTULO OCHO

EL MAYOR DESAFÍO DEL NUEVO MILENIO

Porque no digo esto para que haya para otros holgura, y para vosotros estrechez, sino para que en este tiempo, con igualdad, la abundancia vuestra supla la escasez de ellos, para que también la abundancia de ellos supla la necesidad vuestra, para que haya igualdad, como está escrito: El que recogió mucho, no tuvo más, y el que poco, no tuvo menos.

—2 CORINTIOS 8.13-15

Cada vez más llego a valorar la caridad y el amor de un ser humano por encima de todo lo demás... todo nuestro laureado progreso tecnológico, nuestra civilización misma, es como el hacha en manos del criminal patológico.

—ALBERT EINSTEIN

Hace unos años tuve la oportunidad de pasar un tiempo con el expresidente Jimmy Carter. Visión Mundial estaba colaborando con Hábitat para la Humanidad en uno de sus masivos proyectos de «campaña de construcción» en Filipinas, y me asignaron trabajar en la misma casa que el presidente Carter. (En aquel momento, él se acercaba a los ochenta años de edad, y yo me sorprendí por el largo tiempo que estaba dispuesto a trabajar al sol realizando duro trabajo manual.) A medida que trabajábamos, él compartió que le acababan de pedir que preparase un discurso que respondiera a la pregunta: ¿Cuál es el mayor desafío al que la humanidad se enfrenta en el siglo XXI? Era el año 1999, y el mundo estaba enfocado en el comienzo de un nuevo milenio. Yo quedé bastante sorprendido por la conclusión del expresidente. Él creía que el mayor problema de nuestra época era *la creciente brecha entre las personas más ricas y más pobres en la tierra*.

Sólo tres años después, el presidente Carter fue galardonado con el premio Nobel de la paz por sus logros después de sus años de presidencia, luchando contra la pobreza y la enfermedad y fomentando la democracia, y en su discurso de aceptación él se hizo eco de los comentarios que me hizo en el lugar de construcción de Hábitat:

> Al comienzo de este nuevo milenio me pidieron que hablase, aquí en Oslo, del mayor desafío al que el mundo se enfrenta. Entre todas las posibles selecciones, decidí que el problema más grave y universal es el creciente abismo que hay entre las personas más ricas y más pobres en la tierra. Ciudadanos de los diez países más ricos son ahora 75 veces más ricos que quienes viven en los diez más pobres, y la separación va en aumento cada año, no sólo entre países sino también dentro de ellos. Los resultados de esta disparidad son raíces que causan la mayor parte de los problemas no resueltos del mundo, incluyendo el hambre, el analfabetismo, la degradación medioambiental, conflictos violentos y enfermedades innecesarias que varían desde el gusano de Guinea hasta el VIH / SIDA.[1]

Ahí estaba un hombre que lo había visto y hecho todo. Había sido presidente de Estados Unidos, había viajado a casi 200 países y había conocido a la mayoría de los jefes de estado del mundo. Él estaba ciertamente calificado para hablar sobre esta cuestión; pero lo más sorprendente no es lo que él escogió como el mayor desafío al que el mundo se enfrenta, sino más bien lo que *no* escogió. Aunque dio su discurso sólo un año después de los ataques terroristas del 11 de septiembre, no habló del terrorismo global o del extremismo religioso. No habló sobre el cambio climático, la globalización, la tensión nuclear, el VIH y el SIDA, la corrupción política o las tensiones étnicas y religiosas. Tampoco mencionó el hambre, el analfabetismo o la enfermedad. En cambio, vio «el creciente abismo entre las personas más ricas y más pobres en la tierra» como la raíz de muchos de esos otros problemas. También hay que destacar que no citó la pobreza misma como el problema más desafiante al que el mundo se enfrenta, sino en cambio la *disparidad* entre ricos y pobres. Si todos fuésemos ricos o al menos viviéramos cómodamente, entonces éste no sería un problema. Por el contrario, si todos fuésemos pobres, nadie estaría en posición de ayudar a nadie. Pero cuando parte del mundo es rico y el resto del mundo es pobre, ciertamente crea un dilema moral y práctico.

Recientemente viajé con mi esposa a Cape Town, Sudáfrica, una de las ciudades más hermosas y sorprendentes del mundo. Fuimos allí para ver proyectos de Visión Mundial y para visitar la iglesia Fish Hoek Baptist, para saber acerca de su destacado ministerio con personas con SIDA. También apartamos un par de días para hacer un poco de turismo, pero nos resultó difícil disfrutarlo. Cape Town es uno de esos pocos lugares en el mundo donde la peor pobreza imaginable y la más opulenta riqueza viven juntas, a veces tan sólo a unos metros de distancia. A la sombra de las casas de lujo, torres hoteleras, bodegas y centros comerciales se extiende kilómetro tras kilómetro de ruinosas colonias de chabolas llenas de hambre, pobreza, crimen, enfermedad y desesperación, pobladas por cientos de miles de seres humanos quebrantados. Los que «tienen» viven en comunidades cerradas adornadas con cámaras de seguridad. Los que «no tienen» miran desde sus diminutas cabañas cuando pasan a su lado Mercedes y BMW de otro mundo. Para mí fue un microcosmos del «abismo» que el presidente Carter había descrito. ¿Cómo pueden los ricos y la clase media vivir así, me preguntaba, obligados a ver el agudo contraste entre ellos mismos y los desesperadamente pobres *cada día*?

Ellos hacen exactamente lo mismo que tú y yo: los ignoran. La única diferencia es que a nosotros nos resulta más fácil ignorar a los más pobres del mundo porque están «allí».

El presidente Carter terminó su discurso con una nota de pesimismo, dudando que el abismo del cual habló pudiera llenarse alguna vez: «Pero trágicamente, en el mundo industrializado hay una terrible ausencia de entendimiento o de preocupación por quienes están soportando vidas de desesperación y desesperanza. Aún no hemos hecho el compromiso de compartir con otros una parte apreciable de nuestra excesiva riqueza. Esta es una carga potencialmente satisfactoria que todos deberíamos estar dispuestos a asumir».[2]

¿Quién es mi prójimo?

Transporte de los correos, transporte de la voz humana, transporte de parpadeantes imágenes; en este siglo como en los demás, nuestros mayores logros siguen teniendo el simple objetivo de unir a los hombres. —Antoine de Saint-Exupéry

Si el segundo mandamiento más importante nos dice que amemos a nuestro prójimo como a nosotros mismos, entonces la pregunta crucial es: ¿quién es mi prójimo? En el mundo de quienes tienen y quienes no tienen, ¿tenemos que considerar a las personas pobres que están a diez mil kilómetros de distancia como nuestro prójimo?

Esa misma pregunta —¿quién es mi prójimo?— estaba en el núcleo de la conocida parábola del buen samaritano (Lucas 10.25-37). Un «experto en la ley» quería entender los límites de su responsabilidad con respecto al mandamiento de Cristo de amar a su «prójimo». Jesús respondió relatando la historia, ahora familiar, de un hombre golpeado por ladrones que fue dejado tendido a un lado del camino. Primero un sacerdote y después un levita (los líderes religiosos de su tiempo) que iban por el mismo camino pasaron por el otro lado, ignorando la situación del hombre. Entonces un samaritano, un mestizo teológico y racial despreciado por los judíos, vio al hombre y de inmediato acudió a ayudarle.

Al final de la parábola, Jesús dio la vuelta a la pregunta y le dijo a quien le preguntaba: «¿Cuál de estos tres piensas que demostró ser el prójimo del que cayó en manos de los ladrones?» (v. 36).

El hombre, que ni siquiera podía pronunciar la palabra *samaritano*, respondió: «El que se compadeció de él» (v. 37).

Jesús recompensó la respuesta correcta del hombre con palabras que sin duda están entre las grandes enseñanzas morales de la historia: «Anda entonces y haz tú lo mismo» (v. 37).

Durante la mayor parte de los últimos dos mil años, «amar a nuestro prójimo como a nosotros mismos» ha significado exactamente eso: amar a nuestro prójimo *inmediato*, aquellas personas a las que encontramos diariamente en *nuestras* comunidades. Por la mayor parte, ha sido imposible «amar» a personas que están a cientos de miles de distancia de nosotros, y solamente en el último siglo hemos sido capaces de ser conscientes de sus necesidades. Que ese «prójimo» pudiera incluir a aquellos que viven en otro continente era algo ridículo hasta tiempos recientes. De hecho, la gran disparidad existente entre países ricos y pobres, descrita por el presidente Carter, en gran parte ni siquiera existía antes del año 1800. Según Jeffrey D. Sachs, en 1820 la diferencia en renta per cápita entre la región más rica del mundo y la más pobre era quizá de cuatro a uno.[3] Comparemos eso con el setenta y cinco a uno citado por el presidente Carter en 2002. Antes de 1800, la enfermedad y la asistencia médica inadecuada eran hechos de la vida que afectaban a todas las personas. La falta de agua limpia y de higiene habrían sido prácticamente universales. Sequías, malas cosechas, hambrunas y epidemias periódicamente habían devastado casi todos los países. El analfabetismo era común en todas partes. Fue el legado del colonialismo, combinado con los avances de la Revolución Industrial, lo que finalmente dio como resultado el rápido desarrollo de algunas economías por encima de otras. Eso afectó al desequilibrio que vemos actualmente. Incluso mientras las disparidades económicas entre países se hicieron mayores en el siglo XIX y a principios del XX, la idea de que los ricos (o la clase media) de un país tenía una responsabilidad hacia los pobres de otro país no era generalmente aceptada. Quizá la excepción a esto fueran los miles de misioneros que viajaban a otros países para alcanzar a su prójimo. Sus heroicos esfuerzos en la causa de Cristo no deben pasarse por alto, ya que ellos por necesidad abordaron los problemas de pobreza, justicia, enfermedad y educación que encontraban. Pero para el público en general, había tres importantes impedimentos en el camino de cualquiera que quisiera amar a su prójimo distante, incluso a mitad del siglo XX: *conciencia, acceso* y *capacidad*.

CONCIENCIA

Antes de que alguien pueda ser responsable de ayudar a alguien que tiene necesidad, primero debe haber una conciencia de la necesidad. Antes del año 1900, no había vehículos de comunicación internacional de masas disponibles. Se utilizaba el telégrafo, pero no de manera generalizada, y el teléfono seguía siendo una curiosidad. Las emisiones de radio e incluso los propietarios de radios no fueron comunes en Estados Unidos hasta los años veinte, y la televisión no se convirtió en un medio de masas hasta los años cuarenta y cincuenta. Como resultado, la única información internacional regularmente a disposición del público era mediante los periódicos, la mayoría de los cuales dedicaba poco espacio a lo que actualmente denominamos «intereses humanitarios». Incluso después de la Segunda Guerra Mundial, los medios de comunicación a gran escala tal como los conocemos estaban limitados. Se habían vendido solamente 3.6 millones de aparatos de televisión en Estados Unidos en el año 1949, y la mayoría de ellos sólo recibía uno o dos canales.[4]

Bob Pierce, el fundador de Visión Mundial, regresó de Corea en 1950 con películas de 16 milímetros que documentaban visualmente el sufrimiento de niños y la devastación humana de la guerra. Es difícil para nosotros en la actualidad imaginar el asombroso impacto que aquellas películas debieron de haber tenido en aquellos que las vieron cuando Pierce viajó por Estados Unidos, de iglesia en iglesia, con su proyector. Nunca unas imágenes gráficas como aquellas se habían llevado al otro lado del océano a las pequeñas ciudades de Norteamérica. No debería sorprendernos que quienes las vieron respondieran con la avalancha de donaciones que capacitó a la joven Visión Mundial para llevar una ayuda desesperadamente necesitada a aquellos niños.

> Actualmente vivimos en un mundo saturado de medios de comunicación, conectado a la Internet, equipado con teléfonos celulares, en el cual todo lo que sucede en cualquier lugar está disponible al instante en todas partes.

Actualmente vivimos en un mundo saturado de medios de comunicación, conectado a la Internet, equipado con teléfonos celulares, en el cual todo lo que sucede en cualquier lugar está disponible al instante en todas partes.

Somos asaltados por imágenes e historias de tragedia y sufrimiento humano las 24 horas al día. Organizaciones internacionales de ayuda emiten sus mensajes constantemente a través de la Internet y otros medios de comunicación, proporcionando convenientes «rampas de acceso» para quienes quieren ayudar pero no saben cómo. La falta de conciencia ya no es un problema. Sin embargo, sólo aproximadamente un cuatro por ciento de todos los donativos benéficos en Estados Unidos va a causas internacionales de cualquier tipo.[5] Nos hemos vuelto alejados e indiferentes hacia las constantes y repetidas imágenes de pobreza y adversidad que nos bombardean. De hecho, nuestra apatía se ha ganado su propio término: *fatiga de compasión*.[6] Pero *no podemos* afirmar que no sabemos que nuestro prójimo distante tiene necesidad; ya no, no en la actualidad.

ACCESO

Si la falta de *conciencia* era un problema antes de la Segunda Guerra Mundial, entonces la falta de *acceso* a poblaciones que sufren habría sido igualmente abrumadora. Antes de 1940, el viaje internacional no era nada común para los estadounidenses y los viajes por aire no se consideraban accesibles para el público. Los informes indican que sólo 42,570 pasajeros estadounidenses viajaban internacionalmente en 1930, la mayoría de ellos supuestamente a destinos europeos.[7] Casi nadie habría podido viajar a África para ver de primera mano el sufrimiento de quienes carecían de comida, agua, higiene y cuidado médico o para poder hacer realmente algo al respecto. En 1949, el número de pasajeros internacionales era aproximadamente de un millón y medio; sin embargo, seguía siendo una pequeña fracción de la población de Estados Unidos.[8] Comparemos esas cifras con la estadística de 2005: más de 150 millones de pasajeros estadounidenses volaron internacionalmente.[9] Actualmente, no sólo podemos estar al otro lado del planeta en menos de 24 horas, sino que cientos de millones de estadounidenses vuelan internacionalmente. Ahora tenemos la oportunidad no sólo de ver a quienes están en la pobreza extrema sino también de ayudarles.

CAPACIDAD

Incluso después de que nuestra *conciencia* y *acceso* a los más pobres entre los pobres internacionalmente se viera menos restringida, nuestra *capacidad* de proporcionar ayuda eficaz siguió estando limitada durante algún tiempo. Es cierto que incluso antes de la Segunda Guerra Mundial, los avances de salud en el mundo desarrollado habían aventajado mucho a los que estaban disponibles en países del tercer mundo. Vacunas para enfermedades como el sarampión y la fiebre tifoidea ya estaban disponibles, y el conocimiento básico de primeros auxilios, nutrición, la difusión de enfermedades infecciosas y partos seguros proporcionaron la capacidad de ayudar a comunidades subdesarrolladas. Sin embargo, ha sido sólo en los últimos cincuenta años cuando nuestro entendimiento de la compleja relación entre pobreza, salud, cultura y economía ha hecho posible implementar estrategias eficaces y sostenibles para abordar la pobreza.

Actualmente tenemos intervenciones sofisticadas y probadas en el campo para tratar problemas de salud comunitaria, incluyendo malaria, polio, tuberculosis, neumonía, VIH y SIDA, cuidado prenatal y postnatal, nutrición, deficiencia de vitaminas, enfermedades tropicales, parásitos y las principales enfermedades de la niñez. Instituciones multilaterales como la Organización Mundial de la Salud y agencias estadounidenses como el Centro para el Control de Enfermedades y los Institutos Nacionales de Salud ahora tienen décadas de experiencia en el trato de esos y otros problemas globales de salud. Abundan nuevas tecnologías para desarrollar fuentes de agua segura mediante métodos mejorados de localización de acuíferos y perforación de pozos, purificación de agua y recogida de agua de lluvia. Sólo esas cosas pueden recortar la mortalidad infantil a la mitad casi de la noche a la mañana en comunidades carentes de agua. La denominada revolución verde en la agricultura que comenzó en los años cincuenta ha conducido a campos de cultivos inmensamente mejorados, permitiendo que poblaciones mucho mayores sean alimentadas por hectárea de terreno cultivable. Y desde los años setenta ha surgido todo el campo de la microfinanciación, que aborda la pobreza en el nivel de la economía individual y comunitaria. Hemos identificado otros vínculos sociológicos entre la pobreza y cosas como el papel de los sexos y prácticas culturales. Al mismo tiempo, cientos de acreditadas organizaciones humanitarias profesionales que operan en el terreno ofrecen sencillas oportunidades para que cualquiera pueda implicarse. En resumen, por primera vez en la historia de la raza humana tenemos la *conciencia*, el *acceso* y la *capacidad* de llegar a nuestro prójimo más desesperado en todo el mundo. Programas, herramientas y tecnologías para eliminar prácticamente los tipos más extremos de pobreza y sufrimiento en nuestro mundo están ahora disponibles. Estas son verdaderamente buenas noticias para los pobres, ¿o no?

Realmente no, porque no estamos haciendo nuestra parte.

Aquí está lo fundamental: si somos conscientes del sufrimiento de nuestro prójimo distante, y lo somos; si tenemos acceso a ese prójimo ya sea personalmente o por medio de organizaciones benéficas y de ayuda, y lo tenemos; y si tenemos la capacidad de marcar una diferencia por medio de programas y tecnologías que funcionan, lo cual es también el caso, entonces ya no deberíamos dar la espalda a ese prójimo igual que el sacerdote y el levita debieron haberse acercado al hombre herido.

Escucha las palabras del profeta actual, y deja que te desafíen:

Quince mil africanos mueren cada día a causa de enfermedades evitables y tratables, como SIDA, malaria, tuberculosis, por falta de medicamentos que nosotros damos por sentados.

Solamente esa estadística pone en vergüenza la idea a la que muchos de nosotros nos aferramos con fuerza: la idea de la igualdad. Lo que está sucediendo en África se burla de nuestras piedades, duda de nuestro interés y cuestiona nuestro compromiso con el concepto. Porque si somos sinceros, no hay manera de poder llegar a la conclusión de que tal muerte en masa día tras día pudiera permitirse nunca que se produjera en ningún otro lugar. Sin duda, no en Norteamérica, en Europa o en Japón. ¿Un continente entero ardiendo en llamas? En lo profundo de nosotros, si realmente aceptamos que sus vidas, vidas de África, son iguales a las nuestras, todos estaríamos haciendo más para extinguir el incendio. Es una verdad incómoda.

Esta es una voz profética, una voz con pasión y visión. Me gustaría poder decir que pertenece a uno de los grandes líderes de la iglesia de nuestro tiempo, alguien que está dirigiendo la iglesia de Jesucristo a las primeras líneas de la batalla contra la pobreza y la injusticia en nuestro mundo. Pero no, esta voz que debería sacudir nuestras iglesias hasta lo más profundo con su elevado llamado a la responsabilidad moral es la voz de una estrella del rock, alguien que puede que haya hecho más para hacer avanzar la causa de los pobres en los últimos 25 años que ninguna otra persona viva. Su nombre es Bono, y él responde con pasión la pregunta: ¿Quién es mi prójimo? Después él nos llama, como hizo Jesús, a salir y amarlos «como a nosotros mismos». Su apasionado ruego pone voz a las responsabilidades morales inherentes entre aquellos que sufren innecesariamente y quienes tienen la capacidad de intervenir.

Escucha de nuevo el llamado de Bono a nuestra generación a poner nuestra marca en la historia:

Nosotros podemos ser la generación que ya no acepte que un accidente de latitud determine si un niño vive o muere; ¿pero *seremos* esa generación?

¿Entenderemos en occidente nuestro potencial, o dormiremos en la comodidad de nuestra afluencia e indiferencia que murmuran suavemente en nuestros oídos? Quince mil personas que mueren innecesariamente cada día por SIDA, tuberculosis y malaria. Madres, padres, maestros, agricultores, enfermeras, mecánicos, niños. Esta es la crisis de África. Que no está en las noticias de la noche, que no tratamos como una emergencia; esa es *nuestra* crisis.

Futuras generaciones que lean estas páginas sabrán si respondimos la pregunta clave. La evidencia será el mundo que les rodee. La historia será nuestro juez, pero lo que está escrito nos corresponde a nosotros. No podemos decir que nuestra generación no sabía cómo hacerlo. No podemos decir que nuestra generación no podía permitírselo. Y no podemos decir que nuestra generación no tenía razones para hacerlo. Nos corresponde a nosotros.[10]

El presidente Carter identificó un vacío en nuestra sociedad, definido por la pobreza, el sufrimiento humano y la desigualdad. Él ve un mundo que se desarrolla a un ritmo alarmante a medida que los ricos se hacen más ricos y los pobres se hacen más pobres, creando cada vez mayor disparidad y aislamiento social e internacional. Bono ve un vacío también: en nuestra moralidad. Él ve a los pobres del mundo, golpeados y sangrantes, tendidos al lado del camino mientras la mayoría de nosotros pasa sin detenerse. De cualquier manera que lo mires, hay un *vacío* que necesita ser reparado; y se está haciendo más profundo.

CAPÍTULO NUEVE

CIEN AVIONES DE PASAJEROS QUE SE ESTRELLAN

Los hechos son tercos.

—JOHN ADAMS

La verdad no cambia de acuerdo a nuestra capacidad de digerirla.

—FLANNERY O'CONNOR

Dejen que los niños vengan a mí, y no se lo impidan, porque el reino de Dios es de quienes son como ellos.

—MARCOS 10.14

Siempre que un importante avión de pasajeros se estrella en cualquier lugar del mundo inevitablemente desencadena una actividad frenética de los medios de comunicación en todo el mundo que cubren cada aspecto de la tragedia. Quiero que imagines por un momento que te despertaste esta mañana con los siguientes titulares: «Se estrellan cien aviones de pasajeros, matando a 26,500». Piensa en el jaleo que esto crearía en todo el mundo a medida que jefes de estado, parlamentos y congresos se reunieran para abordar la naturaleza y las causas de esta tragedia. Piensa en la avalancha de cobertura de medios de comunicación que provocaría en todo el planeta a medida que los reporteros compartieran la sorprendente noticia y tratasen de comunicar las implicaciones para el mundo. Los viajes por aire sin duda sufrirían un frenazo cuando los gobiernos cerrasen las aerolíneas y aterrorizados pasajeros cancelasen sus viajes. La Junta Nacional de Seguridad en el Transporte, y quizá el FBI, la CIA y agencias locales del cumplimiento de la ley y sus equivalentes internacionales movilizarían investigaciones y dedicarían cualquier esfuerzo que fuese necesario para entender lo sucedido y para evitar que volviese a suceder.

Ahora imagina que al día siguiente, se estrellan otros cien aviones; y otros cien más al siguiente, y al siguiente, y al siguiente. Es inimaginable que algo tan terrible pudiera suceder nunca.

Pero así fue; y así sigue siendo.

Sucedió hoy, y sucedió ayer; sucederá otra vez mañana. Pero no hubo cobertura por parte de los medios. Ningún jefe de estado, parlamento o congreso detuvo lo que estaban haciendo para abordar la crisis, y no se realizó ninguna investigación. Sin embargo, más de 26,500 niños murieron ayer por causas evitables relacionadas con su pobreza,[1] y ocurrirá otra vez mañana, y al día siguiente. Casi 10 millones de niños estarán muertos en el transcurso de un año. Por tanto, ¿por qué el accidente de un único avión domina las portadas de los periódicos en todo el mundo mientras que el equivalente a cien aviones llenos de niños que se estrellan diariamente nunca llega a nuestros oídos? Y aunque ahora tenemos la *conciencia*, el *acceso* y la *capacidad* de detenerlo, ¿por qué hemos escogido no hacerlo? Quizá una razón sea que esos niños que mueren no son nuestros hijos; son los hijos de otros.

LOS HIJOS DE OTROS

Hace unos años se publicó el libro *Compassion Fatigue* [Fatiga de compasión] de la periodista Susan Moeller.

En él, ella citaba una sorprendente afirmación que encontraba repetidas veces en las salas de redacciones por todo el país. «En el negocio de las noticias, un bombero muerto en Brooklyn vale por cinco policías ingleses, que valen por 50 árabes, que valen por 500 africanos».[2] Qué terrible ecuación; terrible pero precisa. Si somos sinceros con nosotros mismos, debemos admitir que sencillamente tenemos menos empatía por personas de otras culturas que viven en países lejanos que la que tenemos por los nuestros. Nuestra compasión por otros parece estar directamente relacionada con si las personas son cercanas a nosotros socialmente, emocionalmente, naturalmente, étnicamente, económicamente y geográficamente. ¿Pero *por qué* distinguimos el valor de una vida humana de otra? ¿Por qué es tan fácil acallar de nuestros oídos los gritos de esos niños moribundos extranjeros? En cierta manera, las razones son obvias.

Deja que te dé un par de ilustraciones. Si oyeras en la radio que miles de niños mueren cada día en accidentes de tráfico, probablemente te resultaría triste, pero dudo de que te pusieras muy emocional. En cambio, si supieras que el hijo de tu vecina acababa de morir en un accidente de tráfico, eso te afectaría mucho más, y tu respuesta emocional sería mucho más profunda. Inmediatamente querrías responder: consolar a tus vecinos y ponerte a su lado en su dolor, ayudando de cualquier manera que pudieras. ¿Pero y si te enterases de que tu *propio* hijo había muerto? Quedarías devastado en todos los niveles posibles. Sería una tragedia aplastante y profundamente personal para ti, que te definiría de nuevo para siempre. Por alguna razón, estamos formados de tal manera que podemos volvernos casi indiferente a tragedias que están muy lejos de nosotros emocionalmente, socialmente o geográficamente, pero cuando la misma tragedia nos ocurre a nosotros o a alguna persona cercana a nosotros, todo cambia.

Permíteme utilizar un ejemplo diferente. Si leyeras en el periódico acerca de cientos de niños que mueren de malnutrición en una hambruna en África, podrías detenerte por un momento de genuina tristeza, pero finalmente ¿no darías la vuelta a la página, leerías la sección de deportes, revisarías la programación de televisión, y seguirías con tu rutina diaria? Pero imagina por un momento que de alguna manera descubrieras que uno de esos niños africanos hambrientos se estuviera muriendo en la puerta de tu casa la misma mañana en que te dirigías a la iglesia. ¿No detendrías todo, agarrarías al niño y lo llevarías a urgencias al hospital, ofreciendo pagar todo lo que pudiera costar salvarle la vida? Casi sin duda alguna, responderías con urgencia como un ser humano a otro, y esa hambruna lejana de la que leíste la noche anterior de repente se volvería intensamente personal. Como ves, nuestro problema es que la terrible situación de niños que sufren en un país lejano sencillamente no se ha vuelto *personal* para nosotros. Puede que oigamos de ellos con tristeza, pero realmente no hemos podido verlos como si fueran nuestros propios hijos. Si pudiéramos hacerlo, entonces seguramente nos entristeceríamos más profundamente en nuestro espíritu. Lloraríamos por sus padres y responderíamos con mucha mayor urgencia.

¿Cómo pensaría Dios sobre este tema? ¿Mira Él el sufrimiento de un niño en Camboya o Malawi con cierto sentimiento de distancia emocional? ¿Tiene Dios diferentes niveles de compasión para los niños basados en su situación geográfica, su nacionalidad, su raza o el nivel de ingresos de sus padres? ¿Se olvida Él de su dolor porque está preocupado con otras cosas? ¿Pasa Él la página que ofende para leer la sección de deportes, o se quebranta su corazón porque cada niño es precioso para Él? Dios seguramente se entristece y llora porque cada uno de esos niños es *su* hijo, y no el hijo de otro.

Tengo que confesarte que también yo batallo para entristecerme por esos niños como si fueran propios. Llegar a ser el presidente de Visión Mundial no me convirtió en Teresa de Calcuta. Es totalmente posible para mí realizar mi trabajo en Visión Mundial con un sentimiento de aislamiento emocional. Puedo estar sentado en reuniones durante todo el día, repasar informes económicos, asistir a la capilla a las once en punto los miércoles, e incluso escribir un libro sobre los pobres sin que mi corazón arda de tristeza en cada momento. Como la mayoría de los estadounidenses, puedo distraerme fácilmente por los detalles de mi propia vida y familia. Tenemos una casa bonita, vivimos en un barrio agradable y asistimos a una hermosa iglesia. Hacemos viajes al centro comercial, vamos al cine y llevo a mi familia de vacaciones, con frecuencia sin pensar mucho en las trágicas vidas de niños que viven a miles de kilómetros de distancia. Pero entonces me subo a un avión, y 24 horas después me encuentro en la casa de una madre que sufre y que se muere de SIDA y deja huérfanos a sus cinco hijos. O veo a un bebé que lentamente se muere de hambre, a un niño con una sola pierna debido a un accidente con una mina de tierra, o a una niñita que fue rescatada de la prostitución. Y de repente, se vuelve muy personal otra vez. Los hijos de alguna persona se vuelven muy importantes para mí porque ahora conozco sus nombres, he mirado sus ojos y he llorado con sus padres. Regreso a casa enojado conmigo mismo, furioso por mi propia apatía, con una nueva resolución y una pasión renovada para hacer cruzada a favor de esos niños, para luchar por ellos con cada aliento de mi cuerpo. Las reuniones ya no son rutina y los informes económicos ya no son sólo números; ahora son tema de vida o muerte. Ellos son *urgentes*. *¡Tenemos que hacer algo! ¡Tenemos que ayudar!* Pero después, unas semanas más tarde, el fuego se extingue otra vez, las imágenes en mi cabeza pierden intensidad, regreso a mi mundo seguro y protegido y ellos vuelven a ser los hijos de otra persona y no los míos.

Mencioné anteriormente la oración del fundador de Visión Mundial, Bob Pierce: «Que mi corazón se quebrante por las cosas que quebrantan el corazón del Dios». A medida que he tratado de caminar en algunos de sus pasos en estos últimos diez años, he obtenido una nueva perspectiva de su oración. Aunque era una oración que él esperaba que todos hicieran, era incluso más personal para él. Yo creo que incluso Bob Pierce batallaba por mantener el nivel de quebrantamiento y de cuidado requeridos para proseguir año tras año en esta obra de amar a los pobres. Su oración era un clamor a Dios, para que Él quebrantase su corazón una vez tras otra porque si Él no lo hacía, Bob sabía que no podría amar a los hijos de otra persona del modo en que Dios lo hacía. Ningún hombre o mujer puede hacerlo a menos que Dios quebrante el corazón de ese individuo. Solamente entonces podrán él o ella, o *nosotros*, interesarse como Dios se interesa y amar como Él ama. Por eso debemos orar constantemente para que Dios suavice nuestros corazones de modo que podamos ver el mundo del modo en que Él lo ve.

UN ATEO NOS HACE RESPONSABLES

El peor pecado hacia nuestros congéneres no es odiarlos, sino ser indiferente a ellos; esa es la esencia de la inhumanidad. —George Bernard Shaw

Hace varios años, algunos de los escritos de Peter Singer, profesor de bioética Ira W. DeCamp en la Universidad Princeton, captaron mi atención. Singer, que admite ser ateo, ha sido muy controvertido debido a sus puntos de vista sobre los derechos de los animales, el aborto, la eutanasia y otros numerosos asuntos de ética. Muchas de sus posturas serían totalmente repugnantes para la mayoría de los cristianos; pero yo encontré fascinantes sus escritos sobre nuestra responsabilidad moral de ocuparnos de los hijos de otras personas, aunque estén muy lejos. Él ilustraba el principio en su propia versión de la parábola del buen samaritano:

El camino desde la biblioteca en mi universidad hasta la sala de conferencias de humanidades pasa por un estanque ornamental poco profundo. Supongamos que cuando voy de camino a dar una conferencia, observo que un niño se ha caído al estanque y está en peligro de ahogarse. ¿Negaría alguien que yo debiera entrar en el agua y sacar al niño? Eso significará que mi ropa se empape de agua y barro, y bien cancelar mi conferencia o retrasarla hasta que pueda encontrar algo seco que ponerme; pero comparado con la muerte evitable de un niño, eso es insignificante. Un principio plausible que apoyaría el juicio de que yo debiera sacar al niño es este: si está dentro de nuestra capacidad evitar que suceda algo muy malo, sin sacrificar por ello una cosa de significado moral comparable, debiéramos hacerlo. Este principio parece no controvertido.[3]

Puedes ver lo parecida que es la parábola de Singer a la historia que Jesús relató. Y Singer pasó a sugerir que no salvar al niño al que uno tiene la capacidad de salvar (un pecado de omisión) tiene consecuencias morales significativas:

Sin embargo, [este principio] es engañoso. Si realmente lo pusiéramos en práctica, las vidas y nuestro mundo cambiarían fundamentalmente. Porque el principio se aplica no sólo a situaciones raras en las cuales uno puede salvar a un niño de un estanque, sino a la situación cotidiana en la cual podemos ayudar a quienes viven en la pobreza absoluta. No ayudar sería erróneo, sea o no intrínsecamente equivalente a matar.[4]

En un artículo relacionado, él seguía explicando:

Porque el principio, en primer lugar, no tiene en cuenta la proximidad o la distancia. No establece diferencia moral entre si la persona a la que puedo ayudar es un vecino que vive cerca de mí o un bengalí cuyo nombre yo nunca conoceré que vive a diez mil kilómetros de distancia... Desgraciadamente, para aquellos a quienes les gusta mantener limitadas sus responsabilidades morales, la comunicación instantánea y el transporte rápido han cambiado la situación. Desde el punto de vista moral, el desarrollo del mundo convirtiéndose en un «pueblo global» ha marcado una importante pero aún no reconocida diferencia en nuestra situación moral... Parecería, por tanto, que no hay justificación posible para la discriminación sobre la base geográfica.[5]

El argumento que yo he presentado de actuar para salvar al hijo de otra persona sobre la base de la Escritura y la compasión cristiana, Singer lo ha presentado sobre la base de la ética y la equivalencia moral. Sin embargo, sobre la pregunta de quién es mi prójimo, Singer defiende la misma idea radical que defendió Jesús:

es decir, caminar por el otro lado del camino es equivocado, sea para un cristiano o para un ateo.

UNO DE ESOS NIÑOS

Y quien dé siquiera un vaso de agua fresca a uno de estos pequeños por tratarse de uno de mis discípulos, les aseguro que no perderá su recompensa. —Mateo 10.42

Hace unos años, yo tuve mi propio encuentro con el hijo de otra persona. Estaba en Gujarat, India, unos seis meses después del masivo terremoto del año 2001. Nos íbamos de la última aldea al final del último día de un viaje de diez días por varios países. Yo estaba agotado y esperaba regresar al hotel y después a casa a la mañana siguiente. Pero algo sucedió. Cuando nuestro auto comenzaba a alejarse, y un grupo de personas se arremolinó alrededor de nosotros para decirnos adiós, una mujer desesperada se acercó hasta mi ventanilla con un niño pequeño en sus brazos. Ella me lo acercó con una mirada de ruego en sus ojos que decía: *¡Por favor, ayúdeme! Por favor, ayude a mi pequeño.* Para mi total horror, entonces vi que su pequeño no tenía pies. Le habían amputado sus dos piernas por debajo de la rodilla. Y entonces, con la misma rapidez, ella se fue, nuestro auto iba de camino, y nos dirigíamos de regreso al hotel.

Gradualmente fui sacando de mi mente el rostro de ella. Yo estaba cansado. Visión Mundial había ayudado a miles en Gujarat en los meses después del terremoto; no se podía esperar que ayudásemos a *cada* niño. Aquel último niño no era mi responsabilidad, razoné yo, y por tanto intenté olvidar lo que había visto mientras volaba a casa la mañana siguiente.

Durante los días siguientes mi cuerpo se reajustó al horario, y regresé a las demandas diarias en mi oficina, pero no podía sacar de mi mente la molesta imagen de aquella madre y el niño: el hijo de *otra* persona. Me molestaba y a la vez me desafiaba. ¿Era yo tan sólo un hipócrita siempre hablando de la importancia de ayudar a cada niño pero no practicando lo que predicaba?

Una noche en la cena les conté a mis propios hijos lo que había visto y cómo me estaba inquietando. Ellos preguntaron: «¿No puedes hacer algo, papá?» Aquella misma noche envíe un mensaje de correo electrónico a nuestro equipo en India, describiendo el niño y preguntando si podrían encontrarlo; un niño en medio de mil millones de personas. Yo no sabía su nombre, y no podía recordar ni siquiera el nombre de la aldea donde le había visto. Pero dos semanas después recibí un correo electrónico con una fotografía de Vikas, de seis años de edad, y la historia de lo que le había sucedido. Durante el terremoto, su casa se había derrumbado sobre él, aplastándole las dos piernas e hiriendo a su madre. Sin ningún cuidado médico inmediato, cuando finalmente llegó la ayuda, días después, la amputación era su única opción. Para salvarle la vida, un equipo de asistencia médica de Corea le amputó las dos piernas. Incapaz de caminar, Vikas tan sólo podía gatear a cuatro patas o que su madre o su padre le llevasen a todas partes. Por tanto, cuando yo llegué a su aldea aquel día, una desesperada madre esperó su momento y se acercó a mi auto que ya se iba, esperando contra toda esperanza que quizá ese hombre de Estados Unidos pudiera ayudar.

Creyendo que Él podía ayudar; ¿no es eso lo que los padres que sufrían hacían cuando Jesús pasaba por sus aldeas? ¿Al igual que el padre que se acercó a Jesús, se arrodilló delante de Él y dijo: «Señor, ten compasión de mi hijo»? (Mateo 17.15).

Pregunté a nuestro equipo en India si podríamos ayudarle. La respuesta fue que necesitaría otra operación y después piernas prostéticas. Costaría 300 dólares; ellos preguntaron: ¿Autorizaría el gasto la oficina en Estados Unidos?

Yo respondí: «No. Visión Mundial no lo pagaría; Rich Stearns lo pagará». Mira, aquello era algo personal. Se podría decir que en mi posición en Visión Mundial yo ya estaba haciendo más de lo que la mayoría de las personas pueden hacer para ayudar a los niños con necesidad; pero Dios quería algo más que mis programas institucionales y respuestas estratégicas, Él quería que fuese tan personal para mí como siempre lo es para Él. Los niños no son estadísticas para Dios. Y por tanto, envíe el dinero.

Cuatro meses después, en las vacaciones de Navidad, yo estaba musitando en voz baja; alguien me había enviado un correo electrónico muy largo que la computadora de mi casa estaba tardando demasiado tiempo en descargar. Finalmente, abrí el archivo con irritación y vi que era una fotografía: de Vikas, agarrado de la mano de su mamá y de pie sobre sus nuevas piernas. Lloré mientras miraba a los ojos del hijo de otra persona, un muchacho al que yo realmente no había conocido pero cuya situación se había convertido en algo muy personal para mí.

En la actualidad, su fotografía cuelga en mi oficina en Seattle para recordarme que cada niño es precioso.

CAPÍTULO DIEZ

¿QUÉ HAY DE MALO EN ESTA FOTOGRAFÍA?

Hay tres clases de mentiras: mentiras, malditas mentiras y estadísticas.

—BENJAMIN DISRAELI

*Gente pobre en esta tierra, siempre la habrá; por eso te ordeno
que seas generoso con tus hermanos hebreos y con los pobres
y necesitados de tu tierra.*

—DEUTERONOMIO 15.11

Yo tengo una relación de amor-odio con las estadísticas. Por una parte, son una herramienta muy valiosa que nos ayuda a entender las dimensiones de los problemas que afectan a la raza humana. Con estadísticas, podemos diagnosticar y dar prioridad a esos problemas de acuerdo a su severidad y extensión. También podemos enfocar mejor nuestros esfuerzos y dirigir nuestra mano de obra y nuestros recursos a medida que intentamos abordar las mayores causas de sufrimiento y depredación humanos en nuestro mundo. (¿No deberíamos esforzarnos por tratar la enfermedad que mata a un millón de niños antes de que esa enfermedad mate a mil millones?) Sencillamente, las estadísticas nos ayudan a encontrar tanto la causa como la cura.

Pero también pueden adormecer nuestra sensibilidad. Ya has oído quizá la estadística más asombrosa de todas: 26,575 niños mueren cada día por causas evitables en gran parte y relacionadas con su pobreza. Pero esa misma estadística, tan crítica para nuestro entendimiento de la medida y la urgencia de la terrible situación de los niños del mundo, también comienza a ensombrecer la humanidad, la dignidad y el valor de cada uno de esos niños. Elimina sus nombres y sus historias, iguala sus personalidades y abarata el valor de cada niño individual, creado a imagen de Dios. Las estadísticas pueden convertirse en otra manera de apartar la mirada de las caras de los pobres, tan sólo una manera más de andar por el otro lado del camino. De hecho, los estudios sobre la conducta parecen demostrarlo.

En 2006, el investigador Paul Slovic de la Universidad de Oregon y sus colegas Deborah Small de la Facultad Wharton y George Lowenstein de la Universidad Carnegie Mellon, realizaron un sencillo experimento de conducta.[1] Un grupo de prueba de personas normales y corrientes fue dividido en tres subgrupos. El primero leyó la historia y dio una fotografía de una niña africana hambrienta de siete años de edad llamada Rokia. Al segundo grupo se le dio un cuadro estadístico de 17 millones de africanos en cuatro países que estaban desesperadamente hambrientos debido a las malas cosechas y la falta de comida. Les hablaron de otros cuatro millones que estaban sin hogar. En otras palabras, el grupo dos leyó sobre el hambre y el sufrimiento a escala masiva. Al tercer grupo se le dio una historia acerca de la niña Rokia pero también se le dio la información estadística del grupo dos. Finalmente, se pidió a los participantes en los dos grupos que donasen dinero para aliviar el sufrimiento. De modo sorprendente, el grupo que sólo oyó la historia de Rokia fue el que dio más dinero. El grupo que recibió la estadística de los veintiún millones de personas que sufren fue el que menos dio, el grupo que recibió ambas informaciones fue ligeramente más generoso que el grupo que tenía sólo la estadística.[2] La historia de una niña fue más irresistible que el sufrimiento de millones.

¡Guau! ¿Ves el inquietante significado de esto? Los seres humanos, cuando se les permite despersonalizar a un grupo grande de personas, responden a ellas con mucha menos compasión. Por tanto, precisamente las estadísticas que deberían movilizar a la acción urgente en realidad hacen justamente lo contrario; parecen excusar nuestra falta de acción. Quizá podamos extrapolar este descubrimiento para ayudarnos a entender la existencia de otras realidades terribles en nuestro mundo. Si somos capaces de deshumanizar a clases enteras de personas de modo que no pensemos en ellas como personas iguales a nosotros, lo impensable se vuelve posible. ¿No fue este error en nuestro carácter humano lo que permitió que se produjeran el Holocausto y el genocidio de Ruanda? ¿Podría esto explicar cómo los cristianos no sólo toleraron sino que fomentaron y sostuvieron la esclavitud durante tantos siglos? ¿Permitió este tipo de despersonalización que las personas, muchas de las cuales afirmaban seguir a Cristo, perpetuaran y defendieran la segregación racial tanto en Sudáfrica como en Estados Unidos?

Como seguidores de Cristo, debemos llegar a ser muy conscientes de la oscuridad y la dureza del corazón humano. Dios es muy consciente; Él habló de ello cuando dijo de su pueblo: «Les arrancaré el corazón de piedra que ahora tienen, y pondré en ellos un corazón de carne» (Ezequiel 11.19). Nuestros «corazones de piedra» son la raíz no sólo de la apatía hacia nuestros congéneres sino incluso del odio, el asesinato y el genocidio. Divididos entre las cosas de Dios y las cosas del mundo, nuestros «corazones de piedra» son incapaces de amar a los hombres a menos que Dios los cambie y los convierta en corazones de «carne». ¿No debería esto hacernos rogar a Dios diariamente, como hizo Bob Pierce, para que nuestros corazones sean «quebrantados por las cosas que quebrantan el corazón de Dios»?

Y por eso ahora, con cierto temor, intento describirte con estadísticas la pobreza de nuestro mundo. Sin embargo, antes de poder comenzar a comunicar el ámbito que alcanza, antes tengo que desafiar algunas de tus actitudes acerca del mundo mismo.

Pobreza es una palabra de cuatro letras

El cristianismo se desarrolla maravillosamente entre los pobres y perseguidos, mientras que se atrofia entre los ricos y seguros. —Philip Jenkins

> *Defiendan la causa del huérfano y del desvalido;*
> *al pobre y al oprimido háganles justicia.*
> *Salven al menesteroso y al necesitado;*
> *líbrenlos de la mano de los impíos.* —Salmo 82.3-4

No me gusta la palabra *pobreza*. Es una de esas palabras cargadas que conlleva en ella una gran cantidad de bagaje y de estigma. Suena como una enfermedad maligna o un mal rasgo del carácter que algunas personas tienen y otras no tienen.

También es una palabra que divide al mundo en dos grupos desiguales, los pobres y el resto de nosotros, como si de algún modo fuésemos diferentes. Cada uno de nosotros aporta diferentes asociaciones a la palabra *pobreza* basándonos en nuestros entendimientos y malentendidos del pasado. En Estados Unidos, que se ha enorgullecido de ser «una tierra de oportunidades», es común para nosotros hacer juicios de valor acerca de los que son pobres. Razonamos que si son pobres en Norteamérica, debe de ser porque no trabajan tanto como el resto de nosotros o han tomado malas decisiones. Puede que pensemos que los pobres son flojos o estúpidos, aunque no lo digamos en voz alta. Cuando pensamos sobre los pobres en lugares como África o el sudeste de Asia, puede que hagamos entrar en escena otros estereotipos, quizá raciales y culturales. Puede que meneemos nuestra cabeza ante el porqué esta nacionalidad o aquella raza parece que no pueden salir adelante. Nos preguntamos por qué sus gobiernos son tan ineficaces, sus líderes tan incompetentes y corruptos y su desarrollo económico tan débil. O puede que los veamos de modo paternalista sintiendo lástima por ellos al igual que un padre lo haría por un indefenso. Todos esos prejuicios son condescendientes, en el mejor de los casos, y parciales en el peor; rebajan la dignidad humana de las personas creadas a imagen de Dios. Si queremos ver a los pobres como Dios los ve, antes tenemos que arrepentirnos de nuestras actitudes de crítica y nuestros sentimientos de superioridad. Yo mismo tuve que hacerlo.

Después de haberme sobrepuesto a mi propia educación disfuncional y mis problemas económicos, me las había arreglado para graduarme de dos facultades de la Liga Ivy y llegar a ser director general de una empresa. Caí con bastante facilidad en el prejuicio de que la pobreza era de algún modo una decisión que la persona tomaba, que si era pobre, probablemente se lo merecía. Es cierto que el duro trabajo cuando era joven produjo resultados debidos en gran parte a que mis circunstancias fueron favorables. Aunque me crié con desafíos, las oportunidades que tuve habían hecho que fuese bastante posible vencer esos obstáculos. Yo vivía en un país que aceptaba las libertades básicas y protegía los derechos individuales y el gobierno de la ley. Asistí a buenas escuelas públicas y tuve acceso a bibliotecas por las que no tenía que pagar. No sufrí hambre, agua contaminada ni falta de cuidado médico básico. Fui vacunado contra enfermedades infantiles devastadoras. Tuve más de tres mil facultades y universidades entre las cuales escoger, y había disponibles becas y préstamos para hacer posible estudiar en la universidad incluso para alguien que no tuviera dinero. Entré en una economía que era fuerte y creciente, con oportunidades para que pusiese mi educación y las capacidades que Dios me ha dado a funcionar productivamente. Lo mejor de todo fue que descubrí que la diligencia y el trabajo duro casi siempre eran recompensados.

¿Y si hubiese nacido en Sudán o en Bangladesh? ¿Se habrían producido esas mismas cosas?

Debo decir unas palabras aquí sobre la pobreza en Estados Unidos. Las ventajas que he enumerado y que contribuyeron a mi propia historia de éxito y desarrollo no estaban, y no están, a disposición de todos los estadounidenses. Cuando yo crecí en los años cincuenta y sesenta, los niños afroamericanos a menudo eran segregados en escuelas diferentes e inferiores, y no podían realizar estudios superiores. Ellos descubrieron que incluso en Estados Unidos sufrían de graves limitaciones en sus decisiones.

Aunque yo me crié en la clase media baja, no era pobre, y viví en un barrio seguro con buenas escuelas y bajos índices de delincuencia. Entonces y ahora, sin embargo, los niños de los pobres en Estados Unidos viven en comunidades que con frecuencia los exponen a fuerzas muy destructivas; crimen, pandillas, violencia, violación, drogas, abuso doméstico, privación económica y prostitución son tan sólo algunas de ellas. Un niño que viva en un barrio bajo que nunca haya conocido a su padre y cuya madre sea drogadicta, no comienza con las mismas opciones que tuve yo. Y aunque la pobreza en Estados Unidos normalmente no está caracterizada por agua mala, hambre y epidemias, sustituye esos elementos destructivos por otros que son igualmente potentes: discriminación, intimidación, aislamiento y explotación. El resultado es el mismo que en Sudán: desesperanza. La pobreza en Estados Unidos es tan real como la pobreza en África y es igualmente dañina para el espíritu humano. En su raíz tiene las mismas causas: una deshumanización del espíritu humano y efectivamente, falta de verdaderas opciones.

Lo que he descubierto en mis viajes a más de cuarenta países con Visión Mundial es que casi toda la pobreza es fundamentalmente el resultado de la falta de opciones. No es que los pobres sean más flojos, menos inteligentes o no estén dispuestos a realizar esfuerzos para cambiar su condición. Más bien se debe a que están atrapados por circunstancias que están por encima de su capacidad de cambiar. Robert Chambers, legislador británico, ha dicho un tanto indiscretamente: «Las personas que están tan cerca del borde no pueden permitirse la pereza o la estupidez. Tienen que trabajar y trabajar duro, siempre que puedan y como puedan. Muchos de los pobres perezosos y estúpidos están muertos». He descubierto que cuanto más pobres son las personas, normalmente más duro trabajan. De hecho, su trabajo diario es más agotador de lo que la mayoría de nosotros podríamos tolerar. Son sus circunstancias las que conspiran para evitar que su duro trabajo dé fruto.

Hace varios años asistí a Clinton Global Initiative, la reunión anual del expresidente de algunas de las personas más poderosas de la tierra del gobierno, los negocios y el sector no lucrativo, que se enfoca en abordar los problemas de la pobreza global, la enfermedad y el cambio climático. El presidente Clinton habló del problema de la pobreza pidiendo a los mil líderes presentes que pensaran sobre qué circunstancias en nuestras vidas nos habían llevado a aquella misma noche en la que estábamos reunidos basándonos en nuestros puestos y nuestro éxito en varios campos. Después postuló que había dos cosas en juego: en primer lugar, que durante nuestras vidas a todos se nos habían presentado oportunidades de un tipo o de otro; y en segundo lugar, que habíamos trabajado duro para capitalizar esas oportunidades y que nuestro duro trabajo había dado resultados. Dijo que cada uno de nosotros había visto una relación directa entre lo mucho que trabajamos y los resultados que logramos. Después dijo: «Quiero que imaginen lo que hubiera sucedido en sus vidas si no hubiera habido relación alguna entre lo duro que ustedes trabajaron y los resultados obtenidos, porque esa es exactamente la situación que afrontan los más de mil millones de personas que viven con menos de un dólar al día. La relación entre lo duro que ellos trabajan y el resultado que obtendrán se ha roto».

La observación del presidente Clinton es profunda. Para la mayoría de las personas más pobres del mundo, su duro trabajo no importa. Están atrapadas dentro de sistemas sociales, culturales, políticos y económicos que no recompensan su trabajo. El resultado de esa atrincherada futilidad es devastador para el espíritu humano. Una persona, sin importar lo dotada o determinada que sea, no puede escapar de la trampa en la que se encuentra; ha perdido la única cosa que toda persona necesita para desarrollarse: esperanza, esperanza en que de alguna manera se sobrepondrá a sus circunstancias, que mañana puede ser mejor que hoy, y que sus hijos algún día podrían tener una mejor vida que la suya. Tales personas descubren que están en una cárcel económica y social de la cual no hay escape, a menos que algo suceda para cambiar sus circunstancias y para recuperar el vínculo entre su esfuerzo y su recompensa.

Incluso en tiempos de Jesús era común creer que los pobres, los enfermos y los discapacitados no eran dignos, o incluso estaban siendo castigados por Dios por sus pecados. Por eso los fariseos y saduceos quedaron tan asombrados de que Jesús realmente tocase al leproso, sanase ciegos y cojos y se relacionase tan regularmente con la subclase. Se pensaba que aquellas personas eran impuras y no merecían nada. Pero esa nunca fue la perspectiva de los profetas del Antiguo Testamento, quienes clamaron incansablemente contra el pueblo de Dios por no mostrar compasión a los pobres y, peor aún, por explotarlos. Además, el profeta Ezequiel escribió que el pecado principal de Sodoma era la arrogancia inducida por la riqueza y la falta de interés por los pobres, y no la inmoralidad sexual que relacionamos más comúnmente con su violenta destrucción: «Tu hermana Sodoma y sus aldeas pecaron de soberbia, gula, apatía, e indiferencia hacia el pobre y el indigente» (Ezequiel 16.49).

Está claro como el agua en la Escritura que Dios ama a los pobres aunque odia su pobreza, los actos creados por el hombre que contribuyen a ella y la apatía de los «afluentes» que permiten que persista. Quizá por eso los pobres figuraban en una posición tan central en la encarnación y el ministerio de Cristo. Su identificación con los pobres era y es sorprendente. En su nuevo reino y diferente —el reino de Dios— los pobres están situados en lo alto de la pirámide del estatus.

Ya conocen la gracia de nuestro Señor Jesucristo, que aunque era rico, por causa de ustedes se hizo pobre, para que mediante su pobreza ustedes llegaran a ser ricos. —2 Corintios 8.9

HAZLO PERSONAL

Piensa en tu propia vida. ¿Cuán exitosos habrían sido tu familia y tú si hubieran vivido en un lugar donde no había agua limpia y donde una cuarta parte de todos los niños moría antes de cumplir un año? Imagina crecer constantemente débil y malnutrido, hasta el punto de que tu cuerpo y tu mente se quedasen enanos. ¿Y si no hubiera habido ningún sistema de cuidado médico y, por tanto, un diente con caries o una infección de oído fuesen una sentencia de muerte? ¿Y si hubieras vivido donde no podías ir a la escuela porque tenías que ir a buscar agua durante seis horas al día, o donde no había escuela? O peor aún, piensa en lo que podría haberte sucedido si ejércitos rebeldes hubieran saqueado tu comunidad, hubieran matado a tus padres y te hubieran expulsado a kilómetros de tu casa para vivir en un campo de refugiados.

Esas son las realidades diarias de los pobres del mundo. Sin importar lo duro que trabajen, los dones y talentos que tengan o lo grandes que sean sus sueños, los pobres tienen pocas opciones e incluso menos oportunidades de cumplir el potencial que Dios les ha dado. Esos preciosos seres humanos creados a imagen de Dios han sido dejados atrás y lanzados al montón de basura de la historia por circunstancias que ellos no pueden cambiar. Nunca debemos decir que es culpa de ellos. ¿Cómo nos atrevemos?

LAS DIMENSIONES DEL SUFRIMIENTO HUMANO

Una muerte es una tragedia; un millón es una estadística. —Josef Stalin

Comencemos con la mayor estadística de todas: en la actualidad, hay 6.7 mil millones de personas viviendo en la tierra. Ahora bien, la mayoría de nosotros no somos tan buenos con las estadísticas como para entender lo que hace que un número en particular sea significativo. Por tanto, permíteme darte una imagen mental: si todos nos uniésemos de la mano y formásemos una cadena humana, daríamos la vuelta al planeta unas 250 veces. La población del mundo es unas 22 veces mayor que la de Estados Unidos. Dicho con distintas palabras, los estadounidenses componen sólo aproximadamente el 4.5 por ciento del mundo. La mayoría de las personas se sorprenden por lo pequeño que es el país de Estados Unidos comparado con el resto del mundo.

Para entender mejor la composición de la raza humana, imagina que los 6.7 miles de millones de personas en la tierra pudieran ser representados por un único «pueblo global» de sólo 100 personas. Si imaginamos eso, entonces podemos comprender con más facilidad las diferentes proporciones que encontramos en el mundo en términos de raza, etnia y género. El siguiente es un cuadro de cómo se vería ese pueblo global.

De las 100 personas:

60 serían asiáticas

14 serían africanas

12 serían europeas

8 serían latinoamericanas

5 serían estadounidenses o canadienses

1 sería del Pacífico Sur

51 serían varones; 49 serían mujeres

82 serían no blancas; 18 blancas

67 serían no cristianas; 33 serían cristianas[3]

Podríamos resumirlo diciendo que vivimos en un mundo que es no estadounidense, no blanco y no cristiano.

Pero ahora, tomemos los 6.7 mil millones de personas y dividámoslas de manera diferente, en los que tienen y los que no tienen. Hay muchas maneras de definir a quienes «no tienen», pero para mayor sencillez, los definiremos por sus ingresos. El ingreso promedio en Estados Unidos es de 38,611 dólares por persona, o aproximadamente 105 dólares al día.[4] Comparemos eso con la sorprendente realidad de casi la mitad de las personas en la tierra.

Menos de $2 al día	2.6 mil millones de personas	(40 % de población mundial)
Menos de $1 al día	1.0 mil millones de personas	(15% de población mundial)[5]
$105 al día (E.U.A.)	0.3 mil millones de personas	(4.5% de población mundial)

Un dólar al día contra más de *cien* dólares al día: esa es la disparidad entre el estadounidense promedio y los miles de millones de personas en el planeta. Los siguientes son algunos hechos más que ilustran este abismo:

• En la actualidad, 1,125 multimillonarios tienen más riqueza que la riqueza de la mitad de la población adulta del mundo.[6]

- Las 7 personas más ricas de la tierra controlan más riqueza que el PIB (Producto Interior Bruto) combinado de las 41 naciones con mayor deuda (pobres).[7]
- El 40% más pobre de la población del mundo supone sólo un 5% de los ingresos globales. El 20% más rico supone tres cuartas partes de los ingresos del mundo.[8]
- El principal 20% de la población del mundo consume el 86% de los productos del mundo.

Ya te haces una idea; la discrepancia entre las personas más ricas y más pobres en la tierra es inmensa. Pero como afirmó el presidente Carter en Oslo, este creciente abismo entre ricos y los pobres no existió siempre; de hecho, es un fenómeno relativamente reciente. En 1820 la diferencia entre los países más ricos y más pobres era aproximadamente de cuatro a uno.[10] En 1913 eran de once a uno, y en 1950 era de treinta y cinco a uno. Y como afirmó el presidente Carter, en 2002 la diferencia era de setenta y cinco a uno.[11]

El apóstol Pablo habló de este mismo problema de la disparidad en 2 Corintios cuando instó a la iglesia corintia más rica a recoger una ofrenda de ayuda para los cristianos en Jerusalén, que estaban en difíciles circunstancias económicas. Él escribió: «Porque no digo esto para que haya para otros holgura, y para vosotros estrechez, sino para que en este tiempo, con igualdad, la abundancia vuestra supla la escasez de ellos, para que también la abundancia de ellos supla la necesidad vuestra, para que haya igualdad, como está escrito: El que recogió mucho, no tuvo más, y el que poco, no tuvo menos» (8.13-15).

La Biblia es clara desde el Antiguo Testamento hasta el Nuevo de que el pueblo de Dios siempre tenía la responsabilidad de velar para que todos en su sociedad tuvieran cubiertas sus necesidades básicas. Rut pudo espigar trigo en el campo de Booz porque se les había enseñado a quienes controlaban la tierra que no cosecharan todo, a fin de que quedase comida para los pobres: «Cuando segareis la mies de vuestra tierra, no segaréis hasta el último rincón de ella, ni espigarás tu siega; para el pobre y para el extranjero la dejarás. Yo Jehová vuestro Dios» (Levítico 23.22). Una versión moderna de esto podría decir: «Si tu trabajo produce unos ingresos decentes para ti, no te lo gastes todo en ti mismo. Pon parte a disposición de los pobres y los menos afortunados, para que también ellos puedan tener una vida decente». Para los cristianos, este es un asunto de juicio o, dicho con más claridad, un asunto moral en el cual quienes tenemos mucho parece que estamos dispuestos a permitir que otros no tengan nada.

Yo he desarrollado una imagen mental que me ayuda a ver mi propio pecado de injusticia con más claridad. Me imagino que estoy en una isla desierta con sólo otras nueve personas intentando sobrevivir. Entonces imagino que Dios me da un inmenso paquete envuelto y lleno de toda la comida que yo podría necesitar nunca. Finalmente, me pregunto a mí mismo si Dios esperaría de mí que me lo guardase todo para mí mismo o que lo compartiera. También intento pensar cómo las otras personas de la isla me verían si yo me lo guardase todo para mí mismo. Eso me ayuda a agudizar el enfoque de lo que Dios espera de nosotros con respecto a los pobres, ya que Él nos ha dado a muchos de nosotros más de lo que necesitamos.

Aquí quiero establecer un punto clave: no es culpa nuestra que las personas sean pobres, pero *es* nuestra responsabilidad hacer algo al respecto.[12] Dios dice que somos culpables si permitimos que las personas sigan estando privadas cuando nosotros tenemos los medios para ayudarlas. Es nuestra obligación moral ayudar a nuestro prójimo que tiene necesidad. No podemos ver su situación y simplemente decir: «No es mi problema». Tampoco podemos quedarnos sentados con engreimiento en nuestras cómodas burbujas y afirmar no tener responsabilidad por quienes están en desventaja en nuestro mundo. Dios no nos dejó esa opción.

Regresando a 2 Corintios, Pablo continuó desarrollando su argumento de que la iglesia rica tenía una obligación en Cristo de ayudar a las iglesias desesperadamente pobres en Jerusalén, quizá con una afirmación más elocuente en la Escritura acerca de ofrendar:

Pero esto digo: El que siembra escasamente, también segará escasamente; y el que siembra generosamente, generosamente también segará. Cada uno dé como propuso en su corazón: no con tristeza, ni por necesidad, porque Dios ama al dador alegre. Y poderoso es Dios para hacer que abunde en vosotros toda gracia, a fin de que, teniendo siempre en todas las cosas todo lo suficiente, abundéis para toda buena obra; como está escrito: Repartió, dio a los pobres; Su justicia permanece para siempre. Y el que da semilla al que siembra, y pan al que come, proveerá y multiplicará vuestra sementera, y aumentará los frutos de vuestra justicia, para que estéis enriquecidos en todo para toda liberalidad, la cual produce por medio de nosotros acción de gracias a Dios. Porque la ministración de este servicio no solamente suple lo que a los santos falta, sino que también abunda en muchas acciones de gracias a Dios; pues por la experiencia de esta ministración glorifican a Dios por la obediencia que profesáis al evangelio de Cristo, y por la liberalidad de vuestra contribución para ellos y para todos; asimismo en la oración de ellos por vosotros, a quienes aman a causa de la superabundante gracia de Dios en vosotros. ¡Gracias a Dios por su don inefable! (9.6-15)

¿Puedes ver aquí la manera de Dios y de tratar la disparidad? «Repartió, dio a los pobres». En otras palabras, Él nos ha dado a ti y a mí para que lo administremos y lo distribuyamos a fin de que los pobres no se queden sin nada. Toma nota también de que el resultado de esta generosidad de los cristianos hacia los pobres es que los hombres «glorifican a Dios por la obediencia que profesáis al *evangelio de Cristo*».

Aquí está de nuevo ese evangelio «completo» que es tan atractivo para la gente, dando evidencia al mundo del reino de Dios venidero.

CAPÍTULO ONCE

ATRAPADOS EN LA RED

Aunque el mundo esté lleno de sufrimiento, también está lleno de la victoria sobre él.

—HELEN KELLER

Continuamente nos enfrentamos a una serie de grandes oportunidades brillantemente enmascaradas como problemas sin solución.

—JOHN W. GARDNER

Ahora necesitamos cavar más profundamente para entender mejor el impacto de la pobreza sobre los seres humanos. Una vez más, las estadísticas pueden ayudarnos a entender las dimensiones de este «estado» de manera muy similar a como los valores numéricos de un análisis de sangre pueden decirle a un médico por qué nos sentimos enfermos. Las cifras en la sangre, realmente estadísticas, proporcionan indicaciones y perspectiva a tu médico que pueden conducir a un diagnóstico y un curso de tratamiento. De igual modo, necesitamos ver las indicaciones en cuanto a la pobreza se refiere, porque el modo en que la percibamos y las que creamos que son sus causas finalmente determinarán qué curso de acción adoptemos para abordarla.

Pero la pobreza es extremadamente compleja. Imagina a los pobres atrapados en una tela de araña de causas entretejidas que los atrapan sin esperanza a la vez que las merodeadoras arañas del hambre, la guerra, la enfermedad, la ignorancia, la injusticia, los desastres naturales y la explotación viven a costa de ellos sin reservas. Aunque hay soluciones para la pobreza, maneras de liberarlos de la red, no hay soluciones sencillas.

La perspectiva más común que mantienen los estadounidenses es que la pobreza es *la ausencia de cosas*. Si los pobres tuvieran *cosas* como alimentos nutritivos, medicinas, mejores casas, pozos de agua limpia, ropas adecuadas, herramientas agrícolas y semillas, ya no serían pobres. Por eso ponemos una moneda en la taza del pordiosero, regalamos nuestra ropa vieja y hacemos viajes misioneros cortos a otros países para cavar canales de irrigación, enseñar inglés o construir escuelas.

> Sinceramente, las cosas dadas a los pobres hacen mucho más para que el donante se sienta bien de lo que hacen para abordar y mejorar de modo fundamental la condición de quienes tienen necesidad.

Pero este tipo de caridad, aunque tiene su lugar, puede ser contraproducente para los ingenuos «buenos samaritanos» que descubren que quienes reciben sus donativos regresan pronto para pedirles más. Vieron un camino fácil de satisfacer sus necesidades y se volvieron dependientes de los donantes para su modo de vida. Aunque proporcionar cosas como esas en situaciones urgentes es a veces necesario, ni aborda la terquedad subyacente de la pobreza ni es sostenible; solamente crea una dependencia. Sinceramente, las cosas dadas a los pobres hacen mucho más para que el donante se sienta bien de lo que hacen para abordar y mejorar de modo fundamental la condición de quienes tienen necesidad.

Otra perspectiva es que los pobres sólo necesitan más conocimiento, y si tuvieran la educación correcta y capacidades para el trabajo, ya no serían pobres. Pero aunque es cierto que con frecuencia se necesitan capacidades y educación, esta perspectiva no toma en cuenta el impacto de los *sistemas* dentro de los que están inmersos los pobres. Un agricultor puede aprender métodos de cultivo mejorados, pero si las restricciones del gobierno sobre el uso de la tierra evitan que pueda poseer terreno cultivable, entonces tiene obstáculos infranqueables. Si una persona recibe formación que le califica para un trabajo pero vive en una economía fracturada con un 70 por ciento de desempleo, esa formación es inútil. Puede que los niños ahora tengan escuelas, pero no pueden asistir si tienen que emplear todo su tiempo para ir a buscar agua o para trabajar en los campos. Ciertas culturas a menudo prohíben a las niñas obtener una educación o a las mujeres poseer bienes, limitando severamente su potencial para mejorar su situación. Y los sistemas de salud del gobierno pueden ser tan inadecuados que incluso médicos y enfermeras capacitados no pueden tratar con éxito a los pacientes por falta de dinero, suministros, camas y clínicas.

Cuando hablamos sobre las causas fundamentales de la pobreza, es importante entender que la *injusticia* es con frecuencia «la causa detrás de la causa». En otras palabras, si las personas carecen de alimento, cuidado médico o educación; si son vulnerables a la enfermedad; y si no tienen acceso a la tierra o a la financiación, frecuentemente se debe a que han sido explotados o manipulados por personas y estructuras injustas. La inhumanidad del hombre con el hombre. Parientes varones peleones confiscan las tierras a las viudas; las muchachas son violadas o forzadas a entrar en la prostitución; los niños son presa de los prestamistas mediante la mano de obra por deudas; gobiernos corruptos malversan el dinero destinado a construir escuelas y clínicas. El antiguo problema de los poderosos que explotan a los indefensos es una violenta enfermedad en nuestro mundo actualmente. Pero en el libro de Amós, Dios condenó la explotación de los pobres: «como pisotean al desvalido y le imponen tributo de grano... ¡Yo sé cuán numerosos son sus delitos, cuán grandes sus pecados! Ustedes oprimen al justo, exigen soborno y en los tribunales atropellan al necesitado» (5.11-12).

Y escucha cómo se siente Él cuando esos mismos opresores afirman ser religiosos:

> Yo aborrezco sus fiestas religiosas;
> > no me agradan sus cultos solemnes.
> Aunque me traigan holocaustos y ofrendas de cereal,
> > no los aceptaré,
> > ni prestaré atención
> > a los sacrificios de comunión de novillos cebados.
> Aleja de mí el bullicio de tus canciones;
> > no quiero oír la música de tus cítaras.
> *¡Pero que fluya el derecho como las aguas,*
> > *y la justicia como arroyo inagotable!* (vv. 21-24, énfasis añadido)

Martin Luther King Jr. frecuentemente citaba este último versículo en su búsqueda de la igualdad racial y los derechos civiles para millones de afroamericanos que eran privados de justicia en nuestro país. Al igual que el doctor King, aquellos que ven cómo estos sistemas injustos atrapan a los pobres, con frecuencia se convierten en cruzados de la justicia social, criticando prácticas culturales, gobiernos y corporaciones; escribiendo cartas de protesta a oficiales electos; y hasta marchando en las calles.

Sin embargo, aunque es cierto que los sistemas que oprimen a los pobres deben ser desafiados para lograr algún escape duradero de la pobreza, incluso arreglar todos los males sistémicos en una comunidad no libera automáticamente a los pobres de su miseria. Hay otros factores más sutiles en juego. Después de décadas de atrincherada pobreza material, muchas comunidades sufren también de pobreza de espíritu. Han perdido la fe en ellos mismos y se han rendido después de demasiado sufrimiento y desengaños. Mi colega en Visión Mundial, Jayakumar Christian, lo denomina «identidad estropeada» de los pobres.[1] Tras toda una vida de exclusión, explotación, sufrimiento y carencia, ellos ya no se ven a sí mismos como personas creadas a imagen de Dios con creatividad, potencial y dignidad. Han perdido lo último que podrían quitarles: la esperanza.

Finalmente, muchos cristianos creen que la pobreza es el resultado del pecado y, por tanto, ven el evangelismo como la mejor y a veces la única medicina. Razonan que si los pobres se reconciliaran con Dios por medio de Jesucristo y se quitara su oscuridad espiritual, sus vidas comenzarían a cambiar. La pobreza ciertamente puede tener profundas dimensiones espirituales, y la reconciliación por medio de Cristo es un potente bálsamo en las vidas de los ricos y los pobres. Pero la salvación del alma, por crucial que pueda ser para tener una vida plena tanto aquí como la eternidad, por sí misma no pone alimento sobre la mesa, lleva agua al suelo ni salva a un niño de la malaria. Muchas de las personas más pobres del mundo son cristianas, y su fe inquebrantable en medio del sufrimiento me ha enseñado muchas cosas.

Quizá el mayor error generalmente cometido por aquellos que se esfuerzan por ayudar a los pobres es no ver las ventajas y las fortalezas que siempre están presentes en las personas y en sus comunidades sin importar lo pobres que sean. Ver vasos medio llenos en lugar de verlos medio vacíos puede cambiar por completo nuestro enfoque a la hora de ayudar.

CADENA DE FAVORES

Hace unos años, en un viaje a Zambia, me presentaron a un hombre llamado Rodrick que tenía unos treinta años de edad. La historia de Rodrick era desgarradora. Después de haber servido en el ejército de Zambia, esperaba regresar a su casa con su esposa, Beatrice, pero en cambio fue acusado falsamente de conspirar contra el gobierno y lo metieron a la cárcel. Beatrice dio a luz a su hijo, John, mientras Rodrick estaba encarcelado. Después de varios años, Rodrick fue puesto en libertad, sólo para llegar a su casa y encontrar a una esposa y a un hijo viviendo en la pobreza. Los siguientes años fueron oscuros, pues tuvieron más hijos y batallaron para sostenerlos. Perdieron trágicamente a uno de sus hijos debido a la malaria cerebral. Mientras tanto, literalmente no tenían nada: ni ingresos, ni comida, ni cuidado médico, ni oportunidades. Pero Rodrick y Beatrice eran muy trabajadores e inteligentes. La única posesión que tenían era un pequeño secador de cabello, así que comenzaron un negocio de peluquería para ganar algunos dólares. El personal de Visión Mundial, impresionado por su iniciativa, vio más allá de la pobreza de Beatrice y Rodrick y vio en cambio sus ventajas. Ellos eran diligentes y empresariales, y estaban dispuestos a trabajar duro. Por tanto, en lugar de darles comida y otras *cosas*, Visión Mundial les hizo un pequeño préstamo para una idea que ellos tenían. ¿Cuál era su idea? Ellos comprarían rollos de tela y las teñirían con la esperanza de vender la tela a mujeres que hacían la ropa para sus familias. Tengo que admitir que yo era escéptico. ¿Cómo iba a poder esa pareja vender suficiente tela para ganarse la vida? Yo había empleado una carrera en el marketing de productos para el consumidor y conocía una mala idea cuando la veía. Esa idea me parecía perdedora en un lugar donde no parecía haber mercado alguno para telas teñidas. Aún después de que ellos me presentaron un precioso rollo de tela para que lo llevase a casa y se lo enseñase a mi esposa, solamente sentí lástima por ellos, sabiendo que era muy probable que su negocio fracasara.

En 2008 yo regresé a Zambia y tuve una oportunidad de ver otra vez a Rodrick y Beatrice. Habían pasado cuatro años desde que ellos comenzaron su pequeña empresa. Me quedé pasmado. Su negocio de telas había tenido éxito. Con el dinero que habían ahorrado pagaron su préstamo y después comenzaron un pequeño puesto para vender comida, pañales y otros artículos diversos. Una tienda se había convertido en dos y contrataron a su primer empleado. Rodrick después pudo contactar con la red nacional eléctrica, y comenzó un negocio de soldaduras. Una vez en la red, Rodrick comenzó a cargar baterías de vehículos por la noche cobrando una cuota. (Esas baterías con frecuencia las utilizan para la electricidad doméstica personas que no pueden permitirse estar en la red eléctrica.) En la puerta de al lado, él construyó una estación de Cel-Tel, donde aquellos que tenían teléfonos celulares podían comprar minutos. Después construyó un edificio grande con escombros y aluminio; lo llenó de bancos; compró un televisor y un reproductor de DVD, y una antena parabólica; y abrió el primer cine en su comunidad. No sólo ponía películas, sino que también recibía todos los partidos de fútbol profesional, que los hombres de la comunidad pagaban con alegría para verlos. Cuando yo fui de visita, él estaba mostrando, y no es una broma, la película *JESÚS* en mitad del día a unos diez clientes.

Durante mi visita, Rodrick me llevó hasta una plancha de cemento con un tejado por encima que acababa de construir. Me dijo que la semana siguiente llegaría una mesa de billar y se abriría el primer salón de billar de la comunidad; me explicó que sería algo bueno porque ayudaba a mantener ocupados a los jóvenes y lejos de los problemas. Los jóvenes en su comunidad admiraban a Rodrick.

Rodrick y Beatrice, una pareja de la que yo había sentido lástima tan sólo cuatro años antes, ¡ahora tenían once negocios diferentes! Cuando los conocí, yo había visto solamente sus déficits y no sus ventajas; un error que nunca más volveré a cometer.

Quise probar los valores de Rodrick, así que le hice una pregunta. «Rodrick, ahora eres un hombre rico. ¿Qué vas a hacer con toda tu nueva riqueza?» Rodrick se quedó pensando unos instantes, y después me dijo que había estado enseñando una clase de escuela dominical en su iglesia para muchos de los huérfanos en su comunidad. Hay 41 en su clase, y se ha comprometido a visitar a cada uno de ellos en su casa dos veces al mes. Después dijo: «Dios ha sido bueno con nosotros, y con sus continuas bendiciones espero construir una escuela para los huérfanos. Ore para que Él me permita hacer eso». Rodrick estaba haciendo una cadena de favores. Me recordó bastante a Jimmy Stewart en la clásica película de Navidad *It's a Wonderful Life* [La vida es bella]. Su sólido ejemplo y su espíritu compasivo estaban cambiando las vidas de otros. De hecho, toda la comunidad parecía más viva de lo que estaba cuatro años antes. Con Rodrick y Beatrice como ejemplos a seguir, otros habían comenzado a creer que era posible tener éxito y estaban siguiendo el ejemplo de sus líderes. Las vidas y la fe de una pareja estaban elevando e inspirando a una comunidad entera, desatando el potencial que había estado allí todo el tiempo.

No hay espacio suficiente para hacer justicia a todas las diversas teorías sobre el porqué las personas son pobres y cómo pueden avanzar hacia la sanidad, pero es importante que entiendas que la pobreza es muy compleja y que no hay soluciones sencillas y rápidas. Y cuando recetamos una «pastilla» en particular porque vemos tan sólo un síntoma en particular, los pobres parece que nunca se ponen bien. De hecho, se encuentran tragándose montones de pastillas recetadas por demasiados médicos potenciales que tienen muy poco entendimiento con respecto a sus vidas. Los pobres no son animales de laboratorio sobre los cuales podemos experimentar las teorías; son seres humanos con ricas historias culturales y personales propias. Tienen esperanzas y sueños, tragedias y triunfos en sus vidas. Necesitan que primero los amemos y después les escuchemos. Necesitan que veamos sus ventajas y las capacidades que Dios les ha dado. Cuando los veamos como Dios los ve, entonces podremos alcanzar a ver la imagen de Él en sus caras: *Cristo en su disfraz más inquietante.*

Una vez que entendemos que todos estos factores —un déficit de cosas, falta de educación y conocimiento, sistemas injustos, identidad estropeada y hasta oscuridad espiritual— son los hilos en la red que atrapa a los pobres, después debemos dirigir nuestra atención a las «arañas» —hambre, enfermedad, explotación, conflicto armado y multitud de otras cosas— que penetran en esa red para tener un festín con su presa. Yo los denomino los «jinetes del Apocalipsis».

CAPÍTULO DOCE

Los jinetes del Apocalipsis

¡Ay de los que emiten decretos inicuos
y publican edictos opresivos!
Privan de sus derechos a los pobres,
y no les hacen justicia a los oprimidos de mi pueblo;
hacen de las viudas su presa
y saquean a los huérfanos.

—ISAÍAS 10.1-2

Tuve hambre...

Aquel que se muere de hambre debe ser alimentado en lugar de enseñado. —Santo Tomás de Aquino

Miré, ¡y apareció un caballo negro! El jinete tenía una balanza en la mano. Y oí como una voz... que decía: «Un kilo de trigo, o tres kilos de cebada, por el salario de un día». —Apocalipsis 6.5-6

Quizá la imagen por excelencia en nuestras mentes cuando pensamos en los pobres es la de un niño demacrado. Sin duda alguna, esa imagen ha sido grabada en nuestras mentes a lo largo de décadas por los muchos llamamientos de agencias de ayuda y las noticias que parecen hablar de los pobres sólo cuando hay imágenes gráficas y grandes emergencias de las que informar. Nadie que fuese adulto durante la hambruna de Etiopía en 1984-85 olvidará las gráficas imágenes de muerte que lanzaron oleadas de asombro alrededor del mundo y que dieron como resultado atención de los medios y donativos sin precedentes, y la implicación de cientos de celebridades. Lo desgraciado acerca de la mayoría de las imágenes del hambre es que ha causado que la mayoría de nosotros pensemos en pobreza con una sola dimensión. En esencia: para la mayoría de estadounidenses, hambre equivale a pobreza. Sin embargo, la pobreza, como he afirmado, es un estado complejo causado por una red de factores que se entrelazan. El hambre es sólo un síntoma de este estado subyacente; pero el hambre es, sin duda, uno de los peores «jinetes del apocalipsis» que hace estragos en los pobres.

En 2008 yo estaba leyendo un editorial en el *New York Times* acerca de la crisis alimentaria mundial, causada por los precios en alza de los alimentos. Escucha la desgarradora historia del periódico de quienes están en Haití, tan sólo a unos cientos de kilómetros de Miami:

En Haití, donde tres cuartas partes de la población gana menos de dos dólares al día y uno de cada cinco niños tiene malnutrición crónica, el negocio que está prosperando en medio de toda la oscuridad es la venta de empanadas hechas de barro, aceite y azúcar, normalmente consumidas sólo por los más destituidos. «Está salada y tiene mantequilla, y uno no sabe que está comiendo tierra», decía Olwich Louis Jeune, de 24 años, que en meses recientes las ha comido con mayor frecuencia. «Hacen que el estómago se calme».

Mientras tanto, la mayoría de los más pobres entre los pobres sufren en silencio, estando demasiado débiles para el activismo o demasiado ocupados criando a la siguiente generación de hambrientos. En el barrio bajo de rápido crecimiento de Cité Soleil en Haití, Placide Simone, de 29 años, ofreció a uno de sus cinco hijos a un extraño. «Tome a uno», decía ella, meciendo a un lánguido bebé y señalando hacia cuatro flacos niñitos, uno de los cuales no había comido nada aquel día. «Usted elige. Tan sólo deles de comer».[1]

¿Puedes imaginar que tus hijos tengan tanta hambre que te ofrezcas a dárselos a un extraño tan sólo para que vivan? Es impensable. La mayoría de nosotros nunca hemos tenido verdaderamente hambre. Claro que decimos cosas como «Me muero *de hambre*» o «Estoy *famélico*», pero pocos de nosotros nos hemos pasado ni un sólo día sin comer. Por tanto, es muy difícil entender lo que significa realmente el hambre para los pobres. Su impacto crece cada vez más, mucho más allá que sólo los dolores y la incomodidad física que lo acompañan. El hambre también afecta al espíritu humano. Quizá lo más destructivo de todo sea la desesperación que sienten los padres que saben que no habrá comida hoy, ni probablemente maña-na, para satisfacer a sus hijos hambrientos. Este horror carcome el corazón quizá incluso más de lo que carcome el estómago, y afecta a todos los demás aspectos de la vida. Cada día se convierte en una lucha por sobrevivir. Todo lo demás debe hacerse a un lado: el trabajo productivo; la educación; los proyectos familiares y comunitarios; incluso las relaciones sociales, celebraciones y juegos, todo ello aplazado en favor de la búsqueda de comida.

Imagina por un momento que a partir de mañana no hubiera más comida dispo-nible: ningún supermercado que vendiese alimentos y nada de dinero para comprar-los si los hubiese. Todo cambiaría. No te despertarías, te vestirías y te irías al trabajo o a la escuela. Despertarías al conocimiento de que cada hora del día debía dedicarse de manera obse-siva a la búsqueda de sostén. Ninguna reunión social más con amigos y tiempos de celebración. Ya no más planes para el fin de semana ni para la semana siguiente. La vida tal como la conocemos cesaría. Esta es la realidad para los crónicamente hambrientos, pero empeora.

> Uno de cada cuatro niños en países en desarrollo tiene peso insuficiente, y entre 350 a 400 millones de niños pasan hambre. Peor, se calcula que un niño muere cada cinco segundos por causas relacionadas con el hambre.

La malnutrición pone en peligro el cuerpo humano de maneras sorprendentes. El cuerpo, en un intento por conservar energía, compensa retardando los procesos físicos y mentales. Una mente hambrienta no puede enfocarse. Una per-sona que pasa hambre no tiene fuerza para tra-bajar. Y un niño que tiene hambre pierde la capacidad de aprender y hasta el deseo de jugar. Las mujeres desnutridas tienen más probabilidades de morir al dar a luz o de tener hijos bajos de peso que están malnutridos desde su nacimiento. Las madres que sobreviven al parto con frecuencia no producen suficiente leche para alimentar a sus niños más de tres a seis meses. La malnutrición en niños impide el desarrollo del cerebro, y puede dejar a los niños mentalmente dañados para toda la vida, produciendo una generación de adultos con capacidades mentales afectadas. Atrofia también el crecimiento físico y daña el sistema inmunológico del cuerpo, haciendo que niños y adultos por igual sean más vulnerables a la legión de enfermedades que normalmente están presentes entre los pobres: malaria, sarampión, lombrices y otros parásitos, tuberculosis, cólera, fiebre amarilla, dengue, diarrea y disentería. La deficiencia de vitaminas y minerales (B12, hierro, yodo, vitamina A y otros nutrientes fundamentales) dañan los jóvenes cuerpos de muchas otras maneras, disminuyendo cada faceta del potencial del niño. Tristemente, uno de cada cuatro[2] niños en países en desarrollo tiene peso insuficiente, y entre 350 a 400 millones de niños pasan hambre.[3] Peor, se calcula que un niño muere cada cinco segundos por causas relacionadas con el hambre. ¿Recuerdas esos cien aviones de pasajeros que se estrellan? El hambre es uno de los aeropuertos desde el que despegan.

En cifras, el hambre/malnutrición crónicos es uno de los jinetes del Apocalipsis más feroces que causan estragos en los pobres. Casi uno de cada siete en todo el mundo, 854 millones de personas, no tiene suficiente comida para sostenerlas.[5] Esto hace que el hambre/la malnutrición sea el principal riesgo para la salud globalmente, mayor que el SIDA, la malaria y la tuberculosis combinadas.[6] Aproximadamente 25,000 personas mueren cada día por causas relacionadas con el hambre: 9 millones de personas por año.[7]

EL HAMBRE DE UN VISTAZO

- Aproximadamente 1 de cada 4 niños en países en desarrollo tiene peso insuficiente.

- Unos 350 a 400 millones de niños pasan hambre.

- Casi 1 de cada 7 en todo el mundo, 854 millones de personas, no tiene suficiente comida para sostenerlas.

- Aproximadamente 25,000 personas mueren cada día de hambre o de causas relacionadas con ella: unos 9 millones de personas por año.

El mundo puede producir y produce suficientes alimentos para alimentar a todos sus 6.7 mil millones de habitantes. El problema es que los alimentos y la capacidad de producirlos están desigualmente distribuidos. En realidad, las causas subyacentes de la escasez de alimentos son muchas. El clima, la sequía y los desastres naturales son importantes factores que contribuyen a la escasez de alimentos tanto crónica como a corto plazo. La guerra, el desplazamiento de personas y la corrupción política son otros factores importantes. Causas adicionales incluyen la falta de conocimientos técnicos y de infraestructura agrícola en países pobres, donde la necesidad es mayor. Es un círculo vicioso: los hombres tienen hambre, y su hambre les mantiene pobres.

TUVE SED...

> *El agua es vida, y debido a que no tenemos agua, la vida es miserable.*
> —Una voz de Kenia[8]

La mayoría de ustedes comenzaron esta mañana con un baño caliente y limpio. Cepillaron sus dientes, llenaron un vaso de agua y tomaron algunas vitaminas. (Cuanto mayor me hago, parece que tomo más pastillas.) Quizá te preparaste una taza de café o té o bebiste un vaso de jugo con el desayuno. Y cada día utilizas tu lavadora y tu lavavajillas, y por supuesto el inodoro. Probablemente tengas uno, dos o incluso tres cuartos de baño en casa. Puede que también tengas un sistema de riego para regar el jardín. Tu refrigerador está lleno de bebidas frías, agua embotellada y quizá un dispensador de hielo en su puerta. Si tienes hijos, ellos probablemente no hayan pasado ni siquiera una hora de sus vidas buscando agua para que la familia beba o se bañe. Y apostaría a que ni tú ni tus hijos han tenido nunca un día con náuseas debido al agua sucia; a menos que hayan viajado a *otro* país y hayan agarrado uno de los muchos parásitos o bacterias que hay en el agua.

Por tanto, ahora, como hiciste con el hambre, quiero que imagines por un instante que cuando te despiertes mañana, todas las instalaciones y aparatos relacionados con el agua han sido eliminados de tu casa. El fregadero, inodoros, bañeras y duchas no están. Lavadora, lavavajillas, mangueras del jardín, aspersores: todo se ha ido. Digamos, sin embargo, que todo lo demás en tu casa sigue estando ahí. Aun así, ¿cómo cambiaría tu vida con sólo esta diferencia?

Bien, piénsalo. Te despertarías queriendo usar el inodoro, darte tu baño caliente, cepillarte los dientes, tomarte esas vitaminas y preparar el desayuno; pero no puedes. ¿Qué harías? Al principio, estarías irritado por la pequeña incomodidad de no tener baños, inodoros, lavavajillas o lavadora, hasta que empezases a entender que es algo mucho más serio, una amenaza, en realidad, para tu salud, tu familia e incluso tu supervivencia. Encontrar una manera de conseguir agua comenzaría a consumir tu vida. Puedes vivir sin comida a veces durante semanas, ¿pero sin agua? La vida tal como la conoces sería transformada, y no de una manera buena.

Donde yo vivo, somos afortunados por tener un maravilloso lago tan sólo a tres kilómetros de distancia; por tanto, si supiera que iba a estar sin agua, podría comenzar a planear de antemano organizar las cosas para ir a buscar agua. A pie, se tardarían aproximadamente dos horas en ir y venir para conseguir algo para beber y cierto baño rudimentario, pero cien litros de agua pesan aproximadamente cien kilos. Consulté mi factura de agua y me enteré de que mi familia utiliza aproximadamente mil doscientos litros por día. Eso pesaría más de una tonelada y requeriría cincuenta viajes de ida y vuelta al lago cada día, por lo que mi familia podría tener que reducir un poco su consumo de agua. Reducirlo a treinta litros sería una reducción del noventa por ciento, pero para llevar cien litros de agua durante tres kilómetros serían necesarios unos cinco o seis viajes diarios, llevando unos veinte kilos cada vez, consumiendo aproximadamente diez horas de trabajo duro. Si crees que es incómodo ir al gimnasio a entrenar cada mañana, intenta llevar veinte kilos de agua para poder cepillarte los dientes y bañarte con una esponja; y entonces intenta hacer ese viaje cinco veces. Ahora bien, si tuvieras que realizar esa rutina cada día y a la vez conseguir que todos salieran a tiempo para el trabajo o la escuela, tendrías que comenzar tus viajes a altas horas de la noche. Lavar tu ropa y los platos, por no hablar de tu propio cuerpo, se convertiría en una tarea abrumadora.

El año pasado pidieron a mi esposa, Reneé, que hablase a un grupo sobre el tema del agua limpia. Debido a que ella no ha tenido la oportunidad de visitar tantos proyectos de agua de Visión Mundial en el campo como yo, sintió que necesitaba conseguir un poco de experiencia de primera mano. Decidió pasar un día entero sin abrir el agua en nuestra casa. Aunque no darse un baño, no cepillarse los dientes y olvidarse de su café por la mañana fue lo bastante desafiante, ella estaba decidida a llevarlo un poco más allá, así que partió con su cubo hacia ese lago a tres kilómetros de distancia. Entonces metió el cubo en el agua y regresó a casa llevando quizá sólo once o quince litros en su cubo.

Cuando llegó a casa, estaba agotada, y quedaban menos de cuatro litros en su cubo, ya que la mayoría se había ido derramando en el camino. Había sido una terrible experiencia, empeorada por el hecho de que una vecina que pasó conduciendo la vio arrastrando el cubo, ¡y le preguntó si había comenzado un negocio de limpieza! Reneé descubrió que la experiencia fue bastante desafiante, y fue capaz de hablar a su audiencia unos días después con la pasión que solamente viene de la experiencia.

Ahora bien, ese pequeño dilema imaginario por el que te llevé anteriormente puede sonar un poco divertido a medida que pienses lo totalmente dependientes que tu familia y tú son del agua, pero déjame añadir una dimensión más siniestra. Imagina que el agua que sacaste del lago estuviera llena de bacterias mortales, parásitos y enfermedades transmitidas por el agua, que literalmente te están matando. Esta es la oscura realidad aproximadamente para 1.2 mil millones de personas en nuestro mundo en la actualidad.[9] Hasta 5 millones de personas mueren cada año por enfermedades relacionadas con el agua.[10] Un niño muere cada quince segundos por alguna enfermedad relacionada con el agua.[11] Esto crea una situación en la que nadie gana para millones de padres en nuestro mundo actualmente; ellos pueden observar indefensos cómo mueren sus hijos por falta de agua o pueden observarlos morir de diarrea porque la única agua que tienen está contaminada.

> Hasta 5 millones de personas mueren cada año por enfermedades relacionadas con el agua. Esto crea una situación en la que nadie gana para millones de padres en nuestro mundo actualmente; ellos pueden observar indefensos cómo mueren sus hijos por falta de agua o pueden observarlos morir de diarrea porque la única agua que tienen está contaminada.

Trágicamente, vivir sin agua tiene aún más dimensiones. Se pierden miles de horas buscando y transportando agua, especialmente por parte de las mujeres. Son horas que podrían emplearse ganando un sueldo o contribuyendo al bienestar de la familia y de la comunidad. Esta misma tarea afecta también a los niños: millones de ellos no pueden ir a la escuela debido a las horas que emplean para buscar agua. Debido a la insegura calidad de su agua, muchos que pueden ir a la escuela están crónicamente enfermos y batallan con el aprendizaje. Algunos parásitos relacionados con el agua, el gusano de Guinea, por ejemplo, hasta puede resultar en parálisis, y enfermedades bacterianas como el tracoma pueden causar ceguera.

A pesar de los riesgos, las mujeres y los niños en países en desarrollo invierten doscientos millones de horas al día para buscar agua.[12] Eso es igual a una fuerza laboral a jornada completa de veinticinco millones de personas que vayan a buscar agua durante ocho horas al día, siete días por semana. Los hombres, tan incansablemente enfermos como sus esposas e hijos, se vuelven menos productivos en su trabajo, reduciendo con frecuencia el resultado agrícola y la provisión de alimentos para toda la comunidad. Aquellos cuyo sistema inmunológico ha sido debilitado por el SIDA o la tuberculosis sufren mayores estragos por las enfermedades relacionadas con el agua, y se calcula que hasta la mitad de las camas ocupadas en los hospitales lo están por personas que tienen enfermedades relacionadas con el agua.[13]

Hace unos años viajé a África occidental con Steve Hilton, presidente de la Fundación Conrad N. Hilton, uno de nuestros colaboradores más fieles en llevar agua limpia a los pobres. Visitamos una aldea al norte de Gana llamada Gbum Gbum. Cuando nos reunimos alrededor del pozo de perforación que Visión Mundial había perforado varios años antes, justamente al lado de la escuela, el director de la escuela nos dijo que antes del pozo él tenía sólo cuarenta alumnos. Ahora, ¡más de cuatrocientos niños asistían a la escuela! ¿La diferencia? Antes de que el agua llegase a Gbum Gbum, las mujeres y los niños tenían que pasar unas cinco horas cada día para ir a buscar agua a un charco que estaba a varios kilómetros de distancia. Se levantaban temprano, antes del amanecer, haciendo varios viajes a lo largo del día; no tenían tiempo ni energía para la escuela. Otro hombre me dijo que antes del pozo, niños y adultos por igual estaban plagados de la enfermedad del gusano de Guinea (dracunculiasis) causada por nematodos parásitos que se encuentran en el agua contaminada. Estos gusanos crecen en el interior del cuerpo, a veces alcanzando hasta casi un metro de longitud, y cuando han crecido, horadan la piel, causando dolor e infección paralizantes. Ahora los gusanos de Guinea habían desaparecido.

Mientras Steve y yo continuábamos nuestro paseo por la aldea conocimos a varias docenas de mujeres que trabajaban con gran esfuerzo para hacer algo llamado manteca de karité, un ingrediente utilizado en cremas corporales y cosméticos, de una planta que se cultiva localmente. Para sorpresa mía, ellas vendían esa manteca de karité obteniendo un beneficio. De hecho, me dijeron que incluso la compraba Bath y Body Works, ¡en Estados Unidos! Lo único que aquellas mujeres habían necesitado para crear ese negocio era tiempo y agua limpia, cosas que ya estaban a su disposición.

También hablamos con algunos de los hombres en la comunidad, quienes nos dijeron que desde que tenían más agua para el riego, también tenían cultivos mejorados. Entonces un hombre dijo algo que les hizo reír a todos. Nuestro guía, que traducía para nosotros, nos dijo que los hombres también sentían que ahora las mujeres «olían mejor», ya que no tenían que ir a buscar agua durante todo el día bajo el ardiente sol. El agua había transformado Gbum Gbum en todos los aspectos imaginables.

Puedo imaginar mi propia vida sin muchas de las denominadas necesidades que tengo. Puedes quitarme mi auto y yo encontraría una manera de compensar eso utilizando el transporte público o compartiendo el auto de un amigo. Podrías quitarme mi computadora y mi acceso a la Internet, mi televisor, mi aparato de estéreo y mi radio, y aun así podría seguir teniendo una vida plena y próspera. Podrías reducir el tamaño de mi casa y dividir por dos mis ingresos, e incluso quitarme mi educación, y podría sobrevivir y quizá prosperar. Pero si me quitas el agua y la higiene, me quitas mi salud y la de mis hijos. Si me quitas mi salud, te has llevado mi energía y mi laboriosidad. Si me quitas mi energía y mi capacidad de sostener a mi familia, me has quitado mi dignidad; si me quitas mi dignidad, te has llevado la esperanza: de futuro, para mis hijos, de una vida mejor. Esta es la dura realidad para más de mil millones de personas en el mundo que viven sin acceso a agua limpia y segura.

En África no dicen que el agua es *importante* para sus vidas; dicen que el agua es *vida*. Es absolutamente el fundamento sobre el cual se construyen la civilización y la vida humana, y la mejor noticia es que tenemos el conocimiento y la tecnología para proporcionarla. Lo único que nos falta es la voluntad.

Estuve enfermo

Miré, ¡y apareció un caballo amarillento! El jinete se llamaba Muerte... Y se les otorgó poder sobre la cuarta parte de la tierra, para matar por medio de... las epidemias y las fieras de la tierra. —Apocalipsis 6.8

Si la pobreza es una red de causas interrelacionadas que atacan a los pobres, entonces seguramente la enfermedad es una de las arañas más despiadadas que patrulla esa red, y uno de los jinetes más feroces. Dos estadísticas resumen los estragos de las enfermedades en los pobres: los índices de mortalidad infantil y la esperanza de vida. En Estados Unidos y Europa sólo aproximadamente dos de cada 1,000 niños mueren antes de los cinco años.[14] En África, por otro lado, 165 (16.5 por ciento) de cada mil están muertos antes de los cinco años de edad. Y en Sierra Leona, el peor país del mundo para la mortalidad infantil, el 28.2 por ciento de todos los niños están muertos antes de los cinco años.[15] Pero como dijo Bono: «Podemos ser la generación que ya no acepte que un accidente de latitud decida si un niño vive o muere».[16]

¿Y la *esperanza* de vida promedio para un niño que nace en la actualidad? En Estados Unidos es de un setenta y ocho.[17] Pero para el África subsahariana es sólo un cuarenta y siete,[18] y para los peores países, en especial aquellos impactados por el VIH/SIDA, la esperanza de vida está entre treinta y cinco y cuarenta.[19] Esto significa que en gran parte de África un adolescente es lo que denominaríamos «de mediana edad».

Al haber criado cinco hijos, me he maravillado por el número de veces que Reneé y yo (principalmente Reneé) tuvimos que llevar a nuestros hijos al médico. Cuando eran pequeños, a veces había una visita al médico cada semana por un motivo u otro: infecciones de oídos, fiebre, resfriados, brazos rotos, erupciones cutáneas, cortes, tos, dentista y, desde luego, vacunas y chequeos regulares. Éramos clientes regulares en la farmacia, comprando cualquier combinación de medicamentos que el médico recetaba. Como muchos padres jóvenes afirmarán, a veces las enfermedades y accidentes de nuestros hijos produjeron momentos ansiosos llenos de preocupación con respecto a si nuestro hijo estaría bien y si el médico podría verle enseguida. Hubo muchas veces también en que llamamos al médico en mitad de la noche para que nos ayudase. Lucho por imaginar lo que les habría sucedido a nuestros hijos si no hubiera habido ningún médico a quien llamar ni ninguna medicina que recetar.

Hace algún tiempo, Reneé viajó a Níger, considerado según algunos estándares el país más pobre del mundo. Estuvo allí en un momento de grave hambruna que había seguido de cerca a la sequía y a una masiva plaga de langostas, las cuales habían destruido las cosechas; algunos países nunca tienen un respiro. Una vez allí, fue a una zona remota donde Médicos sin Fronteras había establecido una clínica y un puesto de alimentación para tratar con masas de personas que emigraban para encontrar alimentos y ayuda. Cuando ella habló con algunas de las jóvenes madres que habían caminado kilómetros y kilómetros con sus demacrados hijos, intentó entender sus trágicas historias.

Una madre de 17 años, Saa Mamane, había llevado a su hijo, Sahabi Ibrahim a ver a los médicos. Entonces le habían puesto en la tienda con los niños más enfermos. Había tubos de alimentación en su pequeña nariz y una enfermera intentaba desesperadamente encontrar una vena para insertar un gota a gota. Su bebé lloraba, pero sin lágrimas. Había estado vomitando durante días y estaba gravemente deshidratado. Cuando Reneé preguntó a esa madre por qué no había acudido antes en busca de ayuda, ella dijo que estaba demasiado lejos para caminar con un bebé enfermo, y que hasta hacía dos días, ella no tuvo los cincuenta centavos necesarios para llegar en auto.

Esta es la disparidad en el acceso al cuidado médico que existe en nuestro mundo. En los países más ricos, donde sólo una quinta parte de la población del mundo vive, se gasta el noventa por ciento de los dólares del mundo en cuidado médico, permitiendo que las restantes cuatro quintas partes del planeta gasten tan sólo el diez por ciento del dinero. En Estados Unidos, gastamos aproximadamente 3,170 dólares por persona en cuidado médico cada año. En gran parte de África y el sudeste de Asia, la cifra comparable es de 36 dólares, una diferencia de ochenta y ocho veces.[20]

En el capítulo nueve escribí que casi diez millones de niños estarán muertos en el transcurso de un año. Esas muertes, todas antes de que el niño llegue a los cinco años de edad, están causadas por los siguientes depredadores de salud:

% de muertes infantiles de menos de 5 años de edad[21]	
Complicaciones en el nacimiento	21%
Neumonía	19%
Enfermedades diarreicas	17%
Enfermedades neonatales	15%
Malaria	8%
Sarampión	4%
SIDA	3%
Heridas	3%
Todas las demás	10%

No puedo hacer suficiente hincapié en que las condiciones en las que viven los pobres producen un tipo de «tormenta perfecta» para la difusión de las enfermedades. Expertos en salud creen que la mala nutrición contribuye de manera fundamental en la mitad de esas muertes, siendo un segundo factor principal el beber agua insegura. Vivir muy cerca de animales de granja, unido a malas prácticas de higiene para manejar los desechos de los seres humanos, expone a los pobres a multitudes adicionales de bacterias. La falta de conocimiento con respecto a conceptos médicos básicos, tales como el modo en que se difunden las enfermedades, partos seguros, cuidado infantil y cómo tratar una herida, también causan estragos. Añadamos a la lista la ausencia de proveedores y de infraestructura de cuidado médico efectivo, y comenzarás a entender los alarmantes estragos de la muerte en comunidades pobres. Un diente con caries o un corte infectado pueden convertirse en una sentencia de muerte. Una pequeña complicación en el parto puede llevarse las vidas de la madre y del hijo. Una caída o accidente que rompa un hueso se convierte en una parálisis permanente. La lista de enfermedades de las que son presa los pobres se cuentan por miles, pero tres de las más horribles requieren un mayor entendimiento y explicación: malaria, tuberculosis y SIDA.

Malaria

La malaria es una de las enfermedades más mortales del mundo. Aunque ha sido en gran parte erradicada en el mundo desarrollado (en Estados Unidos fue eliminada en 1950 mediante el rociamiento general de DDT en pantanos y en casas), es más mortal que nunca en países pobres. Según la Organización Mundial de la Salud, hay más de 500 millones de casos clínicos de malaria cada año, dando como resultado de 1.5 a 2.7 millones de muertes.[22] Un artículo de portada en 2007 en la revista *National Geographic* presentaba el grado hasta el cual la malaria ha plagado a la raza humana a lo largo de los siglos:

> Pocas civilizaciones, en toda la historia, han escapado a la enfermedad. Algunas momias egipcias tienen señales de malaria. Hipócrates documentó las distintas etapas de la enfermedad; Alejandro Magno probablemente murió de ella, conduciendo al desmoronamiento del imperio griego. Puede que la malaria haya detenido a los ejércitos tanto de Atila el Huno como de Genghis Khan.
>
> Al menos cuatro papas murieron debido a ella. Puede que matase a Dante, el poeta italiano. George Washington padeció malaria, al igual que Abraham Lincoln y Ulysses S. Grant. A finales del siglo XIX, la malaria era tan grave en Washington, D.C., que un destacado médico hizo presión, sin éxito, para erigir una malla metálica gigante alrededor de la ciudad. Un millón de víctimas en el ejército de la Unión en la Guerra Civil estadounidense se atribuyen a la malaria, y en el escenario del Pacífico en la Segunda Guerra Mundial los muertos por la enfermedad sobrepasaron a quienes murieron en combate. Algunos científicos creen que una de cada dos personas que hayan vivido ha muerto de malaria.[23]

Algunos científicos creen que una de cada dos personas que hayan vivido ha muerto de malaria.

A pesar del grado del impacto que la malaria ha tenido en el mundo actualmente y en la historia humana, la mayoría de nosotros no sabemos nada sobre ella.

Los parásitos unicelulares que transmiten la enfermedad, conocidos como *plasmodia*, son portados por mosquitos del género *Anofeles*. Sólo una gota de agua del tamaño que tiene el punto al final de esta frase puede contener hasta cincuenta *mil* plasmodia;[24] sin embargo, se necesita tan sólo uno para matar a una persona. Eso se debe a que cuando está en el cuerpo, un único plasmodio puede multiplicarse por miles de millones. Esas «tropas de asalto» invaden la corriente sanguínea, entrando y destruyendo los glóbulos rojos. Entonces la temperatura del cuerpo se eleva mucho en un intento de «cocinar» a los parásitos y matarlos, y las víctimas sufren dolores de cabeza, dolor muscular y ciclos extremos de fiebre y escalofríos. En los peores casos, los parásitos se las arreglan para invadir el cerebro (malaria cerebral), causando que se inflame y llevando a la víctima a un coma. A medida que mueren células cerebrales, el cuerpo comienza a cerrarse. Cuando han sido destruidas demasiadas células sanguíneas, el flujo de sangre a órganos vitales se interrumpe, los pulmones ya no pueden recibir suficiente oxígeno y el corazón batalla por bombear sangre. Las víctimas más débiles y más vulnerables, normalmente niños, sucumben a medida que sus pequeños cuerpos ya no pueden luchar contra la enfermedad. Esta espiral de acontecimientos da como resultado que un niño muera de malaria cada treinta segundos.[25] Quienes sobreviven a la malaria pueden sufrir daño cerebral y capacidad disminuida, y lo más probable es que tengan episodios recurrentes de la enfermedad varias veces al año si viven en una región de malaria.

Pero la pérdida de la vida y el bienestar no son los únicos impactos de esta enfermedad. Debido a que muchas personas enferman de malaria (una de cada trece personas en el mundo cada año), la pérdida de productividad es debilitante. En países de elevada incidencia se calcula que causan un 1.3 por ciento de déficit en el crecimiento económico (PIB) debido a obras perdidas y capacidades afectadas.[26] Los estudiantes que sobreviven a la enfermedad pierden muchos días de escuela, y cuando regresan, su capacidad de aprender con frecuencia está reducida. Debido a que la malaria es endémica en los países más pobres, también actúa como un jinete del apocalipsis que daña desproporcionadamente a los pobres, que no pueden ni escapar de ella ni permitirse recibir un tratamiento para ella.

Pero la malaria no tiene por qué cobrarse un número tan alto de muertes. Hay medicamentos disponibles que, cuando se administran regularmente, pueden detener la progresión de la enfermedad y salvar vidas. Rociar insecticidas en zonas de mosquitos y en el interior de las casas puede reducir la probabilidad de recibir un picotazo. Quizá una de las intervenciones más eficaces es el uso de redes de cama tratadas con insecticida, en especial para los más vulnerables:

niños y mujeres embarazadas. Aproximadamente a un costo de unos diez dólares, esas sencillas redes proporcionan protección personal que puede reducir en gran medida el riesgo. Si la malaria se estuviese llevando más de un millón de vidas en Estados Unidos, puedes estar seguro de que se emplearían todos los medios posibles para detenerla y que todas las principales empresas farmacéuticas estarían trabajando para producir vacunas.

Afortunadamente, la Fundación Bill y Melinda Gates fomenta nuevos esfuerzos no sólo para controlar la malaria sino para erradicarla. Ellos están invirtiendo millones de dólares en investigación tanto de tratamientos como del desarrollo de una vacuna. En octubre de 2007, Melinda Gates se dirigió a una gran audiencia en Seattle sobre el tema de la malaria, e hizo esta valiente afirmación:

> La primera razón para trabajar en erradicar la malaria es una razón ética: el simple coste humano. Cada vida tiene igual valor. La enfermedad y la muerte en África son igual de horribles que la enfermedad y la muerte en Estados Unidos. En África y otras zonas del mundo en desarrollo la malaria evita que los adultos vayan a trabajar, que los alumnos vayan a la escuela y que los niños crezcan. Cualquier meta que no sea erradicar la malaria es aceptar la malaria; es establecer la paz con la malaria; son los países ricos los que dicen: «No necesitamos erradicar la malaria en todo el mundo mientras hayamos eliminado la malaria en nuestros propios países». Eso es sencillamente inaceptable.[27]

TUBERCULOSIS

El pasado verano, mi hijo Pete tuvo que realizarse su examen médico obligatorio preuniversitario, pues iría a la Universidad Wheaton tan sólo un mes después. Pete es un atleta y está muy sano, así que podrás imaginar nuestra sorpresa cuando el médico nos dijo que Pete había dado positivo en las pruebas de tuberculosis (TB). De hecho, los médicos estaban tan sorprendidos como nosotros, ya que pruebas positivas de TB en Bellevue, Washington, son bastante raras. Preocupados en cuanto a cómo un adolescente de clase media podría haber entrado en contacto con la enfermedad y por un posible brote en Bellevue, comenzaron a hacerle preguntas para decidir dónde podría haber entrado en contacto con ella. Le preguntaron: «¿Has viajado fuera de Estados Unidos?» Pete dijo que sí, que había ido a India con sus padres cuatro meses antes y había estado visitando a pacientes de SIDA. Antes de eso, él había ido a México con su grupo de jóvenes para construir casas, y había empleado tiempo como voluntario en albergues para personas sin hogar en Seattle y en San Francisco. El médico dijo con complicidad: «Ah, eso lo explica». Como ves, Pete había estado con pobres, y es ahí donde normalmente se encuentra la tuberculosis. Pero debido a que él tiene la fortuna de vivir en Estados Unidos, terminó sus nueve meses de tratamientos antibióticos intensivos para evitar que el bacilo se volviese activo. Aun así, él seguirá dando positivo en TB durante el resto de su vida.

El diagnóstico de Pete no debería habernos sorprendido, ¡porque se calcula que una tercera parte de la población del mundo está infectada con el bacilo de la TB![28] Sí, me has oído correctamente, un tercio del mundo: dos mil millones de personas. Afortunadamente, sólo del 5 al 10 por ciento de ellas desarrollarán la tuberculosis durante su vida, pero eso supone de cien a doscientos *millones* de casos. Y para las personas que son VIH positivas con un sistema inmunitario ya debilitado, la tuberculosis es su principal causa de muerte.

> ¡Se calcula que una tercera parte de la población del mundo está infectada con el bacilo de la TB! Sí, me has oído correctamente, un tercio del mundo: dos mil millones de personas.

La tuberculosis está causada por unas bacterias que normalmente atacan a los pulmones pero también pueden asaltar otras partes del cuerpo (riñón, espina dorsal, cerebro, etc.). Si no se trata, con frecuencia es fatal. La tuberculosis es muy contagiosa, y se extiende mediante el aire de un individuo a otro. Aproximadamente se informa de nueve millones de nuevos casos anualmente (el 83 por ciento de ellos en África, sudeste de Asia y regiones del Pacífico occidental[29]), y causa casi dos millones de muertes.[30] La tuberculosis fue anteriormente la principal causa de muerte en Estados Unidos.

La tuberculosis es tratable por medio de un régimen de combinación de terapia de medicinas que deben administrarse regularmente durante meses. Sin embargo, debido en parte a la dificultad de supervisar que los pacientes cumplan con el régimen, se han desarrollado variedades resistentes al medicamento que son difíciles de controlar. Una vez más, es una enfermedad que vive principalmente entre los pobres. Debilitados sistemas inmunológicos debidos a la mala nutrición a beber agua contaminada y a la extensión del VIH, combinados con la superpoblación y la ausencia de cuidado médico, componen una invitación abierta a que enfermedades como la tuberculosis invadan las vidas de los destituidos.

VIH γ SIDA

Como he mencionado, mi propio viaje con Visión Mundial comenzó en la zona cero en la pandemia de SIDA en Uganda, con tres muchachos huérfanos. Que yo hubiera podido ser tan inconsciente de algo que causa sufrimiento humano a tal escala inimaginable me hace avergonzarme incluso ahora. Esa experiencia fue el acontecimiento que finalmente me hizo salir de la paralizante apatía que había evitado por tanto tiempo que yo viese el mundo como Dios podría verlo. Y puede que también ahora sea la razón de que esté escribiendo este libro: que otros puedan ver lo que Dios me permitió ver: las cosas que quebrantan su corazón.

Todos hemos visto películas de suspenso sobre un supuesto virus mortal que se ha desatado en un mundo confiado, causando estragos en la raza humana y cambiando el curso de la historia. Normalmente, un pequeño grupo de héroes incondicionales lucha contra reloj para salvar al mundo de una aniquilación segura. En ese drama, los poderes que parecen no tener idea alguna sobre el inminente destino que se está desarrollando ante sus mismos ojos, y el confiado público, siguen con sus vidas cotidianas, alegremente inconscientes de la próxima catástrofe. A menos que nuestros héroes tengan éxito en hacer sonar la alarma y derrotar a su maligno enemigo, todo estará perdido. Todos conocemos bien el argumento.

El VIH es ese tipo de amenaza para la raza humana, en cuanto a que tiene profundas implicaciones para nuestro mundo. Si uno de esos productores de cine intentase inventar otro diabólico «virus mortal», le presionarían mucho para que pensase en algo más atemorizador que el VIH.

Considera los siguientes hechos. Una persona que llegue a infectarse del VIH hoy puede que no tenga ningún síntoma de la enfermedad durante tres a cinco años, incluso más tiempo a medida que el virus se establece en su cuerpo y comienza a atacar el sistema inmunológico. Cada encuentro sexual que esa persona tenga durante esos tres a cinco años infecta potencialmente a cada pareja sexual. Entonces, cada nueva persona infectada tampoco sufre durante tres a cinco años, y potencialmente transmite el virus a todas sus parejas sexuales, y así sigue la cadena. En una ocasión pregunté a un hombre si él sabía cómo se había infectado. Me dijo: «Es una larga historia: me acosté con una mujer que se había acostado con un hombre que se había acostado con una mujer que se había acostado con un hombre...» Debido a que el VIH se transmite principalmente mediante la actividad sexual, conlleva un fuerte estigma; hay tabús en la mayoría de las culturas que evitan incluso que se hable al respecto. Quienes son portadores de la enfermedad con frecuencia escogen permanecer en el anonimato a menos que sean señalados, hasta negándose a hacerse análisis y rechazando así la ayuda médica que podría ayudar a aliviar el dolor. El resultado es que la enfermedad se transmite con fuerza de hombre a mujer, de esposo a esposa, e incluso de la madre al hijo mediante el nacimiento y la lactancia. Y lo que es peor, este virus es mortal, ¡y no existe cura![31]

El VIH infecta en el presente a 33 millones de personas,[32] el 70 por ciento de ellas viven en África,[33] y se ha cobrado más de 25 millones de vidas desde 1981.[34] Hay ahora tres naciones en el África subsahariana en las que más del 20 por ciento de los adultos son VIH-positivos, y 10 naciones en las que más del 10 por ciento están infectados. ¡En Suazilandia, casi uno de cada tres adultos está infectado del VIH![35] Pero la enfermedad no está limitada a África. India se sitúa en el segundo lugar del mundo en infecciones por VIH.[36] Ucrania tiene la frecuencia de más rápido crecimiento,[37] y la enfermedad se está extendiendo como un reguero de pólvora en América Latina y el Caribe. Estados Unidos solamente tiene más de 1 millón de casos[38]. Cada día, más de 6,800 nuevas personas son infectadas y más de 5,700 mueren de la enfermedad; eso hace un total de 2.5 millones de nuevas infecciones al año y 2 millones de muertes.[39] Dicho de otra manera, cada *semana* el SIDA se lleva más de diez veces las vidas que Estados Unidos perdió en los primeros *cinco años* de la guerra en Irak.

> El SIDA ha dejado atrás 15 millones de niños huérfanos. En África dicen que cuando se trata del VIH, todo el mundo está infectado o afectado: nadie escapa por completo.

Pero no he terminado. Quizá el hecho más inquietante de todos sea que el SIDA ha dejado atrás 15 millones de niños huérfanos.[40, 41] Una vez más, es una cifra incomprensible. Imagina una cadena de niños agarrados de la mano extendiéndose por todo Estados Unidos. Esta cadena, comenzando en Nueva York, llegaría hasta Seattle, después a Filadelfia, a San Francisco, después hacia el este a Washington DC, a Los Angeles, y finalmente hasta Kansas City: ¡cruzaría Estados Unidos más de cinco veces y media! ¿Ves ahora por qué he denominado al VIH un «virus mortal»? Estas son las sombrías estadísticas del SIDA, pero no cuentan la historia de los hombres, mujeres y niños cuyas vidas han quedado destruidas. En África dicen que cuando se trata del VIH, todo el mundo está *infectado* o *afectado*: nadie escapa por completo.

Si pensamos en el SIDA sólo como una crisis médica con una solución médica, lo entendemos mal. El SIDA es un tsunami sociológico que está destripando gran parte de África. Normalmente, el esposo que lo lleva a su casa enferma y muere con una muerte atroz delante de sus propios hijos, dejando a la familia ya pobre sin el sostén de la familia. Una valiente viuda sigue adelante, luchando para criar y mantener sola a sus hijos, normalmente realizando un duro trabajo en los campos. Sin embargo, pronto también ella se pone enferma y está demasiado débil para seguir, y sus hijos se convierten en sus cuidadores, bañándola, alimentándola y hasta cambiando sus empapadas sábanas a medida que ella se vuelve demasiado débil para poder moverse. Y los niños están solos. Los que tienen suerte tienen una tía o una abuela que se ocupe de ellos. Los abuelos en África se han convertido en los increíbles héroes de la pandemia del SIDA, pues han pasado a ocuparse de sus nietos y bisnietos por millones. Desesperadamente pobres ellos mismos, y con mucha edad, cuando otros debieran estar ocupándose de ellos son ellos los que siguen adelante cuidando a veces de doce niños o más. Pero cuando las abuelas o las tías sucumben a la enfermedad o a la ancianidad, los niños vuelven a quedar huérfanos, convirtiéndose por consiguiente en los cabeza de familia, como los muchachos que yo conocí en Uganda. Esos niños son la generación perdida del SIDA, vulnerables a peligros de todo tipo: hambre, enfermedad, dejar la escuela, trabajo infantil, violación, matrimonio temprano, prostitución, delitos y drogas. No hay redes de seguridad para la mayoría de esos niños mientras ellos se caen por las grietas y finalmente son infectados ellos mismos por el VIH, convirtiéndose en el «eco» de la pandemia. Son destruidas familias y comunidades enteras son devastadas cuando el SIDA mata a la capa más productiva de la sociedad africana —las madres y los padres, los maestros y agricultores, incluso los obreros de cuidado médico y los oficiales del gobierno— causando que economías completas se tambaleen y caigan.

Hace varios años tuve una audiencia con el presidente de Malawi, Bakili Maluzi. Hablamos del desafío que el SIDA presentaba para su país y de algunas de las cosas que Visión Mundial estaba haciendo para luchar contra la enfermedad y ayudar a las comunidades de Malawi afectadas. Justamente antes de que terminase nuestro tiempo, él me hizo una pregunta. Comenzó: «Sr. Stearns, ¿tiene Visión Mundial ideas sobre cómo podemos sustituir a los maestros, los granjeros, las enfermeras que Malawi está perdiendo a causa de esta enfermedad?»

Yo le dije: «Sr. Presidente, hay sólo una manera que yo conozco de sustituir a un maestro, un granjero o una enfermera: debe comenzar con un niño y cuidarlo y enseñarlo cuidadosamente hasta que llegue a ser aquello que Dios le ha capacitado para ser. Me temo que Visión Mundial no conoce ningún atajo secreto para eso».

El Presidente Maluzi respondió: «Yo pensaba lo mismo, ¿pero ve usted ahora el desafío al que me enfrento en Malawi? Estamos perdiendo a nuestra gente más productiva, y no pueden ser sustituidos». Y su realidad es la que

> El SIDA es un tsunami sociológico que está destripando gran parte de África.

afronta gran parte de África actualmente. Si de verdad quieres pintar un cuadro catastrófico de esta pandemia, pregunta a un economista lo que sucederá si India, China o Rusia alcanzan un índice de infección comparable al de África y su economía comienza a tambalearse, desencadenando un efecto dominó económico global, y una espiral descendente de malas economías, estados arruinados y caos político.

Estos son los brutales hechos de la pandemia del SIDA, el virus mortal que yo a veces denomino la crisis humanitaria más grande de todos los tiempos. Pero una vez más quiero subrayar que hay razón para la esperanza. La batalla contra el SIDA, al igual que contra la malaria y la tuberculosis, es una guerra que se puede ganar, *si* estamos dispuestos a plantear batalla. La incidencia de infecciones por VIH en Uganda en 1991 fue del 21 por ciento.[42] Entonces, el presidente de Uganda, Yoweri Museveni, declaró la guerra al SIDA como una amenaza para el futuro y la seguridad de Uganda. Él llamó a todos los sectores de la sociedad ugandesa, escuelas, iglesias, medios de comunicación, negocios y el sistema de cuidado médico, a unirse a la batalla, e invitó a gobiernos y agencias de ayuda internacionales a ayudar. La educación fue primordial para su campaña, y él y su esposa incluso fueron puerta por puerta ofreciendo pruebas de SIDA. Se veían carteles por todas partes llamando a las personas a la abstinencia, la fidelidad a una sola pareja, y decisiones sexuales más seguras como parte de la obligación *patriótica* de cada uno. El resultado fue sorprendente. La incidencia de infecciones por VIH cayó del 21 por ciento a aproximadamente el 6 por ciento entre 1991 y 2000[43] a medida que las personas cambiaron sus conductas sexuales. Según el investigador de Harvard, Dr. Ted Green, el éxito de Uganda fue el equivalente de una vacuna «social» con un 80 por ciento de tasa de eficacia.[44] Y todo eso sucedió antes de que las medicinas antirretrovirales estuvieran fácilmente disponibles para atacar a quienes ya estaban infectados. Otros países también han seguido un fuerte progreso. Entre 2001 y 2005, los índices predominantes cayeron en Botswana de un 38.8 a un 24.1 por ciento, en Zimbabwe de un 33.7 a un 20.1 por ciento, y en Kenia de un 15 a un 6.7 por ciento.[45]

Sólo tres enfermedades, malaria, tuberculosis y SIDA, dieron como resultado más de cinco millones de muertes por año y 500 millones de nuevas infecciones, prácticamente todas en los países más pobres del mundo. Los pobres son expuestos por rutina a situaciones y condiciones que atacan su salud: enfermedad, malnutrición, parásitos y agua contaminada. La mala salud, a su vez, les quita su energía, limita su capacidad y mata a sus hijos. Ellos viven en lugares donde médicos y medicinas no están disponibles, e incluso si fuese posible tal cuidado de la salud, carecen del dinero para pagarlo. En pocas palabras, la pobreza conduce a una mala salud, la cual a su vez conduce a una mayor pobreza: un hilo más en la red que atrapa a los pobres.

Y hay muchas, muchas arañas...

CAPÍTULO TRECE

Arañas, arañas y más arañas

La injusticia en cualquier lugar es una amenaza a la justicia en todo lugar.

—MARTIN LUTHER KING JR.

Defendía la causa del pobre y del necesitado,
y por eso le fue bien.
¿Acaso no es esto conocerme?
—afirma el Señor—.

—JEREMÍAS 22.16

Estuve desnudo, fui extranjero, estuve en la cárcel...

Al escribir esto entiendo que mis descripciones de la legión de cosas que apresan tan cruelmente a «los más pequeños» en nuestro mundo deben de ser abrumadoras para alguien que las lea por primera vez. Estoy intentando caminar por una fina línea entre proporcionar el conocimiento que es tan importante para entender la terrible situación de los pobres y alejarte, dejándote con un sentimiento de desesperanza. Por favor, aférrate firmemente a tres cosas a medida que sigues leyendo:

- Cada una de esas personas que sufren es creada a imagen de Dios y amada por Él.
- Cada uno de esos desafíos tienen una solución.
- Cada uno de nosotros podemos marcar una diferencia.

Bob Pierce dijo en una ocasión: «No dejes de hacer algo sólo porque no puedes hacerlo todo». Son palabras sabias para cualquiera abrumado por la magnitud del sufrimiento humano en nuestro mundo. No se nos pide que ayudemos a todos ellos a la vez, sólo uno a uno.

Aunque este catálogo de los desafíos que los pobres afrontan no puede completarse sólo en unos capítulos del libro, tienes que ser consciente de las áreas más peligrosas de la red. No les haré justicia, pero al menos intentaré mencionarlas para darte una idea completa.

No hay dinero, no hay ropa

No se trata de caridad. Se trata de justicia. —Bono

Servir al pobre es hacerle un préstamo al Señor; Dios pagará esas buenas acciones. —Proverbios 19.17

En Mateo 25, cuando Jesús estaba enumerando a quienes Él consideraba los más pequeños, menciona concretamente a los «desnudos» (vv. 36, 40, 43, 45). Quiero desarrollar esta idea para hablar de todo el tema del *bienestar económico*. En tiempos de Jesús, los «desnudos» eran aquellos tan pobres que literalmente no tenían ropa que ponerse. Aunque eso pueda parecer imposible actualmente, he conocido personalmente a cientos de personas en mis viajes que sólo poseen la ropa que llevan puesta. No tienen armarios.

> No dejes de hacer algo sólo porque no puedes hacerlo todo.

Hace algunos años pasé algún tiempo con una de esas personas, una valiente abuela de unos setenta años de edad llamada Finedia, en Zambia. Todos sus hijos y nietos habían muerto de SIDA, dos generaciones completas, y ella se había quedado a cargo de su única bisnieta, Maggie, que tenía siete años. Las dos vivían en una cabaña abandonada con piso de tierra y un tejado que se caía. Ninguna tenía zapatos, y los harapientos vestidos que llevaban era la única ropa que tenían.[1]

Personas como Finedia, que son pobres económicamente, en esencia no tienen dinero con el que comprar nada, ya sea ropa, alimentos, material escolar o medicinas. Se debe a que no tienen trabajo, y no hay trabajos que realizar. Muchos países subdesarrollados tienen índices de desempleo tan elevados como un 75 por ciento. El resultado es que las personas literalmente viven de la tierra, ganándose la vida cultivando sus propios alimentos y criando algunos animales. Si terminan con más alimentos de los que necesitan, puede que sean capaces de vender algunos pollos o bolsas de maíz en mercados locales, pero no se puede confiar ni siquiera en eso.

Muchas de esas personas están llenas de creatividad e iniciativa, y tienen grandes ideas para negocios y para generar ingresos: Rodrick, por ejemplo, el inteligente empresario al que describí anteriormente. Pero debido a que requieren una inversión de dinero, a veces tan poco como cincuenta dólares, no pueden hacer que sus ideas den fruto. Verdaderamente, las esperanzas de millones de los pobres que trabajan para ganarse la vida se ven frustradas por falta de algunos dólares: para comprar una muestra de tela, un par de pollos de crianza o una piara de cerdos. Históricamente, bancos e instituciones financieras no han estado dispuestos a prestar a los pobres porque ellos no tienen garantías. Les consideran riesgos de malos créditos.

Muhammad Yunus, que ganó el premio Nobel de la paz en 2007 por su revolucionaria dedicación a convertirse en un «banquero de los pobres», ha trabajado durante toda su vida para crear la emergente industria de la microfinanza, basada en la creencia de que dar préstamos y servicios económicos a los pobres les capacitará para trabajar y salir de la pobreza. Yunus y los miles de personas que le siguieron han demostrado que eso es cierto, y se ha convertido en una de las armas más eficaces que tenemos en la guerra contra la pobreza.

Aunque la microfinanza puede adoptar muchas formas, normalmente grupos de préstamo de seis a doce personas se forman en una comunidad, compuestos por vecinos que se conocen y están dispuestos a salir por fiadores unos de otros. Cada miembro desarrolla un plan para crear un modo de vida apoyándose en sus propios talentos, redes y acceso a recursos calculando la cantidad de dinero necesaria para lanzar o capitalizar el negocio. En este modelo, la institución de microfinanza (con frecuencia operada por una organización benéfica como Oportunidad Internacional, Visión Mundial o CARE) entonces hace un préstamo al grupo, quien entonces presta al individuo. La idea es que si el individuo no puede reponer el préstamo, el grupo es responsable de pagarlo. Esto da como resultado una considerable presión de grupo y responsabilidad, pero también fomenta el apoyo mutuo y la cooperación entre los miembros del grupo. Más importante, este enfoque reconoce y equilibra los talentos y capacidades de los pobres. Lo mejor de todo es que cuando los receptores del préstamo comienzan con éxito sus negocios, pagan sus préstamos y crean ingresos que pueden sostener a sus familias tienen el sentimiento de dignidad propia y dignidad humana que todos buscamos, a medida que literalmente ellos mismos salen de la pobreza. Y recibir un «empujón» en lugar de una limosna marca una inmensa diferencia no sólo en términos de autoestima, sino también de sostenibilidad. Es cierto el viejo adagio: «Si le das un pescado a un hombre, comerá un día, pero si enseñas a ese hombre a pescar, comerá durante toda la vida». Escucha lo que le sucedió a una mujer cuando le enseñaron a «pescar».

«No está mal para una mujer»

Conocí a esta notable mujer llamada Lida Sargsyan hace unos años en Armenia, un país que aún se recupera económicamente de años bajo el gobierno soviético. Yo estaba allí para visitar algunos de los clientes que habían recibido micro préstamos por medio de la institución separada de micro préstamos de Visión Mundial. Lida era una de las «estrellas». Siendo una talentosa costurera, había acudido a Visión Mundial varios años antes para pedir un préstamo de unos cientos de dólares para comprar una máquina de coser. Ella devolvió ese préstamo con rapidez y pidió préstamos adicionales para comprar más equipo y materiales, cada vez un poco mayores y cada vez pagando los intereses. Ella estaba creando y desarrollando un negocio de ropa especializado en trajes a medida para hombres, mujeres y niños.

Mientras hablábamos en su empresa, me sorprendió encontrar grandes máquinas de cortar y de coser, un almacén lleno de materiales, una oficina de envío llena de pedidos para ser enviados en breve, ¡y cuarenta empleados! Ella literalmente rebosaba de orgullo mientras me enseñaba lo que había podido crear con sus propios talentos, y algunos préstamos estratégicos de Visión Mundial.

Terminamos el recorrido en su oficina, donde ella sacó pruebas impresas de su catálogo de otoño. En él había fotografías de todos sus nuevos estilos y productos para la siguiente temporada. Ese catálogo sería distribuido no sólo por toda Armenia sino también en varios países vecinos; ella había pasado a ser internacional. El punto es que varios años antes, Visión Mundial podría haberle dado limosnas para abordar su pobreza, pero en cambio escogimos creer en ella, y darle un empujón. Como resultado, ella y otras cuarenta personas estaban obteniendo salarios para sostener a sus familias.

Cuando yo me iba, le dije que mientras yo había sido el director general de dos empresas estadounidenses, rara vez había conocido a alguien tan talentoso como ella en un negocio. Con obvio deleite, ella me sonrió y me dijo: «No está tan mal para una mujer, ¿no?»

No, ¡lo que ella había logrado no estaría tan mal para un Máster en administración de empresas de Wharton!

Analfabetismo

Soy analfabeta. Soy como una persona ciega. —Una madre analfabeta en Pakistán[2]

Como compartí en un capítulo anterior, la educación fue lo que me llevó a la prosperidad. Aunque ninguno de mis padres terminó la secundaria, yo pude asistir a algunas de las mejores universidades porque, en Norteamérica, es posible hacer eso. La educación que recibí había equilibrado el campo de juego y me permitió seguir una carrera productiva. Lo mismo puede ser cierto para los pobres en países en desarrollo; una educación puede mejorar mucho su capacidad de prosperar y de hacer una contribución a su comunidad y a su país. Ese vínculo entre educación y éxito es algo que entendemos bien en las naciones ricas, y por eso invertimos miles de millones de dólares para que una buena educación esté a disposición de tantas personas como sea posible. Pero la educación es cara, y los países más pobres simplemente no tienen los recursos económicos para proporcionar una educación de alta calidad a todos los niños. Como comparación, Estados Unidos gasta aproximadamente 1,780 dólares per cápita en educación primaria y secundaria; Uganda gasta sólo 5 dólares per cápita.[3]

Actualmente, uno de cada seis adultos en el mundo es analfabeto, y dos terceras partes de ellos son mujeres.[4] Y el cuadro de los futuros adultos del mundo no se ve mucho mejor. Hay 115 millones de niños que no asisten a la escuela primaria. En África, sólo el 59 por ciento asiste a una escuela, y uno de cada tres terminará la primaria. Los motivos de que los niños no vayan a la escuela son muchos. Para algunos, sus familias necesitan que ellos trabajen yendo a buscar agua, en el campo o hasta trabajando en servidumbre por deudas[5] para pagar una deuda. UNICEF calcula que en los países menos desarrollados, el 29 por ciento de los niños del mundo de edades entre cinco y catorce años participan en trabajo infantil.[6] Otros puede que tengan que quedarse en casa para ocuparse de un padre enfermo, en particular en regiones donde el SIDA está muy extendido. Las niñas normalmente se cree que no necesitan una educación y se quedan en casa para realizar trabajo doméstico. Y los gobiernos pobres no siempre proporcionan escuelas en cada distrito, o puede que sufran una seria falta de maestros. (He estado en comunidades en áreas con un elevado VIH donde han muerto tantos maestros que no pueden encontrar sustitutos.) La educación es fundamental para el desarrollo de un niño, de su comunidad y de todo el país, y ningún escape de la pobreza a largo plazo es posible sin la metódica y rutinaria educación de los niños, tanto varones como niñas.

GÉNERO

Gracias al cielo por las niñas, ¡porque las niñas se hacen mayores cada día!... ¡Ellas crecen de la manera más encantadora! —Maurice Chevalier

Ojalá eso fuese así.

La letra de la canción más perdurable de Maurice Chevalier describe una perspectiva idílica de las niñas y las mujeres en las que se convierten. Hay mucho en nuestro arte y literatura occidental que sentimentaliza a niñas y mujeres y el papel que desempeñan en nuestra cultura. Pero tristemente, en nuestro mundo actual ser mujer con frecuencia significa estar sentenciada a una vida de pobreza, abuso, explotación y privación.

Comparada con su homólogo varón, una niña que crezca en el mundo en desarrollo tiene más probabilidades de morir antes de cumplir los cinco años de edad y menos probabilidad de ir a la escuela, ya que las niñas con frecuencia son obligadas a trabajar en lugar de ir a la escuela. (Como prueba, dos terceras partes de los 800 millones de analfabetos en el mundo son mujeres. En Níger, sólo el 15 por ciento de las mujeres saben leer.[8]) Ellas son también menos aptas para recibir alimentos adecuados, cuidado médico y oportunidades económicas, pero más aptas a ser obligadas a casarse antes de llegar a los dieciséis años de edad y a ser las víctimas del abuso sexual y doméstico. Unos dos millones de niños, la mayoría niñas tan pequeñas como de cinco años de edad, son parte del creciente mercado del sexo comercial en todo el mundo.[9]

Quinientas mil mujeres mueren cada año por complicaciones en el parto; eso supone una mujer cada minuto.[10] Hasta se mata a las niñas cuando nacen en países donde los varones son considerados más valiosos. A las que sobreviven se les niegan derechos de propiedad y de herencia en muchos países. De hecho, las mujeres poseen menos de un 1 por ciento de las propiedades del mundo.[11] También trabajan dos terceras partes de todas las horas laborales del mundo, pero ganan sólo un 10 por ciento de los salarios del mundo.[12]

Por tanto, como puedes ver, aunque Chevalier pueda haber dado gracias al cielo por las niñas, serlo en gran parte de nuestro mundo es todo menos celestial. Así, en mi opinión, lo más significativo que puede hacerse para curar la pobreza extrema es esto: *proteger, educar y desarrollar a niñas y mujeres y proporcionarles iguales derechos y oportunidades: educativamente, económicamente y socialmente.*

> Hay un dicho en muchas partes de África: «Si educas a un hombre, simplemente educas a un individuo, pero si educas a una mujer, educas a un país».

Según el anterior secretario general de las Naciones Unidas, Kofi Annan: «Ninguna herramienta para el desarrollo es más eficaz que la capacitación de las mujeres».[13] Esta única cosa puede hacer más para abordar la pobreza extrema que los alimentos, el cobijo, el cuidado médico, el desarrollo económico o una mayor ayuda extranjera.

Hay un dicho en muchas partes de África: «Si educas a un hombre, simplemente educas a un individuo, pero si educas a una mujer, educas a un país». Cuando una niña es educada aumenta su potencial de obtener ingresos, se reduce la mortalidad maternal infantil, es más probable que los niños sean inmunizados, el índice de natalidad disminuye, y el porcentaje de infecciones por VIH (especialmente en África) es menor. Una niña con educación tiene más probabilidad de adquirir destrezas para mejorar la estabilidad económica de su familia, y también tienen mayor aptitud para asegurarse de que sus hijas reciban también una educación. Educar a las niñas paga dividendo tras dividendo a toda la comunidad.

REFUGIADOS Y GUERRA

Abordar la pobreza global sería ciertamente más sencillo y más claro si no estuviera exacerbada por las guerras, la lucha civil y otras formas de violencia. Desde el final de la Segunda Guerra Mundial ha habido 250 guerras importantes, matando a unos 23 millones de personas y creando cientos de millones de refugiados y personas desplazadas expulsadas de sus hogares. El noventa por ciento de esas víctimas han sido civiles, y tres de cada cuatro han sido mujeres o niños. Actualmente hay 42 conflictos diferentes que se están librando en todo el mundo. El siglo XX fue el más sangriento en la historia humana, y sus víctimas de guerra fueron tres veces mayores que las de los cinco siglos anteriores combinados.[14] La continuada guerra en la República Democrática del Congo se ha cobrado más de cinco millones de vidas, con más de cuarenta y cinco mil personas que mueren cada mes.[15]

Cuando pensamos en la guerra, tendemos a pensar solamente en la lucha, sin considerar las consecuencias sociales, económicas y emocionales. La guerra interrumpe la producción de alimentos, ya que los agricultores son expulsados de sus tierras. Esto da como resultado prolongados períodos de hambre y hasta hambrunas. Los mercados y las economías también se sacuden, haciendo imposible que los pobres que trabajan se ganen la vida. Se cierran las escuelas y los niños no reciben educación; o peor aún son reclutados como soldados. También se ve interrumpido el cuidado médico, conduciendo a que haya más víctimas. Mujeres y niñas son violadas regularmente por los ejércitos invasores, acelerando la difusión del SIDA. La guerra lo cambia todo.

Actualmente hay 9.9 millones de refugiados (personas conducidas a otro país) en el mundo, y 23.7 millones de personas que son internamente desplazadas (expulsadas de sus hogares en su propio país). Eso suma un total de aproximadamente 34 millones de personas que lo han perdido todo a causa de la guerra y el

Karen Homer/Visión Mundial

«No *debía* estar allí...» El encuentro de Rich con Richard Sseremba y sus hermanos en Rakai, Uganda (retratados aquí en la tumba de su madre), le despertó a la grave situación de los niños que viven solos tras perder a sus padres por el SIDA (*ver página 7*).

Arriba: Reneé y Rich cuando se conocieron en Cornell. Centro: El joven ejecutivo de Parker Brothers celebró el 50 aniversario de juego de mesa Monopoly™. Izquierda: Rich dejó su puesto como director general de Lenox en 1998 para unirse a Visión Mundial.

Andrea Peer/Visión Mundial

Steve Reynolds/Visión Mundial

Parte superior: Reneé ha acompañado a Rich en muchos viajes internacionales, incluyendo India, donde ella visitó a Chitra, una niña de 10 años con un futuro mejor gracias al apoyo de quien la apadrina. Arriba: *«El día en que conocí a Octaviana, vi a Jesús en sus ojos»*, Rich recuerda a la mujer que él y Reneé conocieron en los Andes peruanos (*ver página 178*).

Parte superior: En
Zambia, Rich conoció
a Maggie, 7 años,
huérfana por el
SIDA y viviendo en
gran pobreza con su
bisabuela, Finedia.
Izquierda: Cuatro años
después, Maggie entró
en una escuela privada,
y ella y Finedia
vivieron en una casa
nueva que construyó
Visión Mundial (*ver
página 164, 340*).

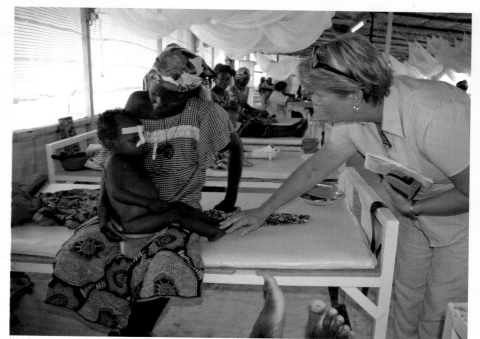

Kari Costanza/Visión Mundial

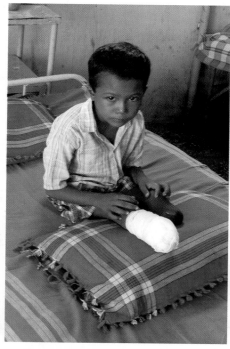

Personal de Visión Mundial (2)

Parte superior: Reneé pudo ver los efectos de la hambruna en una unidad de *Médecins Sans Frontières* en Níger. Arriba, izquierda: Rich se comprometió a ayudar personalmente a Vikas Prajapati, 6 años, que perdió sus piernas en un terremoto en Gujarat, India. Arriba, derecha: Esta foto de Vikas de pie sobre sus piernas ortopédicas está en la oficina de Rich (*ver página 121*).

Pastores recibiendo el evangelio «integral»: Página opuesta—Pastor Roth Ourng en Camboya (*ver página 74*); parte superior—Pastor John Thomas de Fish Hoek Baptist Church en Sudáfrica, con Pumla, un miembro de su equipo ministerial de SIDA (*ver página 107*); arriba—líderes de la iglesia luchando y sacrificándose en la zona rural de Malawi caminaron descalzos durante kilómetros para ver a Rich (*ver página 203*); derecha—Morgan Chilulu, que pastorea la «mega iglesia» más pequeña del mundo en Zambia, le dijo a Rich: «Una iglesia que vive dentro de sus cuatro paredes no es iglesia en absoluto» (*ver página 195*).

Pat Rhoads/Visión Mundial

Laura Reinhardt/Visión Mundial

Dean Owen/Visión Mundial

Persónas que inspiraron a Rich: parte superior izquierda—El fundador de Hoops of Hope, Austin Gutwein (*ver página 283*); parte superior derecha—el proveedor de agua limpia Leon McLaughlin (*ver página 286*); arriba— ex-presidente Jimmy Carter durante el Proyecto de Trabajo 1999 con Habitát para la Humanidad en las Filipinas (*ver página 106*).

Otras personas que inspiraron a Rich: parte superior——Rodrick Ngoma, un empresario de Zambia que comenzó 13 empresas (*ver página 139*); arriba——Lida Sargsyan, que dirige una empresa de ropa en Armenia gracias a pequeños préstamos a través de la institución de microcréditos de Visión Mundial (*ver página 168*).

En el norte de Uganda, Rich y Reneé vieron evidencias de la luz del evangelio atravesando la oscuridad del brutal conflicto. Parte superior: Rich saludó a Michael y Joseph, dos jóvenes que habían sido combatientes forzosos en el Ejército de Resistencia del Señor, cuando llegaron al centro de Niños de la Guerra de Visión Mundial en Gulu. Centro: El centro ayudó a rehabilitar a hombres y mujeres jóvenes traumados por las atrocidades que les obligaron a cometer. Parte inferior: Michael y Joseph oyeron a Rich predicar sobre la parábola del hijo pródigo (*ver página 164*).

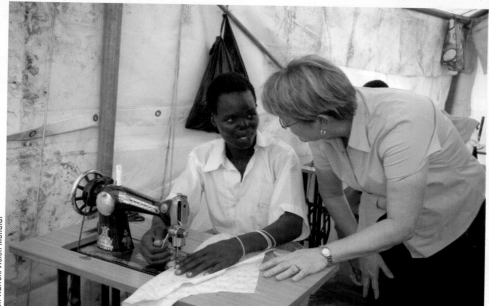

Jon Warren/Visión Mundial

Margaret Alerotek/Visión Mundial

Parte superior: Reneé conoció a Margaret Achiro, que estaba comenzando de nuevo y aprendiendo a coser tras quedar horriblemente desfigurada y dada por muerta por los rebeldes del ELS. Arriba: Margaret perdonó al antiguo rebelde que la mutiló (*ver página 171*).

Parte superior: En el pueblo de Kpalang, Gana, esta era la única fuente de agua para 600 personas. Arriba: Esta escena pintoresca de Kpalang capta el tedioso trabajo de las mujeres para intentar mantener con vida a sus hijos. Página opuesta: En el cercano Gbum Gbum, Rich y Steve Hilton, presidente de la fundación Conrad N. Hilton, vieron el impacto del agua limpia: la asistencia a la escuela había pasado de 40 estudiantes a 400 (*ver página 149*).

Andrea Peer/Visión Mundial

Viajar por el mundo en desarrollo se ha convertido en un asunto de la familia Stearns. Página opuesta: Rich y Reneé llevaron a Peter y Grace a la India (*ver página 156*). Parte superior: Andy y su esposa Kirsten, apadrinaron otro niño, Chaltu, en Etiopía. Centro: Sarah y Reneé con muestras de comida casera en Malawi. Derecha: Hannah abrazó a bebés en Uganda.

La abuela zambiana Mary Bwalya agradeció a Rich (parte superior) el patrocinio de sus nietos huérfanos Jackson y Morgan (debajo), expresando su creencia en que Dios había reemplazado a los padres que los niños habían perdido por el SIDA (*ver página 289*).

conflicto.[16] De nuevo, estas estadísticas aturden. Intenta imaginar que ayer, tú y tu familia fueron violentamente expulsados de su casa con sólo unas cuantas posesiones que pueden transportar. Entonces imagina ser obligado a estar en masivos campos de refugiados sin nada de higiene, cuidado médico, ni escuelas, viviendo en tiendas hechas a mano o en refugios, y tendrás un destello de los horrores al que se enfrentan los pobres desplazados por la guerra. Yo he visitado campos en Uganda en los que algunas de esas personas han vivido durante más de veinte años. Algunos han visto nacer allí a sus hijos y nietos.

La otra dimensión de la guerra y el conflicto es el costo económico. Aquí viene un número muy grande: ¡1.2 mil millones de dólares![17] (Si haces la cuenta, descubrirás que significa doce mil millones; en dígitos, 1,200,000,000,000 de dólares.) Esa es la cantidad que los gobiernos del mundo se gastan en sus ejércitos. Estados Unidos representa casi la mitad de esa cifra, y gasta más que los siguientes 46 países combinados. Para poner esa cifra en perspectiva, comparémosla con el total de ayuda humanitaria global de los países ricos para ayudar a los pobres: 104 mil millones de dólares.[18] En otras palabras, el mundo se gasta doce veces más al año en ejércitos y defensa de lo que gasta en ayuda al desarrollo para los más pobres de entre los pobres. (No es sorprendente que Jesús dijera en Mateo 5.9: «Dichosos los que trabajan por la paz».) Según algunos cálculos, solamente 65 mil millones de dólares adicionales al año sería suficiente para sacar de la pobreza extrema a los mil millones de personas que viven con menos de un dólar al día.[19]

Eso tan sólo requeriría desviar el 5 por ciento del gasto militar global hacia la ayuda a quienes batallan por sobrevivir en nuestro mundo.

UNA SONRISA SIN LABIOS

En medio de la guerra, abunda el verdadero mal; se cometen atrocidades indecibles; la brutalidad es endémica. La guerra nunca es benigna. Pero la guerra es algo más que un término impersonal que podemos hacer a un lado a voluntad. Tiene una cara, y es humana. Una cara humana de la guerra, a quien nunca olvidaré, es la de una mujer llamada Margaret, que quedó atrapada en la violencia de la guerra en el norte de Uganda contra el rebelde Ejército de Resistencia del Señor. Un día, Margaret, embarazada de seis meses, estaba trabajando en su huerto con algunas otras mujeres cuando los rebeldes, un grupo de niños soldados conducidos por un comandante adulto del ERS, surgió de entre la maleza. Habían llegado para robar alimentos y otros materiales. Pero el robo no fue suficiente y atacaron a las mujeres, literalmente mataron con machetes a las amigas de Margaret mientras ella observaba. Pero cuando se acercaron a Margaret para hacer lo mismo, el comandante se dio cuenta de que ella estaba embarazada. Creyendo que traería mala suerte asesinar a una mujer embarazada, dio instrucciones a los niños soldado para que no la matasen. En cambio, dio la orden de cortarle las orejas, la nariz y los labios y dejarla morir; razonó que, de aquella manera, su muerte no estaría en manos de ellos. Así que llevaron a cabo lo impensable y dejaron a Margaret mutilada y desangrándose.

Pero Margaret fue encontrada y llevada a un hospital para recibir tratamiento. Notablemente, ella sobrevivió y tres meses después dio a luz a un hijo: James. Ella y James fueron llevados entonces al Centro para Niños de la Guerra de Visión Mundial, donde ella recibió consejería, apoyo, y más adelante formación como costurera. Margaret, traumatizada y permanentemente desfigurada, estaba intentando reconstruir su vida y ser una madre para su hijo. Fue allí donde la conocí quizá un año después de su terrible experiencia.

Para nuestra sensibilidad norteamericana, la historia de Margaret parece estar por encima de toda comprensión. No hay nada en nuestro marco de referencia que nos permita entender tal brutalidad. Lo que sucedió a continuación sólo puede entenderse por medio del milagro del amor de Dios, como una demostración del increíble poder del evangelio para redimir incluso los tipos de maldad más oscuros.

Un día, meses después del nacimiento de su hijo, Margaret vio al comandante que había dado la orden de mutilarla llegar al mismo centro de rehabilitación. Él había sido capturado y también había sido enviado para recibir consejería y rehabilitación. No puedo imaginar las emociones que aquello debió de haber desencadenado en Margaret. Con gran angustia, ella le dijo frenéticamente a una de sus consejeras que tenía que irse de inmediato, que no podía estar cerca de él y que quería matarle. Como respuesta, el hombre fue trasladado a un centro de rehabilitación diferente a varios kilómetros de distancia. Pero la ansiedad de Margaret permanecía.

Consejeros de Visión Mundial comenzaron a trabajar con ese hombre. Al principio, él negó que hubiera cometido las atrocidades. Ellos también trabajaron con Margaret, intentando aliviar su ansiedad y explorando la posibilidad del perdón. Varias semanas después, el hombre confesó su implicación en el ataque a Margaret, a la vez que ella trabajaba en sus propios temores y enojo. Finalmente, se organizó una reunión. El hombre pidió a Margaret que le perdonase; y Margaret, llegando profundamente a la fuente de todo perdón, Jesucristo, le perdonó. Allí estaba una vez más el poder del evangelio para recibir y restaurar, y para evitar el mal y cambiarlo. En la pared del Centro para los Niños de la Guerra hay fotografías de aquel día: Margaret y ese hombre que la había mutilado.

Él sostiene en sus brazos al pequeño James y ella está cerca de ellos; sonriendo sin labios.

CAPÍTULO CATORCE

FINALMENTE, LAS BUENAS NOTICIAS

«A veces me gustaría preguntar a Dios por qué permite la pobreza, el
sufrimiento y la injusticia cuando Él podría hacer algo al respecto».
«Bien, ¿y por qué no se lo preguntas?»
«Porque me temo que Él me haría la misma pregunta a mí».

—ANÓNIMO

Las malas noticias llegan en zuecos,
y las buenas noticias en pies con calcetines.

—PROVERBIO GALÉS

Yo les he dicho estas cosas para que en mí hallen paz. En este mundo
afrontarán aflicciones, pero ¡anímense! Yo he vencido al mundo.

—JUAN 16.33

Tenía que decirte las malas noticias antes de terminar con las buenas noticias. Como cristianos, no debemos enterrar nuestra cabeza en la arena y fingir que el mundo está bien porque nosotros lo estamos. No debemos desviar nuestra mirada, como el sacerdote y el levita, pasando al lado de quienes sufren por el otro lado del camino: nuestro prójimo. Debemos hacer frente a los brutales hechos sobre la pobreza y la injusticia, pues solamente entonces podemos dar los primeros pasos

174

para responder. Pero la magnitud de los problemas que afrontan los pobres puede ser abrumadora y puede alejarnos. Por eso es tan crítico recordar los tres principios que planteé anteriormente:

- Cada una de esas personas que sufren es creada a imagen de Dios y es amada por Él.
- Cada uno de esos desafíos tiene una solución.
- Cada uno de nosotros puede marcar una diferencia.

Ver una estrella de mar

Hay una parábola que se relata con frecuencia y que siempre me ha gustado, que te ayudará a comprender las desalentadoras estadísticas de la pobreza. Se trata de un solo hombre; y de un millón de estrellas de mar.

Una mañana temprano después de que una feroz tormenta hubiese golpeado la costa, me dirigí a la playa para dar mi paseo matutino. Horrorizado, vi que cientos de miles de estrellas de mar habían sido llevadas hasta la playa por los vientos y las olas. Me puse triste al darme cuenta de que todas ellas morirían, encalladas en la playa y lejos del agua que les da la vida. Desesperado porque no había nada que yo pudiera hacer, me senté en la arena y enterré mi cabeza entre mis manos.

Pero entonces oí un sonido, y levanté mi vista. Allí, en la distancia, vi a un hombre agachándose y después incorporándose, agachándose y después incorporándose. Con curiosidad, me levanté y caminé hacia él. Vi que estaba agarrando las estrellas de mar, una a una, y lanzándolas de nuevo al mar.

«¿Qué está haciendo?», grité.

«Salvando a las estrellas de mar», respondió él.

«¿Pero no ve, hombre, que hay cientos de *miles* de ellas?», pregunté, incrédulo. «Nada de lo que usted pueda hacer marcará una diferencia».

Él no me respondió, y en cambio se agachó, agarró otra estrella y la lanzó de nuevo al agua. Entonces sonrío, me miró a los ojos y dijo: «¡Para esa sí marcó una diferencia!»[1]

Estos últimos capítulos, que expusieron la cruda y clara realidad del sufrimiento humano, puede que hayan sido difíciles de leer. Puede que incluso tuvieran el efecto paralizador en tus sentidos acerca del que te advertí. Pero permíteme preguntarte: ¿Qué viste en esas narrativas estadísticas que describían la terrible situación de los pobres? ¿Viste tan sólo una playa llena de cuerpos, o viste a cada estrella de mar única, una preciosa parte de la creación de Dios, tumbadas allí, con una vida mejor tan sólo a la espera de vivirla? La verdad de esta familiar historia es importante: nunca debemos ver la pobreza o la justicia como «problemas» que necesitan soluciones; más bien debemos ver a los seres humanos que hay en el núcleo de esos problemas como *personas* que necesitan y merecen nuestro amor y respeto. Yo creo que realmente podemos alterar el mundo, pero sólo podemos hacerlo persona a persona. Y cuando hay suficientes personas que escogen hacer eso, incluso una crisis a escala global puede cambiar.

De hecho, hay algunas buenas noticias para que las celebremos. Las cosas realmente están mucho mejor para gran parte de los pobres del mundo en la actualidad en comparación con hace treinta o cuarenta años. Esfuerzos por parte de organizaciones de ayuda humanitaria, gobiernos, grupos eclesiales, negocios y las Naciones Unidas han dado como resultado un progreso lento pero a la vez firme y alentador en muchos frentes. Esta es una carrera que podemos ganar, y que ciertamente *estamos* ganando, pero es una maratón, no una carrera de velocidad.

Consideremos tan sólo algunos de los logros que se han producido a lo largo de las últimas décadas:

- La esperanza de vida en naciones en desarrollo aumentó de 46 años en 1960 a 66.1 en 2005.[2]
- El índice de mortalidad entre niños menores de cinco años ha disminuido a la mitad desde 1970.[3]
- Las muertes infantiles evitables han caído en un 50 por ciento desde 1960, de más de 20 millones al año a menos de 10 millones.[4]
- El porcentaje de las personas en el mundo clasificadas como hambrientas se ha reducido del 33 al 18 por ciento a lo largo de los últimos 40 años.[5]
- El porcentaje de personas con acceso a agua limpia en los países en desarrollo pasó de un 35 por ciento en 1975 a un 80 por ciento en 2007.[6]
- La polio ha sido casi erradicada en el planeta.

- La alfabetización de adultos ha aumentado del 43 al 77 por ciento desde 1970.[7]

Otro desarrollo alentador fue la adopción de las Metas para el Desarrollo del Milenio por la Asamblea General de las Naciones Unidas en el año 2000. Estas ocho ambiciosas metas de reducir en gran parte la pobreza extrema en nuestro mundo fueron adoptadas y aceptadas por los países del mundo para conseguirlas con una métrica tangible y medible para el año 2015.

Metas para el Desarrollo del Milenio, adoptadas el 8 de septiembre de 2000
Para el año 2015 resolvemos:

1. Erradicar la pobreza extrema y el hambre.
2. Lograr la enseñanza primaria universal.
3. Promover la igualdad entre los géneros y la autonomía de la mujer.
4. Reducir la mortalidad infantil.
5. Mejorar la salud materna.
6. Combatir el VIH/SIDA, la malaria y otras enfermedades.
7. Garantizar el sustento del medio ambiente.
8. Fomentar una asociación mundial para el desarrollo.[8]

En el punto medio, en 2007, se había hecho progreso en muchos frentes pero había retraso en otros. Aun así, el efecto global de estas claras metas ha sido enfocar al mundo en actos y logros concretos que cambien la ecuación para miles de millones de personas que siguen viviendo en la pobreza.

Es posible cambiar las realidades del mundo, y eso es exactamente lo que Dios nos ha desafiado a que hagamos. Eso es lo que significa ser «sal y luz» en un mundo oscuro y sombrío (ver Mateo 5.13-14). Es de lo que se trataba la Gran Comisión. Con más de dos mil millones de cristianos, casi una tercera parte de la población, cambiar el mundo abordando la pobreza y la injusticia no parece por ningún medio fuera de nuestro alcance. Pero también debemos recordar el recordatorio de Pablo en Efesios de que «nuestra lucha no es contra seres humanos, sino contra poderes, contra autoridades, contra potestades que dominan este mundo de tinieblas, contra fuerzas espirituales malignas en las regiones celestiales» (6.12).

A veces les digo a mis amigos: «Si no crees que Satanás es real, ven conmigo a África, o a Asia, o a cualquier lugar donde los pobres son marginados y explotados. Entonces verás la cara del mal viva y activa en nuestro mundo». La historia de la mutilación de Margaret es prueba segura de que el mal espiritual es real.

Por tanto, además de reunir la voluntad moral y política para estar a la altura de estos desafíos, también debemos salir armados con el poder espiritual de la oración. Y la oración no es de dominio de las Naciones Unidas o de los gobiernos del mundo. Solamente la comunidad de fe puede utilizar el poder de Dios mediante la oración.

Quizá después de haber leído tantas páginas de dolor y sufrimiento, la idea de la oración como un arma contra el dolor del mundo parezca ingenua. Quizá no creas que Dios responde esas oraciones.

Sigue leyendo.

Oración a casi 4,300 metros en los Andes

Ora, pero cuando ores, mueve tus pies. —Proverbio africano

Hace algunos años, mi esposa y yo viajamos a Perú. Estábamos allí con un equipo para filmar, intentando captar algunas historias del antes y el después que aparecerían en uno de nuestros programas especiales de televisión de Visión Mundial. Queríamos mostrar a nuestros televidentes la diferencia en las vidas de los pobres después de que Visión Mundial hubiera trabajado en sus comunidades durante varios años, demostrándoles que *podemos* tener un efecto transformador en las vidas de las personas y literalmente llevar esperanza a la parte del mundo donde viven.

Un día en particular, íbamos viajando a mucha altura en los Andes para filmar una de las historias del «antes». Fue allí donde Dios me enseñó algo acerca de las personas que están detrás de las estadísticas; porque fue allí donde conocí a una mujer a la que nunca olvidaré. Se llamaba Octaviana. Las siguientes son las notas de campo que yo escribí cuando regresamos a casa unos días después:

Hoy nuestro viaje nos llevó a dos horas de Cuzco, arriba en los Andes, a una comunidad en la montaña llamada Callqui Central. Nuestro vehículo dejó la carretera principal y comenzó el largo ascenso por un camino de tierra serpenteante y peligroso hasta una altura de casi 4,300 metros, casi el equivalente de la cumbre del monte Rainier cerca de donde vivo en el estado de Washington. En este día gloriosamente claro y soleado las vistas de las cumbres y los valles circundantes fueron espectaculares. Fue literalmente un paraíso natural... Shangri-La en esta cordillera montañosa, en segundo lugar después del Himalaya en grandeza. Añadidas a esa belleza natural estaban las ocasionales casas de adobe con ovejas, llamas y alpacas que pastaban en las laderas... y las notables personas: indígenas peruanos adornados con colores festivos, con chales y faldas brillantemente tejidos con sus distintivos sombreros coloridos. Los niños saludaban con entusiasmo ante la rara vista de un vehículo que pasaba. La mayoría de las mujeres llevaban a niños pequeños cargados sobre sus espaldas.

En Estados Unidos, esta sería una tierra preciosa e inestimable, esparcida de lugares turísticos, estaciones de esquí y condominios. Pero aquí, la natural majestad era un engañoso velo que ocultaba el sufrimiento y la pobreza de aquellas hermosas gentes.

Nos detuvimos delante de una pequeña estructura de adobe y fuimos saludados por una notable mujer, Octaviana, y sus tres hijos: Rosamaría (9), Justo (6) y Francisco (4). Este fue un día emocionante para ellos debido a nuestra visita.

Entramos en aquella estructura pequeña y de una habitación con paredes y piso de tierra. Nos sentamos y dejamos que Octaviana nos contase su historia. Ella había quedado viuda tan sólo nueve meses antes. Su esposo sucumbió a problemas respiratorios y sospechaban que tuberculosis, dejando a Octaviana y los niños solos para cuidar de sí mismos en este ambiente de la montaña. Ella lloró con desesperación al describir la pérdida del hombre que era su proveedor, su esposo, el padre de sus hijos y su amigo. Habló de su soledad y su temor, no tiene a nadie sino a ella misma y a los niños para llevar a cabo el arduo trabajo de cuidar ovejas, cultivar los campos y la lucha diaria sólo para sobrevivir.

En ese «paraíso» habíamos encontrado dolor y sufrimiento. No había calefacción, no había luz, había agua contaminada y poca comida. La familia por completo tenía parásitos y enfermedades respiratorias. Los niños tuvieron que dejar de asistir a la escuela para ayudar con la pesada carga de trabajo y, encima de todo, Octaviana estaba luchando para pagar una deuda de trescientos dólares que su esposo había contraído para comprar su ganado. Lo peor de todo era que su única fuente de ingresos, su pequeño rebaño de ovejas, se estaba muriendo por alguna enfermedad. Ella ya no podía venderlas en el mercado; tan sólo podía enterrarlas.

La historia de Octaviana, tristemente, no era única. Cada una de las familias en aquella región tenía su propio relato de tristeza, enfermedad y muerte. Aquellas personas mágicamente hermosas en aquel asombroso ambiente sufrían profundamente y anónimamente. ¿Cuántas veces hacemos una pausa para recordar a los pobres, para pensar en su sufrimiento? Algunos, como Octaviana, están a ocho mil kilómetros de distancia, e incluso más remotos de nosotros culturalmente. Otros están tan sólo unos kilómetros de distancia; sin embargo su dolor es real, lo sepamos o no. Ellos sufren solos, sin nadie que oiga su clamor.

Le pregunté qué había en sus oraciones, porque podía decir que ella era una mujer de profunda fe. Ella dijo que oraba a Dios para que Él no se olvidase de ella y de sus tres hijos en aquella remota montaña; que Él la ayudase a llevar esa carga y que le enviase ayuda. Y mientras yo sostenía su mano y oraba por ella, Dios me reveló una profunda verdad: que yo era la respuesta a la oración de Octaviana. A ocho mil kilómetros de distancia de mi casa en Seattle, a casi 4,300 metros de altura en los Andes, ella había clamado a Dios pidiendo ayuda y Él me había enviado a mí. Dios me había enviado para ayudarla, Él me había enviado para consolarla en su sufrimiento, y Él me había enviado para ser el amor de Cristo para ella. Ella había orado y yo era la respuesta de Dios, yo sería el milagro de Dios en su vida.

Y entonces me inundó la verdad aún más grande. Yo podía ver que en todo el mundo había personas clamando con desesperación a Dios pidiendo ayuda, pidiendo consuelo; viudas, huérfanos, enfermos, discapacitados, pobres y explotados. Esos millones de oraciones estaban siendo elevadas a Dios, y nosotros, cada uno de los que afirmamos ser seguidores de Él, teníamos que ser su respuesta. Nosotros éramos aquellos que llevarían «las buenas nuevas» de Cristo a los pobres, los enfermos y los abatidos. Dios no había dado la espalda a los pobres en su sufrimiento. Dios nos había enviado a nosotros. Esas eran las buenas noticias del evangelio: buenas noticias ciertamente para los pobres.

Yo regresaré a mi cómoda casa en unos cuantos días. Acostaré a mis hijos en sus cómodas camas y les leeré una historia. Las rutinas familiares de mi vida volverán a comenzar. Pero esta noche, Octaviana sigue estando en esa montaña en su derruida casa de adobe. Dormirá en ese duro piso con sus tres hijos tosiendo y temblando durante toda la noche; con hambre y temor, y volverá a orar a su Dios.

Yo le prometí que no me olvidaría de ella. Le prometí que le ayudaría. Le prometí que yo sería la respuesta a sus oraciones. Que Dios me ayude a cumplir esas promesas.

POSDATA

Después de mi visita, Visión Mundial acudió junto a Octaviana y sus hijos, llevándoles a ella y a su comunidad agua limpia y letrinas, ayudándole con la comida y la nutrición por medio de una horticultura mejorada, y dándole formación en salud e higiene básica. No todas las historias tienen finales felices. Varios años después de mi visita se descubrió que Octaviana tenía un avanzado cáncer de mama. Virginia, una de las cuidadoras de Visión Mundial, estuvo con ella durante su enfermedad, llevándola al centro de salud en Quiquijana y después al hospital principal en Cuzco, buscando un tratamiento de alivio pues ella sufría mucho dolor. Visión Mundial organizó las cosas para que le realizaran una cirugía que le permitió vivir un año más. Mientras tanto, Virginia la visitaba constantemente y estableció contacto con la iglesia local para que le dieran apoyo espiritual adicional. Cuando Octaviana murió, Visión Mundial pagó todos los gastos de su funeral. Después de su muerte, Virginia buscó un lugar seguro para sus tres hijos.

Además de los hijos de los que escribí en mis notas de campo, Octaviana también tenía hijos mayores, que habían madurado y habían dejado la comunidad. Su hijo mayor, Florencio, que ya tenía una familia propia, estuvo de acuerdo en ocuparse de los tres niños más pequeños. Visión Mundial entonces se comprometió a ayudar a Florencio a sostener a su familia más grande. Él llegó para participar en programas de agricultura y ganado de Visión Mundial. Se le dieron cuys para que los criase (una fuente de alimento en Perú), y también recibió ayuda técnica para desarrollar su terreno de cultivo y criar a sus animales. Visión Mundial también proporcionó medicinas y alimentos extra para la familia durante los primeros años, y los niños recibieron materiales escolares mientras tanto. Actualmente, Justo y Francisco siguen viviendo con Florencio en su comunidad.

Octaviana, una valiente mujer a la que conocí sólo brevemente, enriqueció mi vida y me enseñó sobre la fe, la perseverancia y la oración. Ella no tenía título, posición ni educación formal, y vivía a miles de kilómetros de mí tanto geográficamente como culturalmente. Pero ella me bendijo profundamente por medio de las pocas horas que pasamos juntos. Jesús dijo que cuando alimentamos a quienes tienen hambre, y vestimos a los desnudos, estamos haciendo lo mismo para Él. El día en que conocí a Octaviana, vi a Jesús en sus ojos. Estoy seguro de que fue así.

PARTE 4

UN VACÍO
EN LA IGLESIA

Nos hemos alejado de ser pescadores de hombres
a ser los guardianes del acuario.

—PAUL HARVEY

El béisbol es como la iglesia. Muchos asisten, y pocos entienden.

—LEO DUROCHER

CAPÍTULO QUINCE

Historia de dos iglesias

Estoy lejos de las personas que tienen dinero.
El rico me cierra su puerta en la cara.

—FOUA, UNA MUJER DE EGIPTO[1]

El que cierra su oído al clamor del pobre,
también él clamará, y no será oído.

—PROVERBIOS 21.13

¿Dónde estaba la iglesia de Jesucristo? Esa fue la pregunta que yo planteé aquel primer día en Rakai, Uganda, después de ver el sufrimiento de huérfanos que vivían en hogares cuya cabeza de familia era un niño. Esa pregunta me ha inquietado desde entonces. ¿Dónde, en realidad, *estaba* la iglesia? Si el mundo tal como lo he descrito está verdaderamente atormentado por la pobreza, la injusticia y el sufrimiento, y Dios nos ha llamado claramente a aceptar el evangelio completo, caracterizado por el amor a nuestro prójimo, un compromiso con la justicia y una proclamación de las buenas nuevas de su salvación a todas las personas, entonces debemos a continuación mirar a su iglesia y preguntar si está siendo fiel en su responsabilidad de llevar el evangelio completo a todo el mundo. Esta parte del libro mirará a la Iglesia con *I* mayúscula, refiriéndose a todos, sin considerar denominación, los que afirman seguir a Jesucristo, y también a las iglesias con *i* minúscula: las congregaciones locales en las cuales nos reunimos para adorar, tener comunión y servir.

Permíteme decir algo desde el comienzo. Algunas de las cosas que voy a decir en esta sección son muy críticas para la Iglesia universal y también para algunas iglesias individuales. Fueron difíciles de escribir y puede que hasta sean más difíciles de leer. Yo amo a la Iglesia y creo verdaderamente que está en el centro del plan de Dios para el mundo. También creo que nuestros pastores tienen las tareas más desafiantes que se puede imaginar. Deben ser maestros, predicadores, consejeros, administradores, líderes, pacificadores y visionarios, por no mencionar esposos, esposas, padres y madres. Su compromiso con nosotros es de 24 horas al día, siete días por semana, al tratar de responder a las abrumadoras demandas de congregaciones con necesidades. Mi intención no es amontonar aún más sobre sus platos ya llenos, sino más bien sustituir parte de lo que ya está amontonado ahí por otras cosas más nutritivas. Recuerda, también, que la fidelidad y la eficacia de cualquier iglesia individual no es desempeñada sólo por sus pastores, sino también por todos aquellos que son parte de ella. Mis palabras en esta sección están dirigidas más a aquellos de nosotros que nos sentamos en los bancos, y no a nuestros líderes. Si *nosotros* no damos, servimos, oramos y nos sacrificamos, no podemos esperar que nuestros pastores compensen nuestra falta de compromiso.

Como un país de cristianos, somos bendecidos. Nunca ha habido un país con más oportunidades educativas, recursos económicos, herramientas tecnológicas, materiales para el estudio de la Biblia, seminarios de formación, o libros y música cristianos. Se nos ha dado mucho, y mucho se espera ahora. Mi objetivo es establecer un elevado estándar de expectativa no sólo para nuestros pastores, sino también para todos nosotros que hemos sido tan bendecidos por el Señor.

Cuando soy crítico de algunos de los errores de nuestras iglesias, muchos estarán tentados a decir: «¡Un momento! Eso no es cierto de *mi* iglesia», y ustedes tendrán razón. Sé de muchas congregaciones que están haciendo una obra increíblemente inspiradora en nuestro mundo y también grandes sacrificios para llevarla a cabo. A todos ellos les digo humildemente: «Bien hecho». Me estremezco al pensar qué les sucedería a nuestro país y al mundo si la sorprendente suma total de todas las buenas obras del cuerpo de Cristo fuese de repente eliminada. Pero la iglesia en Estados Unidos debe confrontar el incómodo desafío de que se le haya otorgado abundancia de bendiciones en un mundo extremadamente pobre. No podemos estar satisfechos con vasos medio llenos. En cambio, debemos esforzarnos por llenar nuestros «vasos» hasta que rebosen, llevando bendiciones a nuestras comunidades, a nuestro país y al mundo.

Ese es el espíritu con el que escribo ahora.

Quiero comenzar describiéndote dos iglesias *imaginarias diferentes* tal como podrían existir en nuestro mundo actualmente. Podría resultarte muy familiar una de ellas, mientras que la otra probablemente no. Cuando termine, puede que tengas cierto sentir de lo que Dios ve cuando mira a sus iglesias, tanto ricas como pobres.

Nuestra primera iglesia es una congregación en las afueras en el Estados Unidos de clase media.

La Iglesia de las Bendiciones de Dios

La Iglesia de las Bendiciones de Dios, tal como su nombre lo sugiere, ha sido bendecida por Dios, creciendo en sólo diez años de ser un pequeño grupo de miembros fundadores a ser regularmente unos tres mil, después de dividirse de una iglesia más grande por una disputa doctrinal. Actualmente, después de mucho trabajo, tienen unas nuevas instalaciones muy bonitas con un santuario que da cabida a mil quinientos y un centro de recursos que alberga las clases de escuela dominical, que están en expansión, programas para jóvenes, la librería de la iglesia y oficinas administrativas. Su personal pastoral ha aumentado hasta doce personas, e incluye a pastores para música y adoración, secundaria, primaria, ministerio de niños, grupos celulares, misiones, ministerios de hombres y de mujeres y administración. El programa de música hace alarde de un líder de alabanza y un director de coro, por no mencionar un maravilloso órgano de tubos y un sistema de sonido que fue el máximo logro de la reciente campaña para el edificio.

Esta es una iglesia que también ha impactado a la comunidad. Situada en una zona próspera, ha atraído a cientos de profesionales de la abogacía, la medicina y muchas de las empresas en desarrollo de la zona. Bastantes directores generales y empresarios pueblan los servicios de los domingos, y la iglesia también ha atraído de manera eficaz a estudiantes y profesores de la universidad. La representación anual de Navidad ha sido uno de los eventos de alcance clave para la iglesia, ya que cada año cientos de no creyentes oyen el evangelio por medio de música festiva y teatro.

En comparación con otras iglesias, esta ha sido bendecida económicamente. Aunque cada año se produce la lucha usual para asignar el presupuesto, el llamado al final de año siempre parece sacar el hierro del fuego. Los diversos ministerios que hay en la iglesia han crecido rápidamente a fin de responder a las diversas necesidades de la creciente congregación. La lista de ofertas en el boletín de la iglesia es impresionante: estudios bíblicos; cursos de apologética; seminarios prematrimoniales; sesiones para recuperarse de un divorcio; clases de aeróbic; y grupos de apoyo para abuso de sustancias, depresión, pacientes de cáncer y sus familias, padres de adolescentes y mujeres que han tenido abortos. También hay actividades de grupo para mayores, solteros, padres solteros, estudiantes universitarios, jóvenes profesionales y padres jóvenes.

Uno de los puntos culminantes del año es una semana enfocada en las misiones durante la cual se dan informes de progreso del campo. El vestíbulo se convierte en un parque temático internacional para los niños, donde se pueden probar alimentos de diferentes culturas y donde se exponen proyectos manuales de todas partes del mundo. La iglesia apoya a veinte misioneros, y más de un 5 por ciento del presupuesto de la iglesia se dedica a las misiones.

En este domingo en particular, el estacionamiento comienza a llenarse para el primero de los tres servicios de la mañana. El estilo musical ha sido un asunto causante de divisiones en la iglesia, finalmente dando como resultado que se ofrezcan tres formatos diferentes cada semana. El primer servicio presenta himnos tradicionales y música de órgano; el segundo es contemporáneo; mientras que el tercero es una mezcla de ambos. El coro esta mañana es impresionante a medida que sus setenta voces se elevan en alabanza a Dios.

La lectura de la Escritura este día es del Evangelio de Lucas:

Entonces les contó esta parábola:

—El terreno de un hombre rico le produjo una buena cosecha. Así que se puso a pensar: «¿Qué voy a hacer? No tengo dónde almacenar mi cosecha». Por fin dijo: «Ya sé lo que voy a hacer: derribaré mis graneros y construiré otros más grandes, donde pueda almacenar todo mi grano y mis bienes. Y diré: Alma mía, ya tienes bastantes cosas buenas guardadas para muchos años. Descansa, come, bebe y goza de la vida». Pero Dios le dijo: «¡Necio! Esta misma noche te van a reclamar la vida. ¿Y quién se quedará con lo que has acumulado?»

»Así le sucede al que acumula riquezas para sí mismo, en vez de ser rico delante de Dios». (12.16-21)

El pastor predica un sermón titulado «Invertir en el Reino de Dios», consciente del déficit en el presupuesto operativo anual y con cuidado de terminar con una nota positiva. (Cuando él es demasiado «sermoneador», especialmente con respecto al dinero, oye al respecto después del servicio.) Después se recoge la ofrenda, y el estacionamiento comienza a vaciarse para hacer espacio para la multitud de las once en punto.

LA IGLESIA DEL SIERVO SUFRIENTE

Nuestra segunda iglesia está situada en África. La Iglesia del Siervo Sufriente es una pequeña congregación de cincuenta personas que se reúne bajo una gran sombra de un árbol porque no tienen edificio alguno. Sus miembros viven una vida sencilla de subsistencia a la vez que trabajan el campo para obtener los alimentos que necesitan para sobrevivir. Hay un gran gozo en su alabanza a medida que estas personas claman al Señor y sienten el consuelo de Él en medio de su necesidad. Ellos confían en Dios para cada bocado de comida que comen, para cada niño que les nace y para la lluvia que riega sus cosechas. Hay dolor en esta iglesia, nacida de enfermedad y dificultad; ellos están bien familiarizados con el dolor. Han soportado dos décadas de guerra civil en su país debido a la inestabilidad política. Cada familia ha sufrido alguna pérdida a manos de los rebeldes armados que han saqueado la tierra oleada tras oleada. Hombres han sido asesinados, casas quemadas, mujeres violadas, niños secuestrados y tierra y posesiones robados. La comida escasea, y los niños con frecuencia se van a la cama con hambre. No hay disponible agua limpia, y la caminata de dos horas hasta el charco puede que sacie la sed, pero también siembra las semillas de la enfermedad. Las muchas enfermedades causan terror, porque no hay ningún médico que visite cuando las cosas se ponen feas. Es normal que los niños mueran de una simple diarrea (muchos antes de cumplir los cinco años de edad) o que las madres mueran al dar a luz; y hay cada vez más muertes por SIDA, que ha dejado huérfanos a muchos niños.

Hay una escuela, pero pocos pueden asistir porque los niños se necesitan para ir a buscar agua, trabajar en el campo y cuidar del ganado. El dinero escasea; la mayoría de ellos vive apenas con un dólar al día, y por eso incluso las necesidades básicas están fuera de su alcance, como medicinas, ropa y alimentos suplementarios. No hay disponibles nuevas herramientas de agricultura, fertilizantes o mejores semillas, y no hay vehículo con el cual la comunidad pueda transportar sus pesadas cosechas hasta el mercado que está a unos treinta kilómetros de distancia. Sólo se puede llevar lo que se puede transportar personalmente.

Pero es domingo, y esta pequeña comunidad se reúne para adorar y para celebrar el evangelio. Una noticia tan buena, una noticia tan increíble: que Dios les ama y realmente ha enviado a su Hijo para morir por sus pecados, salvarles en su quebrantamiento, ¡y otorgarles vida eterna con Él!

Hoy leen un pasaje de Isaías 61:

> El Espíritu del Señor omnipotente está sobre mí,
>> por cuanto me ha ungido
>> para anunciar buenas nuevas a los pobres.
> Me ha enviado a sanar los corazones heridos,
>> a proclamar liberación a los cautivos
>> y libertad a los prisioneros,
>> a pregonar el año del favor del Señor
>> y el día de la venganza de nuestro Dios,
> a consolar a todos los que están de duelo,
> y a confortar a los dolientes de Sión.
> Me ha enviado a darles una corona
>> en vez de cenizas,
> aceite de alegría
>> en vez de luto,
> traje de fiesta
>> en vez de espíritu de desaliento.
> Serán llamados robles de justicia,
>> plantío del Señor, para mostrar su gloria. (vv. 1-3)

La pequeña congregación rompe en espontáneo y alegre canto y alabanza mientras medita en estas promesas de Dios. Tanto consuelo, tanto amor. El pastor clama en oración: «Señor, danos la fuerza para soportar. Óyenos en nuestro sufrimiento. Líbranos de nuestras circunstancias. Ayúdanos, Señor; por favor, ayúdanos en nuestra necesidad». Entonces predica un sermón de esperanza y recuerda a su congregación que deben enfrentar *juntos* las dificultades, amándose unos a otros como hermanos y hermanas en Cristo. El servicio termina, pero los cantos continúan a medida que las familias se dispersan y caminan juntas de regreso a sus hogares. Incluso en domingo, hay trabajo que hacer.

Estas dos iglesias tan diferentes con circunstancias que están en polos opuestos son retratos razonablemente precisos de típicas iglesias en diferentes partes del mundo. Ninguna de las dos iglesias es consciente de la otra. Pero ¿y si pudiesen conectarse sólo por unos minutos un domingo en la mañana? Me gustaría que utilizaras tu imaginación otra vez por un momento. Imagina que eres el pastor de esa iglesia africana y que mediante un increíble conjunto de circunstancias, eres transportado realmente hasta Norteamérica un domingo en la mañana para visitar la Iglesia de las Bendiciones de Dios.

Imagina lo impresionado que te quedarías al entrar al estacionamiento para ver todos los brillantes autos y ese estupendo edificio de la iglesia con miles de creyentes entrando. Tú nunca has soñado con tal prosperidad; nunca has imaginado una iglesia tan grandiosa. Tu corazón da un vuelco ante la idea de que has descubierto un grupo de creyentes que pueden ayudar a tu congregación pobre en medio de su sufrimiento.

Mientras estás sentado en tu banco, te ves abrumado por la música y el coro de voces que llena el gran santuario. Brillantes vidrieras te rodean, y coloridas banderas cuelgan del techo. El gran coro canta, y tú sientes como si hubieras llegado al cielo. Entonces el pastor se pone en pie y predica palabras familiares de la Escritura que tú enseñas cada domingo en tu aldea. Sentado allí, comienzas a orar: oraciones de esperanza a medida que piensas en cómo les dirás a esos hermanos y hermanas lo que hay en tu corazón. Les hablarás del sufrimiento de los niños, del agua sucia, de las cosechas perdidas y de la falta de alimento. Les hablarás de la tristeza de las viudas y los huérfanos que batallan por manejar los estragos de la devastadora epidemia de SIDA. Compartirás que has orado fervientemente por liberación y ayuda, clamando a Dios por un milagro, y ahora está ahí. *Ellos* son tu milagro. Tú has sido llevado a ese lugar donde tu historia finalmente puede ser oída, y seguramente encontrarás ayuda.

Después del último canto, te levantas y caminas hasta el frente del santuario, ordenando con todo cuidado en tu mente lo que vas a decir. Pasas a la plataforma, pero justamente cuando comienzas a hablar, las personas comienzan a irse. Algo sucede. «¡Por favor, esperen! ¡Escuchen!» Pero ellos *no* escuchan; ni siquiera parecen oírte. Es como si tú fueses invisible para ellos. Tus ruegos se vuelven cada vez más urgentes mientras ahora los sigues hasta la puerta y el estacionamiento, suplicándoles que se detengan, esperando que aunque sea sólo uno de ellos se gire. Pero uno a uno, se meten en sus autos y se van, hasta que tú te quedas solo, con tus ojos llenos de lágrimas. ¿Por qué no escucharon? ¿Por qué no pudieron verte? *Señor, ¿por qué no abriste sus ojos y sus oídos para oír y ver?*

¿Puedes ver el problema? La iglesia norteamericana en mi pequeña parábola no era una «mala» iglesia; simplemente era inconsciente del sufrimiento de la pequeña iglesia en África. No era que ellos no quisieran ayudar a la congregación africana; sencillamente estaban tan preocupados por sus propios programas y personas que no vieron el cuadro general: la realidad de la iglesia en todo el mundo. Hay unas 340,000 congregaciones individuales en Estados Unidos, que juntas poseen recursos y capacidades sin precedente. También hay cientos de miles de iglesias pobres en el mundo en desarrollo, cuyos miembros batallan por la supervivencia diaria. Yo intento imaginar qué le parece esto a Dios cuando Él ve a todas sus iglesias, las ricas y las necesitadas, y se pregunta por qué las iglesias que Él ha bendecido no han extendido su mano a sus hermanos y hermanas pobres y cargados.

Leamos de nuevo 2 Corintios, donde se abordó precisamente este mismo asunto en el primer siglo. Pablo desafió a la iglesia en Corinto a ofrendar para aliviar el sufrimiento de las iglesias en Jerusalén que estaban viviendo en pobreza extrema. Las iglesias macedonias, que también eran pobres, habían recogido una generosa ofrenda para ayudarlas; ahora Pablo quería que la iglesia en Corinto siguiera su ejemplo. Así es como Pablo describió la ofrenda sacrificial de los macedonios: «Ahora, hermanos, queremos que se enteren de la gracia que Dios ha dado a las iglesias de Macedonia. En medio de las pruebas más difíciles, su desbordante alegría y su pobreza extrema abundaron en rica generosidad. Soy testigo de que dieron espontáneamente tanto como podían, y aún más de lo que podían, rogándonos con insistencia que les concediéramos el privilegio de tomar parte en esta ayuda para los santos» (8.1-4). Aunque estaban pasando pruebas y en «pobreza extrema», aun así habían respondido para ayudar a sus hermanos y hermanas en Jerusalén. La iglesia en Corinto, sin embargo, no había completado su ofrenda para ayudar, y Pablo los instaba a estar a la altura de la ocasión. «No hablo como quien manda, sino para poner a prueba, por medio de la diligencia de otros, también la sinceridad del amor vuestro. Porque ya conocéis la gracia de nuestro Señor Jesucristo, que por amor a vosotros se hizo pobre, siendo rico, para que vosotros con su pobreza fueseis enriquecidos» (vv. 8-9). Pablo enmarcó esto como una prueba de la fe de ellos y de lo genuino de su amor. Entonces siguió diciendo: «No se trata de que otros encuentren alivio mientras que ustedes sufren escasez; es más bien cuestión de igualdad. En las circunstancias actuales la abundancia de ustedes suplirá lo que ellos necesitan, para que a su vez la abundancia de ellos supla lo que ustedes necesitan. Así habrá igualdad, como está escrito: "Ni al que recogió mucho le sobraba, ni al que recogió poco le faltaba"» (vv. 13-15). *Es más bien cuestión de igualdad.* Notemos que la idea de igualdad aparece dos veces en este pasaje. Este debe de ser un concepto importante para Dios.

Por tanto, en el siglo XXI debemos preguntarnos por qué no hemos hecho más para salir en ayuda de los cristianos (y aquellos de otras creencias) que se encuentran en «pobreza extrema» en nuestra propia época. Una razón es seguramente una falta de conciencia. Durante la mayor parte de mi vida, yo pensaba poco en las circunstancias de los cristianos en países lejanos, principalmente por ignorancia de su terrible situación. Pero creo que la otra razón es el ensimismamiento. Estamos tan preocupados por nuestras propias vidas y los asuntos diarios en nuestras propias iglesias que hemos pasado por alto los desafíos que afrontan otras iglesias en otras tierras. Nuestro pecado no es de *comisión* sino más bien de *omisión*. Los pecados de omisión son a veces los más difíciles de abordar. Hacerlo requiere un autoexamen intencionado e implacable, un compromiso a servir a quienes tienen la mayor necesidad, y una fuerte conciencia del mundo más amplio en el cual Dios nos ha situado. Solamente entonces podemos llegar a ser coherentes y eficaces al utilizar nuestros considerables recursos para el beneficio de la iglesia en todo el mundo.

LA IGLESIA ES LA ESPERANZA DEL MUNDO

El Señor dice: «Este pueblo me alaba con la boca y me honra con los labios, pero su corazón está lejos de mí. Su adoración no es más que un mandato enseñado por hombres» —Isaías 29.13

Es importante entender por qué las iglesias son tan estratégicamente importantes para llevar a cabo la misión que Jesús describió en Lucas 4, de llevar las buenas nuevas del reino de Dios a todo el mundo. Como individuos, todos tenemos un papel importante que desempeñar demostrando el evangelio mediante nuestras vidas. Podemos orar, dar, prestarnos voluntarios y convertirnos en eficaces embajadores personales del evangelio. Sin embargo, nuestra mayor capacidad para cambiar el mundo se libera cuando nos juntamos en un acto colectivo para organizar y enfocar los recursos de todo el cuerpo de Cristo. Una iglesia de mil miembros puede tener un impacto mucho más potente aprovechando el poder del todo, más que lo que puedan hacer miembros individuales actuando solos. Dios estableció la institución de la iglesia como una estrategia clave para edificar su reino y para conducir la revolución social requerida por el evangelio: «en la tierra como en el cielo» (Mateo 6.10). Dicho de otra manera, sin la capacidad colectiva y organizadora de las iglesias, la capacidad de los cristianos para impactar el mundo se encuentra en un gran compromiso.

Bill Hybels, pastor de la iglesia Willow Creek en Illinois, ha dicho: «La iglesia local es la esperanza del mundo, y su futuro descansa primordialmente en las manos de sus líderes». Él tiene razón. Si los líderes de la iglesia no tienen una visión exterior de convertirse en sal y luz en nuestro mundo, de promover la transformación social y espiritual, de buscar justicia y proclamar todo el evangelio, entonces la iglesia no se dará cuenta del potencial que tiene como un agente de cambio. Se enfocará hacia el interior en suplir las necesidades de sus miembros, para exclusión de quienes no son miembros. Será un capullo espiritual, donde los cristianos puedan retirarse de un mundo hostil, en lugar de ser «una estación de transformación» cuyo principal objetivo es cambiar el mundo. Sólo tenemos que leer el boletín de nuestra iglesia para ver dónde están situadas nuestras prioridades. ¿Cuántos de los anuncios implican programas que se enfocan más en satisfacer nuestras necesidades que las necesidades de quienes están fuera de la iglesia? Yo he estado en iglesias cuyos boletines se leen como el

> Cuando nuestras iglesias se convierten en balnearios espirituales en los cuales nos retiramos del mundo, nuestra sal pierde su sabor, y ya no somos capaces de impactar la cultura.

índice de la revista *Psychology Today*, enumerando programas y grupos de apoyo para la depresión, la ansiedad, la recuperación tras el divorcio, el trastorno bipolar, la disfunción sexual, los trastornos alimentarios y la dieta, por no mencionar aeróbic, Pilates, clases de cocina y Tae Kwon Do.

No es que las iglesias no debieran ministrar a sus propios miembros, sino que debería haber un equilibrio entre el ministerio interno y externo. Como te mostraré en un capítulo posterior, el modo en que nuestras iglesias gastan sus presupuestos proporciona un destello que da bastante que pensar en cuanto a este asunto del equilibrio. Cuando nuestras iglesias se convierten en balnearios espirituales en los cuales nos retiramos del mundo, nuestra sal pierde su sabor, y ya no somos capaces de impactar la cultura.

Morgan Chilulu, un pastor africano de una pequeña y humilde iglesia en medio de la pandemia del SIDA, me dijo una vez: «Una iglesia que vive dentro de sus cuatro paredes no es iglesia en absoluto».

Eso lo dice todo.

CAPÍTULO DIECISÉIS

LA GRAN OMISIÓN

El mundo ya no puede dejarse en manos de meros diplomáticos,
políticos y líderes de negocios. Ellos han hecho lo mejor que pudieron,
sin duda; pero esta es una era de héroes espirituales, un periodo
en el que hombres y mujeres sean heroicos en su fe y en su carácter
y poder espiritual. El mayor peligro para la iglesia cristiana
en la actualidad es el de situar su mensaje demasiado bajo.

—DALLAS WILLARD, *EL ESPÍRITU DE LAS DISCIPLINAS*

Hace varios años, mucho antes de trabajar en Visión Mundial, mi esposa presidió la conferencia anual de misiones de nuestra iglesia. El propósito de la conferencia era levantar conciencia y fondos para apoyar nuestro presupuesto anual para misiones en el extranjero. Muchas congregaciones tienen una «semana de misiones» parecida, y en nuestra iglesia era algo bastante importante. El programa de niños utilizaba una sorprendente creatividad para ayudar a los muchachos a aprender sobre las diversas culturas y la importancia de las misiones globales. Estupendos oradores nos hablaban de primera mano sobre lo que estaba sucediendo en diferentes partes del planeta y cómo los programas que apoyábamos estaban cambiando vidas.

Como con la mayoría de conferencias, teníamos una meta de levantar fondos para apoyar la obra. Tal como recuerdo, para nuestra iglesia era de unos setecientos mil dólares aquel año: un compromiso muy considerable. La conferencia concluyó con un llamado a ofrendar, y se recogieron todas las tarjetas de compromisos de ofrendar al final de la semana.

El siguiente domingo yo esperaba un anuncio desde el púlpito con respecto a cuánto habíamos recaudado a la luz de nuestra meta; pero nunca llegó. Reneé y yo nos preguntamos cómo habría respondido la congregación, y por eso llamé a uno de los pastores aquella semana para saberlo. Él dijo: «Ah, recogimos compromisos de ofrendar de unos seiscientos mil dólares, así que estamos unos cien mil dólares por detrás de nuestra meta». Cuando le pregunté qué planeaba hacer para compensar lo que faltaba, él dijo: «Bueno, simplemente vamos a recortar nuestros programas. ¿Qué opción tenemos?»

Yo dije: «¿Recortar? ¿Por qué no volvemos a la congregación y les decimos que necesitamos más dinero para hacer la obra que el Señor ha dado a nuestra iglesia que haga?»

El joven entonces me explicó que el pastor principal sentía que no se veía muy bien si él pedía más dinero. Eso realmente me inquietó, así que le pregunté si yo, como laico, podría dirigirme a la congregación en los tres servicios el domingo siguiente para hacer un llamamiento a que se ofrendase más.

«¿Estaría usted dispuesto a hacer eso?», preguntó él, en cierto modo escéptico.

«Claro que sí», dije yo. «Si Dios nos ha dado esta obra que hacer, entonces necesitamos estar a la altura del desafío y hacerlo».

Por tanto, el domingo siguiente ahí estaba yo, haciendo mi llamamiento. Dije: «Amigos, hace dos semanas concluimos nuestra conferencia anual de misiones. Como saben, pretendemos recaudar setecientos mil dólares para hacer la obra que Dios ha dado a nuestra iglesia que haga. Desgraciadamente, cuando se contaron todas las ofrendas nos quedamos cortos en poco más de cien mil. Por eso esta mañana tenemos que ocuparnos de un pequeño negocio de familia. Voy a pedirles a todos que nos ayuden a lograr nuestra meta haciendo otro compromiso. En este momento me gustaría que agarrasen un pedazo de papel ahí en su banco. Arranquen una hoja de su himnario si es necesario; ¡es una broma!

«Ahora, las primeras personas a las que quiero dirigirme son aquellas que no han hecho ningún compromiso. Tienen que hacer uno ahora mismo. No me importa si es sólo de un dólar, pero todos tienen que participar para apoyar la obra del Señor al nivel que puedan permitirse. Escriban su nombre y dirección en la cantidad de su compromiso, y póngalo en el plato de la ofrenda.

«Ahora, para aquellos de ustedes que ya han hecho un compromiso, necesitan hacer otro. Eso es, otro compromiso. Voy a apostar a que todos nosotros este año nos gastaremos más dinero en algo menos importante que esto. Compraremos un mueble nuevo, quizá un nuevo auto, iremos al cine y a restaurantes, y tomaremos vacaciones en familia. Por tanto, supongo que tenemos el dinero para apoyar esto; tan sólo hemos decidido gastarlo en otra cosa. Ustedes han oído durante toda la semana sobre las necesidades y los programas eficaces que apoyamos en todo el mundo. Por tanto, demos un paso y hagámoslo».

Yo podría decir que aquellas palabras tan claras habían dejado un poco pasmadas a las personas. Ellos nunca habían oído algo parecido desde el púlpito. Sin embargo, oí el sonido de papeles, y la gente parecía estar respondiendo a mi petición. Les di las gracias, oré y me senté.

Después del primer servicio vi a uno de los pastores y le pregunté lo que pensaba. Él dijo que el pastor principal estaba irritado porque yo me había pasado de tiempo en dos minutos, y que no había agradecido el comentario sobre quitar una página del himnario. Un poco desalentado por este castigo, hablé con mayor brevedad en los otros dos servicios y después nos fuimos a casa.

Un par de días después, seguía sin haber oído nada de la iglesia sobre cómo había salido todo, así que volví a llamar. Me dijeron que se habían recaudado más de cien mil dólares en compromisos adicionales. Había funcionado, la gente había respondido y logramos nuestra meta. Pero aunque aquello nos había llevado a todos al límite, yo seguía teniendo la clara impresión de que se me consideraba un pesado. El pastor principal no había querido hacer tambalear el barco. La nuestra era una buena iglesia, una iglesia fiel en muchos aspectos, pero una iglesia cuyos líderes, tanto pastorales como laicos, quizá habían perdido el sentimiento de urgencia de que el reino de Dios avance en nuestro mundo. «Misiones» se había convertido sólo en un programa más, y no en un compromiso no negociable. Esto siempre ha sido un problema con el pueblo de Dios; tendemos a alejarnos de la valiente visión de Dios, sustituyéndola por nuestra propia visión más segura y más insulsa.

Pero en Isaías 1 podemos ver exactamente lo que Dios piensa cuando su pueblo ha perdido su celo por servirle a Él. Aunque fueron escritas al pueblo de Judá, estas mordaces palabras pueden aplicarse fácilmente a la Iglesia del siglo XXI:

¡Oigan la palabra del Señor,
    gobernantes de Sodoma!
¡Escuchen la enseñanza de nuestro Dios,
    pueblo de Gomorra!
«¿De qué me sirven sus muchos sacrificios?
    —dice el Señor—.
Harto estoy de holocaustos de carneros
    y de la grasa de animales engordados;
la sangre de toros, corderos y cabras
    no me complace.
¿Por qué vienen a presentarse ante mí?
¿Quién les mandó traer animales
    para que pisotearan mis atrios?
No me sigan trayendo vanas ofrendas;
    el incienso es para mí una abominación.
Luna nueva, día de reposo, asambleas convocadas;
    ¡no soporto que con su adoración me ofendan!
Yo aborrezco sus lunas nuevas y festividades;
    se me han vuelto una carga
    que estoy cansado de soportar.
Cuando levantan sus manos,
    yo aparto de ustedes mis ojos;
aunque multipliquen sus oraciones,
    no las escucharé,
    pues tienen las manos llenas de sangre.
¡Lávense, límpiense!
    ¡Aparten de mi vista sus obras malvadas!
¡Dejen de hacer el mal!
    ¡Aprendan a hacer el bien!
¡Busquen la justicia y reprendan al opresor!
    ¡Aboguen por el huérfano y defiendan a la viuda!» (vv. 10-17)

¿Oyes lo que Dios está diciendo en estos feroces versículos? Él está harto de iglesias y de personas que sólo «hacen las cosas por inercia»; y Él está cansado de ver una brillante capa de fe pero ninguna profundidad de compromiso. Ese es El vacío en nuestro evangelio, y hasta que lo rellenemos, la nuestra es una religión vacía, una religión que Dios desprecia. Notemos que en este pasaje, Él está tan enojado que dice que ni siquiera escuchará nuestras oraciones ni prestará atención a nuestros rituales de adoración. Podrías preguntarte: «¿Pero no *quiere* Dios que le adoremos? ¿No nos *mandó* Él orar?» Sí, desde luego, pero una de las mejores y más elevadas maneras de expresar nuestro amor a Dios es demostrar su amor de manera tangible a quienes nos rodean. Logramos eso mostrando compasión a los más vulnerables de los hijos de Dios y luchando por la justicia.

Hace algunos años, Visión Mundial hizo una encuesta a pastores, en la cual les pedían que enumerasen las cosas que ellos consideraban verdaderas prioridades para sus iglesias. Basándose en la lista de puntos que nosotros les proporcionamos, aquellos ministros tenían que decirnos cuáles creían que tenían prioridad sobre los demás. En la categoría de prioridad más alta, el 79 por ciento puso la adoración, el 57 por ciento, el evangelismo; el 55 por ciento, el ministerio de niños; y el 47 por ciento, programas de discipulado. Sólo un 18 por ciento dijo que «ayudar a personas pobres y en desventaja en otros países» era «la más alta prioridad».[1] Asombroso cuando uno considera las palabras del apóstol Santiago: «La religión pura y sin mancha delante de Dios nuestro Padre es ésta: atender a los huérfanos y a las viudas en sus aflicciones, y conservarse limpio de la corrupción del mundo» (Santiago 1.27). Dios quiere ver la autenticidad de nuestra fe puesta en acción, no el vacío de una fe sin obras. Pero si miramos las cosas que Dios condena cuando Él ve la conducta de sus seguidores, una vez más parece que los pecados de *omisión* le entristecen más que los pecados de *comisión*, y sin embargo son esos en los que tendemos a fijar la atención. Los pecados de comisión se producen cuando hacemos algo para violar los mandamientos de Dios. Entre ellos se incluyen asesinato, violencia, robo, adulterio, blasfemia, murmuración, promiscuidad sexual y explotar a los pobres, entre otros. La mayoría de cristianos e iglesias hablan a estos pecados de forma bastante directa. De hecho, nuestro celo por condenar esos pecados de comisión con frecuencia hace que los cristianos sean percibidos como críticos e intolerantes, siempre definidos por aquello a que nos oponemos en lugar de aquello de lo que estamos a favor. Pero notemos que Dios parece enojarse más por aquellas cosas que nos ha mandado pero que nosotros no hemos hecho. Una vez más, el libro de Santiago lo dice con claridad: «Así que comete pecado todo el que sabe hacer el bien y no lo hace» (4.17).

¿Cuál era el antídoto de Isaías para este tipo de adoración a Dios vacía y por inercia? De nuevo, los mismos elementos que he descrito como parte del evangelio completo:

> ¡Aprendan a hacer el bien!
>> ¡Busquen la justicia y reprendan al opresor!
> ¡Aboguen por el huérfano y defiendan a la viuda! (Isaías 1.17)
>
> El ayuno que he escogido,
>> ¿no es más bien romper las cadenas de injusticia
>> y desatar las correas del yugo,
>> poner en libertad a los oprimidos
>> y romper toda atadura?
> ¿No es acaso el ayuno compartir tu pan con el hambriento
>> y dar refugio a los pobres sin techo,
>> vestir al desnudo
>> y no dejar de lado a tus semejantes? (58.6-7)

Estos son los *sí* y los *no* de nuestra fe, y son precisamente las cosas que hacen a Cristo atractivo para el mundo. De hecho, los dos grandes mandamientos de nuestra fe, amar a Dios y amar a nuestro prójimo como a nosotros mismos, son también los *sí* y los *no*. Cuando *practicamos* el evangelio, el evangelio completo, el mundo toma nota y le gusta lo que ve. Por eso la madre Teresa, Billy Graham, el obispo Desmond Tutu y el papa Juan Pablo II han sido figuras tan cautivadoras y queridas.

LOS MENDIGOS EN NUESTRA PUERTA

Una de las parábolas más provocativas en la Escritura es la historia del mendigo Lázaro y un hombre rico. Comienza así: «Había un hombre rico que se vestía lujosamente y daba espléndidos banquetes todos los días. A la puerta de su casa se tendía un mendigo llamado Lázaro, que estaba cubierto de llagas y que hubiera querido llenarse el estómago con lo que caía de la mesa del rico. Hasta los perros se acercaban y le lamían las llagas» (Lucas 16.19-21).

El cuadro retratado aquí es gráfico y conmovedor. El hombre rico vive con indulgencia; sin embargo, justamente fuera de su puerta está el pobre Lázaro, lleno de desagradables úlceras que supuran, y anhelando comer aunque sean las migajas de los alimentos. Podemos estar seguros de que el rico era bien consciente de Lázaro; le conocía por su nombre y probablemente pasaba a su lado cada día cuando salían y entraban de su opulenta casa. Es interesante que se nos dice que «A la puerta de su casa se tendía un mendigo llamado Lázaro», quizá sugiriendo que Dios lo puso allí intencionadamente para ver cómo respondería el hombre rico.

> Si nosotros en la iglesia estamos dedicados verdaderamente a la Gran Comisión, entonces primero tendremos que hacer algo con respecto a la «Gran Omisión». Nunca demostraremos de modo eficaz el amor de Cristo al mundo si no podemos antes demostrarlo a la iglesia; a toda la iglesia, y eso incluye a quienes batallan tan sólo por sobrevivir.

Conocemos los destinos eternos de ambos hombres: «Resulta que murió el mendigo, y los ángeles se lo llevaron para que estuviera al lado de Abraham. También murió el rico, y lo sepultaron. En el infierno, en medio de sus tormentos, el rico levantó los ojos y vio de lejos a Abraham, y a Lázaro junto a él» (vv. 22-23). Lázaro encontró consuelo; el rico fue al infierno.

¿Ves lo que es importante al respecto? El rico no abusó de Lázaro, ni lo golpeó o lo maltrató; simplemente le ignoró, pasando a su lado día tras día con indiferencia. Su pecado no fue un pecado de comisión sino de omisión. Sabemos, como escribió el apóstol Santiago, el «bien» que él debiera haber hecho, pero no lo hizo (Santiago 4.17). La clara conclusión es que el rico fue al infierno debido a su completa apatía y no haber actuado delante la tremenda disparidad entre su riqueza y la pobreza de Lázaro. Él era consciente de la terrible situación del mendigo, tenía la capacidad de aliviar sus sufrimientos y, sin embargo, escogió no hacer nada. Yo veo en esta parábola una gran metáfora para la iglesia de Jesucristo en el tercer milenio. ¿No ha puesto Dios a un mendigo también en nuestra puerta? Fuera de nuestras cómodas casas y estupendos edificios de iglesias están los más pobres de entre los pobres en nuestro mundo, sufriendo, con hambre y enfermos, anhelando tan sólo lo que caiga de nuestra mesa «de hombre rico». Y al igual que el rico, no podemos decir que no sabemos sobre el sufrimiento del pobre; no podemos afirmar que no tenemos los medios para ayudar. También nosotros, un día estaremos delante de Dios y rendiremos cuentas.

Pensando otra vez en mi «Historia de dos iglesias», ¿puedes ver ahora que el mismo contraste entre Lázaro y el rico es evidente entre nuestras ricas iglesias y las de los pobres? ¿Puedes ver también que Dios ha proporcionado suficientes recursos para que todas sus iglesias prosperen? Lo que sucede es que no están distribuidos de manera igualitaria; esa es nuestra tarea.

La pequeña iglesia que describí anteriormente, la Iglesia del Siervo Sufriente, era ficticia pero no estaba lejos de la verdad. Hace unos años viajé a Malawi, en el sudeste de África, y tuve la oportunidad de conocer a un grupo de pastores africanos rurales que estaban batallando por sobrevivir a la pandemia del SIDA. Aquellos veinte pastores, aproximadamente, habían caminado desde sus aldeas para conocerme. Me parte el corazón que algunos de ellos habían viajado kilómetros, ¡con los pies descalzos! Ni siquiera tenían un par de zapatos.

Personal de Visión Mundial Malawi había ayudado a organizar a aquellos clérigos en un grupo, para abordar mejor los muchos desafíos que el SIDA les había estado presentando. (Algunos de aquellos pastores estaban dirigiendo de tres a cinco funerales por semana, a veces dos o tres en el mismo día.) Después de todas las presentaciones, su líder se puso en pie y sacó un resumen cuidadosamente escrito a mano de las actividades y las necesidades de su grupo. Lo siguiente es lo que me leyó aquel día:

Nuestro comité está formado por veintiséis pastores con los siguientes objetivos:

- Predicar el evangelio de nuestro Señor Jesucristo
- Fortalecer la unidad entre todas las iglesias
- Organizar oraciones interdenominacionales
- Trabajar juntos en la lucha contra el VIH/SIDA

El papel que desempeñamos es el siguiente:

- Visitamos a quienes están afectados y oramos por ellos
- Visitamos a los huérfanos y oramos por ellos
- Construir casas e inodoros para los ancianos
- Proporcionar a los huérfanos ropa y harina de maíz
- Enseñar en los cristianos como puede prevenirse el HIV
- Tenemos clubes de jóvenes en nuestras iglesias

Entonces enumeró los desafíos que afrontaban:

- Falta de fondos para sostener a los huérfanos
- Falta de medicinas para los huérfanos
- Falta de alimentos para los huérfanos
- Falta de transporte para visitar a los huérfanos y a los ancianos [me habían dicho que debido a que la comunidad no poseía un vehículo, los niños a veces tenían que llevar los cuerpos muertos de sus padres tan lejos como a un kilómetro de distancia para ser enterrados].

Esto pinta un cuadro bastante gráfico del verdadero contraste entre nuestras iglesias y las de ellos. *Allí* está la iglesia de Jesucristo en Malawi, afrontando el mayor desafío de su generación; pero carecen de las cosas críticas que necesitan para prevalecer. Y *aquí* está la iglesia en Norteamérica, rebosante precisamente de las destrezas, la influencia y los recursos que tan desesperadamente se necesitan. Si nosotros estamos dedicados verdaderamente a la Gran Comisión, entonces primero tendremos que hacer algo con respecto a la «Gran Omisión». Nunca demostraremos de modo eficaz el amor de Cristo al mundo si no podemos antes demostrarlo a la iglesia; a *toda* la iglesia, y eso incluye a quienes batallan tan sólo por sobrevivir.

CAPÍTULO DIECISIETE

AUSENTE SIN PERMISO PARA LA MAYOR CRISIS HUMANITARIA DE TODOS LOS TIEMPOS

Tendremos que arrepentirnos en esta generación no sólo de las palabras y actos mordaces de las malas personas, sino del espantoso silencio de las buenas personas.

—MARTIN LUTHER KING JR., «CARTA DESDE LA CÁRCEL DE BIRMINGHAM»

Pero entonces, algo vino en ayuda de mi cinismo: un minúsculo virus llamado SIDA. Y una gran parte de la comunidad religiosa no se percató de ello. Los que sí lo hicieron sólo pudieron verlo como una especie de retribución divina por los malos comportamientos. Aun en los niños.

—BONO, *EN MARCHA*

Una de las cosas preocupantes con respecto a la historia de la iglesia es el horrible historial de estar en el lado equivocado de los importantes problemas sociales de la época. Si la iglesia es ciertamente un tipo de institución revolucionaria llamada a fomentar una revolución social promoviendo justicia, elevando la santidad de la vida humana, luchando por los más débiles y desafiando el generalizado sistema de valores de nuestro mundo, entonces parece que deberíamos estar delante en asuntos de justicia social en lugar de estar detrás. Pero lo que vemos cuando miramos históricamente a la iglesia es un tipo de pronunciada «ceguera a la cultura», una incapacidad de ver la cultura dominante con los ojos de Dios.

Cuando yo era pequeño, los programas de televisión y las películas estaban dominados por «indios y vaqueros». Sencillamente se aceptaba que los vaqueros eran los buenos y los indios eran los malos, perpetuando un estereotipo racial degradante. Más adelante, cuando estaba en la universidad, leí el libro de Dee Alexander Brown, *Bury My Heart at Wounded Knee*, el cual relataba una historia más exacta.[1] En este relato, los americanos nativos habían estado prosperando durante siglos; hasta la llegada de colonos europeos, quienes se apoderaron ellos mismos de la tierra con poco o ningún respeto por los derechos del pueblo que ya vivía allí. Muchas tribus buscaron una coexistencia pacífica con los colonos, pero los tratados que firmaban eran quebrantados a medida que surgían nuevas demandas de tierras y expansión. Y aunque ciertas tribus sí cometieron actos violentos, con frecuencia eran provocados por los actos de los colonos. Todos sabemos que esta historia finalmente terminó con la aniquilación de los americanos nativos, al ser asesinados, obligados a vivir en reservas, despojados de sus tierras y obligados a ver cómo sus casas y sus ganados eran destruidos. Actualmente lo llamaríamos genocidio.

¿Pero qué tiene que ver esto con la iglesia? Prácticamente todos los colonizadores en los Estados Unidos coloniales habían llegado aquí buscando libertad religiosa; eran cristianos. Sin embargo, en su mayor parte, colonos cristianos e iglesias también participaron en la marginalización de los americanos nativos o, como mínimo, apartaron la vista de las atrocidades cometidas por sus vecinos y su propio gobierno.

La esclavitud, desde luego, es otra mancha negra en la reputación de la iglesia, otro ejemplo de ceguera a la cultura. El mercado de esclavos y el trato inhumano de los esclavos prosperaron durante cientos de años, no sólo a la vista de la iglesia sino también dentro de la iglesia misma. Los dueños de plantaciones sureños se iban a la iglesia en sus carromatos mientras sus esclavos recogían algodón para llenar las carteras de sus amos. Sin importarles los golpes, linchamientos y violaciones que regularmente sufrían los esclavos. Había, de hecho, muchos ministros sureños que hacían una fuerte campaña contra el movimiento abolicionista. Una de esas personas era el reverendo James H. Thornwell, quien escribió un editorial en el año 1850 en el *New York Herald* que aquellos que apoyaban la abolición de la esclavitud (y el sufragio de las mujeres) eran «ateos, socialistas, comunistas y republicanos rojos». Él denunció el situar «todas las razas sobre un escalón de igualdad» como actos que causarían que el diablo y sus ángeles estuviesen «jubilosos».[2]

Quizá aquellos períodos oscuros sucedieron hace mucho tiempo para convencerte de los pecados de la iglesia, así que avancemos y veamos los derechos civiles en los años cincuenta y sesenta. Ese fue otro capítulo triste para los cristianos estadounidenses.

La sociedad segregada de aquellos años fue en gran medida creada y sostenida por y con la complicidad de cristianos e iglesias tanto en el Norte como en el Sur. Los afroamericanos eran obligados a sentarse en lugares diferentes en los restaurantes, a beber de fuentes diferentes, a situarse en la parte trasera de los autobuses y a asistir a escuelas diferentes. Mientras tanto, Martin Luther King Jr. era vilipendiado como extremista y enemigo de las personas decentes y temerosas de Dios, porque se atrevió a desafiar la injusticia social de su época. Al igual que Pablo, el doctor King escribió algunas palabras increíblemente proféticas en pedazos de papel desde una celda en la cárcel. En su «Carta desde la cárcel de Birmingham», habló de esa etiqueta de «extremista»:

Pero... mientras seguía pensando sobre el asunto, gradualmente obtuve cierta medida de satisfacción de esa etiqueta. No era Jesús un extremista por amor: «Ama a tus enemigos, bendice a quienes te maldicen, haz bien a quienes te odian, y ora por los que te utilizan y te persiguen». No era Amós un extremista por la justicia: «Que la justicia fluya como las aguas y la rectitud como corrientes». No era Pablo un extremista para el evangelio cristiano: «Llevo en mi cuerpo las marcas del Señor Jesús». No era Martin Lutero un extremista: «Aquí estoy; no puedo hacer otra cosa, así que ayúdame, Dios». Y John Bunyan: «Estaré en la cárcel hasta el final de mis días antes de hacer una carnicería de mi conciencia». Y Abraham Lincoln: «Esta nación no puede sobrevivir medio esclava y medio libre». Y Thomas Jefferson: «Mantenemos que estas verdades son evidentes por sí mismas; que todos los hombres son creados iguales...» Por tanto, la pregunta no es si seremos extremistas, sino qué tipo de extremistas seremos. ¿Seremos extremistas por odio o por amor? ¿Seremos extremistas para la preservación de la injusticia o para la extensión de la justicia? En aquella dramática escena en el monte Calvario, tres hombres fueron crucificados. Nunca debemos olvidar que los tres fueron crucificados por el mismo delito: el delito del extremismo. Dos de ellos eran extremistas por inmoralidad, y así cayeron por debajo de su ambiente. El otro, Jesucristo, era un extremista por amor, verdad y bondad, y así se levantó por encima de su ambiente. Quizá el Sur, la nación y el mundo tengan una dramática necesidad de extremistas creativos.[3]

Aquí otra vez, la iglesia fue hallada culpable, algunos miembros de pecados de comisión, y otros de pecados de omisión. Más adelante en su carta, King habló directamente al fracaso de la iglesia en este período de necesidad. Son palabras visionarias que deberían causar aún hoy hacer una pausa y examinar nuestras conciencias.

Permítanme tomar nota de mi otro desengaño importante. He sido muy defraudado por la iglesia blanca y su liderazgo... no digo esto como uno de esos críticos negativos que siempre pueden encontrar algo malo en la iglesia. Digo esto como ministro del evangelio que ama a la iglesia; que fue alimentado en su regazo; que ha sido sostenido por sus bendiciones espirituales y que permanecerá fiel a ella mientras el cordón de la vida perdure.

Cuando fui de repente catapultado al liderazgo de la protesta del autobús en Montgomery, Alabama, hace unos años, sentí que estaríamos apoyados por la iglesia blanca, sentí que los ministros, sacerdotes y rabinos blancos del Sur estarían entre nuestros más fuertes aliados. En cambio, algunos han sido claros oponentes, negándose a entender el movimiento por la libertad y dando una imagen falsa de su líder; muchos otros han sido más cautos que valientes y han permanecido en silencio detrás de la anestesiadora seguridad de las vidrieras.[4]

«Más cautos que valientes». «En silencio detrás de la anestesiadora seguridad de las vidrieras». ¿Siguen siendo verdad esas cosas de nosotros actualmente? King pasó entonces a concluir que una iglesia que haya perdido su voz a favor de la justicia es una iglesia que ha perdido su relevancia en el mundo.

La iglesia contemporánea es una voz débil e ineficaz con un sonido incierto. Con mucha frecuencia es la archidefensora del status quo. Lejos de ser inquietada por la presencia de la iglesia, la estructura de poder de la comunidad promedio es consolada por la sanción silenciosa y con frecuencia hasta expresada de la iglesia de las cosas tal como son.

Pero el juicio de Dios está sobre la iglesia como nunca antes. Si la iglesia actual no capta otra vez el espíritu sacrificial de la iglesia primitiva, perderá su autenticidad, perderá la lealtad de millones y será descartada como un club social irrelevante que no tiene significado para el siglo XX. Cada día me encuentro con jóvenes cuyo desengaño con la iglesia se ha convertido en clara indignación.[5]

Quizá seas como yo, preguntándome cómo mis padres y abuelos se quedaron sentados y toleraron la odiosa discriminación contra los afroamericanos en su generación. ¿Cómo habían pasado por alto algo que en retrospectiva parece tan claro? ¿Eran ellos tan sólo participantes pasivos e inconscientes en una cultura que se había vuelto cómoda en las prácticas del racismo y la segregación? ¿Es realmente culpa de ellos que no desafiaran los valores generalizados? Escucha lo que Jesús dijo en Marcos 7, cuando Él desafió a los fariseos, otro grupo de personas que claramente «lo pasaron por alto»: «Tenía razón Isaías cuando profetizó acerca de ustedes, hipócritas, según está escrito: "Este pueblo me honra con los labios, pero su corazón está lejos de mí. En vano me adoran; sus enseñanzas no son más que reglas humanas". Ustedes han desechado los mandamientos divinos y se aferran a las tradiciones humanas» (vv. 6-8).

«Aferrarse a las tradiciones humanas» es exactamente el problema con el que batallamos cuando somos llamados a desafiar nuestra cultura en lugar de ser absorbidos por ella. Aunque no sea ninguna otra cosa, estas lecciones de la historia deberían hacer que nos preguntásemos donde están los «puntos ciegos» en la actualidad. ¿Qué preguntarán nuestros nietos cuando miren atrás 25 ó 30 años desde ahora y se pregunten cómo pudimos habernos quedado sentados y mirando cuando se demandaba justicia?

UN MINISTERIO PARA TODOS LOS PÚBLICOS EN UN MUNDO PARA MAYORES

Porque procuramos hacer lo correcto, no sólo delante del Señor sino también delante de los demás. —2 Corintios 8.21

Como el reciente y nuevo presidente de Visión Mundial E.U.A., cuando regresé de Rakai, Uganda, después de aquel primer encuentro con la pandemia del SIDA, yo estaba a la vez quebrantado y enojado de que el mundo no estuviera haciendo lo suficiente para ayudar. Comencé a hacer preguntas en Visión Mundial sobre qué estábamos haciendo nosotros para ocuparnos de los huérfanos y las viudas y como planeábamos hacer frente a esta terrible enfermedad. Incluso Visión Mundial, que había sido testigo directo del impacto del SIDA en el trabajo de desarrollo comunitario en África, tenía que ser sacudido para despertar antes de entender plenamente la amplitud de lo que estaban afrontando. Estábamos respondiendo a las consecuencias del SIDA, pero aún no teníamos un plan coherente para abordar el impacto de la enfermedad sobre los pobres o para recaudar el apoyo económico que necesitaríamos para ampliar nuestra respuesta. Puedo recordar claramente la incomodidad en la sala cuando yo reuní a algunas de nuestras personas de marketing e intenté formar cooperación para elevar la conciencia y recaudar el dinero en nuestra comunidad de donantes. Hubo miradas extrañas cuando yo pregunté cómo podríamos llevar este asunto a nuestra base de apoyo. Finalmente, alguien habló y dijo: «Somos un ministerio para todos los públicos enfocado en niños y familias. El SIDA es un asunto de adultos. No creo que nuestros donantes vayan a estar dispuestos a dar para esto, y si presionamos demasiado podría hacer daño a nuestra reputación».

Ahí. Estaba sobre la mesa. Mi personal sabía que la comunidad evangélica y la población en general habían estado más que apáticos en cuanto al problema del SIDA; habían sido totalmente hostiles hacia él. El SIDA se percibía como una enfermedad de homosexuales contraída mediante un estilo de vida homosexual y promiscuo. Durante la mayor parte de los años ochenta, había sido un campo de batalla clave en las «guerras culturales» que había dominado el diálogo entre la comunidad cristiana evangélica y la sociedad secular. No fue uno de nuestros momentos más orgullosos. La mayoría de norteamericanos ni siquiera entendían que, globalmente, el SIDA era una enfermedad que se transmitía principalmente de modo heterosexual. (Incluso un amigo mío con buena educación me preguntó, cuando oyó cómo el SIDA había afectado a países africanos, ¡si todo el mundo en África era gay!) La perspectiva generalizada era que si uno tenía SIDA, se lo merecía.

Yo razonaba: «Pero gran parte del impacto del SIDA realmente está en las mujeres a quienes sus esposos infectan y a niños que terminan siendo huérfanos sin tener culpa de ello. Seguramente la gente entiende eso. Me niego a creer que los cristianos no sentirán compasión por niños que se han quedado huérfanos debido al SIDA. ¿Y no nos dijo Jesús que amásemos a las personas incondicionalmente?

Aunque alguien haya contraído la enfermedad debido al sexo extramatrimonial o una conducta homosexual, ¿hemos de retirar en juicio nuestra compasión?» Otra vez me estaba enojando.

Decidimos que antes de lanzar un programa nacional para levantar apoyo para nuestro ministerio con el SIDA, antes deberíamos realizar un estudio de investigación para pedir a personas reales que nos dijeran cómo se sentían en realidad con este problema. Necesitábamos saber con qué nos enfrentábamos, así que nos pusimos en contacto con el Grupo Barna y realizamos una encuesta sobre la disposición de los cristianos a ayudar a personas afectadas por el SIDA. ¿Los resultados?

Cuando se preguntó a cristianos evangélicos si estarían dispuestos a donar dinero para ayudar a *niños* huérfanos por el SIDA, suponiendo que se lo pidiera una organización cristiana de reputación que estaba haciendo ese trabajo...

- sólo el 3 por ciento respondió que ayudaría sin duda;
- ¡el 52 por ciento dijo que probablemente o sin duda *no* ayudaría![6]

¡Eran cristianos evangélicos! Tristemente, prácticamente todos los demás grupos demográficos a los que encuestamos, incluyendo no cristianos, mostraron una mayor disposición a ayudar.

«Houston, ¡tenemos un problema!»

Cuando se trataba de elevarse por encima de la cultura generalizada, de ver la terrible situación de los huérfanos y las viudas a causa del SIDA como un asunto de justicia, y de salir de su zona de comodidad para ayudar, la comunidad cristiana estaba fallando. Cuando se trataba de mostrar compasión a las víctimas del SIDA, la ceguera cultural oscurecía nuestro pecado de apatía y juicio al igual que cegó a los cristianos en anteriores generaciones a la esclavitud y el racismo. Vemos este mismo patrón exacto en el pueblo de Dios en el Antiguo Testamento, condenado por Isaías y otros profetas, y de nuevo en la hipocresía de los fariseos, que Jesús denunció con los términos más fuertes. Deberíamos ver el mensaje con claridad: la historia demuestra que la iglesia institucional con frecuencia no se eleva por encima y desafía la cultura y los valores populares.

Sin embargo, también es cierto que siempre hay fieles voces «extremistas» dentro de la iglesia. Algunos cristianos se opusieron a la explotación y el genocidio de americanos nativos. La esclavitud fue finalmente abolida por abolicionistas comprometidos que defendieron la verdad de la *Escritura*. William Wilberforce y el culto Clapham en Inglaterra estuvieron decididos a desafiar la injusticia de la esclavitud basándose en sus apasionados valores cristianos. Abraham Lincoln desafió la esclavitud en Estados Unidos por sus propias convicciones profundamente arraigadas de que era moralmente erróneo a los ojos de Dios. El obispo Desmond Tutu, que luchó por derribar la segregación racial en Sudáfrica, lo hizo como un cristiano que lucha por la justicia. Martin Luther King Jr. era un ministro cristiano, y muchos de quienes marcharon con él, blancos y negros, lo hicieron por su propio compromiso con la justicia bíblica. En cada uno de estos problemas históricos de justicia social hubo voces en las iglesias que hablaron a favor de la verdad y la justicia pero a menudo fueron ahogadas por la mayoría, que se había vuelto cómoda con el status quo o se había beneficiado de él.

Nuestro historial aquí debería dar qué pensar. ¿Cuáles son las injusticias de nuestro mundo en este momento que no podemos ver? ¿Dónde hemos sido adoptados por nuestra cultura generalizada? ¿Cuáles son las implicaciones de esto para pastores y líderes de iglesias? ¿Cómo podemos evitar los mismos errores que vemos tan claramente en retrospectiva en nuestros antecesores?

Cada orador en una reunión de Alcohólicos Anónimos comienza diciendo: «Mi nombre es _____, y soy alcohólico». Hacer esto obliga a la persona a reconocer su fracaso con humildad y evita que juegue a ningún juego de negación que pudiera engañarle para creer que realmente no tiene un problema. ¿Puedo sugerir que adoptemos este mismo enfoque con respecto a nuestra ceguera cultural? No deberíamos sorprendernos por nuestra propia ceguera ni tampoco ser críticos con nuestros líderes por la de ellos. Todos nosotros somos susceptibles al fuerte tirón de nuestra cultura generalizada. Y así nosotros, como el alcohólico, debemos tocar la ceguera de nuestra sociedad con humildad reconociendo primero la «viga» en nuestro *propio* ojo y *después* señalando la «mota» en el ojo de nuestra cultura (ver Mateo 7.3-5 y Lucas 6.41-42). El hecho del asunto es que *todos somos ciegos*, y nuestra única solución es orar para que Dios nos *muestre* nuestra ceguera.

Hablando de la ceguera de los líderes religiosos de su tiempo, Jesús citó al profeta Isaías:

> Aunque miran, no ven;
> aunque oyen, no escuchan ni entienden.

En ellos se cumple la profecía de Isaías:

«Por mucho que oigan, no entenderán;

por mucho que vean, no percibirán.

Porque el corazón de este pueblo se ha vuelto insensible;

se les han embotado los oídos,

y se les han cerrado los ojos.

De lo contrario, verían con los ojos,

oirían con los oídos,

entenderían con el corazón

y se convertirían, y yo los sanaría». (Mateo 13.13-15)

Aquellos eran líderes que no entendían nada. Necesitaban que Dios abriese sus ojos. El apóstol Pablo, escribiendo a los efesios, también reconoció la necesidad de ser iluminados por Dios. Él oró para que Dios abriera los ojos de aquellos a quienes amaba, para que pudieran ver y entender: «Pido que el Dios de nuestro Señor Jesucristo, el Padre glorioso, les dé el Espíritu de sabiduría y de revelación... Pido también que les sean iluminados los ojos del corazón» (Efesios 1.17-18).

Quizá cada pastor, líder de iglesia y líder de un ministerio paraeclesial deberían comenzar sus devocionales diarios con algo parecido a la recitación de Alcohólicos Anónimos cuando oren para que Dios abra sus ojos a sus propios puntos ciegos para poder guiar a sus congregaciones por las fuertes corrientes de nuestra cultura secular. *Mi nombre es _____, y estoy ciego a las injusticias y los pecados de omisión cometidos por mi propia iglesia. Abre los ojos de mi corazón, Señor, para ver el mundo como tú lo ves. Que mi corazón sea quebrantado por las cosas que quebrantan tu corazón. Dame la capacidad de ver en nuestra cultura y guiar a mi pueblo con tu visión en lugar de la visión del mundo.*

También debemos escuchar las voces proféticas tanto dentro como fuera de nuestras iglesias. Bono, Tutu, King, la madre Teresa, y muchos, muchos otros han hablado todos proféticamente a la iglesia. Necesitamos prestar atención.

CÓMO LA FE MATÓ LAS OBRAS

Sin embargo, alguien dirá: «Tú tienes fe, y yo tengo obras». Pues bien, muéstrame tu fe sin las obras, y yo te mostraré la fe por mis obras. —Santiago 2.18

Una de las cosas que me metieron en la cabeza por la fuerza cuando era un joven cristiano fue la doctrina de que somos salvos solamente por fe y no por obras. Entender y aplicar esta sencilla verdad ha estado en la raíz de feroces y contenciosos debates a lo largo de la dilatada historia de la fe cristiana. Además, la idea de que alguien podía ser salvo haciendo suficientes buenas obras, y podía hasta comprar la justificación mediante la compra de «indulgencias», fue finalmente la raíz de la rebelión de Martín Lutero contra el sistema católico romano en el siglo XVI, conduciendo a la Reforma protestante. Este mismo debate básico ha oscilado de un lado a otro dentro de la iglesia desde entonces, con el péndulo acercándose más hacia la *fe* en algunos grupos y, en ciertos momentos, más hacia las *obras* en otros. Pero la fe y las obras nunca tenían que haber sido una dicotomía. Tan sólo tenemos que leer el principal texto de prueba para la salvación solamente por fe para ver la unidad de fe y obras en la Escritura: «Porque por gracia ustedes han sido salvados mediante la fe; esto no procede de ustedes, sino que es el regalo de Dios, no por obras, para que nadie se jacte» (Efesios 2.8-9).

Para el grupo de «sólo por fe», este único versículo parece ganar el argumento; pero si leemos el siguiente versículo, entenderemos la armonía entre fe y obras: «Porque somos hechura de Dios, creados en Cristo Jesús para *buenas obras*, las cuales Dios dispuso de antemano a fin de que las pongamos en práctica» (v. 10; énfasis añadido). Tomados juntos, este poderoso pasaje nos dice que hemos sido salvos solamente por fe, que es el regalo increíble de un Dios amoroso, pero que somos salvos con un *propósito*: hacer las buenas obras que Dios realmente preparó de antemano para que las pusiéramos en práctica. Dicho con sencillez, somos:

- salvos *por* la fe
- salvos *para* las obras

Nuestro hábito cristiano es lamentar los estándares en deterioro del mundo con un aire de consternación bastante farisaica. Criticamos su violencia, deshonestidad, inmoralidad, indiferencia por la vida humana y avaricia materialista. «El mundo se está echando a perder», decimos encogiéndonos de hombros. ¿Pero de quién es la culpa? ¿A quién hay que culpar? Permita que lo exprese así. Si la casa está oscura cuando llega la noche, no tiene ningún sentido culpar a la casa; eso es lo que sucede cuando el sol se pone. La pregunta que hay que hacer es: «¿Dónde está la luz?» De modo similar, si la carne se pone mala y no se puede comer, no tiene ningún sentido culpar a la carne; eso es lo que sucede cuando se deja que las bacterias se reproduzcan. La pregunta que hay que hacer es: «¿Dónde está la sal?» Así, si la sociedad se deteriora y sus estándares declinan hasta que se vuelve como una noche oscura o un pescado que huele, no tiene ningún sentido culpar a la sociedad; eso es lo que sucede cuando hombres y mujeres caídos se dejan solos, y el egoísmo humano no se controla. La pregunta que hay que hacer es: «¿Dónde está la Iglesia? ¿Por qué la sal y la luz de Jesucristo no están impregnando y cambiando nuestra sociedad?» Es mera hipocresía por nuestra parte levantar las cejas, encogernos de hombros o retorcer nuestras manos. El Señor Jesús nos dijo que fuésemos la sal y la luz del mundo. Si, por tanto, la oscuridad y la podredumbre abundan, es en gran parte culpa nuestra y debemos aceptar la culpa. —John Stott[7]

Como vimos en Mateo 7, el verdadero discípulo de Cristo, como el árbol bueno, dará buen fruto: «Por sus frutos los conocerán» (v. 16). También se desprende que aquel que no da buen fruto no es un verdadero discípulo. Este, una vez más, no es un argumento de que la salvación viene mediante las obras, sino más bien una afirmación de que alguien que ha entregado su vida a Jesús dará buen fruto como evidencia del señorío de Cristo en su vida. «Ningún árbol bueno da fruto malo; tampoco da buen fruto el árbol malo. A cada árbol se le reconoce por su propio fruto» (Lucas 6.43-44). Por tanto, fe y obras deberían verse no como dos ideas opuestas, sino como dos manifestaciones de la misma idea. Un árbol y su fruto no son ideas diferentes en conflicto la una con la otra; más bien, una es el producto natural de la otra. El árbol se reconoce por su fruto, y el fruto es producido inevitablemente por el árbol.

Pero esta continua discusión acerca de la naturaleza de la salvación lamentablemente ha causado que diferentes grupos de cristianos se pongan de un lado en un conflicto que nunca debería haberse producido. Antes del siglo XX, la integración de fe y obras como ingredientes esenciales del carácter y la misión cristiana se entendía en gran parte. Los grandes avivamientos en Inglaterra y Norteamérica estuvieron caracterizados por tremendas reformas sociales en ambos países. En Inglaterra, los seguidores de John Wesley no sólo desempeñaron un importante papel en la abolición del mercado de esclavos, sino que también tuvieron un efecto en la reforma carcelaria, las leyes laborales y las condiciones de trabajo en las fábricas, y la disponibilidad de la educación para los pobres. Además, ellos desafiaron el dominio colonial de Gran Bretaña sobre India, y fueron centrales en la lucha contra el juego, la borrachera y otros vicios sociales.

J. Wesley Bready, en su libro *England: Before and After Wesley* [Inglaterra: Antes y después de Wesley], dijo que el avivamiento evangélico comenzado por Wesley «hizo más para transfigurar el carácter moral del público general que ningún otro movimiento que la historia británica puede registrar».[8] En Estados Unidos, el evangelista Charles G. Finney, históricamente relacionado con el gran avivamiento de 1830, también fue apasionado por la reforma social. Él y sus seguidores fueron instrumentales en la abolición de la esclavitud en Estados Unidos y luchar apasionadamente por los derechos de las mujeres, la abstinencia de bebidas alcohólicas y la reforma educativa. Como puedes ver, la idea de la integración de fe y obras, o fe y reforma social, se veía enseguida en esos movimientos de los siglos XVII y XVIII en Inglaterra y en Estados Unidos.

Pero en la primera parte del siglo XX, una división en la teología cristiana dio como resultado una profunda división en cuanto a los respectivos papeles de la fe y las obras. Liberales dentro de la iglesia, y también la sociedad en general, comenzaron a atacar el cristianismo histórico y bíblico. Esta facción liberal ya no consideraba la misión de la iglesia como la de «salvar almas» sino, más bien, transformar la sociedad por medio del trabajo humanitario; en otras palabras, un «evangelio social» basado en las *obras*.

Al otro lado estaban aquellos que defendían firmemente una salvación solamente por fe, ofrecida sólo debido a la *gracia de Dios*, y la cual enfatizaban con fuerza. Y debido a un ascenso en la escatología premilenial, los cristianos en este grupo razonaban que ya que Jesús iba a regresar (y curaría Él mismo todos los males durante su reino milenial), ¿por qué preocuparse por intentar arreglar el mundo ahora? Estaba lejos del alcance de la redención, lleno de maldad, por eso el enfoque *debiera* estar en salvar almas para la vida *siguiente*. (Además, en la secuela de la Primera Guerra Mundial, gran parte del mundo era de todos modos pesimista con respecto a la reforma social. Creían que cualquiera de esos esfuerzos eran impotentes ante el tipo de maldad humana que habían visto durante la guerra.) Como resultado, aquellos «conservadores» reaccionaron vehementemente contra los «liberales» teológicos y el evangelio social que ellos adoptaban.

Y así comenzó un tipo de guerra entre fe y obras, que continúa en la actualidad. Los defensores de «las obras» minimizaron la importancia de ganar almas y en cambio hicieron hincapié en las obras de ocuparse de los pobres y luchar contra la injusticia dondequiera que se encontrase. Los defensores de «la fe solamente», por otro lado, consideraron ese punto de vista mundano. Ellos se enfocaron *únicamente* en esfuerzos para hacer que el mundo aceptase la gracia redentora de Dios: una salvación solamente por fe.

Es fácil ver cómo esta división del evangelio dejó a ambas partes sólo con la mitad de un evangelio; es decir, un evangelio con un vacío en él, a medida que cada uno se quedó satisfecho con su pedazo particular. Pero esta disminución del evangelio completo dejó ambos campos con sólo una sombra del tremendo poder de las buenas nuevas proclamadas por Jesús. Su evangelio engloba no sólo el perdón de pecados y la salvación de nuestras almas, sino también la plenitud del reino venidero de Dios mediante una sociedad transformada por los seguidores de Él. Este evangelio «con vacíos», por otra parte, redujo el evangelio completo de Cristo a una serie de transacciones que, por una parte, implicaban la mecánica de ganar almas y, por otra, reformarían el mundo mediante cambios sociales y legislativos.

Afortunadamente, la segunda mitad del siglo XX vio un segundo casamiento de los conceptos de fe y obras. Varios acontecimientos clave, incluyendo la declaración Wheaton de 1966; el Pacto de Lausanne de 1974; y Salt and Light, una reunión de líderes de iglesias en Gran Bretaña en 1988, hizo que la iglesia comenzase a unir otra vez evangelismo y acción social como partes indivisibles del evangelio completo. *An Evangelical Call to Civic Responsibility* [Un llamado evangélico a la responsabilidad cívica], un maravilloso documento creado por la Asociación Nacional de Evangélicos en 2004, volvió a hacer hincapié en la responsabilidad de los cristianos de luchar por los pobres, por la justicia, por los derechos humanos, por el medio ambiente y por la santidad de la vida mediante una *acción* cívica personal y también colectiva.

Sin embargo, sigue habiendo en algunas iglesias estadounidenses conservadoras una sospecha de que la acción y la reforma social en cierto modo son parte de una teología liberal que sustituye las buenas obras por evangelismo. Trabajar por reclamar y reformar nuestro mundo en la actualidad tiene poca importancia, dicen ellos, porque todos pronto seremos «teletransportados» al cielo. Además, persiste la idea de que entregar la vida a Cristo comienza y termina recitando una breve oración que activa un «seguro contra incendios». Las partes sobre ayudar a los pobres, trabajar por la justicia y ser sal y luz para redimir a un planeta rebelde se consideran opcionales.

Pero no es eso lo que Jesús enseñó. Él dijo: «Ustedes son la sal de la tierra. Pero si la sal se vuelve insípida... Ya no sirve para nada» (Mateo 5.13). En el siguiente versículo añadió: «Ustedes son la luz del mundo» (v. 14). Si la comunidad cristiana debe ser verdaderamente sal y luz en un mundo oscuro, sólo tendremos éxito aceptando el evangelio completo. Fe y obras deben volver a ponerse juntas. Debemos ir más allá de una perspectiva anémica de nuestra fe como algo sólo personal y privado, sin ninguna dimensión pública, y en cambio considerarla como la fuente de poder que puede cambiar el mundo. La fe es el combustible que enciende la luz que brilla en la oscuridad. No debemos mantener esa luz debajo de una cesta. En cambio debemos ponerla «en la repisa para que alumbre a todos» (v. 15). Jesús dijo: «Hagan brillar su luz delante de todos, para que ellos puedan ver las buenas obras de ustedes y alaben al Padre que está en el cielo» (v. 16).

CAPÍTULO DIECIOCHO

MATAR AL SUEÑO AMERICANO

La humanidad quiere gloria. Queremos salud. Queremos riqueza.
Queremos felicidad. Todos queremos que nuestras necesidades
sean satisfechas, y que nos rasquen nuestros pequeños picores humanos.
Queremos una vida sin dolor. Queremos la corona sin la cruz.
Queremos la victoria sin dolor. Queremos que las palabras
de salvación de Cristo sean fáciles.

—JOHN MACARTHUR

Más bien, busquen primeramente el reino de Dios y su justicia, y todas
estas cosas les serán añadidas.

—MATEO 6.33

Quizá el paradigma de la cultura dominante en nuestra época y cultura sea el «sueño americano». Las siguientes son dos definiciones que encontré en línea:

El ideal estadounidense según el cual la igualdad de oportunidades permite que cualquier estadounidense aspire a un mayor logro y éxito material.[1]

Una vida de felicidad personal y comodidad material como se buscaba tradicionalmente por los individuos en Estados Unidos.[2]

Esta aspiración cultural está tan arraigada en nuestro pensamiento que la mayoría de nosotros la aceptamos sin pensar dos veces si es coherente con nuestros valores de fe o si podría ser dañina de alguna manera. Pero si escudriñamos los valores inherentes en ella, deberíamos comenzar a sentirnos algo incómodos con sus implicaciones. Sin duda, no hay nada de malo en la idea de iguales oportunidades, permitir que cada persona persiga sus sueños sin ser limitados por la raza, la clase económica, el género o la religión. Comparado con muchos países en nuestro mundo, esa promesa ha dado esperanza a generaciones de inmigrantes estadounidenses. Pero no todas las partes del sueño americano son coherentes con los valores cristianos. Aspirar a la comodidad material y al éxito no son necesariamente valores cristianos clave. Una persona que sueñe con hacerse rica a fin de poder permitirse todas sus fantasías egoístas no está en consonancia con los ideales de Dios. Tampoco la persona que quiere hacerse famosa ni la que pisotea a otras personas para estar por delante están caminando en los pasos de Jesús. ¿Y podemos legítimamente deleitarnos en nuestra propia felicidad personal y comodidad material cuando sabemos que están fuera del alcance de miles de millones de personas en nuestro mundo?

¿Y qué acerca del dinero? El sueño americano con frecuencia promueve esta perspectiva: *Yo trabajé duro, me lo gané, y es mío para hacer con él lo que quiera*. Esto sugiere que tenemos «derecho» a cualquier ingreso que nos llegue porque trabajamos por ello. Pero eso no es lo que la Biblia nos dice acerca de nuestro dinero y posesiones. De hecho, la perspectiva bíblica de nuestros recursos es justamente la contraria. Enseña que todo lo que tenemos o recibimos viene de Dios; Él simplemente nos lo ha *confiado* a nosotros. Hay una gran diferencia entre *tener derecho* y *haber recibido*.

Escucha lo que Moisés le dijo a la nación de Israel justamente antes de entrar en la tierra prometida. Observa especialmente la perspectiva de Dios sobre la fuente de la prosperidad.

Cuando hayas comido y estés satisfecho, alabarás al Señor tu Dios por la tierra buena que te habrá dado. Pero ten cuidado de no olvidar al Señor tu Dios. No dejes de cumplir sus mandamientos, normas y preceptos que yo te mando hoy. Y cuando hayas comido y te hayas saciado, cuando hayas edificado casas cómodas y las habites, cuando se hayan multiplicado tus ganados y tus rebaños, y hayan aumentado tu plata y tu oro y sean abundantes tus riquezas, no te vuelvas orgulloso ni olvides al Señor tu Dios, quien te sacó de Egipto, la tierra donde viviste como esclavo. El Señor te guió a través del vasto y horrible desierto, esa tierra reseca y sedienta, llena de serpientes venenosas y escorpiones; te dio el agua que hizo brotar de la más dura roca; en el desierto te alimentó con maná, comida que jamás conocieron tus antepasados. Así te humilló y te puso a prueba, para que al fin de cuentas te fuera bien. No se te ocurra pensar: «Esta riqueza es fruto de mi poder y de la fuerza de mis manos». Recuerda al Señor tu Dios, porque es él quien te da el poder para producir esa riqueza. (Deuteronomio 8.10-18)

Dios quería que Israel entendiera que cualquier prosperidad de la que disfrutaban venía de la mano de Él, y no de ellos mismos. Él también habló de la arrogancia de aquellos que se apropian el mérito de su prosperidad, creyendo que su propio trabajo duro y su talento la han producido. ¿Eres dotado, atractivo, elocuente, brillante, creativo o inteligente? ¿Son tus oportunidades en la vida favorables porque naciste en la familia correcta o el país correcto? Si tienes cualquiera de esas características o buenas circunstancias, es sólo a Dios a quien debes dar gracias. Incluso tu duro trabajo puede relacionarse con la personalidad que Él te dio y quizá la crianza que Él preparó para ti. Además, la idea misma de que tenemos derecho a algo que viene de la mano de Dios es equivocada.

Mi propio «sueño americano» se hizo realidad cuando me sobrepuse a una niñez desafiante, pasé a tener una educación y llegué hasta lo más alto de la escalera corporativa. A veces me comportaba como si yo mereciera todo el mérito, pero Dios me mostró otra cosa: a veces el camino difícil cuando me despidieron de trabajos, cuando pasé por periodos de desempleo y sufrí dificultades económicas. A medida que aumentó mi propio entendimiento, comprendí que yo tenía que ser un administrador de las cosas que Dios me había dado: mi educación, mi puesto de director general y los recursos financieros que había adquirido. No eran míos para hacer con ellos lo que yo quisiera.

El rey David, con un título aún más elevado que el de director general, entendió esto cuando dio gracias a Dios por el dinero y los talentos que el pueblo de Dios había ofrecido generosamente y libremente para construir el templo:

Tuyos son, Señor,
la grandeza y el poder,
la gloria, la victoria y la majestad.

Tuyo es todo cuanto hay
    en el cielo y en la tierra.
Tuyo también es el reino,
    y tú estás por encima de todo.
De ti proceden la riqueza y el honor;
    tú lo gobiernas todo.
En tus manos están la fuerza y el poder,
    y eres tú quien engrandece y fortalece a todos.
Por eso, Dios nuestro, te damos gracias,
    y a tu glorioso nombre tributamos alabanzas.

Pero, ¿quién soy yo, y quién es mi pueblo, para que podamos darte estas ofrendas voluntarias? En verdad, tú eres el dueño de todo, y lo que te hemos dado, de ti lo hemos recibido. Ante ti, somos extranjeros y peregrinos, como lo fueron nuestros antepasados. Nuestros días sobre la tierra son sólo una sombra sin esperanza. SEÑOR y Dios nuestro, de ti procede todo cuanto hemos conseguido para construir un templo a tu santo nombre. ¡Todo es tuyo! (1 Crónicas 29.11-16)

Según la Palabra de Dios, es Él quien posee «el ganado de los cerros» (Salmo 50.10). Él tan sólo nos *confía* los recursos y talentos, al igual que nosotros podríamos confiar nuestro dinero a un corredor de bolsa. Esta es una idea bastante radical, porque significa que no *poseemos* legítimamente nuestro capital; es de Dios. Por tanto, no somos libres para utilizarlo como queramos. Dios, el dueño legítimo, espera que lo utilicemos para los propósitos de Él. Si pusieras 25 mil dólares en manos de un corredor de bolsa, ¿cómo te sentirías si más adelante fueras a retirar el dinero sólo para descubrir que tu corredor de bolsa lo había utilizado para comprarse un auto nuevo? Explicarías de manera clara a tu corredor que no tenía ningún derecho a gastar tu dinero como lo creyera oportuno. Como un administrador de tu dinero, él obviamente debería recibir una *comisión* razonable, la cual podría gastar en sus necesidades, pero tú habrías esperado que él invirtiese tu dinero en *tu* nombre.

Eso es exactamente lo que Dios espera de nosotros. Él quiere que invirtamos su dinero en su nombre realizando el trabajo de su reino. Ese es precisamente el punto de vista que Jesús presentó en la parábola de los talentos: «El reino de los cielos será también como un hombre que, al emprender un viaje, llamó a sus siervos y les encargó sus bienes. A uno le dio cinco mil monedas de oro, a otro dos mil y a otro sólo mil, a cada uno según su capacidad» (Mateo 25.14-15). Jesús nos estaba diciendo que es Dios, comparado con un viajero en esta parábola, quien distribuyó el dinero a tres hombres diferentes, «a cada uno según su capacidad» (capacidades también dadas a ellos por Dios). Él *les confió* las varias sumas mientras estaba lejos. Cuando regresó, lo hizo con expectativas. En otras palabras, el amo quería un beneficio de su inversión; por tanto, preguntó a cada hombre qué había hecho con el dinero que se le había confiado. Los dos que habían invertido sabiamente y obtuvieron un beneficio para el amo fueron elogiados y recompensados:

El que había recibido las cinco mil monedas llegó con las otras cinco mil. «Señor —dijo—, usted me encargó cinco mil monedas. Mire, he ganado otras cinco mil». Su señor le respondió: «¡Hiciste bien, siervo bueno y fiel! En lo poco has sido fiel; te pondré a cargo de mucho más. ¡Ven a compartir la felicidad de tu señor!» Llegó también el que recibió dos mil monedas. «Señor —informó—, usted me encargó dos mil monedas. Mire, he ganado otras dos mil». Su señor le respondió: «¡Hiciste bien, siervo bueno y fiel! Has sido fiel en lo poco; te pondré a cargo de mucho más. ¡Ven a compartir la felicidad de tu señor!» (vv. 20-23)

Pero el que no había obtenido beneficios, que no había hecho nada por su amo con la suma confiada, fue castigado. Le dijeron: «¡Siervo malo y perezoso!» (v. 26). Entonces su amo enojado dijo: «Quítenle las mil monedas y dénselas al que tiene las diez mil... Y a ese siervo inútil échenlo afuera, a la oscuridad» (vv. 28, 30).

Es importante observar aquí que Dios es un dador generoso. Él no nos da las cosas de mala gana. De hecho, Él se agrada cuando nosotros disfrutamos de ellas. El punto es que Él quiere que aceptemos una perspectiva del reino de nuestro dinero, posesiones y capacidades, reconociendo que todo lo que tenemos viene de Él. Él quiere que las sostengamos con ligereza y estemos dispuestos a utilizarlas en su nombre.

Tres claros principios, entonces, diferencian el punto de vista de la Escritura sobre nuestro dinero del punto de vista del «sueño americano»:

1. No es nuestro dinero; todo viene de Dios.
2. No tenemos *derecho* a él sino que se nos ha *confiado*.
3. Dios espera que lo utilicemos en el interés de su reino.

¿Y tú? ¿Cómo consideras tus bienes (autos, cuentas bancarias, casa)? ¿Y tus talentos? ¿Tienes *derecho* a hacer con ellos lo que quieras, o se te *confiaron* con un propósito: el propósito de Dios? Si los vemos tal como Dios los ve, debemos pensar de modo diferente con respecto a cómo los utilizamos: *¿Debería comprar este auto nuevo? ¿Tomar estas vacaciones? ¿Añadir esta nueva póliza de seguros? ¿Aumentar mi cuenta de ahorros? Quizá, pero no hasta que considere en oración lo que Dios querría que hiciera con su dinero.* No es fácil ser un administrador.

En Hechos 2 leemos acerca del punto de vista que tenía la iglesia primitiva de las posesiones, un punto de vista que no sólo desafiaba la cultura de la época, sino que realmente comenzaba a cambiarla: «Todos los creyentes estaban juntos y tenían todo en común: vendían sus propiedades y posesiones, y compartían sus bienes entre sí según la necesidad de cada uno» (vv. 44-45).

> ¿Puedes imaginar el impacto en nuestra propia cultura si los cristianos estadounidenses comenzaran a utilizar sus riquezas como si les pertenecieran a Dios?

Aquí vemos una comunidad de creyentes que sostenían las cosas con ligereza, poniendo a disposición todo lo que tenían para el mayor bien de la comunidad de creyentes. Este punto de vista de dinero y comunidad era tan radical que la cultura prevalente se levantó y tomó nota. La iglesia primitiva disfrutaba del favor de todo el pueblo, y no sólo eso, sino también «cada día el Señor añadía al grupo los que iban siendo salvos» (v. 47). Aquellas personas estaban transformando la cultura, no permitiendo que la cultura los transformase a ellos.

¿Puedes imaginar el impacto en nuestra propia cultura si los cristianos estadounidenses comenzaran a utilizar sus riquezas como si les pertenecieran a Dios y fueran primeramente para hacer avanzar el reino de Dios? Estoy bastante seguro de que el mundo lo notaría.

ENTRAR EN EL PARTIDO

Varios meses después de llegar a Visión Mundial y trasladar a mi familia a Seattle, mi hijo Andy y yo estábamos haciendo algunos recados por la ciudad. Todo aquello había sido un ajuste bastante importante familiar y de estilo de vida, e incluso los niños estaban sufriendo a medida que batallaban por encajar y hacer nuevas amistades. Aquel día, Andy y yo estábamos detenidos en un semáforo en nuestra minivan de seis años de antigüedad, no un vehículo a la moda bajo ningún estándar para un muchacho de diecisiete años. Justamente entonces, un brillante Jaguar XK-8 nuevo se situó a nuestro lado, uno como el auto de la empresa que había sido mío unos meses antes. Andy lo miró y dio un suspiro.

«Papá, supongo que aquellos tiempos se han ido», dijo.

«Sí, Andy, yo también lo creo», respondí yo.

«Pero, papá», prosiguió Andy, «¿crees que alguna vez regresarás al partido, para una última jugada?»

Tuve que reírme por las palabras que escogió. Estaba preguntando si yo creía que algún día dejaría Visión Mundial y volvería a ser director general, con todos los beneficios asociados.

«Andy», dije yo «por primera vez en mi vida siento que estoy en el verdadero partido; estoy en el partido *de Dios*».

Eso es lo fundamental para todos nosotros: ¿En qué «partido» estamos? ¿El nuestro? ¿O el de Dios? No tenemos que estar en el ministerio a tiempo completo para estar en el partido de Dios, pero sí tenemos que servir a Dios a tiempo completo: como administradores de todo lo que Él nos ha dado. Si estamos en el partido de Dios, necesitamos matar al sueño americano, porque el partido de Dios es un partido totalmente diferente.

CAPÍTULO DIECINUEVE

EL DOS POR CIENTO
DEL DOS POR CIENTO

*Nuestro estándar es muy diferente del de Cristo. Preguntamos cuánto da
un hombre. Él pregunta con cuánto se queda.*

—ANDREW MURRAY

Si la caridad no costase nada, el mundo estaría lleno de filántropos.

—PROVERBIO JUDÍO

Ahora tenemos que hablar de dinero. Sí, sé que el dinero no es el tema más popular en la iglesia pero *por eso* precisamente tenemos que hablar de ello. Jesús no
dudaba en hablar de dinero; era, de hecho, uno de sus temas más comunes. La
Biblia dedica el doble de versículos al dinero de los que dedica a la fe y la oración
combinadas, y todo un 15 por ciento de las palabras registradas de Jesús trataban
de dinero, más de lo que Él dijo acerca del cielo y el infierno combinados.[1] Jesús
entendía que nuestra relación con nuestro dinero y posesiones es un indicador de
nuestro estado espiritual. Él dijo: «Pues donde tengan ustedes su tesoro, allí estará
también su corazón» (Lucas 12.34). Y es cierto. Si miras las «líneas de poder» que
fluyen por nuestra sociedad y nuestro mundo, el dinero es la corriente que dis-
curre a través de ellas. Por tanto, para entender mejor las prioridades espirituales
de nuestras iglesias, y de nosotros mismos, tenemos que hacer lo que cualquier
detective haría: «seguir al dinero».

Uno de los grandes principios en la Escritura, que debe gobernar nuestra relación con nuestros bienes materiales, es el diezmo. Según el libro de Levítico, el primer 10 por ciento de nuestros ingresos debe ofrecerse a Dios: «El diezmo de todo producto del campo, ya sea grano de los sembrados o fruto de los árboles, pertenece al SEÑOR, pues le está consagrado» (27.30). El diezmo no era considerado una ofrenda a Dios: *pertenecía* a Dios. Había otras provisiones que hablaban de ofrendas de libre voluntad, pero cualquiera de tales ofrendas debían estar por encima del 10 por ciento requerido para el diezmo. Ese primer 10 por ciento se consideraba un mínimo que uno ponía aparte para el Señor.

> Para entender mejor las prioridades espirituales de nuestras iglesias, y de nosotros mismos, tenemos que hacer lo que cualquier detective haría: «seguir al dinero».

¿Pero por qué lo requería Dios? Es crucial entender que Dios no ordenó a su pueblo que diese el diezmo porque *Él* necesitara el dinero. No, en cambio tenía dos propósitos principales. En primer lugar, proveía para la obra del reino de Dios sosteniendo el sistema de adoración del templo levítico. El dinero era administrado por los levitas (sacerdotes), y parte de él era para ocuparse de las necesidades no sólo del templo (objetos pertenecientes a los sacrificios y la adoración), sino también de los sacerdotes. Pero una parte del diezmo también era para ocuparse de «los extranjeros, los huérfanos y las viudas» (Deuteronomio 14.29), lo cual, junto con el año del Jubileo, era una parte crítica del sistema de justicia económica de Dios. En términos del Nuevo Testamento, el diezmo es el combustible que dirige la obra de la iglesia alrededor del mundo. Financia la operación de nuestras iglesias y programas, paga los salarios de los ministros y el personal, sostiene misiones locales y globales y provee para los pobres y los vulnerables. El diezmo es una manera de redistribuir la riqueza de una comunidad para asegurarse de que las prioridades importantes espirituales y sociales no se pasen por alto o se dejen al azar.

La segunda razón para el diezmo era que ayudaba al pueblo de Dios a entender su total dependencia de Él. ¿Puedes imaginar vivir varios miles de años en una economía completamente basada en la subsistencia, en la cual uno moría o vivía basado en si los campos producían suficientes cosechas y los animales sobrevivían? Piensa en la fe que se requeriría para dar los primeros frutos de tu producción a Dios en lugar de los «últimos frutos». Era casi una osada manera de decir: «Confiamos en ti y dependemos totalmente de ti, Dios, y si morimos de hambre, morimos de hambre». Dios había reforzado su deseo de que ellos dependieran por completo durante los cuarenta años en que Israel había vagado en el desierto. Cada mañana, Dios había provisto milagrosamente maná, el pan del cielo, para que ellos comieran, y no se les permitía almacenar más de lo necesario para ese día. Dios quería que ellos dependieran sólo de Él. Cuando ellos sí intentaron almacenar el maná, se pudrió y se llenó de gusanos. Esta lección de Dios de cuarenta años de duración era para enseñarles a confiar solamente en Él, incluso cuando llegaron a la tierra que fluía leche y miel. Tan importante era este símbolo de dependencia de Dios, que un jarro de maná se convirtió en una de las tres cosas contenidas en el arca sagrada del pacto.

En Levítico, se instituyó el diezmo para subrayar una vez más nuestra total dependencia de Dios. Dios reconoció que el principal competidor de nuestra dependencia de Él es nuestro dinero. Cuando tenemos suficiente dinero, alimento y posesiones, podemos llegar a confiar en *nosotros* mismos. Por tanto, Dios no considera el dinero como algo benigno y neutral. Dinero es poder, y el poder compite con Dios por la supremacía en nuestras vidas. Jesús reconoció esto mismo en el Sermón del Monte. Él dijo: «Nadie puede servir a dos señores, pues menospreciará a uno y amará al otro, o querrá mucho a uno y despreciará al otro. No se puede servir a la vez a Dios y a las riquezas» (Mateo 6.24).

Notemos que tanto Dios como el dinero son representados a la persona como una relación señor-esclavo. Jesús reconoció que seremos como un esclavo con uno o el otro pero no con ambos. De hecho, Jesús con frecuencia hablaba sobre dinero como si fuera una batería ácida: ¡algo que manejar con extrema precaución!

R. Scott Rodin, en su libro *Stewards in the Kingdom* [Administradores en el reino], ha descrito gráficamente la relación del dinero con nuestra fe:

Nunca debemos ni por un sólo momento perder de vista la clara comprensión de que siempre que manejemos dinero, estamos manejando dinamita. Lo que un día nosotros controlamos, al día siguiente se convierte en el controlador. Tal dinamita debe ser desactivada, y el mayor desactivador que tenemos, como cristianos, a nuestra disposición es la oportunidad de tomar aquello que parece dominarnos y sencillamente regalarlo. Piénsalo. No hay mayor expresión de la total falta de dominio del dinero sobre nosotros o de su baja prioridad en nuestras vidas que cuando podemos, con gozo y alegría, darlo para la obra del Señor. Uno no puede adorar al Dios de mamón y ser un dador libre y alegre. De igual manera, no se puede servir al Dios vivo y ser un acumulador de sus recursos. El dar, tanto cómo damos y cuánto damos, es la expresión externa más clara de quién es realmente nuestro Dios. Nuestros cheques hablan más sinceramente de nuestras prioridades que la membresía de nuestra iglesia.[2]

Con frecuencia he pensado en el diezmo de una manera diferente, como un tipo de «inoculación» contra el poder que el dinero puede a veces tener sobre nosotros. Cuando somos vacunados contra un virus mortal, se inyecta a nuestro cuerpo una pequeña cantidad de ese virus, debilitado a fin de que no nos haga daño. Al poner esa pequeña cantidad en nuestro cuerpo, desarrollamos una inmunidad al virus y ya no puede hacernos daño. Metafóricamente hablando, pagar un diezmo de nuestros ingresos tiene el mismo efecto. Al entregar alegremente una pequeña parte de nuestro dinero nos volvemos inmunes al poder de corrupción que puede tener en nuestras vidas. Cuando diezmamos, no por obligación sino por amor y obediencia a Dios, estamos haciendo la valiente declaración de que el dinero no tiene poder sobre nosotros. Incluso cuando damos libremente, sabemos que podemos depender de que Dios lo devolverá y nos sostendrá.

En 1987, el desplome del mercado de valores más grande en un sólo día desde 1929 tuvo lugar. En un día, Reneé y yo perdimos más de una tercera parte de los ahorros de nuestra vida y el dinero que habíamos apartado para la educación universitaria de nuestros hijos. Yo estaba aterrorizado y me volví como un hombre obsesionado, trabajando cada día hasta más de la medianoche, analizando en hojas de cálculo todo lo que habíamos perdido y al día siguiente dando órdenes de vender las acciones que nos quedaban y los fondos para evitar mayores pérdidas. (Desde luego, aquello resultó ser totalmente lo peor que podría haber hecho.) Yo estaba consumido de angustia por la pérdida de nuestro dinero, y se notaba.

Una vez, cuando yo trabajaba hasta muy entrada la noche, Reneé vino y se sentó a mi lado. Me dijo: «Cariño, esto te está consumiendo de una manera malsana. Es tan sólo dinero. Tenemos nuestro matrimonio, nuestra salud, nuestros amigos, nuestros hijos y unos buenos ingresos; mucho por lo que estar agradecidos. Necesitas soltar esto y confiar en Dios».

¿No odias cuando alguien arruina tu discurso autocompasivo? Yo no *quería* soltarlo. Le dije que me sentía responsable de nuestra familia y que ella no lo entendía. Era mi tarea preocuparme por cosas como esa. Ella sugirió que hiciésemos una pausa y orásemos al respecto, algo que no se me había ocurrido a mí, y lo hicimos.

Al final de la oración, para asombro mío, Reneé dijo: «Ahora creo que necesitamos sacar la chequera y rellenar algunos cheques importantes para nuestra iglesia y los ministerios que apoyamos. Necesitamos mostrar a Dios que sabemos que este es el dinero de Él y no el nuestro». Yo me quedé pasmado ante la audacia de esa sugerencia, pero en mi corazón sabía que ella tenía razón. Por tanto, aquella noche rellenamos algunos cheques importantes, los metimos en sobres dirigidos a varios ministerios y los sellamos. Y fue entonces cuando yo sentí la oleada de alivio. Habíamos roto el hechizo que el dinero había lanzado sobre mí. Eso me liberó de las preocupaciones que me habían consumido. Realmente me sentí audaz y atolondrado; «Dios, por favor agárranos, porque acabamos de dar un *loco* salto de fe».

Y Él lo hizo.

Me encanta la audacia de la fe. Primero uno salta, y entonces crecen las alas.
—William Sloane Coffin

Desde luego, también se nos dice en las Escrituras que cuando somos fieles con nuestro dinero, Dios ciertamente nos bendecirá. Esta es otra de las grandes paradojas de nuestra fe: que cuando damos nuestro dinero a Dios, sus bendiciones regresan a nosotros, no siempre en forma de dinero sino de muchas otras maneras. El libro de Malaquías lo confirma; pero el mismo libro advierte que *no* pagar nuestros diezmos es nada menos que *robar a Dios*. Escucha las propias palabras de Dios:

¿Acaso roba el hombre a Dios? ¡Ustedes me están robando! Y todavía preguntan: «¿En qué te robamos?» En los diezmos y en las ofrendas. Ustedes —la nación entera— están bajo gran maldición, pues es a mí a quien están robando. Traigan íntegro el diezmo para los fondos del templo, y así habrá alimento en mi casa. Pruébenme en esto —dice el Señor Todopoderoso—, y vean si no abro las compuertas del cielo y derramo sobre ustedes bendición hasta que sobreabunde. Exterminaré a la langosta, para que no arruine sus cultivos y las vides en los campos no pierdan su fruto —dice el Señor Todopoderoso—. Entonces todas las naciones los llamarán a ustedes dichosos, porque ustedes tendrán una nación encantadora —dice el Señor Todopoderoso—. (3.8-12)

La consecuencia de la infidelidad financiera es grave: el pueblo de Dios está «bajo una maldición». Eso significa que no sólo los ministros de Dios carecen de recursos, sino que a la nación en general se le niegan las bendiciones y la protección de Dios.

Ahora contrastemos estos duros castigos con las recompensas de la administración generosa y fiel:

- Dios abre las «compuertas del cielo» y derrama bendiciones.
- Dios protegerá nuestros «cultivos».
- *Todas* las naciones nos llamarán benditos.

Para resumir, cuando hagamos lo que se nos dice con respecto al diezmo, Dios nos recompensará abundantemente. Pero cuando no damos esa parte a Dios, no sólo ponemos en un compromiso las bendiciones de Dios en nuestra propia comunidad, sino que también perdemos la oportunidad de mostrar sus bendiciones al mundo que observa.

LA IGLESIA MÁS RICA EN LA HISTORIA

La obediencia a la Gran Comisión ha sido envenenada más regularmente por la afluencia que por ninguna otra cosa. —Ralph Winter

A los ricos de este mundo, mándales que no sean arrogantes ni pongan su esperanza en las riquezas, que son tan inseguras, sino en Dios, que nos provee de todo en abundancia para que lo disfrutemos. Mándales que hagan el bien, que sean ricos en buenas obras, y generosos, dispuestos a compartir lo que tienen. De este modo atesorarán para sí un seguro caudal para el futuro y obtendrán la vida verdadera. —1 Timoteo 6.17-19

Permíteme comenzar con las buenas noticias. Eres rico, somos ricos, y la iglesia en Estados Unidos es rica. Y ahora estoy seguro de que estás pensando que estoy equivocado, que tú no eres rico ni tampoco lo es tu iglesia. Pero quédate conmigo, porque la riqueza siempre se mide en términos relativos. ¡Prepárate para esta buena noticia! Si tus ingresos son de 25 mil dólares por año, ¡eres más rico que aproximadamente el 90 por ciento de la población del mundo! Si ganas 50 mil dólares por año, ¡eres más rico que el 99 por ciento del mundo![3] ¿Te sorprende? Recuerda: de los 6.7 mil millones de personas sobre la tierra, casi la mitad de ellas vive con menos de dos dólares por día. Si no te sientes rico, se debe a que te estás comparando con personas que tienen más dinero que tú; con quienes viven por encima de incluso la 99 parte del percentil de la riqueza global. También se debe a que tendemos a medir si somos ricos o no basándonos en las cosas que *no* tenemos. Si creemos que necesitamos una casa o apartamento más grande, un auto más bonito, más ropa o la capacidad de poder salir a cenar con mayor frecuencia, no nos sentimos «ricos». Una vez más, es todo relativo a nuestras expectativas. Cuando entiendes que el 93 por ciento de las personas del mundo ni siquiera poseen un auto,[4] tu viejo cacharro comienza a verse bastante bien. Nuestra dificultad está en que vemos nuestros estilos de vida estadounidenses como normativa, cuando de hecho están gravemente distorsionados comparados con el resto del mundo. No *creemos* que seamos ricos, y por eso no consideramos nuestra responsabilidad ayudar a los pobres. Somos engañados.

Es importante poner en perspectiva a la iglesia estadounidense. Dicho con sencillez, es la comunidad más rica de cristianos en la historia de la cristiandad. ¿Cuán rica? Los ingresos totales de los asistentes a iglesias estadounidenses son de 5.2 mil millones de dólares.[5] Sólo se necesitaría un poco más del 1 por ciento de los ingresos de los cristianos estadounidenses para sacar de la pobreza extrema a los mil millones de personas más pobres en el mundo.[6] Dicho de otra manera, los cristianos estadounidenses, que constituyen aproximadamente el 5 por ciento de la iglesia en todo el mundo, controlan cerca de la mitad de la riqueza global cristiana;[7] la falta de dinero no es nuestro problema.

Por tanto, como la nación más rica de cristianos en el mundo, ¿cómo nos va en cuanto a diezmar de nuestros ingresos? Aquí viene la mala noticia. Si definimos diezmar como dar un 10 por ciento o más de nuestros ingresos antes de deducir impuestos a la iglesia o a ministerios sin fin de lucro, *sólo aproximadamente el 5 por ciento de los hogares estadounidenses diezman.*[8] Si miramos a los cristianos «nacidos de nuevo» en Estados Unidos (quienes afirman haber hecho un compromiso personal con Cristo), el número de quienes diezman mejora hasta un 9 por ciento.[9] Para «cristianos evangélicos», aquellos que afirman que su fe tiene la mayor influencia sobre su vida y conducta, tan sólo un 24 por ciento diezma.[10] Dada nuestra relativa riqueza ¿podría ser que el restante 76 por ciento esté «robando a Dios» tal como se define y se condena en el libro de Malaquías? Escucha las palabras que utilizó Santiago para hablar a los cristianos ricos del primer siglo que acumulaban su dinero para gastarlo en ellos mismos:

> Ahora escuchen, ustedes los ricos: ¡lloren a gritos por las calamidades que se les vienen encima! Se ha podrido su riqueza, y sus ropas están comidas por la polilla. Se han oxidado su oro y su plata. Ese óxido dará testimonio contra ustedes y consumirá como fuego sus cuerpos. Han amontonado riquezas, ¡y eso que estamos en los últimos tiempos!... Ustedes han llevado en este mundo una vida de lujo y de placer desenfrenado. Lo que han hecho es engordar para el día de la matanza. (Santiago 5.1-5)

Por tanto, si no estamos diezmando ¿cuánto estamos dando? El donativo promedio de los miembros de la iglesia estadounidense en 2005 fue sólo del 2.58 por ciento de sus ingresos, aproximadamente un 75 por ciento menos que el estándar bíblico del 10 por ciento. Tristemente, a medida que han aumentado nuestros ingresos, nuestros donativos han disminuido de manera significativa. En 1933, en la cumbre de la Gran Depresión, los donativos alcanzaban una media del 3.3 por ciento, un 27 por ciento más de lo que dimos en 2005.[11] Pero esto es sólo la primera parte de la ecuación. Si miramos dónde va el dinero después de ser recibido por las iglesias, descubrimos que tan sólo aproximadamente el 2 por ciento va a las misiones de cualquier tipo en otros países, ya sean evangelísticas o para ayudar a los pobres. El otro 98 por ciento se queda allí, dentro de nuestras iglesias y comunidades.

> Lo fundamental es que el compromiso que los cristianos estadounidenses, los cristianos más ricos en toda la historia, están haciendo con el mundo es aproximadamente el 2 por ciento de un 2 por ciento: realmente unas *cinco milésimas de nuestros ingresos*.

Lo fundamental es que el compromiso que los cristianos estadounidenses, los cristianos más ricos en toda la historia, están haciendo con el mundo es aproximadamente el 2 por ciento de un 2 por ciento: *realmente unas cinco milésimas de nuestros ingresos*. En términos más sencillos, eso asciende aproximadamente a unos seis centavos por persona por día que damos mediante nuestras iglesias al resto del mundo: ¡*seis centavos*![13]

El punto de todas estas cifras es plantear la pregunta: ¿Y si? ¿Y si los cristianos estadounidenses sí llevasen los diezmos a la casa? ¿Cómo podría ser diferente la manifestación del reino de Dios en la tierra? Anteriormente relaté la historia de cuando yo estaba delante de mi congregación y les dije que Dios nos había dado trabajo que hacer pero que no habíamos dado suficiente dinero para hacerlo. Yo les pedí que hicieran una promesa adicional para patrocinar por completo el programa de misiones de nuestra iglesia. ¿Y si aplicáramos esa misma lógica a todas nuestras iglesias y cristianos?[14] Esto es lo que sucedería si todos pagásemos nuestro diezmo, es decir, el 10 por ciento de nuestros ingresos en lugar del 2.5 por ciento que realmente damos: *¡tendríamos 168 mil millones de dólares extra para emplear en patrocinar la obra de la iglesia en todo el mundo!*

Ahora bien, entiendo que las grandes cifras son difíciles de poner en perspectiva, así que permite que te ayude.

$168 mil millones	el dinero extra disponible si todos los estadounidenses que asisten a la iglesia diezmasen
$705 mil millones	cantidad que los estadounidenses gastan en entretenimiento y recreación[15]
$179 mil millones	cantidad gastada por adolescentes de edades entre 12-17 (2006)[16]
$65 mil millones	cantidad que gastamos en joyería (2008)[17]
$58 mil millones	cantidad gastada en billetes de lotería estatal (2007)[18]
$39.5 mil millones	total del presupuesto del gobierno de Estados Unidos de ayuda exterior para el mundo[19]
$31 mil millones	cantidad gastada en mascotas (2003)[20]

| $13 mil millones | cantidad que los estadounidenses gastan en cirugía cosmética (2007) [21] |
| $5 mil millones | total de ingresos de ministerios en el exterior para 700 agencias misioneras protestantes, incluyendo agencias denominacionales, interdenominacionales e independientes (2005) [22] |

Si cada estadounidense que asiste a la iglesia diezmase, literalmente podríamos cambiar el mundo. De hecho, como mencioné en el capítulo 13, 65 mil millones de dólares (menos del 40 por ciento de los 168 mil millones extra) podrían eliminar la pobreza más extrema del planeta para más de mil millones de personas.[23] La educación primaria universal para los niños costaría sólo 6 mil millones de dólares; el costo de llevar agua potable a la mayoría de los pobres del mundo se calcula que sería de 9 mil millones de dólares; y salud y nutrición básicas para todos en el mundo, 13 mil millones de dólares.[24]

¿Puedes comenzar a captar una visión no sólo de lo que eso significaría para los pobres del mundo, sino lo que haría para la imagen de los cristianos en el mundo? Imagina lo sorprendente que sería para el mundo que observa que los cristianos estadounidenses dieran tan generosamente que:

- pusieran fin al hambre en el mundo;
- resolvieran la crisis del agua potable;
- proporcionaran acceso universal a medicinas y cuidado médico para los millones que sufren de SIDA, malaria y tuberculosis;
- eliminaran prácticamente las más de 26 mil muertes infantiles diarias;[25]
- garantizasen educación para todos los niños del mundo;
- proporcionasen una red de seguridad para los cientos de millones de huérfanos en el mundo.

Piensa en la declaración que sería si los ciudadanos estadounidenses cristianos dieran el paso y donasen más que todos los gobiernos combinados porque tomaron a Jesús en serio cuando Él dijo que amásemos a nuestro prójimo como a nosotros a mismos. Los terroristas podrían tener más dificultad al reclutar a jóvenes para atacar a una nación tan compasiva. Muchos países ricos podrían ser avergonzados, o inspirados a seguir nuestro ejemplo. Quienes siguen otras religiones seguramente se maravillarían de lo que motiva a los cristianos a ser tan amorosos y generosos. La revolución social global del cuerpo de Cristo estaría en labios de cada ciudadano y en las páginas de todos los periódicos: de manera buena. El mundo vería el evangelio completo, las buenas noticias del reino de Dios, no sólo proclamado sino *demostrado*, por personas cuya fe no está vacía de obras, sino definida por el amor y respaldada por la *acción*. Venga tu reino, hágase tu voluntad como en el cielo, así también en la tierra. Este fue el evangelio completo que Jesús proclamó en Lucas 4, y si nosotros lo aceptásemos, literalmente lo cambiaría todo.

> El Espíritu del Señor está sobre mí,
>   por cuanto me ha ungido
>   para anunciar buenas nuevas a los pobres.
>
> Me ha enviado a proclamar libertad a los cautivos
>   y dar vista a los ciegos,
>   a poner en libertad a los oprimidos,
>   a pregonar el año del favor del Señor». (Lucas 4.18-19)

Esta es la visión que debería captar la imaginación de todo seguidor de Cristo y de toda iglesia. Y esta es la visión que puede hacer que nos elevemos por encima de lo que Isaías 1 llama nuestras «vanas ofrendas» (v. 13) y seamos verdaderamente sal y luz para el mundo.

Hagan brillar su luz delante de todos, para que ellos puedan ver las buenas obras de ustedes y alaben al Padre que está en el cielo. —Mateo 5.16

CAPÍTULO VEINTE

UNA CARTA A LA IGLESIA EN ESTADOS UNIDOS

La acción surge no del pensamiento, sino de una disposición a la responsabilidad.

—DIETRICH BONHOEFFER

Hace varios años, cuando leía el libro de Apocalipsis, me sorprendió la intensidad de las cartas a las siete iglesias en Asia. La que más me atrajo fue la última de las siete, la dirigida a la iglesia en Laodicea, porque de forma muy parecida a muchas iglesias en Estados Unidos, la iglesia en Laodicea era rica.

Laodicea era un importante centro de comercio y comunicación, situado estratégicamente en una calzada romana principal que se extendía desde Éfeso, en la costa, hacia el interior a Asia. Esta ciudad es famosa tanto por su industria bancaria como por su estupenda escuela de medicina. De hecho, allí se producía un ungüento muy conocido para los ojos. También se enorgullecía de producir una lana negra única y brillante, la cual creaba una gran riqueza para la ciudad. Eran incluso lo bastante ricos como para negarse a recibir ayuda de Roma cuando su ciudad sufrió un importante terremoto en el año 60 A.D. Y debido a que habían logrado prosperidad por sí mismos, Laodicea tenía la reputación de ser autosuficiente y orgullosa.

Pero por lo que a Dios respectaba, no tenían nada de lo que estar orgullosos. Él les dijo: «Conozco tus obras; sé que no eres ni frío ni caliente. ¡Ojalá fueras lo uno o lo otro! Por tanto, como no eres ni frío ni caliente, sino tibio, estoy por vomitarte de mi boca» (Apocalipsis 3.15-16).

En contraste con sus resplandecientes atributos, Laodicea también era conocida por la mala calidad de su agua. Por otra parte, la cercana Hierápolis era famosa por sus manantiales calientes, que afirmaban tener propiedades medicinales. La gente viajaba hasta allí diariamente para meterse en las aguas sanadoras. Colosas, otra ciudad vecina, era conocida también por sus aguas frías y puras. Un trago de los manantiales de Colosas era refrescante para más de un viajero en el calor del día. Pero las aguas de Laodicea se llevaban mediante acueductos y no eran ni frías ni calientes, sino tibias. Es interesante que cuando Cristo miró a su iglesia allí, esencialmente estaba diciendo que sus obras, al igual que sus aguas, eran tan tibias que no eran buenas ni para la sanidad espiritual ni para el refresco espiritual. ¿El resultado? «Estoy por vomitarte de mi boca» (v. 16). El Señor las encontró profundamente repugnantes.

INFELIZ, MISERABLE, POBRE, CIEGO Y DESNUDO

Si hubo alguna vez cinco adjetivos que no querríamos ver en una frase que describiese a nuestra iglesia en la actualidad, serían estos. Sin embargo, estas cinco palabras son las que el Señor escogió exactamente para describir a la iglesia en Laodicea: «Dices: "Soy rico; me he enriquecido y no me hace falta nada"; pero no te das cuenta de que el infeliz y miserable, el pobre, ciego y desnudo eres tú» (v. 17). ¿No es irónico que la «rica» Laodicea, a pesar de su engañosa afirmación de autosuficiencia, fuera realmente miserable y pobre? A pesar de su fina lana negra, estaban desnudos. Y a pesar de su afamado ungüento para los ojos, estaban ciegos. Se habían engañado a ellos mismos para pensar que Dios se agradaba de ellos y que su prosperidad era una señal segura de su favor.

El Señor les dijo que necesitaban desesperadamente ropas y el tipo de bálsamo para los ojos que solamente Él podía dar, y que Él se lo proporcionaría *si ellos se arrepentían*. Dios hizo la oferta, y entonces se quedó a su puerta y llamó, esperando que ellos le dejasen entrar: «Por eso te aconsejo que de mí compres oro refinado por el fuego, para que te hagas rico; ropas blancas para que te vistas y cubras tu vergonzosa desnudez; y colirio para que te lo pongas en los ojos y recobres la vista. Yo reprendo y disciplino a todos los que amo. Por lo tanto, sé fervoroso y arrepiéntete. Mira que estoy a la puerta y llamo. Si alguno oye mi voz y abre la puerta, entraré, y cenaré con él, y él conmigo» (vv. 18-20).

Cuando estudié esos versículos, no pude evitar hacer la aplicación a la iglesia actual. También nosotros estamos cómodos, somos ricos y autosuficientes. También nosotros creemos ciegamente que somos prósperos porque somos los «favoritos» de Dios. Estas obras son igual de «tibias» que las de la asamblea en Laodicea. Por tanto, me pregunté: ¿qué diría Cristo si tuviera que escribir una carta a la iglesia en Estados Unidos?

Medité en esto durante algunas semanas mientras me preparaba para hablar en una gran conferencia de Visión Mundial a nuestros donantes y pastores que nos apoyaban. Yo había decidido que mi tema sería «Una carta a la iglesia en Estados Unidos». Quería en realidad escribir esa carta, del tipo que yo imaginaba que Cristo podría escribirnos; pero batallaba una y otra vez por hacerlo, sin éxito. (No es fácil hablar con la voz de Dios.)

Y entonces lo entendí. Él *ya* nos ha escrito esa carta. Está en la Biblia; tan sólo tenemos que leerla y aplicarla. Por tanto, pasé varios días reuniendo versículos y recopilándolos con el estilo de una carta. Me doy cuenta de que esto violaba toda regla de una exégesis bíblica sana, pero creo que estarás de acuerdo en que funciona: nos habla con verdad y con claridad. A continuación está esa carta.

UNA CARTA A LA IGLESIA EN ESTADOS UNIDOS

El que tenga oídos, que oiga lo que el Espíritu dice a las iglesias. —Apocalipsis 2.7

Escribe al ángel de la iglesia en Estados Unidos:

Esto dice el que tiene las siete estrellas en su mano derecha y se pasea en medio de los siete candelabros de oro: Conozco sus obras. Viven con lujo y excesos, y tengo contra ustedes que han olvidado su primer amor. Ay de los que añaden casa a casa y unen campo a campo hasta que no queda espacio. Sin duda, las grandes casas quedarán desoladas, las lujosas mansiones quedarán sin ocupantes.

Pongan atención a sus caminos. Ustedes han plantado mucho, pero han cosechado poco. Comen pero nunca tienen suficiente. Beben pero nunca se sacian. Se visten pero no se calientan. Ganan su salario sólo para meterlo en una bolsa llena de huecos. Su riqueza se ha podrido, y la polilla se ha comido sus ropas. Su oro y su plata están oxidados. Su óxido testificará contra ustedes y se comerá su carne como fuego. Han acumulado su riqueza en los últimos tiempos. Dicen: «Soy rico; me he enriquecido y no me hace falta nada». Sin embargo, quienes son pobres a los ojos del mundo son ricos en fe. Yo los he escogido para heredar el reino que he prometido a quienes me aman. Por tanto, no se hagan tesoros en tierra donde la polilla y el orín destruyen, y donde los ladrones minan y roban. Pero háganse tesoros en el cielo, donde la polilla y el orín no destruyen, y donde los ladrones no minan y roban. Porque donde esté su tesoro, también estará su corazón. Busquen primeramente el reino de Dios y su justicia, y todas estas cosas les serán añadidas. Recuerden que yo, el Señor Jesucristo, aunque era rico, por causa de ustedes me hice pobre, para que mediante mi pobreza ustedes llegaran a ser ricos.

¿Por qué me llaman ustedes «Señor, Señor», y no hacen lo que les digo? No se contenten sólo con escuchar la palabra, pues así se engañan ustedes mismos. Llévenla a la práctica. ¿Quién es el que me ama? El que hace suyos mis mandamientos y los obedece.

Ya se les ha dicho lo que de ustedes espera el Señor: Practicar la justicia, amar la misericordia, y humillarse ante su Dios. Cualquier otro mandamiento, en esta sentencia se resume: Amarán a su prójimo como a sí mismo.

A los pobres siempre los tendrán con ustedes. Les mando que sean generosos con sus hermanos, los pobres y los menesterosos en su pueblo. Defiendan la causa del pobre y del huérfano. Mantengan los derechos del pobre y del oprimido.

Ahora hablemos del ayuno. No pueden ayunar como lo hacen hoy y esperar que su voz sea oída en las alturas. ¿Es tal el ayuno que yo escogí, que de día aflija el hombre su alma, que incline su cabeza como junco, y haga cama de cilicio y de ceniza? ¿Llamarán esto ayuno, y día agradable al Señor? ¿No es más bien el ayuno que yo escogí, desatar las ligaduras de impiedad, soltar las cargas de opresión, y dejar ir libres a los quebrantados, y que rompan todo yugo? ¿No es que partan su pan con el hambriento, y a los pobres errantes alberguen en casa; que cuando vean al desnudo, lo cubran, y no se escondan de su hermano? Si alguien que posee bienes materiales ve que su hermano está pasando necesidad, y no tiene compasión de él, ¿cómo se puede decir que el amor de Dios habita en él?

Ahora bien, vuélvanse a mí de todo corazón, con ayuno, llantos y lamentos. Rásguense el corazón y no las vestiduras. Vuélvanse al Señor su Dios, porque él es bondadoso y compasivo, lento para la ira y lleno de amor, cambia de parecer y no castiga.

Les insto a que vivan de manera digna del llamado que han recibido. Siempre humildes y amables, pacientes, tolerantes unos con otros en amor. No se amolden al mundo actual, sino sean transformados mediante la renovación de su mente. ¿Por qué gastan dinero en lo que no es pan, y su salario en lo que no satisface? Escúchenme bien, y comerán lo que es bueno, y se deleitarán con manjares deliciosos. Llamarán, y el Señor responderá; pedirán ayuda, y él dirá: «¡Aquí estoy!» Si desechan el yugo de opresión, el dedo acusador y la lengua maliciosa, si se dedican a ayudar a los hambrientos y a saciar la necesidad del desvalido, entonces brillará su luz en las tinieblas, y como el mediodía será su noche. Yo les saciaré en tierras resecas, y fortaleceré sus huesos. Serán como jardín bien regado, como manantial cuyas aguas no se agotan.

Por lo tanto, mis queridos hermanos, manténganse firmes e inconmovibles, progresando siempre en la obra del Señor, conscientes de que su trabajo en el Señor no es en vano.

—Jesús

PD: ¡Miren que vengo pronto! Traigo conmigo mi recompensa, y le pagaré a cada uno según lo que haya hecho.[1]

CAPÍTULO VEINTIUNO

POR QUÉ YA NO SOMOS TAN POPULARES

El movimiento del Jubileo no era un club de santos. Eran religiosos que estaban dispuestos a salir a la calle, ensuciarse los zapatos, hacer ondear sus proclamas y poner en acción sus convicciones. Esto realmente hizo difícil que personas como yo nos mantuviéramos a distancia. Era asombroso. Casi me empezó a gustar esta gente de iglesia.

—BONO, *EN MARCHA*

Procura vivir de tal manera que cuando mueras,
incluso la funeraria lo lamente.

—ANÓNIMO

Me gusta tu Cristo, no me gustan tus cristianos. Tus cristianos son muy distintos a tu Cristo.

—MOHANDAS GANDHI

Durante la mayor parte de mi vida, ser un «cristiano» se ha percibido como algo bueno en nuestra cultura. No recuerdo muchas connotaciones negativas relacionadas con la palabra. Durante años, de hecho, en cierta manera se suponía que la mayoría de las personas en Estados Unidos *eran* cristianas. Aún puedo recordar, poco tiempo después de hacer mi propio compromiso de seguir a Cristo a la edad de 23 años, hablar con entusiasmo a mi madre acerca de mi fe cristiana recién encontrada y preguntarle si también ella se consideraba cristiana. Ella respondió: «¿Acaso no lo es todo el mundo?»[1] Según su punto de vista, claro que todos eran cristianos; Estados Unidos era cristiano. *Cristiano*, después de todo, era sinónimo de «personas buenas», y los estadounidenses son personas buenas. Todo el mundo quería ser «cristiano» en tiempos pasados.

Pero ahora la impresión es que eso ha cambiado. En los últimos treinta años, la palabra *cristiano* y aún más la palabra *evangélico*, ha llegado a relacionarse con una batalla ideológica que se libra en nuestro país, a veces denominada «guerra cultural». Movidos por la legalización del aborto en *Roe contra Wade*, y una creciente preocupación por las consecuencias de la revolución sexual, la generalización del divorcio y el aumento de la agenda política homosexual, los cristianos conservadores han «ido a la guerra» con la cultura popular, participando cada vez más en la política e intentando obtener una parte del foco de atención en los medios de comunicación. Esta batalla de treinta años y el mordaz debate que ha producido han hecho estragos en la imagen anteriormente positiva de los cristianos, y especialmente de los evangélicos en nuestra sociedad.

Se ha escrito mucho al respecto, y yo no intentaré repetirlo todo aquí. Sin embargo, diré que la «marca» cristiana, tal como la perciben aquellos que están en el exterior y no se consideran cristianos, ha recibido una paliza. Según investigadores del grupo Barna, en 1996, el 85 por ciento de los «de fuera» (individuos que no tenían fuertes convicciones religiosas ellos mismos) seguían teniendo sentimientos favorables hacia el papel del cristianismo en la sociedad. Pero unos diez años después, sólo el 16 por ciento de ellos tenía una buena impresión del cristianismo. Peor aún, sólo el 3 por ciento tenía una impresión favorable de los «evangélicos», ¡con un 49 por ciento diciendo tener una mala impresión![2] Uno de los entrevistados lo expresó de la siguiente manera: «La mayoría de las personas que conozco suponen que cristiano significa muy conservador, encerrado en su modo de pensar, antigay, antiopciones, enojado, violento ilógico, constructores de imperios; quieren convertir a todo el mundo, y en general no pueden vivir en paz con nadie que no crea lo que ellos creen».[3]

¡Vaya! Esto es algo serio. Si estamos intentando alcanzar con el mensaje positivo del evangelio, las *buenas* noticias, a quienes no han aceptado la fe cristiana, tenemos un importante problema con nuestro mensaje o con nuestra metodología; ¡o con ambos! Para ayudarte a entender mejor cómo la fe cristiana se percibe por parte de los de fuera (y también de los de «dentro»), he reproducido una de las tablas clave de la encuesta Barna, en la que se basa un reciente libro titulado *UnChristian*.

La lucha de los jóvenes asistentes a la iglesia[4]

Pregunta: A continuación hay algunas palabras o frases que la gente podría utilizar para describir la fe religiosa. Por favor, indique si cree que cada una de estas frases describe el cristianismo actual.		
Entre estadounidenses de 16-29		
	Fuera	Asistentes
Antihomosexual	91%	80%
Crítico	87	52
Hipócrita	85	47
Anticuado	78	36
Demasiado implicado en política	75	50
Sin contacto con la realidad	72	32
Insensible hacia otros	70	29
Aburrido	68	27
No acepta otras creencias	64	39
Confuso	61	44

Puede que al leer esto te sientas inclinado a decir que no es verdad, que los cristianos no son así y que quienes están fuera no lo han entendido. Eso es normal. A lo largo de mis años como director haciendo evaluaciones de rendimiento, aprendí que mi personal con frecuencia no estaba de acuerdo con mis evaluaciones de sus conductas y sus logros. Algunos hasta negaban que mis diversas afirmaciones fuesen precisas, y terminábamos desperdiciando mucho tiempo debatiendo si mis opiniones y las opiniones de sus compañeros de trabajo eran correctas. Ahora les explicó una verdad sencilla pero convincente: *percepción es realidad*. En otras palabras, puede que tú no pienses que eres de esta o aquella manera, pero si es así como los demás te perciben, entonces tienes que cambiar la realidad o la percepción; o ambas. Si miras la lista de características atribuidas a los cristianos por parte de los de fuera, ellos pintan un cuadro muy poco halagador y sugieren que cualquier cosa que hayamos estado haciendo, correcta o incorrecta, justificada o no, ha sido mal percibida. Si queremos representar lo atractivo de Cristo y de su evangelio, necesitamos cambiar esa percepción.

Los datos también sugieren que hemos llegado a ser definidos por las cosas *contra* las que estamos en lugar de aquellas de las que estamos *a favor*. Se nos ha considerado *en contra* de la homosexualidad y el matrimonio entre personas del mismo sexo, *en contra* de la pornografía y la promiscuidad sexual, *en contra* del consumo de alcohol y de drogas, el aborto, el divorcio, el islam, la evolución... *incluso* en contra de quienes creen que el calentamiento global es una amenaza. ¿Puede ser porque la gente tiene el sentimiento de que los estamos juzgando y mirándolos con desprecio con un sentimiento de superioridad moral?

Quizá la cosa peor que ser percibidos como críticos es hacerlo hipócritamente. Una cosa es juzgar cuando realmente se puede demostrar superioridad moral, pero otra cosa totalmente distinta es hacerlo cuando es culpable precisamente de las cosas que se condenan en los demás. Todo el mundo odia a un hipócrita, y nosotros hemos sido hipócritas.

Basándonos en un estudio publicado en 2007, descubrimos que la mayor parte de las actividades en el estilo de vida de los cristianos nacidos de nuevo eran estadísticamente equivalentes a las de quienes no son nacidos de nuevo... Los creyentes nacidos de nuevo tenían la misma probabilidad de apostar o jugar, de visitar una página web pornográfica, de agarrar algo que no les pertenece, de consultar a un adivino, de pelearse físicamente o abusar de alguien, de haber consumido demasiado alcohol para ser considerados legalmente borrachos, de haber consumido un medicamento ilegal y sin receta, de haber dicho algo a alguien que no era verdad, de haber tomado represalias contra alguien por algo que esa persona hizo, y de haber dicho cosas malas a espaldas de otra persona. Ninguna diferencia.

Un estudio que realizamos examinaba la participación de los estadounidenses en algún tipo de conducta sexual inadecuada, incluyendo ver pornografía en
línea, ver revistas o películas explícitamente sexuales, o tener un encuentro
sexual íntimo fuera del matrimonio. En general, descubrimos que un 30 por
ciento de los cristianos nacidos de nuevo admitió al menos una de estas actividades en los últimos treinta días, comparado con el 35 por ciento de otros
estadounidenses. En términos estadísticos y prácticos, esto significa que los dos
grupos esencialmente no son distintos el uno del otro.[5]

¿Podría ser esa la razón de que Jesús nos dijera que no juzguemos a otros? Él
predicó: «No juzguen, y no se les juzgará. No condenen, y no se les condenará.
Perdonen, y se les perdonará» (Lucas 6.37). Pero cuando leo la lista de percepcio-
nes que la gente tiene de los cristianos, no puedo evitar observar lo contrarios que
son estos atributos de los que Jesús enseñó, ¡por no mencionar los que vemos en
su propia vida! Comparemos...

Percepciones de los cristianos	*Atributos de Cristo*
Antihomosexual	Amoroso con todos
Crítico	Perdonador
Hipócrita	Genuino
Anticuado	Revolucionario
Demasiado implicado en política	Implicado en la gente
Sin contacto con la realidad	Veraz y consciente
Insensible a los demás	Amoroso
Aburrido	Radical
No acepta otras creencias	Atrayente para miembros de otras creencias
Confuso	Sencillo para presentar la verdad

Jesús nos mostró otro camino. *No* odien al pecador, pero *sí* muéstrenle amor.
No sean críticos, pero *sí* ofrezcan perdón. En una sola frase, los «sí» de nuestra fe son mucho más poderosos que los «no». Si queremos verdaderamente
hacer brillar nuestra luz delante del mundo, debe ser por medio de esos sí que el

mundo encuentra tan atractivos. El mundo del siglo primero quedó sorprendido por Cristo debido a lo que Él *hizo*: Jesús sanó a los enfermos, amó a los pobres, tocó a los leprosos, defendió a los marginados, perdonó a los pecadores, condenó a los hipócritas religiosos, comió con prostitutas y corruptos recaudadores de impuestos, desafió a los ricos y los poderosos, luchó por la justicia para los oprimidos, desafió a su cultura, renunció al materialismo, demostró que la grandeza se encuentra en el servicio, y después murió para que otros pudieran vivir. Esos actos, realizados por un sólo hombre, cambiaron el mundo.

Esos mismos actos, cuando son llevados a cabo por sus seguidores, siguen cambiando el mundo en la actualidad.

No se contenten sólo con escuchar la palabra, pues así se engañan ustedes mismos. Llévenla a la práctica. —Santiago 1.22

CAPÍTULO VEINTIDÓS

HISTORIA DE DOS IGLESIAS REALES

*Ir a la iglesia no te convierte en cristiano más de lo que te convierte en un
auto quedarte en un garaje.*

—BILLY SUNDAY

*Escribe al ángel de la iglesia de Tiatira: Esto dice el Hijo de Dios,
el que tiene ojos que resplandecen como llamas de fuego
y pies que parecen bronce al rojo vivo: Conozco tus obras,
tu amor y tu fe, tu servicio y tu perseverancia, y sé que tus últimas obras
son más abundantes que las primeras.*

—APOCALIPSIS 2.18-19

LA IGLESIA MÁS BAUTISTA DEL SUR EN EL MUNDO

*Esto no fue algo que nosotros escogimos. Es algo que Dios puso en nuestro camino.
Dondequiera que Él guíe, le seguiremos.* —John Thomas, pastor, Fish Hoek
Baptist Church

En 1999, el pastor John Thomas escuchó una sorprendente estadística en la reunión de un ministro local. El 44 por ciento[1] de la población de Masiphumelele, una comunidad de barrios bajos de inmigrantes de raza negra, incrustado cerca de la diminuta ciudad costera de Fish Hoek, Sudáfrica, eran seropositivos. Este elevado porcentaje dejó perplejo al pastor Thomas, cuya iglesia predominantemente de raza blanca de unos 315 miembros era poco consciente del impacto del SIDA en su propio medio. Sólo cinco años después del final del apartheid, las relaciones entre negros y blancos seguían siendo tensas en Sudáfrica, un país que ahora tenía más infecciones por VIH que cualquier otro país en el mundo. Thomas fue provocado. Pensó: *¿Cómo podré estar delante de Dios en el día del juicio dándome cuenta de que no he hecho nada en cuanto al problema más grande que está en nuestra puerta?*

El inquieto pastor decidió compartir su corazón en su iglesia, y nada ha sido igual desde entonces. La iglesia Fish Hoek Baptist ahora es conocida en toda la ciudad como «la iglesia que se interesa». Actualmente, casi diez años después, el ministerio contra el SIDA de la iglesia Fish Hoek Baptist, conocido como Living Hope, tiene un presupuesto de 1.2 millones de dólares al año y un personal a tiempo completo de 147 personas. Por comparación, el presupuesto anual de la iglesia es sólo de 300 mil dólares con un personal de diez personas. El ministerio contra el SIDA ahora eclipsa a la iglesia en tamaño y en alcance.

Conocí al pastor Thomas en 2007 en la Cumbre Global de Liderazgo de Willow Creek en Chicago, donde la iglesia Fish Hoek Baptist había sido elegida como la primera ganadora del premio Liderazgo Valiente, un honor presentado por Willow Creek y Visión Mundial a la iglesia cuyo ministerio contra el SIDA personificase más excelencia, compasión, creatividad y el amor de Cristo. El premio tiene la intención no sólo de reconocer a congregaciones que estén realizando un increíble trabajo en la prevención y el cuidado del SIDA, sino también inspirar a otras iglesias a hacer lo mismo. El pastor Thomas me invitó a visitar Living Hope para ver por mí mismo el efecto que su ministerio contra el SIDA está teniendo en su sociedad.

En febrero de 2008 cumplí con su invitación y descubrí que lo que quizá fue más sorprendente era la mera extensión de su visión. Living Hope engloba prácticamente cada dimensión del impacto del SIDA en las vidas de los pobres. Se ha establecido una iglesia hermana en el corazón de Masiphumelele para proporcionar una presencia espiritual permanente y accesible para la comunidad. Se ha construido una clínica con 20 camas, Living Hope Health Care Centre, para tratar los casos más graves de SIDA, dotada con un personal de trabajadores y consejeros del cuidado médico. Al lado del centro está el ministerio Living Way, donde grupos de apoyo a seropositivos pueden reunirse, y hombres y mujeres pueden recibir formación en trabajos manuales para que puedan sostenerse a sí mismos económicamente después de dejar la clínica. Debido a que los pacientes reciben terapia con medicamentos antirretrovirales, la mayoría de ellos se recuperan y entran de nuevo en sus comunidades. (Un miembro del personal dijo: «La caridad tiene su lugar, pero no es sostenible».) Al otro lado de la calle hay una tienda que vende algunas de las manualidades y la bisutería fabricadas por las mujeres de Living Hope.

Más adelante y en medio de la parte más pobre de Masiphumelele, visitamos una clínica médica comunitaria con personal de muchos voluntarios y consejeros laicos de Living Hope.

Ese personal se reúne con miembros de la comunidad que están a punto de hacerse análisis de VIH, y también con quienes reciben los resultados de sus análisis. Los consejeros de la clínica son literalmente las manos y los pies de Cristo para individuos que oyen por primera vez que son seropositivos. Después de que los pacientes reciben la aterradora noticia, el personal de la clínica les aconseja y ora con ellos, los conecta con tratamientos disponibles y les ayuda a comenzar a vivir positivamente con la enfermedad. Hay incluso una clínica prenatal que ayuda a las mujeres seropositivas en sus embarazos, asegurándose de que sus bebés nazcan sin el VIH. Pumla, una de las consejeras laicas, me dijo: «Living Hope me mostró que si uno es cristiano, tiene que practicar lo que predica. La Palabra de Dios ha cambiado mi vida». (Pumla se convirtió en cristiana mediante este mismo ministerio.) Otro miembro del personal, Bongani, se acercó a Pumla el año pasado, estando embarazada y siendo seropositiva. Estaba muy enferma, y durante el embarazo la cuidaron asistentes en su casa, también enviados por Living Hope. Pumla la aconsejó a lo largo del embarazo, y su bebé nació sano. Actualmente, Bongani es una facilitadora de un grupo de apoyo que aconseja a otras mujeres que están en la misma situación que ella afrontó.

Contra el SIDA se lucha mejor con *prevención*, y por eso Living Hope ha dado formación a un ejército de educadores prácticos que van a la comunidad para trabajar, especialmente con jóvenes. Esta es una comunidad llena de consumo de drogas, pandillas, prostitución, violación y alcoholismo. Hablando sobre la terrible situación de los jóvenes en esos barrios bajos, el pastor Thomas dice: «No hay sueños. Es la pobreza de la mente». De ahí que la educación comience en las guarderías y ayude a los niños a tomar decisiones sabias.

Living Hope comenzó inicialmente su consejería en la secundaria, pero enseguida se dieron cuenta de que tenían que empezar mucho antes. En la oscuridad de la pobreza, niños de seis o siete años puede que tengan problemas de drogas y alcohol. El 70 por ciento de los jóvenes de sexto y séptimo grado son sexualmente activos. El pastor Thomas relata la historia de una chica de 14 años que le dijo por qué había llegado a ser activa sexualmente tan joven. Sin nada hacia dónde mirar en el futuro, ningún trabajo futuro ni oportunidad, sus amigas le dijeron que el sexo era bueno, y que era divertido. Ella, como las demás, veía un futuro sin empleo, sin educación y sin esperanza. Le dijo: «Decidí practicar sexo tanto como pudiera. Afortunadamente, tendré SIDA cuando tenga quince años y estaré muerta antes de llegar a los veinte. Y, pastor, estoy en el camino».

Mientras estábamos en Fish Hoek, también pudimos visitar el ministerio de la iglesia Fish Hoek Baptist para las personas sin hogar y el esfuerzo de ayuda que estaban emprendiendo en una zona destruida semanas antes por un incendio. Huellas de esta iglesia eran evidentes dondequiera que íbamos. Literalmente estaban transformando su cultura, superando barreras raciales y económicas y llevando esperanza a algunos de los lugares más oscuros que yo haya visto nunca. El pastor Thomas era sincero en cuanto a las luchas que ellos afrontaban. Algunos en la iglesia no eran tan entusiastas con respecto a su visión, y había divisiones, que con frecuencia le llevaban a preguntarse si podría seguir adelante con su trabajo. Había también lo que él denominaba «fatiga del SIDA»; no es fácil enfrentarse a la oscuridad del SIDA y de la pobreza cada día. Este pastor cansado reconoce que es una constante lucha y que ha sido difícil hacer que otras iglesias participen. ¿Por qué? Él dice: «Este no es el evangelio de la prosperidad».

Afortunadamente, Living Hope tiene siete misioneros voluntarios de Estados Unidos y Canadá, y cerca de ocho iglesias en Estados Unidos colaboran con ellos regularmente, enviando más voluntarios. La iglesia Brentwood Baptist en Tennessee ha sido un colaborador especialmente importante para ellos.

Mientras tanto, Fish Hoek Baptist, esta pequeña iglesia cerca del final del planeta, ha atraído la atención del mundo. John Thomas ha sido invitado a la Casa Blanca para ser elogiado por su trabajo por el presidente Bush mismo. USAID ha otorgado a su ministerio su apoyo económico, y el gobierno estatal y local incluso les ha pedido, a una iglesia cristiana, ¡que tomen en consideración hacerse cargo de la dirección de algunas partes de la infraestructura médica del gobierno! ¿Por qué? Porque esta única congregación escogió no pasar al lado «del mendigo que estaba en su puerta» sino detenerse, en cambio, para ministrarle el amor de Cristo. No hay ningún vacío en su evangelio; ellos están transformando su comunidad, cambiando vidas, mostrando a la gente el amor de Cristo y llevando las buenas nuevas a los pobres. El de ellos es el evangelio *completo*, y tiene un gran poder. Su visión audaz provoca la imaginación de lo que podría ser si una décima parte de nuestras iglesias se entregasen al mundo, como ellos lo han hecho.

UNA MEGAIGLESIA, CON 120 MIEMBROS

Una iglesia que vive dentro de sus cuatro paredes no es iglesia en absoluto. —Pastor Morgan Chilulu

En caso de que pienses que sólo las iglesias ricas pueden ser sal y luz para el mundo, y que sólo las iglesias grandes realmente pueden marcar una diferencia, permite que te ayude: *sencillamente eso no es cierto.* Como estadounidenses, tendemos a impresionarnos con la grandeza. Dios no. Siempre me ha gustado el dicho: «En la lucha, no es el tamaño del perro lo que importa; es el tamaño de la lucha en el perro». La iglesia Christian Family es un perro pequeño *llena* de lucha.

Esta iglesia de unos 120 miembros está situada en una transitada carretera en Kamfinsa, Zambia, en el sureste de África. La congregación se reúne en un modesto edificio de trozos de maderas, cemento y chapa de zinc. Veinte bancos de madera y una sencilla cruz de pino, todos hechos a mano por un joven huérfano llamado Milton, que se crió en la iglesia, definen el austero santuario. Una única bombilla cuelga de un cable desde arriba.

La iglesia Christian Family comenzó a finales de los años setenta, y se vio rodeada por el aumento de la pandemia del SIDA en los ochenta y los noventa. Con vergüenza en su voz, el pastor Morgan Chilulu me dijo: «Considerábamos ser seropositivo como algo negativo. Relacionábamos el VIH con el pecado. Decíamos que la gente no estaba viviendo correctamente delante de Dios. Nuestra iglesia alejaba a la gente». Pero en 2003, Visión Mundial invitó a Chilulu y a otros treinta pastores a un taller para ayudar a iglesias africanas a manejar el impacto del SIDA en sus comunidades. Él dijo: «Tuvo un gran impacto. La Biblia dice: "No juzgues", y nosotros estábamos alejando a la gente de Dios. Ahora estamos recuperando personas». El taller fue un llamado a la acción para el pastor Chilulu, y transformó su visión para la iglesia Christian Family. Me dijo: «Ahora nuestra visión es capacitar a creyentes. Esta iglesia tiene 120 miembros pero somos una megaiglesia».

¿Cómo transformó él a su congregación con prejuicios? En primer lugar, tuvo que tratar el estigma que rodeaba al VIH y al SIDA. Les desafió a sus feligreses a que vieran a los seropositivos como Dios los veía. La iglesia comenzó a organizar equipos de seis miembros para servir a personas afectadas por el SIDA. Uno de los miembros del equipo dijo: «Antes, cuando yo veía a personas que estaban infectadas pensaba: *Que se queden como están*. Ahora sé que somos iguales. Aunque yo no esté infectado, estoy afectado. Ahora tengo compasión por ellos. Soy una persona diferente». Y la iglesia es ahora una iglesia diferente. Los equipos van a la comunidad para visitar y ocuparse de viudas y huérfanos. Se organizan recorridos semanales de tal manera que nadie quede fuera. La iglesia prepara comidas para los enfermos y los huérfanos, y también ofrece consejería. Los miembros de los equipos también limpian casas y se ocupan de los niños, y quienes tienen formación en medicina básica ofrecen cuidado en la casa a los enfermos, equipados con botiquines proporcionados por iglesias de Estados Unidos. La iglesia también conectó a pacientes de SIDA con los medicamentos antirretrovirales disponibles por medio del gobierno. Si los pacientes están demasiado enfermos para viajar, los equipos les llevan las medicinas. Personas que se estaban muriendo ahora se están poniendo bien. Las madres siguen estando vivas para criar a sus hijos. Y la esperanza está siendo restaurada.

Pero ahora que esas personas están recuperando sus fuerzas, necesitan un medio para vivir, y por eso la iglesia se ha extendido para equiparlos en su comunidad llena de pobreza. Milton, el joven que amuebló la iglesia, ahora enseña carpintería a otros, y se venden sus productos al lado de la autopista a quienes pasan. Al ser él mismo huérfano, Milton entiende la desesperanza. Pero ahora, lleno de entusiasmo por su trabajo, dice: «Quiero dejar un legado. Cuando muera, espero que se recuerde lo que hicimos».

La iglesia también ha comenzado negocios de soldadura para formar a jóvenes en el mercado y también para ganar dinero y sostener los otros ministerios de la iglesia. Para comprar los materiales que necesitaban, la congregación realizó una campaña para recaudar fondos. Sacrificialmente, esta modesta iglesia recaudó un millón de *kwacha*, aproximadamente 300 dólares, para comenzar el negocio de soldadura. Después comenzaron a criar pollos, algo en lo que podían participar las viudas y los niños. Una escuela infantil, llena de las voces de los niños, está justamente enfrente de la iglesia, educando a muchos de los huérfanos locales y dando a algunas de las madres de la comunidad un respiro necesario en sus responsabilidades de criar a sus hijos. El siguiente sueño del pastor Chilulu es una granja que proporcionará alimentos adecuados a toda la comunidad.

El pastor Chilulu rebosaba de entusiasmo cuando hablaba sobre su visión para su iglesia; pero también estaba emocionado por las otras iglesias en su comunidad que ahora se habían reunido. Me mostró una sofisticada estrategia de 35 páginas a cinco años vista que había sido preparada por treinta iglesias en la región para abordar el impacto del SIDA. Me dijo: «Todas las iglesias se han hecho una. No hay pentecostales; no hay evangélicos; no hay adventistas. Treinta iglesias se han unido. Ahora, treinta iglesias están hablando el mismo idioma. Ahora trabajamos juntos sin ninguna pelea». Aquí está el cuerpo de Cristo en un rincón pobre del mundo aceptando el evangelio completo, tomando posiciones contra la pandemia del SIDA y llegando a quienes sufren y a los perdidos en su propia comunidad. La iglesia en Zambia está saliendo de sus cuatro paredes para ser las manos y los pies de Cristo para los necesitados que hay en medio de ellos. Verdaderamente están encendiendo una luz en la oscuridad.

La iglesia Christian Family misma está en desventaja. La mayoría de sus 120 miembros son transitorios, personas que pasan buscando trabajo. Llegan, y unos meses después se han ido. Pero en lugar de considerar esto como algo negativo, el pastor Chilulu tiene una perspectiva mayor. «Es bueno que la gente venga y se vaya. Quienes pasan por esta iglesia nunca son iguales. Quizá tomen nuestras ideas y enseñen a otros. Lo que ellos aprenden aquí, lo llevan a otras iglesias. Uno nunca sabe qué semillas podría estar plantando. Podrían brotar en otro lugar».

Ciertamente, así podría ser.

Nuestro momento decisivo

Así que somos embajadores de Cristo, como si Dios los exhortara a ustedes por medio de nosotros. —2 Corintios 5.20

Hay unas 340,000 iglesias cristianas en Estados Unidos y aproximadamente 155 millones de personas que asisten regularmente a las mismas.[2] Piensa en esas cifras por un momento. Piensa en las posibilidades. Piensa en los recursos.

Piensa en el potencial para cambiar el mundo si todos los que asisten a esas iglesias se «activasen» y elevasen su compromiso de amar a su prójimo a un nivel nuevo y aún más alto. Dije al comienzo de esta sección que muchas de nuestras iglesias ya están haciendo cosas increíbles en este momento en nuestro propio país y en todo el mundo. Muchos cristianos ya están dando su tiempo, su dinero y utilizando sus talentos para servir a Dios y a su prójimo. No digo que no estemos haciendo nada, sólo que podríamos hacer mucho más. Con respecto a los cristianos estadounidenses, la cuestión no es, como dice el dicho, el tamaño del perro en la lucha. Claramente, la iglesia estadounidense es un «perro» muy grande. ¿Pero de qué tamaño es la *pelea* en nuestro perro? ¿Estamos peleando la batalla buena para ser fieles administradores de la abundancia que Dios nos ha confiado, o espera Él *más* pelea de nosotros? ¿Estamos peleando duro a favor de los pobres; es decir, estamos dando todo lo que tenemos? Estas son las preguntas que debemos hacer no sólo de nuestras iglesias, sino también de nosotros como individuos. Y no son fáciles de responder.

> La cuestión no es, como dice el dicho, el tamaño del perro en la lucha. Claramente, la iglesia estadounidense es un «perro» muy grande.

Hay mucho en juego. El mundo en el que vivimos está bajo asedio: tres mil millones son desesperadamente pobres, mil millones tienen hambre, millones están en el tráfico de esclavitud humana, diez millones de niños mueren sin necesidad cada año, guerras y conflictos están haciendo estragos, se están extendiendo pandemias, arde el odio étnico y aumenta el terrorismo. La mayoría de nuestros hermanos y hermanas en Cristo en el mundo en desarrollo viven en la miseria absoluta. Y en medio de todo esto está la iglesia de Jesucristo en Estados Unidos, con recursos, conocimiento y herramientas sin igual en la historia de la cristiandad. Creo que estamos al borde de un momento decisivo. Tenemos que tomar una decisión.

Cuando los historiadores echen la vista atrás en cien años, ¿qué escribirán acerca de esta nación de 340,000 iglesias? ¿Qué dirán de la respuesta de la iglesia a los grandes desafíos de nuestro tiempo: SIDA, pobreza, hambre, terrorismo, guerra? ¿Dirán que aquellos auténticos cristianos se levantaron con valentía y respondieron a la marea del sufrimiento humano, que se apresuraron a pasar al frente para consolar a los afligidos y apagar las llamas del odio? ¿Escribirán de un derramamiento sin precedentes de generosidad para satisfacer las urgentes necesidades de los más pobres del mundo? ¿Hablaran del liderazgo moral y la visión fascinante de nuestros líderes? ¿Escribirán que este momento, el comienzo del siglo XXI, fue el mejor periodo de la iglesia?

¿O mirarán atrás y verán una iglesia demasiado cómoda, aislada del dolor del resto del mundo, vacía de compasión y vacía de obras? ¿Escribirán sobre un pueblo que se quedó al margen y observó mientras cientos de millones morían de SIDA y cincuenta millones de niños quedaron huérfanos, de cristianos que vivían en lujos y autocomplacencia mientras millones morían por falta de comida y de agua? ¿Leerán los escolares con disgusto sobre una iglesia que tenía la riqueza para construir estupendos santuarios pero carecía de la voluntad para construir escuelas, hospitales y clínicas? En pocas palabras, ¿seremos recordados como la iglesia con un gran vacío en su evangelio?

Yo creo que hay mucho más en juego que la economía global o las misiones globales. Hay más en riesgo incluso que las vidas de los pobres y los huérfanos. El corazón y el alma de la iglesia de Jesucristo, la integridad misma de nuestra fe y nuestra relevancia en el mundo, cuelgan en la balanza.

El Evangelio de Marcos habla de un notable encuentro entre Jesús y un leproso. En esta breve historia tenemos un destello del modo en que Dios quiere que tratemos a los enfermos, los quebrantados y los marginados en nuestro mundo. Vemos las «buenas nuevas» manifestadas.

El leproso estaba enfermo y era pobre. Vivía su vida aislado de quienes estaban sanos. Este hombre estaba marginado, separado, devaluado. Las personas sanas creían que quienes tenían lepra eran pecadores y sus aflicciones eran un castigo de Dios. Que este hombre se atreviera siquiera a acercarse a Jesús era escandaloso. Los leprosos eran «inmundos» e intocables. Pero su sufrimiento y su desesperada necesidad le impulsaron. Él se acercó a Jesús «y de rodillas le suplicó: Si quieres, puedes limpiarme» (1.40).

De rodillas le suplicó. ¿Puedes sentir la angustia en el alma de este hombre cuando clama pidiendo ayuda? Los discípulos quedaron sin duda aterrados porque aquel hombre inmundo se acercase a su maestro. Cualquier otro rabino no habría estado dispuesto a contaminarse ceremonialmente por algún contacto con un leproso. Pero Jesús hizo lo *impensable* al *intocable*: «Movido a compasión, Jesús extendió la mano y tocó al hombre» (v. 41).

¿Captaste eso? El corazón de Jesús no estaba lleno de indignación,
> de temor,
>> de odio,
>>> de juicio,
>>>> de indiferencia,
>>>>> de enojo o
>>>>>> de condescendencia.

Jesús estaba lleno de *compasión*. Respondió: «Sí quiero. ¡Queda limpio!» (v. 1). Y la Biblia nos dice que el hombre que antes fue leproso quedó curado.

Si quieres... Esta misma petición está delante de cada seguidor de Cristo en la actualidad.

¿Queremos?

¿Cómo responderá la iglesia de Jesucristo a los «leprosos» que hay en medio de nosotros: los pobres, los enfermos y los oprimidos, en nuestro país y en nuestro mundo? *¿Queremos* nosotros, como Cristo, responder con compasión y urgencia a quienes sufren? *¿Queremos?* ¿Tenemos el tipo de fe, la valentía moral, la profundidad de amor y la fuerza de voluntad para levantarnos de nuestros cómodos bancos y demostrar las buenas nuevas al mundo?

De una manera o de la otra, este será nuestro momento decisivo.

PARTE 5

REPARAR EL VACÍO

*Nunca dude de que un pequeño grupo de ciudadanos conscientes
y comprometidos puede cambiar el mundo; ciertamente,
es lo único que lo ha hecho.*

—MARGARET MEAD

La creación aguarda con ansiedad la revelación de los hijos de Dios.

—ROMANOS 8.19

CAPÍTULO VEINTITRÉS

¿QUÉ VAS A HACER AL RESPECTO?

La visión sin acción es sólo un sueño. La acción sin visión sólo pasa el tiempo. La visión con acción puede cambiar el mundo.

—JOEL BARKER

La probabilidad de que podamos fracasar en la batalla no debiera evitar que apoyemos una causa que creemos que es justa.

—ABRAHAM LINCOLN

Hasta aquí he empleado veintidós capítulos argumentando el caso de que hay un vacío en nuestro evangelio y que, como resultado, hemos aceptado una perspectiva de nuestra fe que es demasiado mansa e insulsa. De hecho, hemos reducido el evangelio a una mera transacción que implica las creencias correctas en lugar de ver en él la capacidad para cambiar el mundo. He pintado un cuadro de un mundo que arde con violencia, pobreza, injusticia, enfermedad, corrupción y sufrimiento humano; un mundo que necesita una revolución. Pero también he intentado dejar claro por la Escritura que el evangelio completo, la revolución social misma que Jesús quiso a medida que su reino se desplegaba «en la tierra como en el cielo», nos ha sido confiado a *nosotros*, aquellos que afirmamos seguir a Cristo. Jesús busca un nuevo orden mundial en el cual este evangelio completo, marcado por la compasión, la justicia y la proclamación de las buenas nuevas, se convierta en realidad; primero en nuestros corazones y mentes, y después en el mundo en general por medio de nuestra influencia. No debe ser un reino lejano y distante para experimentarlo sólo en la vida venidera. La visión de Cristo era de un orden mundial redimido y poblado por personas redimidas: *ahora*. Para lograrlo, nosotros tenemos que ser sal y luz en un mundo oscuro y caído, la «levadura» que le leuda toda la masa de pan (toda la sociedad). Nosotros somos a quienes Dios ha llamado a ser su iglesia. Nos corresponde a nosotros. *Nosotros* tenemos que ser el cambio.

Pero un mundo cambiado requiere *agentes de cambio*, y los agentes de cambio son personas que primero han sido cambiadas ellas mismas.

Durmiendo en Getsemaní

Es difícil creer que sólo once de los discípulos de Jesús, y particularmente esos hombres, realmente cambiaron el mundo. ¿Recuerdas la noche antes de su crucifixión? Jesús los había llevado al huerto de Getsemaní. Les había pedido que velasen mientras Él oraba. Se nos dice que cuando Jesús clamaba a Dios, «comenzó a sentir temor y tristeza» (Marcos 14.33-34). Si hubo alguna vez en que necesitaba a sus amigos, era aquella noche. Pero cuando Jesús regresó a los discípulos, los encontró durmiendo no una vez, ¡sino dos veces! Y peor aún, después de su arresto «todos lo abandonaron y huyeron» (v. 50); ¡los discípulos dispersos por temor! Pedro negó a Cristo tres veces aquella noche, y los demás se encontraron tres días después tras puertas cerradas, por temor a lo que pudiera sucederles.

Aquellos eran los mismos hombres insólitos que más adelante entregarían sus vidas por Cristo y cambiarían el mundo.

¿Qué pudo haber sucedido para transformarlos de ser cobardes a ser valientes? Algo espectacular: ¡se encontraron con el Cristo resucitado en forma corporal! Después de la resurrección leemos que los discípulos de Jesús se convirtieron en agentes de cambio tan increíbles que literalmente alteraron el curso de la historia. Las comunidades que ellos comenzaron y los valores que practicaron eran tan asombrosos para el mundo que les rodeaba que comenzaron una revolución social que atrajo a miles y finalmente a miles de millones a la fe en Cristo. La diferencia entre los discípulos antes y después de la resurrección fue asombrosa.

El temor se convirtió en valentía;

la timidez se convirtió en audacia;

la incertidumbre se convirtió en confianza

a medida que sus vidas eran entregadas a la revolución que el evangelio, las buenas nuevas, preveía. Todo cambió porque *ellos* habían sido cambiados, y habían sido cambiados porque Cristo había resucitado.

Él ciertamente ha resucitado.

Tú y yo no debemos comportarnos como discípulos de antes de la resurrección, llenos de temor, de duda y de timidez. Somos discípulos *posresurrección*, y si queremos vivir como discípulos de después de la resurrección, todo en nuestras vidas debe cambiar. La pregunta para nosotros es si estamos dispuestos a hacer ese compromiso: a vivir y a actuar de modo diferente, y a reparar el vacío en nuestro propio evangelio. Si lo estamos, entonces Dios nos utilizará como parte de su increíble plan para cambiar nuestro mundo. Pero convertirse en este tipo de discípulo, alguien que está decidido a *ser* el evangelio para el mundo que le rodea, implica una decisión intencional. No sucede porque sí. Cualquiera de nosotros que alguna vez haya hecho una dieta o haya participado en un régimen de ejercicios sabe que ponerse en forma y la pérdida de peso no suceden porque sí. Requieren que tomemos una decisión y después cambiemos nuestras conductas de maneras deliberadas; no puede ser «lo mismo de siempre». Y no es fácil. Lo mismo es cierto del discipulado. Realmente no nos convertiremos en agentes de cambio para Cristo sólo asistiendo a la iglesia todos los domingos. Tendremos que tomar algunas decisiones «a propósito» y después cambiar nuestras prioridades y nuestra conducta. Solamente entonces Dios puede transformarnos y utilizarnos para cambiar el mundo.

CRISTIANOS RADIOACTIVOS Y CÉLULAS DURMIENTES

Por lo tanto, si alguno está en Cristo, es una nueva creación. ¡Lo viejo ha pasado, ha llegado ya lo nuevo! —2 Corintios 5.17

Las personas que trabajan cerca de materiales radiactivos son obligadas a llevar tarjetas de radiación, llamadas *dosímetros*, que cambian de color en cuanto han sido expuestas a un nivel de radiación peligroso. La exposición es acumulativa, y por eso las tarjetas están diseñadas para medir la exposición acumulada de los trabajadores.

Reneé y yo hemos asistido a iglesias maravillosas a lo largo de todos los años de nuestro matrimonio. Hemos asistido fielmente cada domingo con nuestros hijos. Hemos ido a clases de escuela dominical cada semana. Nos hemos reunido en grupos pequeños de estudio bíblico durante la semana, y hemos escuchado aproximadamente mil doscientos sermones desde el púlpito. Hemos tenido tiempos diarios de estudio de la Escritura y hemos orado por la guía de Dios en nuestras vidas. Hemos seguido absorbiendo más y más conocimiento y valores bíblicos; más «radiación». Si hubiéramos llevado puestos dosímetros, se habrían vuelto de un color rojo cada vez más brillante.

Aún puedo recordar cuando nuestros buenos amigos Bob y Pam Snyder fueron a un viaje misionero corto a Latvia, no mucho después de la disolución de la Unión Soviética. Cuando regresaron, hablaron a nuestra clase de escuela dominical acerca de sus experiencias y sobre las grandes necesidades que habían visto. Bob era médico, y tenía un interés particular por el mal sistema de cuidado médico y el personal médico cristiano en aquellas repúblicas anteriormente soviéticas. Un domingo, ellos llegaron a la clase y anunciaron que se mudaban, todo incluido, a Hungría, con los niños también. Planeaban comenzar una organización sin fin de lucro para edificar y ministrar a los profesionales de la salud, ayudándoles a integrar su fe en su trabajo.[1] Así, dejaban todo atrás: su casa, sus amigos y su familia, la consulta de Bob y su seguridad económica. Reneé y yo quedamos pasmados. Yo le dije a Reneé: «No creo que yo podría hacer eso; dejarlo todo, así». Los Snyder parecían como nosotros. ¿Qué había sucedido?

Bob y Pam también habían absorbido mucha «radiación». También ellos habían escuchado cientos de sermones, habían participado en estudios bíblicos, habían ido a clases de escuela dominical, habían estudiado sus Biblias diariamente y habían orado. Y finalmente, cuando toda esa exposición acumulada llegó a un nivel crítico, ellos pasaron a ser «radioactivos». Su fe había encontrado una necesidad humana mediante una oportunidad proporcionada por Dios, y ellos habían respondido. Este evangelio que aceptamos y este Jesús a quien seguimos son peligrosos, y pueden cambiarnos.

Bob, Pam y sus tres hijas se fueron unas cuantas semanas después para comenzar su nueva vida en Budapest. Su disposición a seguir a Dios, *a pesar de todo*, desafió a muchos de sus amigos. Sé que nos desafío a nosotros.

Unos dos o tres años después fue cuando llegó mi propio momento de decisión mediante aquella llamada telefónica de Visión Mundial. Nosotros afrontamos entonces el mismo tipo de decisión que Bob y Pam habían afrontado. Al final, Reneé y yo también nos volvimos radioactivos. También nosotros llegamos a la escuela dominical un día para anunciar que nos íbamos. También nuestros amigos quedaron sorprendidos. Algunos de mis colegas profesionales y nuestros vecinos quedaron particularmente perplejos, preguntándose por qué estábamos tomando una decisión tan radical.

Unos años después, tras el 11 de septiembre, una célula durmiente en Estados Unidos fue descubierta y los sospechosos de terrorismo arrestados. Las células durmientes son pequeños grupos de extremistas que viven encubiertos y a la espera de ser «activados» para llevar a cabo el propósito para el cual han sido preparados. Recuerdo ver en las noticias cuando los vecinos de esos terroristas eran entrevistados por los medios de comunicación. Un vecino decía: «Parecían muy normales». Otros decían: «Eran jóvenes muy agradables que nunca molestaban a nadie». Imagina su sorpresa cuando se enteraron de que aquellos vecinos, que habían vivido entre ellos, habían estado planeando un ataque terrorista todo el tiempo.

Estoy bastante seguro de que algunos de nuestros amigos y vecinos puede que también hayan experimentado una sorpresa con respecto a nosotros cuando tomamos la decisión radical de mudarnos al otro lado del país. «Los Stearns parecían muy normales; realmente personas agradables. Qué extraño que hicieran las maletas y se fueran así. Quizá eran parte de alguna secta...» Mira, nosotros habíamos sido una «célula durmiente» para Jesús, y finalmente habíamos sido activados. Fuimos confrontados con una decisión, la cual requería que ordenásemos de nuevo nuestras prioridades y nuestras vidas para estar por completo a disposición de Dios, sin condiciones. Nos habíamos vuelto cristianos *radioactivos, de después de la resurrección*. Nos habíamos unido a la revolución social imaginada por Jesús para su reino venidero de una manera más profunda que nunca antes.

Hace más de sesenta años, el fundador de Visión Mundial, Bob Pierce, había sido confrontado con su propia decisión transformadora. Su historia, y la pregunta que él respondió, permanecen como un desafío para cada uno de nosotros.

China, 1948

¿Por qué me llaman ustedes «Señor, Señor», y no hacen lo que les digo? Voy a decir-
les a quién se parece todo el que viene a mí, y oye mis palabras y las pone en práctica:
Se parece a un hombre que, al construir una casa, cavó bien hondo y puso el cimiento
sobre la roca. De manera que cuando vino una inundación, el torrente azotó aquella
casa, pero no pudo ni siquiera hacerla tambalear porque estaba bien construida.
—Lucas 6.46-48

En 1948, Bob Pierce estaba terminando un largo recorrido en Asia, donde había estado predicando en grandes reuniones evangelistas representando a Juventud para Cristo. Tan sólo un par de días antes de que fuese a regresar a Estados Unidos, predicó un mensaje a algunos niños en una escuela misionera en China, en la isla Amoy, en la costa. Como era su costumbre, los exhortó a entregar sus vidas a Cristo. Una muchachita, llamada White Jade, regresó a su casa aquella noche y les dijo a sus padres que se había convertido en cristiana, sin entender que la reacción de sus padres sería severa. Ellos se enojaron, y ella fue golpeada por su padre, desheredada y expulsada de su casa.

A la mañana siguiente Tena Hoelkeboer, directora misionera de la escuela, encontró a White Jade llorando y colocada en la puerta de entrada. La hizo entrar, la consoló y escuchó su historia. Cuando Bob llegó a la escuela aquel día, vio a Tena acercarse a él con la niña ensangrentada y llorando en sus brazos. Él preguntó qué había sucedido. «Esta pequeña hizo lo que usted le dijo, ¡y ahora lo ha perdido todo!», declaró Tena enojada, entregando la niña en brazos de él.

Asombrado y consternado, Bob dijo tartamudeando: «¿Cómo vivirá? ¿Se ocupará usted de ella y la alimentará?»

La vivaz directora de la escuela respondió: «Ya comparto mi arroz con otras seis niñas que no tienen hogar, y no puedo aceptar ni una más. La pregunta no es qué voy a hacer *yo*. La pregunta es: ¿qué va a hacer *usted*? Usted creó este problema, Sr. Pierce. Ahora, *¿qué va a hacer al respecto?*

En ese momento, Bob Pierce fue confrontado con el dilema de su vida. Regresaba a su casa al día siguiente. ¿Qué podría hacer él para ayudar? Y sin embargo, tenía que hacer algo. Confundido, metió la mano en su bolsillo, sacó todo lo que tenía (unos cinco dólares) y se lo dio a la mujer. Le dijo: «Aquí tiene.

Lo siento terriblemente. Por favor, acepte esto por ahora; es todo lo que tengo, y le prometo que enviaré más en cuanto regrese a casa». Él y Tena hablaron entonces de lo que sería necesario para asegurar que White Jade recibiera un cuidado adecuado, y Pierce partió para Estados Unidos.

¿Qué va a hacer usted al respecto? Esa fue la pregunta que confrontó a Bob Pierce aquel día en 1948, cuando se encontró de frente con la desesperada situación de una niña. Y en un momento aprendió algo revolucionario sobre el evangelio que él predicaba con tanta libertad: el evangelio *completo* implica algo más que predicar; también significa cuidar de la *persona completa* y encontrar medios de satisfacer las necesidades de ese individuo. Cuando miramos alrededor de nuestro mundo y vemos niños golpeados y llorando, acurrucados en sus casas casi derribadas, ¿no somos confrontados con la misma pregunta que desafió a Bob Pierce? Para él, fue transformadora. Él no era un hombre rico; era tan sólo un evangelista pobre que apenas recaudó el dinero suficiente para ir a Asia en un principio. El hecho de que sólo tuviera cinco dólares en su bolsillo al final nos dice lo poco que tenía. Pero Pierce había tenido un encuentro con Dios, y nada para él volvió a ser igual.

Regresó a Estados Unidos y recaudó más dinero para ayudar a White Jade. También comenzó a relatar historias de las grandes necesidades de otros niños en Asia a amigos e iglesias. Entonces, al comienzo de la Guerra de Corea, regresó a Asia y vio las horribles condiciones de miles de viudas y huérfanos de guerra. Por tanto, regresó a Estados Unidos, esta vez con películas de 16 milímetros para mostrar mejor las acuciantes necesidades con las que se había encontrado. Entonces... *él* comenzó a preguntar a personas qué iban a hacer al respecto.

En un día común y corriente en China, hace seis décadas, nació Visión Mundial en el corazón de un hombre normal y corriente. Él se había vuelto *radioactivo*. Actualmente, Visión Mundial trabaja en cien países con más de treinta mil personas a tiempo completo. Y las vidas de cientos de millones de hombres, mujeres y niños han sido cambiadas: debido a que un hombre decidió *hacer algo al respecto*.

El Rey les responderá: «Les aseguro que todo lo que hicieron por uno de mis hermanos, aun por el más pequeño, lo hicieron por mí». —Mateo 25.40

CAPÍTULO VEINTICUATRO

¿CUÁNTOS PANES TIENES?

Si crees que eres demasiado pequeño para marcar una diferencia, intenta
pasar la noche en una habitación cerrada con un mosquito.

—DICHO AFRICANO

No hay personas normales y corrientes.
Nunca has hablado con un mero mortal.

—C. S. LEWIS

La historia de Bob Pierce es prueba de la increíble verdad de que Dios ciertamente utiliza personas comunes y corrientes para lograr cosas extraordinarias. David, tan sólo un muchacho, mató a un gigante y se convirtió en rey de Israel. María, una muchacha adolescente, dio a luz al Mesías. Pedro, un pescador, estableció la iglesia primitiva y cambió el mundo. No hay diferencia en la actualidad. Si el evangelio debe ser proclamado, la pobreza derrotada, el racismo vencido, la marea del SIDA alejada hacia atrás, o la injusticia desafiada, se logrará mediante tales personas: personas normales y corrientes como tú y como yo.

Podríamos imaginar que la visión de Dios para nuestro mundo es como un gran rompecabezas. Tú y yo somos las piezas en su mano, y Él las pone justamente en los lugares donde nuestra forma, tamaño y patrones en particular encajan mejor con las otras piezas. El cuadro completo solamente toma forma a medida que todas las piezas se reúnen en sus lugares adecuados. Bajo esta perspectiva, ninguna pieza es insignificante. ¿Has completado alguna vez un rompecabezas sólo para descubrir que faltaban una o dos piezas? Yo lo he hecho, y las piezas que faltaban me impulsaron a levantar los cojines del sofá, mover las sillas y las mesas y recorrer la habitación para encontrarlas. Esas piezas que no estaban marcaban una inmensa diferencia en el resultado. Obviamente no eran insignificantes.

Dios nos ha creado a cada uno de nosotros una contribución única que hacer a nuestro mundo y a nuestra época. Ninguna otra persona tiene nuestras mismas capacidades, motivaciones, red de amistades y relaciones, perspectivas, ideas y experiencias. Cuando nosotros, al igual que piezas que faltan en un rompecabezas, no aparecemos, el cuadro general queda limitado.

Uno de los errores más comunes que podemos cometer es creer que no tenemos nada significativo que ofrecer: que no somos lo bastante ricos, lo bastante inteligentes, lo bastante capaces o lo bastante espirituales para marcar alguna diferencia, en especial ante problemas globales inmensos. ¿Recuerdas las palabras de Moisés cuando Dios le pidió que fuese a faraón y sacase a su pueblo de Egipto? «Señor, envía *a otro* para hacerlo». Él también tenía su excusa: no era lo bastante elocuente. Y nosotros somos como él. Engañados, nos sentamos en el banco, observando el juego desde cierta distancia y contentos con dejar que otros jueguen. Pero la buena noticia para aquellos de nosotros que queremos seguir a Cristo y ser parte del plan de Dios para nuestro mundo es que Él utiliza lo que nosotros tengamos que ofrecer, sin importar lo poco importante que pensemos que podría ser.

En el Nuevo Testamento, la historia de la alimentación de los cinco mil se encuentra en los cuatro Evangelios. Jesús la utilizó para cambiar el modo en que pensamos sobre los recursos *abrumadores* ante los desafíos *abrumadores*. Se nos dice que cuando Jesús y sus discípulos intentaron retirarse a un lugar tranquilo para descansar, una gran multitud de personas, deseosas de oír la enseñanza de Jesús y ser dirigidas, los siguió.

Lo primero que observamos es el modo tan diferente en que Jesús y sus discípulos veían la situación. Los discípulos veían sólo un *problema* grande: «Cuando ya se hizo tarde, se le acercaron sus discípulos y le dijeron: Éste es un lugar apartado y ya es muy tarde. Despide a la gente, para que vayan a los campos y pueblos cercanos y se compren algo de comer» (Marcos 6.35-36). Pero Jesús miró exactamente la misma situación y vio una *oportunidad*: «Cuando Jesús desembarcó y vio tanta gente, tuvo compasión de ellos, porque eran como ovejas sin pastor. Así que comenzó a enseñarles muchas cosas» (v. 34). Y según el Evangelio de Lucas: «Él los recibió y les habló del reino de Dios. También sanó a los que lo necesitaban» (9.11).

Cuando vemos pobreza y enfermedad, hambre y sequía, crueldad y abuso, ¿los vemos como problemas o, como Jesús, llenos de compasión, vemos sus rostros humanos y comenzamos inmediatamente a responder como un pastor a sus vulnerables ovejas? Los discípulos le dijeron a Jesús que *Él* tenía que hacer algo: debería despedir a la multitud para que pudieran comprar comida. En otras palabras: «Jesús, ¡necesitas tratar este problema!»

Desde luego, Jesús no les dijo lo que ellos querían oír. En cambio, calmadamente puso la pelota en su campo. «No tienen que irse —contestó Jesús—. Denles *ustedes mismos* de comer» (Mateo 14.16, énfasis añadido).

Ahora bien, aquella era una situación abrumadora desde el punto de vista de los discípulos. Había cinco mil hombres presentes, «sin contar a las mujeres y a los niños» (v. 21). En teoría, entonces, puede que hubiera hasta diez mil o incluso veinte mil personas presentes. En ese punto, los discípulos se estaban enojando un poco, y les entró pánico; Jesús *no podía* esperar que ellos hicieran lo imposible, ¿no? Ellos incluso hicieron algunos cálculos para demostrar a Jesús lo absurdo de su respuesta. «¡Eso costaría casi un año de trabajo! —objetaron—. ¿Quieres que vayamos y gastemos todo ese dinero en pan para darles de comer?» (Marcos 6.37).

Pensaron: *Ahí. Seguramente Jesús interviene ahora. No hay manera terrenal posible de que todas estas personas puedan ser alimentadas. Hay demasiadas; sería demasiado costoso; no es posible.* Pero Jesús persistió.

«¿Cuántos panes tienen ustedes? —preguntó—. Vayan a ver» (v. 38). Notemos que Jesús no cayó en la misma trampa que sus discípulos, al estar abrumados por el tamaño del problema. Él no preguntó sobre magnitud, estrategia o posibilidad. No preguntó cuánto costaría resolver el problema, sino solamente cuánto tenían *ellos* que ofrecer. Los discípulos le dijeron que un muchacho tenía cinco panes y dos peces que estaba dispuesto a entregar. Él les dijo: «Tráiganmelos acá» (Mateo 14.18).

Los discípulos habían encontrado sólo a un muchacho que estaba dispuesto a dar lo que tenía. Es de suponer que también había otros que tenían algo de comida. Incluso miles. Ellos podrían haberlo ofrecido, pero en cambio se lo guardaron para ellos mismos, quizá pensando que «otra persona» respondería. Y una lo hizo; tan sólo una. Por tanto, Jesús recibió aquella oferta generosa pero escasa y mostró a los discípulos lo que Dios puede hacer incluso con el don más pequeño que se ofrezca con fe. «Y mandó a la gente que se sentara sobre la hierba. Tomó los cinco panes y los dos pescados y, mirando al cielo, los bendijo. Luego partió los panes y se los dio a los discípulos, quienes los repartieron a la gente. Todos comieron hasta quedar satisfechos, y los discípulos recogieron doce canastas llenas de pedazos que sobraron» (vv. 19-20).

¿Puedes ver el verdadero milagro aquí? Confrontado con un problema abrumador, Jesús no pidió a los discípulos que hicieran lo imposible; sólo les pidió que le llevasen lo que tenían. Entonces, Él multiplicó la pequeña ofrenda y la utilizó para hacer lo imposible. El principio aquí es muy importante para aquellos de nosotros que estamos abrumados por la inmensidad del sufrimiento y la necesidad del ser humano en nuestro mundo: Dios nunca nos pide que demos lo que no tenemos... pero Él no puede utilizar lo que no demos.

Yo solía preguntarme por qué se nos dice tan concretamente al final de esta historia que se recogieron doce cestas con lo que sobró. ¿Por qué doce? ¿Podría ser porque había doce discípulos que necesitaban un recordatorio tangible de su falta de fe? Ahora cada uno de ellos tenía su propia cesta de la provisión de Dios. Y cuando el muchacho que había dado su comida seguía mirando, ¿puedes imaginar el gozo que él debió de haber sentido al ver su regalo multiplicado por Dios para alimentar a miles de personas con hambre, a muchas de las cuales quizá conociese? Fue su solitaria «pieza del rompecabezas» la que completó este milagro de Dios. Cuando nosotros, como cristianos, estamos dispuestos a poner nuestras piezas sobre la mesa, también nosotros podemos participar en la «multiplicación» de Dios. Pero si *no* estamos dispuestos, seguramente nos perderemos cada oportunidad de ser utilizados por Dios de manera poderosa e increíble.

EL PODER DE LO POSIBLE

Sé tú el cambio que quieras ver en el mundo. —Mohandas Gandhi

Si volvemos otra vez a la Escritura, encontraremos otro excelente ejemplo del poder de las personas ordinarias que están dispuestas a ser piezas en el rompecabezas de Dios. Viene del libro de Nehemías.

Este es el escenario: Jerusalén, la santa ciudad de Dios, estaba en ruinas. Había sido saqueada por los babilonios en el año 586 A.C. El templo había sido destruido; el gran muro alrededor de la ciudad derribado; y el pueblo de Dios masacrado, con un remanente que fue llevado a Babilonia como esclavos. Piensa por un momento en la gravedad de esta situación. El pueblo de Dios había sido apartado como sus escogidos; el magnífico templo construido por Salomón para glorificar y adorar a Dios; y la gran ciudad de Jerusalén, con sus imponentes muros, había sido destruida y saqueada por un ejército impío. La imagen misma y la presencia de Dios en el mundo había sido aplastada y pintada. ¿Por qué? Porque generación tras generación, los reyes de Judá y del pueblo judío habían pecado, habían desobedecido las leyes de Dios, habían adorado a otros dioses y se habían conformado a las culturas paganas que les rodeaban. Finalmente, la ira de Dios ya no pudo refrenarse más.

Pero ahora habían pasado cuarenta y siete años, y los babilonios eran ellos mismos conquistados por el rey persa Ciro, quien entonces abrió el camino para que los judíos regresaran a Jerusalén. Bajo esta nueva ocupación persa, realmente sería posible que la ciudad y su templo fueran reconstruidos, restaurando así la manifestación de la presencia de Dios entre su pueblo. Durante las dos décadas siguientes muchos judíos regresaron a Jerusalén. Dirigidos por Esdras y exhortados por los profetas Hageo y Zacarías, también tuvieron éxito en la reconstrucción del templo setenta años después de que hubiera sido destruido. El esfuerzo estuvo plagado de oposición política, al igual que del continuo pecado y apatía del pueblo de Dios; pero al final, los judíos se encontraron con el éxito.

Pero la tarea estaba completada sólo en parte; los grandes muros necesarios para proteger a la ciudad seguían en ruinas casi siglo y medio después de haber sido destruidos.

Pasaron años, pero entonces un día un hombre llamado Nehemías, uno de los judíos que estaba en el exilio en la ciudad de Susa, cuestionó con avidez a algunos hombres que acababan de regresar de Jerusalén. Él quería saber si los judíos que habían regresado a Jerusalén estaban prosperando y si la ciudad misma había sido reconstruida. Las noticias no fueron buenas.

Le dijeron a Nehemías: «Los que se libraron del destierro y se quedaron en la provincia están enfrentando una gran calamidad y humillación. La muralla de Jerusalén sigue derribada, con sus puertas consumidas por el fuego» (Nehemías 1.3).

La reacción de Nehemías a esa noticia nos dice mucho sobre su corazón: «Al escuchar esto, me senté a llorar; hice duelo por algunos días, ayuné y oré al Dios del cielo» (v. 4). Nehemías quedó devastado por el informe de sus compatriotas, ¿pero por qué? ¿Por qué lloró sólo porque algunos *muros* no habían sido reconstruidos?

Porque Nehemías veía Jerusalén con los ojos de Dios. Él entendía que era la ciudad del pueblo escogido de Dios, el pueblo *del pacto*. Dentro de sus muros estaba el templo del único Dios y el lugar santísimo, el lugar mismo donde Dios perdonaba el pecado del hombre. El muro alrededor de Jerusalén era la estructura que apartaba al pueblo de Dios de las culturas politeístas que les rodeaban. La ciudad santa, su lugar de adoración y los muros que los rodeaban representaban *la presencia misma de Dios y su identidad en el mundo*. Por eso Nehemías lloró y ayunó. Ante sus ojos, las ruinas de Jerusalén eran una afrenta a Dios; también personificaban la difamación de la imagen de Dios en el mundo pagano.

> La imagen y la identidad de Dios siguen siendo difamadas. Son difamadas por la pobreza, por la injusticia, por la corrupción, por la enfermedad, y por la explotación y el sufrimiento humano.

Permíteme ahora que haga una comparación simbólica. En nuestro mundo actual, la imagen y la identidad de Dios siguen siendo difamadas. Son difamadas por la pobreza, por la injusticia, por la corrupción, por la enfermedad, y por la explotación y el sufrimiento humano. Y el nombre de Dios es contaminado cuando su pueblo acepta de buena gana y con apatía el status quo, careciendo de la visión para levantar la santidad de Dios, su bondad y su justicia en un mundo que se desmorona. El corazón de Dios se rompió por la condición de Jerusalén en la época de Nehemías, y su corazón se rompe actualmente por la condición de nuestro mundo y nuestro fracaso para desafiarla.

Nehemías no estaba dispuesto a aceptar el status quo; tenía una visión diferente. Después de llorar y ayunar, Nehemías oró, primero pidiendo perdón por él mismo y por la apatía y el pecado del pueblo de Dios. Después desafió a los judíos en Jerusalén a actuar: «Ustedes son testigos de nuestra desgracia. Jerusalén está en ruinas, y sus puertas han sido consumidas por el fuego. ¡Vamos, anímense! ¡Reconstruyamos la muralla de Jerusalén para que ya nadie se burle de nosotros!» (2.17).

El enfoque de Nehemías fue sencillo e inspirador. Él fue primero un hombre de oración. Le vemos orando en todo momento a lo largo de la historia, entendiendo que el éxito dependía de Dios y no de él mismo. También era un hombre de visión. Y por encima de todo, Nehemías era un hombre de acción: él hacía. Nunca se veía abrumado por la enormidad de la tarea; en cambio, estaba enfocado en utilizar lo que tenía para lograr el objetivo. Dividió el objetivo mayor en piezas más pequeñas; entonces desarrolló planes detallados, recaudó dinero y organizó al pueblo para completar la tarea. A pesar de la oposición y el desaliento, él animó e inspiró a cada persona a hacer sólo lo que cada individuo pudiera hacer: *su propia* parte. Y le recordó al pueblo las grandes verdades de la Escritura. De hecho, Nehemías hizo que se leyera el libro de la ley en voz alta al pueblo, *desde el amanecer hasta la tarde*, y se nos dice que ellos lloraron cuando escucharon, arrepintiéndose de sus pecados.

El resultado fue increíble. ¡El gran muro que había estado en ruinas durante más de 150 años se reconstruyó en 52 días! ¿Pero cómo? Piedra a piedra. Sólo en Nehemías 3, leemos de más de cuarenta personas y grupos diferentes que reconstruyó cada uno la parte del muro que estaba más cerca de ellos. Cada persona hizo lo que podía hacerse, la parte que podía lograr, lo que estaba dentro de *su propio* alcance. Entonces su capacidad colectiva, cuando fue reunida y encauzada en consonancia con la voluntad de Dios, lo cambió todo. *Juntos*, hicieron lo imposible: en menos de dos meses.

Nuestro mundo, al igual que el de Nehemías, también está en ruinas, y también nosotros necesitamos una nueva visión. La visión de Nehemías fue reconstruir los lugares rotos y levantar la justicia de Dios delante de un mundo que se burlaba. Nuestra visión debería ser la misma. Si podemos captar esa visión, entonces también nosotros podemos lograr lo imposible, piedra a piedra, con todo el mundo haciendo algo. Si cada hijo de Dios hace la parte *que puede hacer*, entonces colectivamente podemos enderezar un mundo que está patas arriba. Y ya no se burlarán de nosotros. Pero *cada uno* debe dar lo que tiene para la causa de Cristo, quien pregunta a cada uno de sus seguidores...

¿Cuántos panes tienes? Tráemelos.

CAPÍTULO VEINTICINCO

TIEMPO, TALENTO Y TESORO

Utiliza los talentos que posees: Los bosques estarían muy silenciosos si ningún ave cantase allí excepto las que mejor cantan.

—HENRY VAN DYKE

Pero tenemos este tesoro en vasijas de barro para que se vea que tan sublime poder viene de Dios y no de nosotros.

—2 CORINTIOS 4.7

Es el momento decisivo. ¿Qué vas a hacer al respecto? Al final, Dios obra en nuestro mundo persona a persona. Quienes tienen hambre reciben alimentos, quienes tienen sed son refrescados, quienes están desnudos son vestidos, los enfermos son tratados, los analfabetos son educados y quienes sufren son consolados, tan sólo *persona a persona*. Tú tienes la oportunidad de ser esa persona para alguien que necesita lo que tú tienes que ofrecer. Y lo que tú tienes que ofrecer no es nunca pequeño ni insignificante. Una vez más, el gran cuadro de lo que Dios está haciendo en nuestro mundo está incompleto sin tu pieza del rompecabezas: aquella que solamente *tú* posees. Pero debes escoger poner tu pieza en el rompecabezas.

Mi esperanza es que ya hayas tomado esa decisión, que ya hayas decidido sacar tus «panes» y ofrecérselos al Señor. Pero en mi experiencia, la mayoría de las personas realmente no tienen un buen sentido de lo que tienen que ofrecer. Están dispuestas a alistarse y a *acudir*, pero están confundidas con respecto a lo que ellas podrían poseer que pudiera ser de valor para el reino de Dios. Una de las maneras tradicionales de pensar en cuanto a esto implica mirar nuestras tres t: *tiempo*, *talento* y *tesoro*. Cada uno de nosotros tiene recursos en todas estas tres categorías, y con frecuencia tenemos mucho más que ofrecer de lo que pensamos.

Cuando yo tenía sólo veintiséis años, y hacía sólo dos que había salido de la facultad, Reneé y yo asistimos cada noche a la conferencia misionera de una semana de duración de nuestra iglesia. Una noche invitamos a uno de los misioneros oradores, un hombre llamado Andy, a cenar a nuestra casa. Andy trabajaba para World Relief, una organización que se especializa en trabajar con iglesias para ayudar a los pobres en todo el mundo. Después de la cena, los tres nos quedamos hablando durante algún tiempo.

Sintiendo que yo tenía un interés real en las misiones, Andy me preguntó si yo había pensado alguna vez en servir a tiempo completo en el trabajo misionero. Dijo que World Relief podría aprovechar a alguien como yo. Con cierta torpeza, le expliqué que realmente no lo había pensado, y que mi licenciatura en empresariales no parecía ser un trasfondo muy bueno para las misiones. Sin embargo, los días siguientes sentí convicción acerca de nuestra conversación. Pensé: *Quizá debería buscar algo a tiempo completo donde mi fe y mi carrera pudieran ir unidas*. Así que hice una cita para hablar de ello con mi pastor, el doctor Paul Toms. Recuerdo explicar mi dilema: que realmente me gustaba mi trabajo en el departamento de marketing de Parker Brothers Games, pero que me sentía culpable de no estar poniéndome a mí mismo a disposición de Dios en el servicio a tiempo completo. El doctor Toms escuchó con atención, me hizo algunas preguntas y después me dijo lo que él pensaba.

«Rich, todos estamos en el servicio cristiano tiempo completo. Lo que ocurre es que algunos de nosotros servimos al Señor en trabajos seculares, y otros en trabajos ministeriales. Pero de cualquier manera, deberíamos utilizar nuestros talentos para representar a Cristo de la mejor manera posible. Usted parece realmente disfrutar de su trabajo en los negocios, y parece que Dios le ha dado facilidad para ello. Creo que debería quedarse donde está». Después se rió y dijo: «¿Quién sabe? Quizá algún día ganará usted mucho dinero que pueda ser utilizado para el reino. Y si Dios realmente quiere que usted pase al servicio a tiempo completo más adelante, Él se lo hará saber». (Vaya, ¡aquello resultó ser una palabra profética!)

En los veinte años que siguieron, yo ascendí en la escalera corporativa y profundicé en mis capacidades en los negocios y en la gerencia. Intenté ser un embajador para Cristo en mi lugar de trabajo lo mejor que pude, y a medida que nuestros ingresos aumentaron, pudimos apoyar cada vez más ministerios económicamente. Pero Reneé y yo seguíamos hablando algunas veces de jubilarnos temprano e ir al campo misionero. Yo solía reírme porque sentía que sería el peor misionero del mundo. Tal como yo lo veía, no tenía ninguna capacidad útil. ¿No tenían que hablar los misioneros varios idiomas, saber cómo mejorar los cultivos, realizar operaciones quirúrgicas con un machete y ser capaces de construir sistemas de irrigación con cañas de bambú con ese mismo machete? Yo era tan torpe que cuando me pedían que colgase un cuadro, era tentado a hacer una llamada desde la guía telefónica. Realmente tenía pasión por las misiones y por ayudar a los pobres, pero sencillamente no pensaba que yo tuviera nada que ofrecer además de un cheque mensual. No veía en absoluto «los panes y los peces» que Dios me había dado aunque estaban allí debajo de mi propia nariz:

- un celo por las misiones
- un profundo interés por los pobres
- experiencia de liderazgo ejecutivo
- una carrera en conectar a las personas con productos mediante el marketing
- la facilidad para escribir y hablar en público
- un deseo de dar económicamente para apoyar el ministerio
- una esposa que también quería servir a los pobres

Esas eran las cosas que Visión Mundial vio cuando estaban buscando un nuevo líder en 1988, aunque yo no podía verlas en aquel momento. Allí era donde mis piezas del rompecabezas encajaban perfectamente. Yo sólo tenía que descubrir lo que Dios me había dado de manera única y estar dispuesto a ofrecerlo en el servicio a Él.

¿Qué te ha dado Dios? Moisés tenía una vara (¿recuerdas el capítulo 7?). David tenía una honda, y Pablo tenía una pluma. La madre Teresa poseía un amor por los pobres; Billy Graham, un don para la predicación; y Joni Eareckson Tada, una discapacidad. ¿Qué tenían ellos en común? Una disposición a permitir que

Dios usara lo que ellos tenían, aunque no pareciera muy útil. Si tú evalúas lo que tienes que ofrecer en términos de tu tiempo, tu tesoro y tus talentos, tendrás un mejor entendimiento de cómo podrías servir de manera única.

TIEMPO

De las tres categorías de bienes que tenemos que ofrecer, la que con frecuencia menos consideramos es el tiempo. Seamos generosos o tacaños, la mayoría de nosotros somos mucho más cuidadosos y deliberados con respecto a lo que hacemos con nuestro tesoro que con el tiempo. Lo mismo es cierto de nuestros talentos. Si eres un maestro dotado, un científico brillante o un estupendo organizador, puede que no tengas un entendimiento pleno de cómo utilizar mejor tu talento en el servicio a Dios, pero probablemente pienses y ores más sobre eso de lo que lo haces sobre cómo utilizar tu tiempo. Aunque el tiempo es un recurso finito, la mayoría de nosotros desperdiciamos mucho. ¿Cuánto tiempo pasamos viendo televisión, paseando por el centro comercial o detenidos en el tráfico, que podría ser mejor empleado para edificar el reino de Dios?

El tiempo tiene valor; a muchos de nosotros nos pagan por hora o por semana porque nuestros patrones entienden el valor de nuestro tiempo. Si dudas del valor del tiempo como recurso del reino, piensa en lo siguiente. Digamos que cada uno de nosotros como media tiene unas dos horas cada día que podrían estar disponibles para el servicio si así lo escogemos. Durante el curso del año, si valorásemos nuestro tiempo a 10 dólares la hora, ese sería el equivalente de más de 7,000 dólares que cada uno de nosotros podría poner a disposición del ministerio. ¡El valor total para los 120 mil millones de cristianos estadounidenses sería de más de 800 mil millones de dólares! Incluso si todos nos ofreciésemos voluntarios una hora por semana para servir en una causa caritativa, eso tendría un valor de 62 mil millones de dólares cada año. Eso es lo que costaría si nuestras iglesias y organizaciones sin ánimo de lucro tuvieran que pagar por ese tiempo. dice la frase: «El tiempo es oro». Pero dar de nuestro tiempo a causas del reino tiene una dimensión aún más importante debido al impacto eterno que puede tener. Dios puede multiplicar el impacto del tiempo, el tesoro y los talentos que nosotros ponemos a disposición de Él.

El año pasado conocí a un coreano que vive y trabaja en Nueva York. Él sabía que yo era el presidente de Visión Mundial, y me dijo lo importante que el trabajo de organizaciones como la nuestra había sido para él cuando era niño justamente después de la Guerra de Corea. Dijo que él y su familia, desesperados y desplazados por la guerra, habían recibido mucha ayuda por los cargamentos de ropa, alimentos e incluso materiales escolares que recibían: amorosamente donados, clasificados y organizados por personas de buena voluntad en Estados Unidos y quizá otros países. Aquellos donantes habían dado de su tiempo, su tesoro y sus talentos para ayudar a las personas que sufrían en una nación extranjera. El joven muchacho coreano se benefició mucho de su bondad; pudo terminar la escuela. También estaba muy agradecido por la generosidad que en su familia habían experimentado.

En la actualidad, aquel «muchacho» es el Secretario General de las Naciones Unidas; su nombre es Ban Ki-moon. Me pregunto si las personas que donaron su tiempo, su tesoro y sus talentos a principios de los años cincuenta tenían idea alguna del impacto que tendrían.

Nunca sabemos cómo Dios podría utilizar nuestros esfuerzos, sin importar lo insignificantes que puedan parecernos, para influenciar asuntos y necesidades importantes en nuestro mundo. Escucha esta historia de un veterano que marcó una diferencia.

Cuando la socia de Bread for the World, Connie Wick de Indianapolis, Indiana, escribió una carta a su senador apoyando la Cuenta del Desafío del Milenio (MCA)[1] y los fondos para el VIH/SIDA, ella no sabía que sería mencionada en la Casa Blanca. Pero eso es lo que sucedió el día 13 de julio de 2004. El presidente de Bread for the World, David Beckmann[2] asistía a una ceremonia de firma en la Casa Blanca en la que tuvo la oportunidad de hablar con el presidente Bush sobre la importancia de los fondos plenos para la MCA. El Sr. Bush llamó a dos senadores clave: el líder de la mayoría en el Senado, Bill Frist (R-TN) y el senador Richard Lugar (R-IN), y les pidió que ayudasen a asegurar los fondos para la MCA que él había solicitado.

Justamente antes de esa conversación, el senador Lugar le dijo a Beckmann: «Mire, estos días estoy respondiendo a una carta de una electora, Connie Wick. Ella dice precisamente lo que usted está diciendo, que deberíamos asignar fondos plenos para la MCA, la iniciativa del SIDA, y no recortar fondos para programas continuados de ayuda a las personas pobres».

Connie Wick, la líder durante tanto tiempo del grupo Bread for the World en la comunidad Robin Run Retirement Community en Indianapolis, dijo que los reportes de la conversación con el Presidente «detenían el corazón». Ella ha trabajado a favor de las personas pobres la mayor parte de su vida. «Robin Run tiene muchos activistas comprometidos», dijo la organizadora regional Mariah Priggen. «Pero Connie es quien hace que todos y todas las cosas se organicen. Ha sido su pasión y su visión lo que ancla al grupo y hace que siga avanzando».

«Quedé otra vez impresionado por la capacidad de los miembros de Bread for the World», dijo Beckmann después. «El presidente del comité para relaciones exteriores del Senado acababa de recibir la petición del presidente de Estados Unidos de ayudar a conseguir fondos plenos para la MCA. Lo que vino de inmediato al ambiente del Senado fue una reciente carta de una electora activa: Connie Wick de la comunidad Robin Run Retirement Community en Indianapolis».

La experiencia de Wicks ofrece aliento a todos los que se han preguntado si su carta escrita sobre los problemas del hambre y la pobreza realmente marca una diferencia.[3]

Una de las perspectivas más notables que he tenido con respecto a cómo Dios utiliza nuestras piezas del rompecabezas que parecen insignificantes para lograr cosas importantes es la historia de un joven de Boston, llamado Edward Kimball. Edward enseñaba en la clase de escuela dominical en su iglesia porque se sentía llamado a invertir de sí mismo en las vidas de jóvenes y de hombres. Para llegar a conocer mejor a sus alumnos, con frecuencia los visitaba durante la semana donde vivían o trabajaban.

Un domingo apareció un adolescente desafiante en su clase. El muchacho tenía 17 años, de corte un poco tosco, con mala educación y propenso a los arrebatos de enojo y blasfemias. Edward pensó en cómo podría alcanzar a ese muchacho y un día decidió visitarle en la zapatería donde trabajaba para su tío. Kimball pasó al lado de la tienda una vez, intentando reunir la valentía para hablar al muchacho. Se preguntaba qué diría él, y cómo le percibiría.

Finalmente, entró y encontró al muchacho en la parte trasera, envolviendo zapatos y poniéndolos en los estantes. Edward se acercó a él, sencillamente puso su mano sobre el hombro del joven y musitó algunas palabras acerca del amor de Cristo por él. Y aparentemente aquel fue el momento oportuno, porque allí mismo en la zapatería, el muchacho fue movido a entregar su vida a Cristo.[4] Su nombre era Dwight L. Moody, y llegó a ser el evangelista más exitoso del siglo

XIX, predicando a un número aproximado de cien millones de personas durante su vida, y viajando quizá más de un millón de kilómetros; ¡antes de la época de la radio y la televisión, los automóviles y los viajes por aire!

Pero la historia se pone mejor. Moody mismo, en 1879, fue una pieza clave en la conversión de otro joven, F. B. Meyer, que también llegó a ser un ministro. Meyer posteriormente fue mentor de J. W. Chapman y le condujo a Cristo. Chapman también llegó a ser pastor y evangelista, y comenzó un ministerio de alcance a jugadores de béisbol profesionales. Uno de los jugadores a los que conoció, Billy Sunday, fue ayudante de Chapman y hombre de avance para muchas de sus reuniones evangelísticas.

Con el tiempo, Sunday, habiendo aprendido del arte de la predicación de Chapman, comenzó a realizar sus propias reuniones evangelísticas, y llegó a convertirse en el mayor evangelista de las dos primeras décadas del siglo XX en Estados Unidos. Una de sus reuniones de avivamiento en Charlotte, Carolina del Norte, en los años veinte, tuvo tanto éxito que a uno de sus asociados llamado Mordecai Ham, quien años antes había entregado su vida a Cristo en una de sus cruzadas, le pidieron que regresara unos años después a Charlotte para realizar una segunda serie de reuniones evangelísticas. En una de las noches finales, cuando Ham estaba predicando, un adolescente larguirucho pasó al frente y respondió a su llamado de «entregar la vida a Cristo». Su nombre era Billy Graham.

¿Sientes alguna vez que no tienes nada que valga la pena ofrecer, que no eres nadie cuando se trata de hacer grandes cosas para Dios? Me pregunto si Edward Kimball se sintió así. Él nunca hizo nada espectacular o particularmente digno de mención en las noticias. Simplemente mostró fidelidad a Dios, una hora o dos cada semana, para enseñar a los muchachos en su clase. Y sin embargo, la dedicación de Edward Kimball a enseñar en la escuela dominical fielmente y preocuparse por aquellos muchachos cambió el mundo.

TALENTO

Mi fe demanda —esto no es opcional—; mi fe demanda que yo haga lo que pueda, donde esté, siempre que pueda, durante tanto tiempo como pueda con lo que tenga para intentar marcar una diferencia. —Jimmy Carter

Desgraciadamente, la palabra *talento* muchas veces se malentiende. Automáticamente pensamos en capacidades especiales, como tocar el fagot, cantar ópera, escribir poesía, bailar ballet o quizá tener capacidades deportivas en el fútbol o el tenis. Pero en el contexto de evaluar esas cosas que poseemos y que pueden ser útiles en el servicio, la palabra *talento* tiene un significado mucho más amplio. Sí, incluye esas capacidades artísticas y deportivas en las que normalmente pensamos, pero también engloba mucho más. Permíteme intentar ampliar la manera en que ves los talentos que Dios te ha dado. Comencemos con tu personalidad y tus rasgos de carácter únicos. ¿Eres extrovertido, contemplativo, determinado, terco, visionario, meditativo, divertido? Todas esas partes de ti describen el modo en que Dios te creó de manera única.

También son características que Dios quiere utilizar en tu servicio a Él. Tus *talentos* también incluyen tus experiencias en la vida. Cada uno de nosotros tiene una historia única, formada por nuestro trasfondo familiar, educación, historial profesional y laboral, experiencias y la sabiduría obtenida de ellas, relaciones y conexiones. Nadie ha vivido nunca la misma vida que tú, y esa es una de las cosas que hace que tu «pieza del rompecabezas» sea extraordinaria. También tenemos intereses y pasiones que Dios ha puesto en nuestros corazones. Bono tiene una pasión por África; William Wilberforce, un deseo ardiente por poner fin a la esclavitud; y Connie Wick, un interés por hacer presión a favor de los pobres. Puede que a ti te encanten los animales o te preocupe profundamente el medio ambiente. Puede que te fascine la política o sientas pasión por correr un maratón. Pero cualquiera que sea el objeto de tu más profundo interés, puede que proporcione indicaciones en cuanto a tu manera particular de servir.

Así, cuando pensamos en nuestros talentos, necesitamos considerar todo lo anterior: nuestras capacidades, personalidades, pasiones, búsquedas, conocimiento, experiencias, relaciones y redes. Todas esas cosas son recursos que poseemos y que pueden ser utilizadas de una manera o de otra.

Finalmente, la Biblia nos dice que a cada uno se han dado «dones espirituales» que tenemos que utilizar para la edificación de la iglesia, el cuerpo de Cristo. (Estos dones están enumerados en Romanos 12.6-10; 1 Corintios 12.1-12, 28; y Efesios 4.11.) Esos dones incluyen el discernimiento espiritual, generosidad, liderazgo, misericordia, enseñanza, evangelismo, sabiduría y exhortación. Se nos dice que Dios ha distribuido esos dones por toda la iglesia para equipar su pueblo para hacer la obra del reino. Para un seguidor de Cristo, discernir los dones espirituales es una parte importante de entender cómo y dónde puede servir mejor para el avance de la obra de la iglesia. Para ayudar, varias organizaciones han realizado diferentes herramientas de evaluación que están disponibles en la Internet.[5] Te desafío a que les eches un vistazo.

Cuando pienses en qué talentos tienes que ofrecer, piensa en esos términos más amplios y no sólo en términos de una capacidad específica que tú pudieras tener. La mayoría de nosotros tenemos mucho más que ofrecer de lo que pensamos. El apóstol Pedro era una persona impulsiva y apasionada, y pescador de profesión. Dios utilizó su pasión y su impulsividad para hacerle un «pescador de hombres». Pedro se convirtió en el empresario que Dios utilizó para lanzar la iglesia del primer siglo. Pablo, un hombre que perseguía a la iglesia en el mismo siglo, era un zelote con una mente brillante, un profundo conocimiento de la teología judía y un talento para la erudición y la escritura. También era ciudadano romano, algo que tuvo mucho peso en sus varios arrestos y encarcelamientos, conduciéndole finalmente a Roma para ser juzgado. Dios utilizó cada dimensión de las capacidades y circunstancias de Pablo después de su conversión en el camino de Damasco. Incluso su encarcelamiento llegó a convertirse en un «talento» utilizado por Dios, ya que Pablo escribió la mayoría de sus cartas desde sus celdas en la cárcel.

A veces, el puesto que ocupamos —ni siquiera nuestras capacidades o personalidades— puede ser utilizado por Dios. En el libro de Ester vemos la increíble historia de cómo Dios utilizó a una reina para salvar a toda la raza judía.

Sí, definitivamente puedes impactar al mundo si eres de la realeza…

Pero puedes tener igualmente tanto impacto si eres un muchacho de nueve años de edad.

Canastas de Esperanza

Austin Gutwein tenía sólo nueve años cuando supo sobre niños en África que habían quedado huérfanos a causa del SIDA. La mayoría de adultos se reirán ante la idea de que un niño de nueve años abordase la pandemia global del SIDA, pero Austin creía que podía hacer algo, que él tenía un talento que Dios podría utilizar. Austin describió su viaje en su carta, que se encuentra en la página web de Hoops of Hope:

> En la primavera de 2004, vi un video que mostraba a niños que habían perdido a sus padres a causa de una enfermedad llamada SIDA. Después de ver el video, comprendí que aquellos niños no eran distintos a mí a excepción de que estaban sufriendo. Sentí que Dios me llamaba a hacer algo para ayudarles. Decidí lanzar tiros libres, y en el Día Mundial del SIDA de 2004 lancé 2,057 tiros libres para representar a los 2,057 niños que quedarían huérfanos durante mi día en la escuela. Hubo personas que me patrocinaron, y pudimos recaudar casi 3,000 dólares. Aquel año, el dinero fue utilizado por Visión Mundial para proporcionar esperanza a ocho niños huérfanos.
>
> A partir de aquel año, miles de personas se han unido a mí en el maratón de tiros de baloncesto llamado Hoops of Hope (Canastas de Esperanza). Al hacer algo tan sencillo como lanzar tiros libres, los participantes en Hoops of Hope han recaudado más de 500 mil dólares. Los niños que han quedado atrás por el SIDA ahora tienen acceso a alimentos, ropa, refugio, una nueva escuela y, finalmente, unas instalaciones médicas.
>
> El año pasado, nuestro objetivo era recaudar 150 mil dólares para construir un laboratorio médico en Sinazongwe, Zambia. Este laboratorio capacitará al personal médico para hacer análisis a los padres de VIH/SIDA antes de administrar medicación para la enfermedad. La medicación permitirá que los padres que sufren VIH/SIDA prolonguen su vida y eviten que sus hijos formen parte de los 15 millones de niños que ya son huérfanos debido a esta enfermedad.
>
> Los participantes en Hoops of Hope no sólo recaudaron suficiente dinero para financiar el edificio del laboratorio, sino que también proporcionaron al laboratorio mil botiquines médicos. Esto permitirá que quienes cuidan a las mamás y papás infectados por el VIH/SIDA tengan los productos básicos que necesitan. También pudimos amueblar la escuela 2006 Johnathan Sim[6] Legacy School.
>
> En 2008 nos gustaría construir un segundo laboratorio médico en Twatchiyanda, Zambia (también en el lugar de 2006 Johnathan Sim Legacy School), proporcionar botiquines y también bicicletas para que los cuidadores puedan desplazarse. El laboratorio combinado con los botiquines y las bicicletas ayudarán a mantener a los padres más sanos y más tiempo vivos para que puedan sostener a sus hijos.

Espero que te unas a nosotros participando o patrocinando a un participante. Es un acontecimiento increíble que dejará un impacto no sólo en las vidas de los niños a los que ayudamos, sino también en la tuya.

En Él:

Austin[7]

En la actualidad, Austin tiene miles de niños en doscientos puntos diferentes haciendo «Canastas de Esperanza» en la mayoría de los cincuenta estados y en otros países por todo el mundo. Su recaudación de fondos acumulada se acerca al millón de dólares. Piénsalo: un millón de dólares, ¡por *lanzar canastas*! ¡Eso sí es utilizar tus talentos para cambiar el mundo!

TESORO

Ese pan con el que te quedas pertenece a quienes tienen hambre; ese abrigo que guardas en tu armario, a quienes están desnudos; esos zapatos que se desgastan en tu posesión, a quienes están descalzos; ese oro que tienes oculto en la tierra, a los necesitados. Por tanto, siempre que puedas ayudar a otros y no lo hagas, así les causas agravio. —Agustín

Anteriormente, en la parte I, afirmé que cualquiera que gane cincuenta mil al año tiene unos ingresos mayores que el 99 por ciento de las personas en el mundo. Dicho con sencillez, comparativamente, el estadounidense promedio es, bien, rico. La pregunta es: ¿Qué espera Dios que hagamos con nuestra riqueza? Al evaluar nuestro tiempo, tesoro y talentos, debemos pensar adecuadamente en los recursos económicos que Dios nos ha confiado. Con demasiada frecuencia nos escabullimos de esta responsabilidad diciendo algo como: «Doy de mi *tiempo* para ayudar aquellos que tienen necesidad» o «utilizo mis *talentos* para recaudar fondos para causas filantrópicas... así que realmente no tengo que dar de mi dinero. Personas más ricas que yo pueden hacer eso». Pero seguir a Cristo no es una proposición en la que haya opción de elegir. Tenemos que ser administradores de nuestro tiempo, nuestro tesoro y nuestro talento: los tres.

Imagina por un momento que Bill Gates estuviera intentando discernir cómo podría hacer del mundo un lugar mejor. ¿Cómo reaccionarías si él llegase a la conclusión de que, en lugar de invertir un sólo dólar, pasaría una semana cada año en México, con una pala en la mano, cavando letrinas para personas que no tienen inodoros? Uno de los hombres más ricos del mundo, con un valor neto mayor de 50 mil millones de dólares, fenomenales capacidades para los negocios y una influencia sin igual, ¡decidiendo que la *mejor* manera en que puede ayudar es quitando tierra durante siete días al año!

Creo que todos diríamos: «¡Dame un respiro!» Afortunadamente, no es eso lo que hizo Bill Gates. Él consideró cuál sería el mejor y más elevado uso de todos sus bienes —tiempo, talento *y* tesoro— y creó una innovadora fundación dotada con miles de millones de sus propios dólares para abordar algunos de los mayores desafíos del mundo: salud global, educación y problemas del desarrollo.

> No se necesitan miles de millones de dólares para marcar una diferencia.

Pero no se necesitan miles de millones de dólares para marcar una diferencia.

La falta de agua potable causa millones de muertes infantiles innecesarias cada año. Sin embargo, ¡el costo de llevar agua limpia a una persona es sólo de *un dólar al año*![8] Cuando entiendes que un donativo tan pequeño como un dólar puede salvar una vida, es difícil argumentar que no eres lo bastante rico para marcar una diferencia. En cambio, podríamos preguntar cuántas vidas podríamos salvar con nuestra propia riqueza. En realidad, el costo de alimentar a los hambrientos, de educar a niños, de hacer micro préstamos a agricultores pobres, de vacunar a niños e incluso de proporcionar operaciones quirúrgicas necesarias para los más pobres entre los pobres, podemos permitírnoslo y está dentro del alcance de la mayoría de nosotros.

Ahora bien, probablemente estés pensando: *Claro, Bill Gates tiene tiempo, tesoro (mucho) y el talento (también mucho) para marcar una diferencia, pero yo no soy Bill Gates.* Bien, Leon McLaughlin tampoco es Bill Gates; ¡y su talento era limpiar zapatos! Pero él creía que podía marcar una diferencia.[9]

Leon trabaja en un puesto de limpiar zapatos en un gran edificio de oficinas en Seattle. Hace varios años, mientras estaba viajando en México, Leon conoció a una mujer que le contó una historia que cambió su vida. La mujer había acogido a un turista estadounidense en su casa. El turista, cuando fue a su cuarto de baño, observó que la bañera estaba llena de agua, así que quitó el tapón para sacarla pensando que estaba haciendo un favor a la mujer. Cuando le dijo a la mujer lo que había hecho, ella comenzó a llorar. *Él acababa de tirar la única agua limpia que ella tendría para un mes.*

Leon regresó a Seattle, decidido a aprender todo lo que pudiera sobre la crisis causada por la falta de agua potable en el mundo en desarrollo. Llevó su interés más allá tomando clases en línea sobre reparación y mantenimiento de sistemas de distribución de agua y llegando a ser un agente de First Water, un fabricante con base en Georgia de una máquina de filtración que puede producir 2,800 litros de agua potable por hora.

Después de un torrente de inundaciones en Bolivia, Leon se acercó a Visión Mundial para ver si la organización podría hacer uso de una de sus máquinas para ayudar a los miles de desplazados por las inundaciones allí. Visión Mundial dijo que podía, pero que necesitaría que Leon donase la máquina y pagase el transporte y el mantenimiento técnico continuado. Leon no se desanimó. Recordó que limpiaba los zapatos de algunos de los principales abogados, ejecutivos de negocios y banqueros en la ciudad. Por tanto, puso fotografías de la comunidad boliviana inundada a los lados de su puesto para estimular la conversación, y después comenzó a hablar a sus clientes sobre su sueño de ayudar a llevar agua potable a comunidades que no la tenían.

Funcionó. Por medio de sus contactos en el puesto, Leon fue capaz de financiar su primera máquina para Bolivia. El personal de Visión Mundial Bolivia quedó tan impresionado con ello que pronto pidieron otras cinco. Otras diez máquinas adicionales se han pedido para dar servicio a escuelas y hospitales en Bolivia, y ahora Leon está poniendo su mirada en otros países que batallan por la falta de agua.

Leon tiene tres trabajos distintos para sostener su «hábito» de ayudar a otros. Dean Salisbury, director de gerencia de cadena de reservas de Visión Mundial, me dijo que habían acudido a otras empresas para que donasen sistemas de filtración como ese, pero que Leon fue el único que estuvo de acuerdo en hacerlo y en proporcionar el dinero adicional para el transporte, la formación técnica y el mantenimiento. Salisbury dijo: «Su meta en la vida no es hacer dinero, sino ayudar a la gente. Es muy refrescante en el mundo empresarial».

Ciertamente lo es. Leon no se permitió a sí mismo verse abrumado por la magnitud de un problema. En cambio, llevó los «panes» que tenía y los ofreció para ayudar a otros.

UN AGUDO CODAZO EN MI CONCIENCIA

Parece que yo soy el tipo de persona que tiene que aprender la misma lección una y otra vez. Ya he confesado que sigo batallando con la coherencia de mi compasión y mi compromiso con quienes están sufriendo en circunstancias terribles. Tengo que trabajar duro para tener un corazón tierno y dejar que mi corazón *continúe* siendo «quebrantado por las cosas que quebrantan el corazón de Dios». Hace unos años, Dios volvió a tratar conmigo sobre este tema; esta vez hablando a través del agudo codazo de mi esposa (algo que con frecuencia ha sido una potente herramienta de enseñanza en mi vida).

Era la noche de clausura de una conferencia de tres días sobre la urgente necesidad de que la comunidad cristiana respondiera a las viudas y los huérfanos de la pandemia del SIDA. Yo era el último orador en la cena final para unas trescientas personas. Mi objetivo era desafiarlas a hacer algo, a implicarse. De hecho, habíamos puesto astutamente la fotografía de un niño que necesitaba ser apadrinado en varios lugares para así poder provocar que cada uno de los que estaban en la sala apoyase al niño cuya fotografía estaba en la mesa justamente al lado de su postre de chocolate. Hablé durante treinta minutos e hice lo que yo pensaba que era un llamado a la acción bastante inspirador. Entonces, mientras sonaba la música y las personas pensaban en cómo responder, me senté en mi mesa e incliné mi cabeza en oración, orando para que pudiéramos recibir una fuerte respuesta a mi llamado de apoyo.

Fue entonces cuando sentí el codazo de Reneé. Miré en dirección a ella y la vi señalando a la fotografía del niño que había delante de nosotros. Le susurré que mi llamado a la acción no era para nosotros sino para todos los demás. Le recordé que ya habíamos apadrinado a una docena de niños por medio de Visión Mundial, y que ciertamente no podíamos acoger a otro en cada evento. Entonces me incliné otra vez en oración. La segunda vez, el codazo fue más insistente y, cuando levanté la vista, ella me entregó una tarjeta de respuesta y la pluma y me dio «la mirada». He visto esa mirada con frecuencia en nuestro matrimonio, así que supe qué tenía que hacer; con renuencia rellené la tarjeta y nos convertimos en los nuevos patrocinadores de un muchacho llamado Morgan, de Zambia. Mi hijo universitario, Andy, había llegado de la escuela para asistir al evento y decidió apadrinar al niño que estaba en su lugar (creo que para impresionar a su novia que también estaba allí). Resultó ser el hermano de Morgan: Jackson.

La conferencia terminó y todos nos fuimos a casa. Sinceramente, no pensé mucho en aquellos muchachos en los dos años siguientes. Reneé es quien escribe cartas a nuestros niños y les envía tarjetas. Yo sólo pago las facturas. Pero unos dos años después del evento, yo estaba planeando un viaje a Zambia cuando mi personal me recordó que tenía dos niños apadrinados que vivían allí. Yo dije: «Ah, sí». Ellos entonces me dijeron que pensaban que deberíamos filmarme conociendo a los dos muchachos, y que podríamos contar su historia en uno de nuestros programas especiales de televisión. Por tanto, unas semanas después me encontré caminando por un campo en Zambia para conocer a Morgan y Jackson, que vivían con su abuela, Mary Bwalya.

Cuando me vio, Mary salió corriendo a recibirme, agarró mi mano y se inclinó casi hasta el suelo, dándome muchas gracias por lo que yo había hecho. Ella dijo: «Cuando me enteré hace dos años de que una familia en Estados Unidos había decidido apadrinar a Morgan y Jackson, ¡supe que Dios había sustituido a los padres que estos niños habían perdido! Si yo hubiera tenido alas, habría volado hasta el aeropuerto para saludarle». Yo quedé sorprendido y avergonzado. Mary no estaba ansiosa por darme las gracias porque yo fuera el presidente de Visión Mundial; ella quería dar las gracias al patrocinador estadounidense que había rescatado a sus nietos. Ella me veía como un nuevo padre para dos muchachos que habían perdido a su propio padre debido al SIDA. Entonces me senté con ella y los muchachos, y me enteré de lo terrible que había sido su situación. Su padre y su madre habían muerto el mismo año. Ellos eran cuatro hermanos, y Jackson era el mayor. Literalmente habían tenido que cuidar de sus padres en sus lechos de muerte, viendo sus dolorosas y horribles muertes a medida que empeoraban, consumidos por heridas que cubrían todo su cuerpo. Jackson, que tenía trece años en aquel entonces, sabía que tendría que ocuparse de sus tres hermanos menores, así que abandonó la escuela e intentó buscar un trabajo y comida. (Mary vivía a varios cientos de kilómetros de ellos y aún no se había enterado de las muertes de su hijo y de su nuera.)

Pero Jackson no pudo mantenerlos, así que los cuatro abandonaron la escuela y comenzaron a buscar y a mendigar comida. «Había días en que nos quedábamos el día entero tumbados en el piso de nuestra cabaña porque estábamos demasiado débiles por el hambre. A veces pasábamos una semana sin comida, y yo temía que Morgan no sobreviviera», me dijo Jackson.

Finalmente, su abuela se enteró de las muertes y se las arregló para tomar un autobús y cruzar el país para rescatar a sus nietos, llevándoselos con ella. Pero al ser una viuda pobre ella misma, Mary no podía alimentar y sostener a cuatro niños. Pronto, todos ellos comenzaron a hundirse más profundamente en el hambre y la desesperación. Tocaron fondo cuando una tormenta destruyó la pequeña cabaña de adobe en la que vivían, añadiendo la falta de hogar a sus condiciones desesperadas.

En ese punto, Mary relató la historia: «Fue entonces cuando me enteré de la alegre noticia, que una familia estadounidense había decidido apadrinar a Morgan y Jackson, y le di gracias a Dios de que Él hubiera mandado a alguien para ayudarnos».

Me sentí muy avergonzado. Aquella noche, dos años antes en el banquete, yo había rellenado una tarjeta y había escrito por obligación mi número de tarjeta de crédito: *sólo* porque mi esposa me había hecho hacerlo. Yo no había pensado en las vidas implicadas, en que mi decisión podría haber sido cuestión de vida o muerte. Para mí sólo había sido una transacción, costándome sólo dos dólares al día; pero para Mary y aquellos muchachos fue la respuesta a la oración que literalmente puede que haya salvado sus vidas. Si ves el programa especial de televisión que presenta mi reunión con Morgan y Jackson, me verás llorando cuando cuento su historia. Dios había quebrantado mi corazón una vez más con algo que quebrantaba también su corazón. Si no crees que un pequeño gesto de compasión puede marcar una diferencia, piénsalo otra vez.

LA MONEDA DE UNA VIUDA

Pero el rey le respondió a Arauna: —Eso no puede ser. No voy a ofrecer al Señor mi Dios holocaustos que nada me cuesten. Te lo compraré todo por su precio justo. Fue así como David compró la parcela y los bueyes por cincuenta monedas de plata. —2 Samuel 24.24

Hace unos años, Raul Hernandez, uno de nuestros representantes de Visión Mundial en Florida, respondió a una llamada de teléfono de una anciana en Miami que le pidió si podía ir a su apartamento para hablar de un donativo. Cuando él regresó, nos envió un mensaje de correo electrónico al resto de nosotros en Visión Mundial sobre su reunión. El siguiente es su relato:

El complejo de apartamentos estaba situado en un barrio pobre latino de Miami. Cuando llamé a la puerta, observé los humildes alrededores. Ella abrió la puerta. Ana[10] es una maravillosa joven colombiana de 91 años de edad.

«Entre, ¿es usted la persona de Visión Mundial enviada para recibir mi donativo?» Me invitó a su humilde apartamento de un solo cuarto. No había aire acondicionado, pero el cuarto estaba lleno de emoción y de la refrescante presencia del Espíritu Santo. Su sonrisa me recordó la dulzura de mi propia abuela, que fue una pieza clave en mi salvación. Comenzamos una larga y vivaz conversación que me gustaría que no hubiese terminado.

Me contó de su llegada a Estados Unidos en 1954 (incluso antes de que yo naciera) con su esposo, su lucha por criar a sus tres hijos, su largas horas de trabajo para suplir las necesidades familiares básicas, y el esfuerzo por mantener los valores que le enseñaron en su Colombia nativa y para mantener la unidad de la familia. Entonces me habló de su terrible periodo de enfermedad, casi totalmente paralizada, inmovilizada, llena de dolor, limitada por la misericordia de los demás para llevarla de un lugar a otro. Hasta que conoció a Katherine Kuhlman, y por medio de ella conoció al Señor y su poder sanador, que la sostiene hasta el día de hoy. Tengo que confesar que me sentí avergonzado de necesitar más medicamentos de los que ella necesita.

Después de muchas historias maravillosas, ella se puso en pie y dijo: «Permita que traiga mi donativo para los niños a los que Visión Mundial está sirviendo». Fue hasta una pequeña mesilla y llevó el sobre a la mesa donde estábamos sentados. Abrió el sobre con cuidado como si fuera una ceremonia de misericordia y amor. Me entregó los cinco montones unidos de billetes de veinte dólares. Me dijo: «Por favor, cuéntelos. Quiero estar segura de haber contado correctamente».

Yo los conté, y eran mil dólares. Entonces ella dijo: «He estado ahorrando esto durante mucho tiempo con la intención de donarlo a Visión Mundial para los niños pobres del mundo. Cada vez que alguien me hacía un regalo para mi cumpleaños, o para Navidad y Año Nuevo, yo lo ahorraba para los niños pobres. Mire, tengo ese apartamento y es la única posesión que tengo, pero yo también soy tan bendecida por el Señor que quiero bendecir a quienes son menos afortunados que yo. Solía amadrinar a una niña de Guatemala desde que era pequeña, pero después se graduó y Visión Mundial transfirió mi donativo a otra muchacha en Colombia a quien sigo amadrinando. Pero estaba pensando: Pronto comenzaré mi viaje a mi hogar celestial, a mi Padre; necesito hacer algo por esos niños que sufren, y por eso llamé a Visión Mundial para que me enviasen a alguien a recibir este donativo. Quiero que sea anónimo, Dios ya lo sabe. Mi oración es que al igual que Jesús tomó dos peces y cinco panes y los multiplicó para alimentar a miles, Él haga lo mismo con este donativo. No es mucho, pero es todo lo que tengo».

Yo clamaba en mi interior: tal generosidad sólo es posible por la obra del Espíritu Santo. Sentí que era bendecido por encima de mi imaginación. El calor húmedo de Miami en aquel pequeño apartamento sin aire acondicionado quedó totalmente olvidado bajo la refrescante brisa que sentí que llegaba desde lo alto a medida que disfrutaba de esa visita con una donante de Visión Mundial. Me preguntaba, en mi viaje de regreso, con cuántas Ana tiene el privilegio de ser bendecido Visión Mundial; ella no es una donante importante, es una donante celestial.

Visión Mundial ha recibido donativos multimillonarios, pero casi estoy seguro de que el donativo de Ana causó un regocijo igual en el cielo, porque Ana dio lo que podía.

Es mi esperanza que a medida que hayas leído estos últimos capítulos, hayas desarrollado un mejor entendimiento de lo que tú, de manera única, tienes que ofrecer. La mayoría de nosotros subestimamos mucho el valor potencial de nuestro tiempo, tesoro y talentos en términos de lo que pueden añadir al hermoso mosaico de lo que Dios está haciendo en nuestro mundo. Muchos de nosotros nos sentamos a los lados porque no apreciamos lo que tenemos para ofrecer. Otros saben *lo que* tienen para ofrecer, pero no saben *cómo*. Para hablar de esto, permíteme citar a mi pastor, Earl Palmer: «Dios no puede dirigir un auto estacionado». Si nos quedamos sentados en el estacionamiento con nuestros motores apagados, tan sólo esperando oír una voz del cielo, nunca llegaremos a ninguna parte en nuestra búsqueda para resolver los problemas del mundo. Necesitamos al menos «encender nuestros motores».

Puede que no tengamos claro cómo quiere usarnos Dios; pero eso no es excusa para no hacer nada. Tan sólo da el paso, y comienza a hacer. Austin Gutwein lanzó tiros libres y construyó una escuela para huérfanos. La viuda Ana ahorró sus monedas y sus billetes durante años y los ofreció a Dios para ayudar a niños. Y Bill Gates comenzó una fundación para mejorar la salud y la educación globales.

¿Qué harás *tú*?

CAPÍTULO VEINTISÉIS

Una montaña de granos de mostaza

*Quien dice que no puede hacerse debería apartarse
del camino de quien lo está haciendo.*

—PROVERBIO CHINO

Haz de tu vida una misión; no una intermisión.

—ARNOLD GLASGOW

Una manera de concluir un libro como éste sería lanzar una visión utópica de un mundo sin pobreza, sin injusticia ni sufrimiento: un final de «fueron felices para siempre» que trivialice la altura y la profundidad de los problemas que nuestro mundo afronta. Pero yo soy más realista que eso; y sin embargo quiero que estas últimas páginas te emocionen con lo posible.

A medida que piensas en cómo podrías implicarte, cómo podrías cambiar la situación a la luz de todo lo que he presentado en este libro, sería fácil cometer uno de dos errores. Podrías verte tan abrumado por la magnitud de los desafíos que hay en nuestro mundo que te alejes, desesperanzado y convencido de que nada de lo que tú puedas hacer marcará nunca una diferencia. O podrías implicarte con un entusiasmo ingenuo, subestimando los problemas sólo para quedar agotado por el desánimo después de los primeros contratiempos. Pero si verdaderamente quieres seguir a Cristo y llevar las buenas noticias de maneras tangibles a nuestro mundo, ninguno de esos enfoques es muy útil. El pesimista ve aquí tan sólo obstáculos; el optimista ve sólo oportunidades. Pero el *realista* ve las posibilidades que hay entre los dos. Y eso es lo que debemos ser. Debemos ser *personas de lo posible*.

Robert Kennedy dijo una vez: «Hay quienes ven las cosas de la manera en que son, y preguntan por qué... Yo sueño con cosas que nunca fueron, y pregunto por qué no». ¿No es todo cuestión de perspectiva? ¿Qué ves cuando miras el dolor y el sufrimiento en el mundo? ¿Ves a un niño malnutrido, o un futuro granjero? ¿A un niño sin escuela, o a un maestro en potencia? ¿Ves a un niño asustado y hacinado en un campo de refugiados, o ves a un futuro líder? Cuando miras a las caras de los pobres, los marginados y los desechados, ¿ves desesperanza, o personas creadas a imagen de Dios, con la posibilidad de un futuro lleno de esperanza por delante de ellos? Nosotros, como cristianos, podemos mirar nuestro mundo quebrantado, encogernos de hombros y decir: «Así *son* las cosas». O podemos, en cambio, aceptar una visión de lo que *podría ser*: si cada uno participa. ¿No es mejor encender una vela que maldecir la oscuridad? ¿Y qué podría lograrse si no encendiésemos una vela sino muchas? La luz aunque sea sólo de una desafía a la oscuridad, pero la luz de un millón podría arrasarla.

MOVER MONTAÑAS

«Les aseguro que si tienen fe tan pequeña como un grano de mostaza, podrán decirle a esta montaña: "Trasládate de aquí para allá", y se trasladará. Para ustedes nada será imposible» (Mateo 17.20). Yo solía leer este versículo y pensar que era una exageración que Jesús estaba haciendo para establecer un punto acerca del poder de la fe. *Nosotros no podemos* literalmente *mover montañas... ¿no?* Pero entonces lo vi de un modo diferente. ¿Y si Jesús quería decir que millones de sus seguidores pusieran su fe en acción agarrando una pala, y desafiando a la montaña *palada a palada*? Cualquier montaña puede moverse —incluso la que se llama Pobreza, o Hambre, o Injusticia— *si* tenemos a suficientes personas «paleando».

Jesús realmente comparó la llegada del reino de Dios a la tierra con el diminuto grano de mostaza: «El reino de los cielos es como un grano de mostaza que un hombre sembró en su campo. Aunque es la más pequeña de todas las semillas, cuando crece es la más grande de las hortalizas y se convierte en árbol, de modo que vienen las aves y anidan en sus ramas» (Mateo 13.31-32). Al igual que la pequeña semilla de mostaza, este reino puede parecer pequeño e impotente, pero cuando se ha plantado y echa raíz, crece de modo exponencial en potencia, tamaño e influencia. Si una sola semilla de mostaza puede multiplicarse tan dramáticamente, intenta imaginar el poder de una montaña de semillas de mostaza: el impacto del pueblo de Dios, llamado por Dios y trabajando colectivamente mediante la fe para difundir el evangelio.

«El reino de Dios está entre ustedes». —Jesucristo, en Lucas 17.21

Este evangelio que se nos ha dado, el evangelio completo, es la visión de Dios para una manera nueva de vivir. Inaugura la realidad de que Dios mora dentro de nosotros, sus seguidores, y no en un templo en Jerusalén. Y nos llama a que nos unamos a Él en la salvación del mundo que Él tanto ama. El poder de este evangelio fue anunciado por Jesús en una sinagoga en Nazaret, cuando Él hizo una audaz afirmación, y una atroz promesa de que las buenas nuevas serían predicadas a los pobres y la justicia restaurada. Los ricos ayudarían a los pobres; los poderosos protegerían a los indefensos; los que son odiados serían amados; los quebrantados serían consolados; los oprimidos serían liberados; los oprimidos serían levantados. El reino de Dios iba a comenzar en la tierra por medio de las vidas cambiadas de sus seguidores, y sus marcas serían el perdón, el amor, la compasión, la justicia y la misericordia. No habría judío ni griego, libre ni esclavo, varón ni hembra; todos serían iguales a los ojos de Dios. Esta era la esencia de las buenas noticias del evangelio, *el evangelio completo.*

Jesús iba a ser el primogénito de este nuevo reino. Él enseñaría a sus seguidores los valores del nuevo reino y les daría una visión de un tipo de mundo diferente. Y eso es lo que Él hizo. Esta nueva comunidad de seguidores de Jesús comenzó a crecer y a desarrollarse a medida que ellos, a su vez, difundían las buenas nuevas de este nuevo reino a otros y lo demostraban mediante sus vidas. Jesús llamó iglesia a esta nueva comunidad y dijo que las puertas del infierno no prevalecerían contra ella. Entonces Él fue a la cruz para derrotar a la muerte y el mal en la esfera espiritual y para abrir de par en par las puertas del cielo. El hombre y Dios ahora podían ser reconciliados.

Y entonces... Jesús resucitó, apareciéndose a quienes le amaban, y dándoles el encargo de poner en movimiento el evangelio mientras Él no estaba. Después ascendió, delante de sus mismos ojos, al cielo, para poder preparar un lugar para todos aquellos que serían salvos mediante las vidas y el trabajo de quienes le llaman Señor. Jesús lo había cambiado todo.

Este fue el plan de Dios para cambiar el mundo; Él escogió a sus seguidores para ser el cambio, Él te escogió a ti y me escogió a mí. Nosotros somos aquellos que llevarán las buenas nuevas a los pobres, vendarán a los quebrantados y defenderán la justicia en un mundo caído. Nosotros somos la revolución. Nosotros somos el plan A de Dios... y Él no tiene un plan B.

PEQUEÑAS COSAS CON GRAN AMOR

No podemos hacer grandes cosas, sólo pequeñas cosas con gran amor. —Madre Teresa

Comienza contigo. Al final, Dios simplemente te llama a ser fiel a las cosas que Él te ha dado para hacer. Él no requiere de ti que seas una súper estrella, tan sólo que seas fiel y obediente al orar, amar, servir, dar, perdonar, sanar e interesarte: hacer cosas pequeñas con gran amor.

A la vez que escribo estas palabras, estoy mirando por una ventana de mi casa. Veo la belleza de la creación de Dios: exuberantes árboles verdes, flores, un cielo azul brillante y montañas coronadas de nieve en la distancia. Puedo oír a un perro ladrar, a un avión que vuela por el cielo y el ruido de los vehículos que circulan por la autopista cercana. Y sin embargo, sé que en algún lugar, quizá no muy lejano, hay dolor y sufrimiento; alguien clamando a Dios pidiendo ayuda. A una vecina le han diagnosticado cáncer. Un padre ha perdido su trabajo. Una familia ha perdido su casa; en otro lugar hay niños sin madre, o un padre se duele por un hijo. Hay niños sin comida que comer ni agua que beber. Hay muchachas y muchachos explotados por personas malvadas que maldicen a Dios a la vez que llevan a cabo sus malvados planes. En otro lugar, miles de personas desesperadas han sido expulsadas de sus hogares por la calamidad o la guerra. Hay personas solitarias sin consuelo o esperanza, sin nadie a quién acudir. La enfermedad y la muerte golpean a millones que no tienen médicos ni medicinas. Sí, no muy lejos, y también distantes, hay personas quebrantadas en este mundo quebrantado. Quebrantadas y golpeadas. Yo conozco eso.

Pero también conozco el poder del evangelio —el evangelio *sin* un vacío— que se nos encarga llevar. Lo he visto con mis propios ojos.

Hace diez años yo di un pequeño paso de fe, y Dios me ha dado el privilegio de ver un destello del poder revolucionario del evangelio en nuestro mundo. He viajado más de un millón de millas a docenas de países por todo el mundo. He sentido el «viento a mis espaldas» de millones de personas que oran y dan lo que pueden, y de fieles iglesias decididas no sólo a hablar del evangelio sino a demostrarlo. He sido testigo de la fe de cientos de «madres Teresa» anónimos, que sirven como las manos y los pies de Cristo en los barrios bajos, en los burdeles y en los campos de refugiados. Sí, he visto el poder de esas pequeñas cosas hechas con gran amor. También he visto el impacto del reino de Dios —una montaña de granos de mostaza— transformando las vidas de las personas. He visto lo posible.

He visto a quienes tienen hambre recibir alimento, y a personas a quienes se les ha enseñado a pescar y a cultivar. He visto pozos cavados y cisternas construidas: dando agua a los sedientos. He visto a enfermos sanados, a cojos caminar y a ciegos recibir otra vez la vista. He conocido a refugiados que han sido reubicados, a víctimas de desastres que han sido restauradas y a cautivos que han sido liberados. He visto a viudas consoladas, a huérfanos cuidados, a niños liberados de la esclavitud y el abuso, escuelas construidas, clínicas abiertas, bebés vacunados, préstamos que sacan a los pobres de la pobreza: he visto esas cosas con mis propios ojos. Pero aún mayor que todo eso, he visto la mirada misma de Cristo mirándome con los ojos de los pobres, y el amor de Cristo demostrado a ellos mediante las vidas y las obras de sus siervos fieles. Lo mejor de todo, los he visto encontrar nueva vida en Aquel que les creó. He sido testigo ocular de esas cosas: de este evangelio increíble y completo transformando las vidas más quebrantadas e inundando los lugares más oscuros con una radiante luz de esperanza. Sé que esas cosas son posibles.

¡CAPTA LA VISIÓN!

Pinta un mundo diferente. Imagina uno en el cual dos mil millones de cristianos aceptan este evangelio —el evangelio completo—, cada uno haciendo una parte poniendo su pieza en el rompecabezas y completando la increíble visión de Dios de un mundo reclamado y redimido: el reino de Dios entre nosotros. Visualiza ejércitos de compasión situados en cada rincón de nuestro mundo, haciendo pequeñas cosas con gran amor. Imagina el cambio. ¿Podría tomar nota el mundo? ¿Harían nuevas preguntas? *¿Quiénes son esas personas tan motivadas por el amor? ¿De dónde vinieron? ¿Por qué se sacrifican así para ayudar a quienes el resto del mundo ha olvidado? ¿Dónde encuentran su fortaleza? ¿Quién es este Dios al que ellos sirven?* Y lo más importante: *¿Podemos servirle nosotros también?* ¿Puedes imaginar esta visión diferente de nuestro mundo? ¿Puedes ver un destello ahora de lo que Dios anhela ver?

¿QUÉ VES *tú*?

¿Dónde estás ahora, y qué ves? ¿Estás de camino al trabajo en un tren, leyendo en la cama, o quizá sentado en tu propia sala? ¿Cómo ves el mundo que te rodea? ¿Ves personas que necesitan el amor de Dios, sufrimiento que quebranta el corazón de Dios, maldad que no es desafiada? ¿Ves problemas que no pueden ser resueltos y montañas que no pueden moverse, o ves la luz dispersando la oscuridad y el reino de Dios avanzando con fuerza? ¿Ves las oportunidades y las posibilidades, o sólo los obstáculos? ¿Qué evangelio has aceptado?

- ¿un evangelio revolucionario que es verdaderamente buenas noticias para un mundo quebrantado? o...
- ¿un evangelio disminuido —con un vacío en él— que ha sido reducido a una transacción personal con Dios, con poco poder para cambiar nada fuera de tu propio corazón?

Y cuando cierres este libro, ¿qué harás ahora? ¿Qué espera *Dios* de ti? ¿Estás dispuesto a estar abierto a su voluntad para tu vida? ¿Tienes la fe de un grano de mostaza? ¿Crees lo que Jesús dijo, que el reino de Dios está en ti, y que Él quiere alistarte en su gran obra de hacer avanzar su reino en la tierra?

Él te está llamando en este momento a hacer aquello para lo cual Él te creó solamente a ti. ¿Puedes oírle? Yo sí.

Ven conmigo. Tenemos trabajo que hacer, y es urgente. Únete a mí...

Preguntas y respuestas con Reneé Stearns

¿Cuál es una de las cosas alentadoras que Dios ha hecho en tu vida desde que se publicó *El vacío en nuestro evangelio*?

Desde que se publicó el libro de Rich, he tenido numerosas oportunidades de viajar por todo Estados Unidos y hablar en iglesias y grupos de mujeres acerca de lo que Dios espera de nosotros a la luz de las necesidades que existen en nuestro mundo en la actualidad. Y cuando lo hago, personas de todas las edades y etapas en la vida comparten conmigo sus propias historias personales sobre cómo Dios las ha desafiado a dar un paso de fe; historias de gran sacrificio, creatividad y obediencia. He hablado con mamás jóvenes que quieren saber cómo infundir en sus hijos pasión por quienes tienen necesidad; y en una ocasión que recuerdo bien, me reuní con una abuela que quería mi consejo sobre cómo discernir el llamado de Dios en su vida con respecto a los pobres. A los setenta años de edad, ella seguía estando alerta a la dirección de Dios. Aún quería saber lo que Él, en ese preciso momento, esperaba de ella. Eso fue de gran aliento para mí. Después de muchos años de ser una mamá que no trabajaba fuera de casa, a veces creo que es demasiado tarde para hacer la pregunta: «¿Qué espera Dios de mí ahora?» Pero, desde luego, no es demasiado tarde en absoluto. Como Pablo nos recuerda en Efesios 2.10: «Porque somos hechura de Dios, creados en Cristo Jesús para buenas obras, las cuales Dios dispuso de antemano a fin de que las pongamos en práctica». Él tiene un plan para el mundo, y nos ha invitado a participar junto con Él para lograr ese plan. El Creador del universo, que cuenta las estrellas y las llama por su nombre, también me ha llamado por mi nombre, pidiéndome que sea su colaboradora. ¡Qué gran privilegio!

¿Cómo fue para tus hijos hacer un giro de ciento ochenta grados de una vida de privilegios a otra en la cual abordar la pobreza se convirtió en la principal prioridad?

El trabajo de Visión Mundial siempre ha sido muy importante para nuestra familia. Mucho antes de que Rich llegase a Visión Mundial como presidente, apadrinábamos niños y apoyábamos proyectos. Cada vez que recibíamos un video de Visión Mundial, mi hijo menor corría al piso de arriba para agarrar su alcancía antes de comenzar a verlo y estar así preparado para responder inmediatamente a la necesidad. Todos teníamos un verdadero sentimiento de que lo que Dios estaba haciendo en todo el mundo por medio del trabajo de Visión Mundial era importante, y que nosotros éramos parte de ello. Así que vimos que era un verdadero honor el que Rich fuese considerado como candidato para la presidencia de Visión Mundial.

Cuando fue escogido, todos mis hijos fueron increíblemente alentadores. Mientras Rich agonizaba para tomar la decisión, mi hija mayor nos recordó que si era allí donde Dios quería que estuviéramos, no seríamos felices en ningún otro lugar. Mi hijo con su alcancía nos desafió a ayunar y orar, y eso hicimos. Y entonces, finalmente, hicimos las maletas, nos despedimos de los amigos y nos dirigimos a Seattle.

No todo fue fácil y cómodo, como cualquiera que alguna vez haya hecho las maletas de cinco niños y los haya trasladado al otro lado del país a una nueva casa ha experimentado. Estábamos pidiendo mucho de ellos. Pero una de las cosas que creo que las personas pasan por alto cuando preguntan por la transición a Visión Mundial es algo que no conoceremos a este lado del cielo, algo que quizá Dios compartirá con nosotros cuando nos llame al hogar. Sabemos sobre dejar atrás la casa, el trabajo, los amigos e incluso el Jaguar azul. De lo que no sabemos es de todo lo que Dios puede habernos librado al permitirnos hacer ese cambio. ¿Quién sabe cómo habría sido nuestra vida si nos hubiéramos quedado donde estábamos?

Y en lugar de una vida de privilegios, nuestros hijos han tenido la oportunidad de ver de primera mano lo que Dios está haciendo en todo el mundo y de participar en su obra al llevar ayuda y esperanza a quienes lo necesitan. Ellos han conocido a maravillosos hombres y mujeres cristianos que hacen cosas notables con muy poco. Han sido desafiados, alentados y motivados para hacer que el mundo sea un mejor lugar para todos los hijos de Dios. Incluso en el presente, algunos de ellos están haciendo eso mediante las vocaciones que han elegido, algunos de ellos mientras continúan apoyando el trabajo de Visión Mundial mediante la oración y los donativos.

Desde la niñez, soñaste con ayudar a los pobres. ¿Cómo encaja tu vida en ese sueño en la actualidad?

Desde que era pequeña quería ayudar a las personas pobres. Me parecía muy injusto que por ninguna otra razón que la de un «accidente de latitud» (como lo llama Bono), algunas personas en el mundo tuvieran tanto y otras tuvieran tan poco. Y quizá debido a que cuando era niña veía muchos de los viejos programas de televisión de *Perry Mason*, pensé que la mejor manera de ayudar era convertirme en abogado. Por tanto, después de la facultad de derecho acepté un trabajo de asesoría legal y comencé a representar a clientes sin recursos. Al principio me encantaba lo que hacía, pero cada vez se hacía más obvio para mí que aunque podía ayudar con el tipo de problemas legales que acompañan a una falta de dinero, las personas que acudían a mi oficina tenían problemas que iban mucho más allá de lo que yo había aprendido a arreglar en la facultad de derecho. Mi asesoría legal era un parche en la herida, pero ni siquiera se acercaba a curar la enfermedad. Yo pensaba que lo que hacía falta era un enfoque mucho más integral de la pobreza, un tipo de enfoque que tuviera en cuenta a la persona completa: no sólo lo físico sino también lo mental y espiritual. Al final, he descubierto que el mismo tipo de enfoque integral es el que Visión Mundial aporta al trabajo que hace en todo el mundo.

Rich describe de manera muy gráfica su primer encuentro cara a cara con la pobreza en el mundo en desarrollo. ¿Cuál fue el tuyo, y cómo te afectó?

Mi primer encuentro con la pobreza internacional se produjo en un viaje que hice a Guatemala en 1998. Tras pasar varios días en el campo, regresamos a la ciudad de Guatemala para visitar algunos de los proyectos de Visión Mundial allí. Un día, nos quedamos durante la mañana en un centro de cuidado de preescolares y despues fuimos a un basural en la ciudad de Guatemala, una desgarbada muestra de los desperdicios creados por una ciudad de más de dos millones de personas. Y entre la basura se adentraban cientos de familias, buscando pedazos de plástico reciclable o algún pedazo de sándwich.

Yo me quedé en el borde del basurero con una joven y sus dos hijos pequeños. Mientras observaba al pequeño niño comer alegremente de un vaso de yogur lleno de suciedad que había encontrado entre los desperdicios, pensé en mis propios hijos en casa, que estaban a punto de sentarse a comer un almuerzo caliente en la cafetería de la escuela. Allí estábamos, mujeres separadas por la cultura, el idioma y la economía y, sin embargo, mientras yo me agachaba para admirar a sus dos hermosos hijos, me sorprendió no tanto lo que nos separaba, sino lo que teníamos en común. Mientras observaba, podía ver en su sonrisa el orgullo que ella sentía por su pequeña familia, el placer que sentía al ver que sus hijos eran el enfoque de mi atención. Yo conozco esos sentimientos, pues también soy mamá. También conozco los sueños que una madre tiene para el futuro de sus hijos, y en aquel momento me pregunté si ella también los compartía. ¿Podía una mujer que vivía en el basurero soñar con una vida sin hambre, sin pobreza y sin enfermedad? ¿Podría ella llamar hogar a una barraca y seguir imaginándolo lleno de esperanza? En los años siguientes a aquel primer encuentro con la pobreza he llegado a entender que la respuesta a esas preguntas es un resonante sí. Hombres y mujeres en todo el mundo tienen esperanzas, sueños y expectativas para el futuro de sus hijos que están muy por encima de sus circunstancias inmediatas, ya sea en el basurero de la ciudad de Guatemala, en una tienda para tres en un Níger plagado de hambruna, o en una zona de guerra en el norte de Uganda. Lo que es más, he aprendido que mediante el trabajo de Visión Mundial podemos ayudar a que esos sueños se hagan realidad.

¿Cuál es tu principal consejo de viaje para mujeres que viajan al mundo en desarrollo?

Mi consejo es sencillo: viajar ligero. Aunque mi esposo vive según el lema: «Está preparado», yo soy minimalista. ¿Por qué llenar la maleta de cosas que podrías no utilizar y que, de hecho, ocupan un valioso espacio que de otro modo podría transportar a casa los tesoros que recibas durante tus viajes?

En todas partes donde hemos viajado, he sido bendecida con regalos de amor de personas cuyas vidas han sido tocadas por el trabajo de Visión Mundial: un cuenco de arcilla de una mujer que había recibido un micropréstamo, un vestido de una joven a quien le enseñaron a coser, una muestra de un bordado de una madre cuyo hijo había recibido formación en computación. Entendemos muy bien que esos regalos no son realmente para nosotros; ni siquiera son para los miles de donantes y personal de Visión Mundial a los que representamos durante nuestras visitas. En cambio, son regalos derramados sobre Jesús en medio de su pobreza.

Se me ocurre que las personas que son más útiles para Dios viajan ligeramente. Dios no puede utilizarme si estoy abrumada por el exceso de equipaje. Si insisto en arrastrar por todas partes la pesada carga de la seguridad, el reconocimiento o cualquier otra cosa que pueda interponerse en el camino de mi servicio a Dios, estoy limitada en las maneras en que puedo servirle. Pero nunca es demasiado tarde para hacer esas cosas a un lado y seguir el llamado de Jesús. Él nos invita a dejar nuestro equipaje abrumador y difícil de manejar y agarrar el de Él. «Vengan a mí todos ustedes que están cansados y agobiados, y yo les daré descanso. Carguen con mi yugo y aprendan de mí, pues yo soy apacible y humilde de corazón, y encontrarán descanso para su alma. Porque mi yugo es suave y mi carga es liviana» (Mateo 11.28-30).

Con frecuencia eres la heroína en las historias de Rich, la «conciencia» que los mantiene a los dos en curso en muchos momentos cruciales de pruebas. ¿Cómo se desarrolló entre ustedes esa confianza y sentimiento de responsabilidad compartida?

En primer lugar, tengo que decir que Rich tiene una memoria muy amable y generosa. Aunque él es demasiado amable para mencionarlos en el libro, desde luego ha habido incontables momentos en nuestros treinta y cinco años de matrimonio en los que, lejos de ser una voz de sabiduría, fui yo quien necesitó un buen consejo. Pero ya sea en la parte dadora o receptora del consejo sabio, ambos reconocemos que Dios es la fuente final de toda sabiduría y dirección, y a Él acudimos cuando nos encontramos en una encrucijada. ¡Y Él es fiel! Tener confianza en quiénes somos, como personas salvadas por la gracia de Dios, y saber que la fuente definitiva de autoridad en nuestra casa es Dios mismo, nos permite tener la libertad y la valentía de desafiarnos y alentarnos el uno al otro a ser todo lo que Dios quiere que seamos.

¿Te hace la gente la misma pregunta que plantean a Rich después de leer el libro: «¿Qué hago ahora?»? Si es así, ¿cuál es tu respuesta?

La mayoría de nosotros tenemos una perspectiva bastante limitada del mundo en general que nos rodea. Con frecuencia digo con respecto a mi familia y amigos que son personas estupendas, pero por la mayor parte viven en un mundo muy pequeño, limitado comprensiblemente por sus propias experiencias personales. Y sinceramente, si el modo en que paso mi tiempo es alguna vara de medir, ¡incluso yo a veces actúo como si mi mundo fuese sólo tan grande como el espacio que hay entre mi casa, el supermercado, el centro comercial y la iglesia!

Cuando nos hacemos la pregunta: «¿Qué hago ahora?», es importante dar un paso atrás y adoptar una perspectiva más amplia de las cosas, mirar por encima de nuestras circunstancias individuales, ¡y recordar que hay un mundo muy grande ahí fuera en el que Dios quiere que participemos! Creo que es importante que nos veamos a nosotros mismos como parte de una comunidad mayor, caminando hombro a hombro por la vida, apoyándonos el uno al otro, alentándonos el uno al otro y celebrando los éxitos mutuos.

No todos pueden hacer las maletas y viajar a los lugares de mayor necesidad en todo el mundo, pero todos pueden comprar un mapa y repasarlo geográficamente. Deberíamos descubrir dónde están situados esos lugares que salen en las noticias y aprender más sobre ellos. Deberíamos leer sobre las personas afectadas por los acontecimientos que suceden en el mundo. Son personas reales con problemas reales, y cuanto más sepamos sobre ellas, más podremos entender sus necesidades.

También aliento a la gente a aprovechar programas que destacan la diversidad cultural de sus propias comunidades, y hacer que sus hijos participen. Aquí en la zona de Seattle hay obras con marionetas, recitales de danzas étnicas y acontecimientos musicales que muestran pueblos y culturas de todo el mundo. Estoy segura de que hay ese mismo tipo de acontecimientos también en otras zonas. Yo vivo en una ciudad en la que casi una de cada tres personas nació fuera de Estados Unidos. Hay ochenta y un idiomas diferentes hablados por estudiantes en nuestras escuelas públicas locales. Dios ha traído el mundo a nuestra puerta; ¡necesitamos hacer todo esfuerzo para llegar a conocerlos!

Y en palabras del fundador de Visión Mundial, Bob Pierce: «No dejes de hacer algo porque no puedas hacerlo todo». ¿Recuerdas la historia de María, la hermana de Marta y Lázaro, que rompió una jarra de alabastro de perfume fragante para lavar los pies de su Señor? Quizá en el plan mayor de las cosas, aquello fuese un pequeño gesto; sin embargo, Jesús dijo de ella: «Esta ha hecho lo que podía; porque se ha anticipado a ungir mi cuerpo para la sepultura. De cierto os digo que dondequiera que se predique este evangelio, en todo el mundo, también se contará lo que ésta ha hecho, para memoria de ella» (Marcos 14.8-9). Un pequeño acto, hecho con gran amor por hombres y mujeres normales y corrientes, puede cambiar el mundo.

¿QUÉ VAS A HACER AL RESPECTO?

Para mí, la experiencia de escribir un libro y sacarlo al mercado ha sido parecida a construir una cometa con viejos periódicos, palos y cuerda. Cuando la cometa está terminada, el constructor la saca fuera, quizá hasta lo alto de un monte, y la levanta tan sólo esperando que Dios ponga un poco de viento debajo de ella para que se eleve en el cielo. Lo que un constructor de cometas no puede proporcionar es ese viento; y sin él, la cometa no puede volar. He estado agradecido por el viento que Dios ha proporcionado para llevar mi pequeño libro a lugares donde yo nunca soñé que podría ir.

Desde que escribí *El vacío en nuestro evangelio* he recorrido Estados Unidos, hablando a grupos tan pequeños como de dos personas y tan grandes como de quince mil. He tenido la oportunidad de hablar con cientos de personas que han leído el libro, desde adolescentes hasta senadores de Estados Unidos, he sido profundamente tocado por su apasionada decisión de hacer más: de estar ellos mismos disponibles y hacer algo tangible para demostrar el evangelio «completo» a quienes lo necesitan desesperadamente.

Muchos han decidido apadrinar a un niño como punto de partida. Otros se han comprometido a dar de su tiempo para encontrar más patrocinadores o para adoptar a un niño en sus hogares. Varios han decidido adoptar un proyecto, como un pozo de agua o una escuela, ayudando a recaudar dinero y participando en su logro. Y aún otros están explorando maneras en que sus negocios o destrezas profesionales pudieran emplearse para marcar una diferencia. Por ejemplo, lectores con destrezas médicas han prometido pasar algunas semanas en el extranjero cada año para ayudar a los pobres con sus necesidades médicas. Un grupo de agricultores de Washington está pensando en maneras de enviar por barco cargas de lentejas de sus granjas a zonas donde hay hambruna. Un grupo involucrado en ayudar a refugiados aquí en Estados Unidos dijo que había aumentado el número de sus voluntarios con personas que habían leído el libro. Y otros han sido inspirados a hacer algo que no tiene relación alguna con la pobreza global, visitando a enfermos o ancianos en sus comunidades, o ayudando a bancos de alimentos locales.

Quizá la respuesta más alentadora haya sido por parte de pastores e iglesias. Pequeños grupos y congregaciones enteras han decidido leer *El vacío en nuestro evangelio* y emprender colectivamente un proyecto o hacer un compromiso. Algunas iglesias han adoptado «comunidades hermanas» y se están comprometiendo a caminar con ellas durante un periodo de años.

Es muy alentador ver la creatividad y la convicción de aquellos que ya están «corriendo». Pero he descubierto que hay un grupo aún más grande de lectores que quieren ayudar pero sencillamente no saben cómo pueden marcar una diferencia. «¿Y qué hago ahora?» Esa es la pregunta que oigo con mayor frecuencia. Quizá te describa a ti. Estás motivado, has recibido convicción; pero no estás seguro de qué hacer a continuación.

Me gustaría que hubiera una respuesta fácil. El llamado de Dios adopta diferentes formas en la vida de cada persona. No todos experimentan el llamado de Dios como lo experimenté yo: ¡con un golpe en la cabeza! Solamente tú puedes buscar y descubrir la voluntad de Dios para *ti*. La mejor manera que conozco para descubrir la dirección de Él es prestar atención a esa voz suave y ofrecer un corazón dispuesto. Recuerda: cuando estás haciendo algo para Dios, no puedes saber el fin desde el principio. La buena noticia es que no necesitas saberlo. Es el plan de Dios, perfectamente diseñado para *ti*. Él sólo necesita que estés dispuesto a dar ese primer paso.

Te animo a que busques la voluntad de Dios mediante la oración, leyendo la Escritura y buscando consejo de personas sabias y piadosas que te conozcan. Pero después de haber hecho eso, entonces es el momento de pasar a la acción. Ponte a ti mismo en juego; da algunos pasos tangibles. Como dijo una vez mi pastor: «Dios no puede dirigir un auto estacionado». Piensa en lo que te apasiona, ocúpate de aprender sobre esa área de interés, y ofrece tu tiempo, talento y tesoro. Dios podría querer un cambio dramático de escenario para ti, o un cambio dramático de corazón que abra oportunidades allí donde ya estás. Cuando estamos totalmente dedicados a Cristo, sirviendo como misionero, mamá que no trabaja fuera de casa o director general, *todos* estamos en el servicio cristiano a tiempo completo.

En las siguientes páginas he recopilado una lista de diversas maneras en que puedes actuar por tu fe: aprendiendo, orando, actuando, dando y hablando. Es mi esperanza que estas sugerencias (algunos de los sitios web son solamente en inglés) te ayuden a descubrir esa cosa concreta que tú, tu familia, tu iglesia o tu grupo pequeño pueden hacer. Al menos, espero que esas cosas despierten tu propia imaginación. ¿Quién sabe? Puede que seas el próximo Leon McLaughlin, el limpiabotas que llevó agua potable a Bolivia, o Austin Gutwein, el adolescente que utilizó el baloncesto para ayudar a los huérfanos por el SIDA. Podrías ser el siguiente Bob Pierce, a quien en 1947 le preguntaron: «¿Qué vas a hacer tú al respecto?»... y entonces comenzó Visión Mundial.

APRENDE

Puede que sea difícil sentir una conexión con personas a las que no has conocido nunca, que viven en lugares que nunca has visitado, quizá de las que nunca has oído. Sin embargo, esas personas nunca están lejos del corazón de Dios. A continuación hay algunas maneras de profundizar tu entendimiento sobre personas que viven en la pobreza extrema en países distantes. Individuos, padres con sus hijos, pequeños grupos, clases de escuela dominical o grupos de estudio bíblico podrían utilizar estas sugerencias como un punto de comienzo para sus propias ideas creativas.

Compra un mapa del mundo. Sitúalo en un lugar destacado, y cuando se produzca una crisis, como un terremoto en Haití, un tsunami en Samoa o un huracán en El Salvador, utiliza tachuelas o pegatinas para indicar dónde están y recordarte que aprendas sobre ellos y ores por la gente.

Sintoniza con la pobreza. En lugar de poner música en tu auto, emplea tu tiempo de viaje para escuchar programas de radio educativos. O puedes escuchar los informes en línea y mirar los videos acerca de las personas que están detrás de los problemas globales que afectan a los pobres del mundo, disponibles en www.visionmundial.org y www.youtube.com/visionmundialorg.

Apadrina a un niño. Al apadrinar a un niño, puedes experimentar un nuevo país, una nueva cultura y un nuevo contexto mediante los ojos de un niño. Busca aprender sobre él o ella mediante sus cartas y tu propia investigación. Observa a medida que tus propios hijos comienzan a ver el mundo de una manera diferente. En tu mapa del mundo, añade una tachuela por el niño que tengas apadrinado de modo que puedas recordar orar con frecuencia. Visión Mundial está entre varias organizaciones sin fines de lucro que ofrecen patrocinio de niños (www.worldvision.org; si vives fuera de Estados Unidos, selecciona «International» en la esquina superior a la derecha para encontrar su país); para encontrarla en la red, busca «patrocinar un niño».

Forma amistades. Dios ha traído las culturas del mundo hasta nuestro barrio. Conócelas. Visita iglesias étnicas en tu zona para llegar a conocer a cristianos de otros lugares. Busca programas locales que proporcionen reasentamiento a refugiados; World Relief, una organización cristiana, trabaja mediante iglesias locales para proporcionar este ministerio. Si tienes una universidad en tu ciudad, llega a familiarizarte con los alumnos internacionales de países en desarrollo, y ofrece ayudarles con cosas como destrezas para el idioma.

Aprende y enseña. Piensa en cómo podrías equipar a jóvenes para que se conviertan en ciudadanos globales y compasivos enseñando a tus hijos o grupo de jóvenes sobre problemas de la pobreza. Aliéntalos a que aprendan sobre cómo las vidas de niños en otros países pueden ser diferentes de las de ellos, los desafíos a los que se enfrentan, y a descubrir otras culturas y tradiciones. Encuentra recursos educativos gratuitos en www.visionmundial.com o www.worldvisionsources.com.

Explora música. Escucha música tradicional de otros países (de la que oyes en las noticias o el país donde viva el niño al que apadrinas). Puedes encontrar música de Afganistán hasta Zimbabue en National Geographic World Music (http://worldmusic.nationalgeographic.com).

Comienza o participa en un grupo universitario. Los estudiantes universitarios pueden unirse a Visión Mundial ACT:S, una red de estudiantes comprometidos a explorar lo que dice la fe acerca de la justicia. Comprueba si tu universidad tiene un grupo y, si no lo tiene, comienza uno. Aprende más en www.worldvisionacts.org.

Lee y comienza un club de lectura. Hay muchos más libros maravillosos que nos ayudan a entender la pobreza y la justicia a un nivel más profundo. Algunos se basan en datos y otros relatan historias humanas reales de lucha y triunfo. Comprométete a leer algunos de esos libros, y comienza un club de lectura con algunos amigos que compartan tus intereses. Mira la lista de libros recomendados en la página 322.

Ve una película. Las películas son un medio potente e influyente en nuestra cultura. Ve películas como *Diamantes de sangre* para aprender sobre los niños soldado y el mercado de diamantes; *Hotel Ruanda* para ver la valentía ante el genocidio; o *Slumdog Millionaire* para entender la grave situación de los niños de la calle en India. Dialogar de las películas con otras personas después enriquece la experiencia. Visita www.theholeinourgospel.com para encontrar una lista de otras películas que dan qué pensar.

Haz un chequeo de realidad. Si crees que no eres rico, tan sólo compárate con alguien que viva con menos de un dólar al día. Una página web, www.globalrichlist.com, te muestra enseguida, basándose en tus ingresos, en qué lugar estás en una escala global de riqueza. Abrirá tus ojos.

ORA

Yo creo que la oración es una forma de acción social. Uno de mis colegas en Visión Mundial, John Robb, escribió una vez: «Dondequiera en el mundo que haya importante desarrollo, personas que acuden a Cristo, mejoras en la salud, oportunidades económicas, adopción de valores del reino de Dios, es el resultado directo de la oración cristiana». Si quieres ser un guerrero de oración por causa de quienes sufren y son oprimidos, eso implica tiempo y compromiso a mantenerte informado de lo que está sucediendo en el mundo para poder orar específicamente y oportunamente. También significa aceptar la incomodidad y el dolor (lee la bendición franciscana a continuación) o pedir, como oró el fundador de Visión Mundial, Bob Pierce, para que tu corazón sea quebrantado por las cosas que quebrantan el corazón de Dios.

La oración intercesora intencional puede hacerse individualmente o en grupos, mediante devocionales regulares o con tanta frecuencia como el Espíritu Santo te mueva a hacerlo. A muchas personas les resulta útil incorporar la oración a las tareas ordinarias que realizan cada día. Con respecto a esto, a continuación hay siete pasos hacia integrar la oración por los pobres en tu vida cotidiana:

1. Cuando te bañes en la mañana, ora por familias en países pobres que no tienen acceso al agua potable, lo cual obliga a las madres a emplear horas para ir a buscar agua inadecuada y hace que los niños sufran y hasta mueran debido a enfermedades relacionadas con el agua.

2. Cuando prepares tu almuerzo o el almuerzo de tu hijo, ora por los mil millones de personas que tienen hambre crónica en el mundo en la actualidad.

3. Cuando viajes hacia tu trabajo, ora por los adultos en todo el mundo que no pueden encontrar un trabajo regular para alimentar a sus familias, u ora por los millones de niños que son obligados a hacer un trabajo peligroso o a trabajar siendo explotados.

4. Cuando dejes a tus hijos en la escuela, ora por los niños en todo el mundo que no pueden recibir educación debido a la pobreza o la discriminación.

5. Cuando tomes una vitamina, ora por las familias que no tienen cuidado médico adecuado, lo cual les deja a ellos, y especialmente a sus hijos, vulnerables a enfermedades que pueden evitarse.

6. Cuando llegues a casa después del trabajo, ora por los niños y las familias que no tienen hogar debido a la pobreza, el conflicto o los desastres naturales.

7. Cuando acuestes a tus hijos, guíalos a orar por los millones de niños que han perdido a sus padres en todo el mundo; especialmente los 15 millones de huérfanos por el SIDA en todo el mundo, muchos de los cuales deben sobrevivir sin tutores.

Esta es una de mis oraciones favoritas. Te aliento a que ores esta bendición franciscana y pienses en el mensaje de esperanza que contiene:

Que Dios te bendiga con la incomodidad,
frente a las respuestas fáciles, las medias verdades, las relaciones superficiales,
para que seas capaz de profundizar dentro de tu corazón.

Que Dios te bendiga con la ira santa, frente a la injusticia, la opresión
y la explotación de la gente,
para que puedas trabajar por la justicia, la libertad y la paz.

Que Dios te bendiga con lágrimas, para derramarlas por aquellos que sufren
dolor, rechazo, hambre y guerra,
para que seas capaz de extender tu mano, reconfortarlos y convertir
su dolor en alegría.

Y que Dios te bendiga con suficiente locura,
para creer que tú puedes marcar una diferencia en este mundo,
para que tú puedas hacer lo que otros proclaman que es imposible.

Y la bendición de Dios, la Majestad suprema y nuestro Creador,
Jesucristo, el Verbo encarnado que es nuestro hermano y Salvador,
y el Espíritu Santo, nuestro Consolador y Guía, esté contigo
y permanezca contigo en este día y para siempre. Amén.

ACTÚA

Puede que recuerdes el popular eslogan de Nike de hace algunos años: *Sólo hazlo*. Probablemente no haya una manera más concisa de exhortar a las personas a levantarse, hacer algo, ser activas. Y eso se aplica a servir a los pobres. No tienes que tener dinero y poder, una educación y capacidades avanzadas para marcar una diferencia. Todos pueden hacer algo. Esas «pequeñas cosas con gran amor» (en palabras de la madre Teresa) dan un gran gozo a nuestro Padre. A continuación hay algunas maneras en que puedes actuar, quienquiera que seas, dondequiera que vivas.

Préstate voluntario en tu propio lugar. Si miras en tu propia ciudad o pueblo, hay muchas cosas que puedes hacer y que requieren poco más que tiempo. Ofrécete voluntario en un comedor social o un hospital para enfermos de SIDA; haz un donativo o préstate voluntario en un banco de alimentos; enseña el idioma a refugiados; mentorea a un niño en riesgo; sirve en la Casa de Ronald McDonald local (http://rmhc.org/who-we-are/chapter-search); visita a pacientes que están solos en una residencia de ancianos.

Comienza algo en tu iglesia. Puedes trabajar mediante tu iglesia y con ella para involucrarte más con los pobres. Comienza un ministerio, si no hay ninguno, para servir o para orar por necesidades locales o globales. Haz que tu grupo celular participe en un proyecto de servicio. Habla con tu pastor sobre realizar un «domingo de esperanza» alentando a la gente a apadrinar niños. El punto es que si no se está produciendo en tu iglesia un ministerio enfocado a la pobreza, no esperes: tú puedes ser un agente de cambio.

Haz un viaje misionero de corto plazo. Estas experiencias cercanas y personales pueden abrir tus ojos y ponerte en el camino hacia una participación mayor. Muchas iglesias tienen oportunidades de servir a una comunidad pobre de maneras prácticas. Si la tuya no lo hace, busca algunos otros grupos como Hábitat para la Humanidad (http://www.habitat.org/lac) o Cross-Cultural Solutions (www.crossculturalsolutions.org), o para jóvenes, Juventud con una Misión (http://www.ywam.org/es).

Haz tu mejor trabajo desinteresadamente. Los países en desarrollo a menudo tienen falta de profesionales de alta cualificación como médicos, dentistas, contratistas o consultores de negocios. Cuando prestas voluntario tu tiempo, haces una gran inversión en el reino de Dios. Busca oportunidades por medio de tu iglesia o tu asociación profesional. Además, un estupendo contacto para profesionales cristianos de la medicina es Medical Teams International (www.medicalteams.org).

Recauda fondos para tu organización benéfica favorita. No conozco ninguna organización benéfica o sin fines de lucro que no pudiera utilizar entusiastas voluntarios para ayudarles a conocer a nuevos patrocinadores y recaudar dinero para apoyar su trabajo. Visión Mundial, por ejemplo, tiene un programa, Niños Embajadores, para apasionados niños patrocinadores que hablen desde su experiencia en varios foros a fin de reclutar nuevos patrocinadores. Vicki Casper, azafata de Oceanside, California, y que ha estado apadrinando durante veinticinco años, hace precisamente eso. Dondequiera que va (¡y eso supone muchos lugares!), tiene preparada información sobre apadrinamientos. ¿Y si tú pudieras ayudar aunque sea a un niño al mes a encontrar a alguien que le apadrine? Descubre cómo en www.worldvision.org.

Busca maneras de servir en el trabajo. No tienes que trabajar para una organización basada en la fe para hacer la obra del Señor. Quizá tengas acceso a personas que donarían para una causa si tú se lo pidieras. Un ejemplo divertido: Ted Mettelstaedt, el supervisor de servicios comunitarios de Bellevue, Washington, utilizó su puesto en el departamento de Parques y Recreación para coordinar la recaudación de más de cinco mil balones de fútbol en el estado de Washington. Los balones nuevos y casi sin usar fueron enviados a otros países a niños que de otro modo habrían tenido que improvisar con balones hechos de bolsas de plástico y cuerda.

Utiliza tu atletismo. Correr una maratón o escalar una montaña es un gran logro en sí mismo, pero al incorporar una causa, puedes hacer que la experiencia tenga aún más significado. Mediante Visión Mundial, puedes unirte al equipo de Visión Mundial para despertar conciencia y recaudar dinero para los pobres mediante tales eventos. Por ejemplo, un equipo de ocho estudiantes de la academia Wheaton en Wheaton, Illinois, escaló el monte Rainier, recaudando un dólar por cada uno de los 14,410 pies (casi 4,300 metros) de la montaña, para cavar pozos de agua en una zona carente de agua en Zambia: y los estudiantes batieron su meta, recaudando casi 20,000 dólares. En la maratón de Chicago de 2009, más de 1,200 corredores del equipo de Visión Mundial recaudaron más de 800,000 dólares para los niños en África. Para más información e inspiración, visita www.worldvision.org/teamworldvision.

Únete a una línea de producción. Muchas organizaciones reúnen bienes nuevos o usados para mandarlos a otros países; todos esos productos tienen que ser organizados y empaquetados. También puedes ofrecerte voluntario para organizar y empaquetar en almacenes o centros de recaudación. Visión Mundial tiene también dos programas que son estupendas oportunidades para que iglesias, empresas y otros grupos reúnan provisiones vitales: botiquines y material escolar. Los botiquines se envían a voluntarios en África rural que cuidan desinteresadamente de sus vecinos afectados por el SIDA. Esos botiquines contienen productos básicos, como guantes de látex, jabón y crema antifúngica. Los materiales escolares son paquetes de recursos para niños en todo el mundo y en Estados Unidos que no tienen lapiceros, cuadernos y otras provisiones escolares básicos. Descubre más sobre estos programas en www.worldvision.org/caregiverkits o www.worldvision.org/schooltools.

Ten hambre. La mayoría de nosotros creemos que sabemos lo que significa tener hambre, pero si pasas treinta horas sin comer, mientras sirves a otros o aprendes sobre la pobreza en el mundo en desarrollo, eso causa una impresión. El evento 30 Horas de Hambre (www.30hourfamine.org) es un popular movimiento juvenil para luchar contra el hambre y despertar conciencia. A pesar de la edad que tengas, puedes utilizar este enfoque para beneficiar a cualquier organización. Sencillamente establece una meta de ayuno, pide a otros que te apoyen con donativos por cada hora, y ofrenda del dinero que recaudes a tu organización benéfica favorita.

Estudiantes: Utilicen el activismo creativo para dar vida a los problemas. Estos eventos despiertan conciencia de maneras memorables y significativas que captan la atención de las personas. Por ejemplo, Visión Mundial ACT:S, una red de estudiantes comprometidos con explorar lo que dice nuestra fe sobre la pobreza y la injusticia, utiliza campañas experienciales para responder a problemas críticos, como las iniciativas Broken Bread Poverty Meal y Human Wrong para detener la esclavitud infantil, la campaña contra el SIDA, «Lives Are on the Line», y Nights of Nets (www.nightofnets. org) para poner fin a la malaria. Aprende más sobre el activismo creativo en www. worldvisionacts.org o llamando al 1-888-876-2004 (EUA).

DA

En la historia del Nuevo Testamento sobre la alimentación de los cinco mil, Jesús pregunta: «¿Cuántos panes tienen?» Ésa sigue siendo una pregunta relevante en la actualidad. ¿Qué tienes que Jesús podría utilizar, y qué podría hacer Él con ello? Cada uno de nosotros tiene recursos además del dinero que pueden utilizarse de maneras creativas y compasivas para servir a los pobres. A continuación hay algunos ejemplos de cómo personas normales y corrientes tomaron lo que tenían en sus manos y vieron suceder cosas increíbles cuando lo entregaron a Jesús.

Establece una nueva meta de ofrenda. Ya sea que diezmes o no, decide un porcentaje de tus ingresos que darás este año a Dios. Entonces, el año que viene, auméntalo un poco. También podrías designar un aumento anual o extra para este propósito.

Da desde el sepulcro. Puedes designar a tu organización benéfica favorita en tu testamento de modo que tu tesoro siga siendo utilizado de maneras compasivas después de que te hayas ido de esta vida. El programa de Visión Mundial, Gift Planning, (www.worldvision.planyourlegacy.org), ofrece ayuda a este respecto, tal como hacen también otras organizaciones.

Da en la oficina. Muchas empresas igualan los donativos a organizaciones benéficas; ¿lo hace la tuya? Es una manera fácil de dar dos veces más. O puedes reunir a tus colegas para recaudar dinero para una causa, adoptar a una organización benéfica o apadrinar a un niño como grupo. Equipa e inspíralas con hechos e historias relacionadas con la causa. Si eres un director general y aún no te has introducido en la filantropía empresarial, comienza ahora: es un buen negocio. Un ejemplo: Larry Dahl, dueño de las tiendas Oil Stop de lubricantes en California, invita a sus clientes a donar un dólar adicional para cavar pozos en África occidental por medio de Visión Mundial. Él iguala el donativo... y la fundación Conrad N. Hilton lo vuelve a igualar: recaudando más de 6,000 dólares por semana.

Encuentra tesoro en la basura. Ideas para recaudar fondos pueden provenir de cualquier parte. Tara Paul, de San Diego, tuvo una ocurrencia cuando su hija de doce años de edad escribió un ensayo sugiriendo que podían utilizarse fondos obtenidos de botellas y latas recicladas para causas dignas. Así, Tara comenzó un ministerio llamado DUH, correspondiente (en las siglas en inglés) a Desesperado, Desfavorecido y Hambriento, y organizó a su iglesia, The Rock, para que llevasen sus botellas y latas con ellos cada domingo. El ministerio recauda aproximadamente 4,500 dólares mensuales, y actualmente apadrina a 100 niños. No sólo recogen en la iglesia, sino que también son proactivos en apoyar y recoger en otros eventos de alcance comunitario de The Rock.

«Vende» tu tiempo. Después de todo, tiempo es dinero; y puedes subastarlo creativamente para una buena causa. Un estupendo ejemplo: en lugar de pasar su permiso de Acción de Gracias con su familia, un Marine de Carolina del Norte «vendió» las horas a 25 dólares la hora para recaudar dinero para un albergue local para personas sin hogar. Pasó los cuatro días viviendo entre las personas a las que sirve el albergue. Puedes subastar tu tiempo y tus capacidades al mayor postor y donarlo a tu organización benéfica favorita.

Cóbrate impuestos a ti mismo por pequeños lujos. Esta es una idea ingeniosa de la iglesia The Journey en San José, California, una congregación de 225. La iglesia imprimió tarjetas de «impuesto de lujo» basadas en el juego de mesa Monopoly y pidió a sus miembros que se «cobrasen impuestos» basándose en los lujos que dan por sentados, como el número de grifos o de baños que hay sus hogares. Recaudaron más de 25,000 dólares para Limpopo, una comunidad devastada por el SIDA en Zimbabue.

Haz ofrendas significativas. Seamos sinceros: Todos tenemos más cosas de las que necesitamos. En Navidad y en otras vacaciones importantes, ¿realmente necesitan tus seres queridos otro aparato o artefacto? En cambio, regálales algo significativo. Muchas organizaciones benéficas tienen catálogos de regalos alternativos; probablemente hayas visto el de Heifer (www.heifer.org). Mediante el catálogo de regalos de Visión Mundial (www.giftsofhope.org) puedes regalar cabras, balones de fútbol, árboles frutales, parte de un pozo de agua, y muchas otras cosas. Este tipo de donativos es educativo; maestras como Amy Brailey en Lake Station, Indiana, utiliza el catálogo para ayudar a los alumnos a entender y a interesarse por las necesidades de los pobres. Después de haberlo pensado mucho, los alumnos de octavo grado de Amy, y ellos mismos tienen pocos recursos, recaudaron dinero para pagar un año de escuela para un huérfano a causa del SIDA y proporcionar seguridad para una niña explotada sexualmente.

Dona el salario de un día. Sea tu salario diario una cifra muy grande o muy pequeña, cualquiera que tenga un empleo puede hacer esto. Eugene y Minhee Cho, un pastor y su esposa en Seattle, invitaron a su familia, amigos y al resto del mundo a donar el salario de un día y a renovar esa promesa cada año el día de su cumpleaños. Con este propósito crearon la página web www.onedayswages.org, la cual incluye información sobre la pobreza global y una práctica calculadora de salario. Utilizando el poder de la Internet y las redes sociales, han reunido casi ochocientos mil seguidores en Facebook.

Dona algo de valor, haciéndolo aún más valioso. Muchos de nosotros tenemos valiosas posesiones en nuestra casa sin las que podríamos pasarnos, pero vacilamos a la hora de separarnos de ellas. Así fue con Art Tascone, un médico de Carolina del Norte que se describe a sí mismo como «loco del motor», que tenía doce automóviles raros en un garaje cerca de su casa. Pero un día, Art tuvo una revelación cuando pensó: «*¿Qué estoy haciendo con estas cosas? Podría hacer algo mejor*». Donó los vehículos más preciados en su colección, un Lincoln Continental de 1960, un Cadillac de 1961 y un Ford Thunderbird de 1962, a Visión Mundial para venderlos y ayudar a los pobres. Ahora él conduce una minivan Toyota y no tiene ningún lamento.

Renuncia a un gasto regular. Podría ser tu café con leche de la mañana o un lavado del auto: el punto es dar el dinero a una buena causa. Un creativo ejemplo viene de una mamá que no trabaja fuera de casa y que decidió renunciar a su almuerzo acostumbrado durante un año y donar el dinero a Visión Mundial. En cambio, ella se come un bol de cereal de harina de maíz: muy nutritivo pero no muy sabroso, según dice ella en su blog. Ella se mantiene humilde por el diario recordatorio de que ese almuerzo es la única comida que tiene mucha gente, y caminan muchos kilómetros para obtenerlo.

Mascotas contra niños. Al vivir en una sociedad afluente, es fácil caer en patrones de gasto que no se sostienen cuando se comparan con la pobreza extrema que hay en el mundo. Por ejemplo, yo quiero a mi perro, pero gasto mucho en su cuidado, alimento y gastos de residencia canina. Otro lector de mi libro comentó: «Mis perros comen mejor y están mejor cuidados que la mayoría de los niños». Comprométete a dar la misma ayuda a los menos afortunados que la que empleas en tus mascotas. ¡Puede que te sorprendas de que aumente sustancialmente tu ofrenda para los pobres!

Crea un tipo de lista de regalos diferente. Si tienes un acontecimiento especial, como un cumpleaños, boda, aniversario, graduación o jubilación dentro de poco, es la oportunidad perfecta para recaudar fondos para una organización benéfica favorita a cambio de regalos que probablemente no necesites. Por ejemplo, la página web www.globalgiving.com ofrece una lista de regalos que puedes organizar, escogiendo entre un amplio abanico de proyectos benéficos, incluyendo alivio de la pobreza.

Habla

Podrías pensar que tú eres la última persona en el planeta que está calificada para hablar a favor de cualquier cosa, y mucho menos defender a quienes viven en la pobreza extrema. ¿Pensarías que un hombre que haya vivido oculto durante cuarenta años después de haber matado a una persona podría estar delante del gobernador más poderoso del mundo? Ese fue Moisés. ¿Pensarías que una muchacha bonita podría salvar a su pueblo de la aniquilación hablando cuando no se le había pedido? Esa fue Ester. Ninguno de ellos se sentía calificado para hablar de parte de Dios, y verdaderamente, ninguno de ellos en particular quería implicarse. Pero como le dijo Mardoqueo, el tío de Ester: quizá estés donde estás «para un momento como éste» (Ester 4.14).

Ser un defensor es una manera poderosa de buscar justicia para los pobres, y puede adoptar muchas formas. En esta maravillosa democracia en la que vivimos, tú y yo podemos influenciar a oficiales electos: cuando hablamos, ellos escuchan. Con el mensaje correcto y las herramientas correctas, puedes hablar a través de los medios de comunicación. Puedes despertar conciencia con respecto a la pobreza en tu propia comunidad. Las siguientes son algunas ideas sobre cómo hablar por los pobres del mundo:

Envía un mensaje al gobierno nacional. Da voz a tu apoyo a líderes políticos por patrocinar o legislar para aliviar la pobreza global. Las tres mejores maneras de dar un mensaje son: enviando mensajes de correo electrónico, escribiendo cartas y haciendo llamadas telefónicas. Puedes encontrar información actualizada y muestras de cartas y bosquejos telefónicos en www.worldvision.org/advocacy, la página web de defensoría de Visión Mundial. O iglesias, estudiantes y otros grupos pueden apoyar la legislación contra el hambre por medio de acontecimientos de «Envío de cartas» de Pan para el Mundo (www.bread.org/es/).

Organiza una reunión en el distrito o el ayuntamiento. Coordina una reunión entre oficiales electos y otros electores para hablar de problemas que los pobres afrontan (localmente o hasta globalmente). La guía de Visión Mundial, A Citizen Guide to Advocacy, puede proporcionarte consejos para una reunión eficaz. Puedes bajarte un archivo PDF gratuito de esta guía visitando www.worldvision.org/advocacy.

Busca cobertura de los medios. Si te apasiona una causa y quieres hablar de ella a la mayor audiencia posible, no hay nada mejor que los medios de comunicación. Las tres mejores maneras de generar cobertura en los medios son: escoger una historia de interés humano, escribir editoriales de opinión y escribir cartas al editor. Puedes conseguir que los medios locales cubran tu historia mostrándoles que las personas locales están trabajando activamente para ser parte de la solución.

Utiliza las redes sociales. Puedes utilizar un blog, tu perfil en Facebook o la página en MySpace, Twitter o YouTube para hablar sobre la pobreza. Únete a páginas de seguidores en Facebook. Haz comentarios en los blogs de otros defensores, y escribe al respecto. Considera subir videos de tu grupo de jóvenes, grupo celular o amigos que hablan a favor de los pobres del mundo. Pon un enlace en tu video a tus otras páginas de redes sociales para que haya una máxima exposición.

Habla o invita a un orador a tus organizaciones profesionales o sociales. Organizaciones benéficas u otras organizaciones en tu zona tienen a personas conocidas que pueden hablar desde la profunda experiencia sobre los problemas de pobreza global o local. Visión Mundial puede proporcionarte puntos y recursos para compartir con tu audiencia. Si quisieras invitar un portavoz de Visión Mundial, envía una petición a la oficina de oradores en speakersbureau@worldvision.org.

Únete a un grupo o red de defensoría. Esta es una manera estupenda de recibir información y actualización, conocer a personas del mismo parecer y encontrar oportunidades de involucrarte. Hay redes en torno a problemas y también a regiones geográficas. A nivel nacional, conéctate con organizaciones de defensoría como Pan para el Mundo (www.bread.org/es), the ONE Campaign (www.one.org) o Results (www.results.org/content/en_espanol/).

¿Puede ser derrotada la pobreza?

Como he bosquejado en este libro, la pobreza extrema es el problema más devastador al que la raza humana se enfrenta. Condena a casi la mitad de la población mundial al hambre, la enfermedad y la opresión; con frecuencia con poca esperanza para el futuro. Ellos son seres humanos hechos a la imagen de Dios y, sin embargo, se ven trágicamente privados del potencial que Dios les ha dado. Pero no tiene que ser de esa manera. La realidad de la pobreza puede ser abrumadora, pero debemos entender que este viejo adversario puede ser derrotado.

Con una plantilla de cuarenta mil personas que trabajan en casi cien países, Visión Mundial es una de las mayores organizaciones internacionales sin fines de lucro de ayuda y desarrollo en el mundo. Mediante nuestros sesenta años de experiencia, hemos desarrollado un enfoque práctico y demostrado para ayudar a niños y familias a salir de la pobreza hacia un futuro brillante. Espero que las siguientes preguntas y respuestas te ofrezcan un mejor entendimiento de nuestro enfoque y te alienten a ser parte de la solución.

¿Qué se necesita para que una comunidad empobrecida pueda ser autosuficiente?

Anteriormente en el libro mencioné el famoso proverbio: «Si le das a un hombre un pez, comerá durante un día, pero si le enseñas a pescar, comerá durante toda la vida». La experiencia demuestra que la mejor manera de luchar contra la pobreza es capacitar a las personas para que moldeen su propio futuro: tratar las causas de la pobreza y no sólo los síntomas. Para hacer esto, tenemos que realizar una inversión a largo plazo en las comunidades. Visión Mundial colabora con la población local, buscando entender sus circunstancias únicas e identificando soluciones duraderas creadas según sus necesidades únicas. Se trata de escuchar y equipar, y no de dar respuestas o de «arreglar» los problemas nosotros mismos. Ayudamos a la comunidad a poseer su propio futuro, porque la mejor manera de cambiar la vida de un niño es cambiar el mundo en el que vive.

Cuando se trata de pobreza, hay muchos factores que la complican. ¿Por qué no sólo elegir la mayor necesidad y centrarse en eso?

Satisfacer una necesidad no es suficiente. La vivienda es algo bueno, pero tener una casa nueva no necesariamente pone comida sobre la mesa. La seguridad de tener comida es crucial, pero comida sin cuidado médico es insuficiente para una buena salud. El acceso al cuidado médico es clave, pero sin agua potable e higiene, las personas seguirán enfermándose. El agua es fundamental para la vida, pero sin escuelas y educación, u oportunidades económicas y acceso al capital, las comunidades permanecen hundidas en la pobreza.

Jim Collins escribe que «lo bueno es el enemigo de lo estupendo». Los esfuerzos en un sólo sector, como alimentar a quienes tienen hambre o construir escuelas, son «buenos»; son piezas clave del rompecabezas. Pero lo «estupendo» demanda que profundicemos y satisfagamos todo el abanico de las necesidades de una comunidad, incluyendo agua, alimentos, cuidado médico, educación y oportunidad económica. Cuando abordamos esas necesidades simultáneamente, las comunidades obtienen el impulso que necesitan para llegar a la autosuficiencia y derrotar la pobreza.

¿Por qué se enfoca Visión Mundial en los niños?

Porque la pobreza lanza el golpe más fuerte a los más jóvenes, los miembros más vulnerables de la sociedad. Yo creo que es nuestra responsabilidad colectiva asegurar que esos niños sean queridos, protegidos y capacitados para cumplir todo su potencial. Después de todo, ellos son los futuros líderes de sus comunidades.

Jesús abrió sus brazos a los niños (Mateo 19.14), y Él nos llama a hacer lo mismo. Por eso estamos comprometidos a ayudar a cada niño a disfrutar de una buena salud, recibir educación y cuidado, participar en su comunidad y amar a Dios y a su prójimo.

¿Qué hace que el apadrinamiento de un niño sea tan eficaz?

El apadrinamiento de un niño es un compromiso a largo plazo, exactamente lo que necesitan las comunidades empobrecidas. Sabemos que no hay un «arreglo rápido» para la pobreza; por eso nuestros proyectos de desarrollo comunitario duran de diez a quince años como promedio. Unir a patrocinadores con niños individuales ayuda a asegurar una base coherente de patrocinio para la continua transformación de la comunidad. Y como combinamos donativos de apadrinamiento con otros recursos importantes de patrocinio —incluyendo donativos de donantes individuales; subvenciones del gobierno; y donativos colectivos como ropa, libros y medicinas—, el impacto del patrocinador se multiplica varias veces.

Otra razón por la cual unimos a patrocinadores con niños es el impacto que tiene en ambas partes. Los niños experimentan una transformación física, espiritual y emocional, y los patrocinadores llegan a entender la pobreza con los ojos del niño al que han apadrinado.

¿Cómo integra Visión Mundial su fe cristiana en su trabajo?

Cada día nos encontramos con desafíos como la corrupción, erróneos sistemas de valores y relaciones rotas, que subrayan las palabras del apóstol Pablo: «Porque nuestra lucha no es contra seres humanos... sino contra potestades que dominan este mundo de tinieblas» (Efesios 6.12). Sin embargo, hemos visto cómo principios bíblicos tales como honestidad, integridad, fidelidad y la santidad de la vida pueden transformar familias y comunidades enteras.

Ser un testigo de Cristo es central a quiénes somos y lo que queremos. Al mismo tiempo, no queremos obligar, manipular, ni hacer proselitismo entre aquellos a quienes servimos; y no deberíamos necesitar hacerlo. Nuestra tarea es asegurar que nuestras vidas, obras y palabras den un testimonio del evangelio que naturalmente señale a la gente hacia el amor de Cristo.

En contextos mayoritariamente cristianos, donde nuestro testimonio puede expresarse plenamente, trabajamos por proporcionar a la gente necesidades materiales y alentar la madurez espiritual; por ejemplo, colaboramos con iglesias locales para proporcionar oportunidades para que niños y familias experimenten la vida en Cristo.

En contextos donde el cristianismo no es la fe mayoritaria, somos guiados por 1 Pedro 3.15-16:

> Estén siempre preparados para responder a todo el que les pida razón de la esperanza que hay en ustedes. Pero háganlo con gentileza y respeto.

Nos esforzamos por mostrar respeto a quienes siguen otras creencias, y con frecuencia nos sentimos honrados cuando nos piden que expliquemos lo que motiva nuestra compasión por los pobres. La respuesta, desde luego, es el evangelio: «Nosotros amamos a Dios porque él nos amó primero» (1 Juan 4.19).

Luchar contra la pobreza no es fácil. Hasta podríamos decir que es ciencia espacial; pero la pobreza puede ser derrotada. Más importante aún, servir a los pobres es una parte inherente de nuestro llamado como cristianos. Dios no nos dio la opción de ser apáticos hacia las necesidades de los pobres. Mi oración es que todos nosotros aceptemos estas palabras de instrucción y aliento del apóstol Pablo:

> No nos cansemos de hacer el bien, porque a su debido tiempo cosecharemos si no nos damos por vencidos. (Gálatas 6.9)

RECURSOS PARA TU VIAJE

Hay muchos buenos recursos para ayudarte en tu búsqueda para descubrir lo que tú puedes hacer. Para comenzar, lee esta lista, y si estás interesado en más recursos, visita www.theholeinourgospel.com para ver una lista más amplia.

LIBROS RECOMENDADOS

The End of Poverty: Economic Possibilities for Our Time por Jeffrey Sachs, Nueva York: The Penguin Press, 2005.

The Life You Can Save: Acting Now to End World Poverty por Peter Singer, Nueva York: Random House, 2009.

The Bottom Billion: Why the Poorest Countries Are Failing and What Can Be Done About It por Paul Collier, Nueva York: Oxford University Press, 2007.

Rich Christians in an Age of Hunger: Moving from Affluence to Generosity por Ronald J. Sider, Nashville, TN: Thomas Nelson, 2005.

Revolutionary Generosity: Transforming Stewards to Be Rich Toward God por Wesley K. Willmer, editor, Chicago: Moody Publishers, 2008.

Philanthro-Capitalism: How the Rich Can Save the World por Matthew Bishop y Michael Green, Nueva York: Bloomsbury Press, 2008.

When Helping Hurts: How to Alleviate Poverty Without Hurting the Poor... and Yourself por Steve Corbett y Brian Fikkert, Chicago: Moody Publishers, 2009.

Beyond Humanitarianism: What You Need to Know About Africa and Why It Matters, Princeton N. Lyman y Patricia Dorff, editores, Nueva York: Council on Foreign Relations Books, 2007.

Hot, Flat, and Crowded: Why We Need a Green Revolution—And How It Can Renew America por Thomas L. Friedman, Nueva York: Farrar, Straus and Giroux, 2008.

The Volunteer Revolution: Unleashing the Power of Everybody por Bill Hybels, Grand Rapids, MI: Zondervan, 2004.

Up and Out of Poverty: The Social Marketing Solution por Philip Kotler y Nancy R. Lee, Upper Saddle River, NJ: Wharton School Publishing, 2009.

The CEV Poverty & Justice Bible, Nueva York: American Bible Society, 2009.

Buenas noticias acerca de la injusticia por Gary A. Haugen, Buenos Aires: Ediciones Kairós y Visión Mundial, 2002.

The Irresistible Revolution: Living as an Ordinary Radical por Shane Claiborne, Grand Rapids, MI: Zondervan, 2006.

Medio Tiempo: Cambiando tu plan de ataque del éxito al significado por Bob Buford, Grand Rapids: Vida, 2005.

Surprised by Hope: Rethinking Heaven, the Resurrection, and the Mission of the Church por N. T. Wright, Nueva York: HarperOne, 2008.

Stewards in the Kingdom: A Theology of Life in All Its Fullness por R. Scott Rodin, Downers Grove, IL: InterVarsity Press, 2000.

Glocalization: How Followers of Jesus Engage in a Flat World por Bob Roberts Jr., Grand Rapids, MI: Zondervan, 2007.

Half the Sky: Turning Oppression into Opportunity for Women Worldwide por Nicholas D. Kristof y Sheryl WuDunn, Nueva York: Borzoi Books, 2009.

Strength in What Remains: A Journey of Remembrance and Forgiveness por Tracy Kidder, Nueva York: Random House, 2009.

Stones into Schools: Promoting Peace with Books, Not Bombs, in Afghanistan and Pakistan por Greg Mortenson, Nueva York: Viking Adult, 2009.

Under the Overpass: A Journey of Faith on the Streets of America por Mike Yankoski, Sisters, OR: Multnomah Press, 2005.

Voices of the Poor—Can Anyone Hear Us? por Deepa Narayan, Nueva York: Oxford University Press, 2000.

Take Your Best Shot: Do Something Bigger Than Yourself por Austin Gutwein con Todd Hillard, Nashville, TN: Thomas Nelson, 2009.

Warrior Princess: Fighting for Life with Courage and Hope por Princess Kasune Zulu, Downers Grove, IL: InterVarsity Press, 2009.

Películas

Hotel Ruanda (MGM/United Artists, 2004), *Diamantes de sangre* (Warner Brothers, 2006), *Slumdog Millionaire* (Fox Searchlight Pictures/Warner Brothers, 2008), *Invisible Children* (Invisible Children, Inc., 2003), *Amazing Grace* (Samuel Goldwyn Films, 2006), *The Constant Gardener* (Focus Features, 2005), *Ciudad de Dios* (Miramax, 2002), *Beyond Belief* (Principle Pictures, 2006), *Lost Boys of Sudan* (Actual Films/Principle Pictures, 2004), *The Kite Runner* (Dreamworks, 2007).

Guía de estudio

A medida que has leído este libro, puede que hayas pensado para ti: *¿Qué puedo hacer yo para marcar una diferencia?* Esta guía de estudio está pensada para ayudarte a sumergirte más profundamente en las ideas que hay detrás de *El vacío en nuestro evangelio*, para descubrir más acerca de tu propio corazón, y para reflexionar sobre actos que *tú* puedes realizar para ayudar a aliviar la pobreza y la injusticia en el mundo. Cuando comiences a estudiar, puede que te resulte útil escribir un diario en el cual tomes notas, escribas ideas estimuladas por el libro y anotes tus oraciones. Puedes utilizar esta guía para la reflexión personal o el estudio en grupo a medida que leas, estudies, reflexiones y consideres en oración la pregunta: ¿Qué espera Dios de *mí*?

Prólogo y Parte 1

El vacío en mi evangelio; y quizá en el tuyo

1. Richard Stearns dice que hasta que fue a Rakai, Uganda, vivía en una burbuja, aislado de cualquier cosa demasiado dura o molesta (prólogo, páginas 7-8). ¿Puedes identificarte con esto? Si es así, ¿qué factores crees que contribuyen a la existencia de tu burbuja?

2. ¿Estás de acuerdo en que la pobreza y el sufrimiento en el mundo han sido, y son, ahogados por «coros de música de alabanza en cientos de miles de iglesias por todo nuestro país» (prólogo, página 11)? ¿Por qué o por qué no? ¿Qué está haciendo tu iglesia para ayudar a los pobres? ¿Cómo puedes ayudar a que haga más? Piensa en ideas (y crea una lista de acción) con otros miembros de tu iglesia.

3. ¿Cuál es el evangelio de «cartón de bingo» (capítulo 1, páginas 17-21), y qué hay de malo en él? ¿Estás de acuerdo en que el evangelio requiere más de nosotros que solamente creer las cosas correctas? ¿Podría haber «vacíos» en tu propia interpretación del evangelio? Comparte ideas con amigos sobre cuáles podrían ser posiblemente esas áreas en sus vidas o, quizá, en la vida de su iglesia.

4. Pensando en el experimento de Jim Wallis con su Biblia (capítulo 1, páginas 24-25), ¿hay pasajes en la Biblia que preferirías pasar por alto o ignorar? ¿Cuáles son, y por qué quieres ignorarlos?

5. Rich describió su viaje por el desempleo y las lecciones que aprendió de aquellos períodos (capítulo 2, páginas 29-30). Todos hemos afrontado períodos difíciles. ¿Cómo te han quebrantado tales períodos en tu vida? ¿Cómo te cambiaron esos períodos?

6. La historia del joven rico es más profunda que solamente el dinero (capítulo 3, páginas 38-40). ¿Con qué eres bendecido que podrías estar reteniendo a Dios? ¿Tu tiempo o talento? ¿Otras cosas? Hablen de esta pregunta y de maneras de traspasar cualquier reticencia a entregarle todo al Señor.

7. Rich escribe que «A veces, de hecho con frecuencia, las bendiciones de Dios a menudo llegan mediante nuestros sufrimientos...» (capítulo 3,

página 44). Como cristianos, somos rápidos para alabar a Dios cuando suceden cosas buenas ¿y cuando suceden cosas malas? ¿Qué pasajes de la Escritura puedes encontrar que hablan de esto?

Actúa: La mayoría de nosotros sí tenemos una lista de condiciones que presentamos a Dios antes de rendirnos por completo a Él (capítulo 3, páginas 40-42). En una hoja de papel, haz una lista de cosas que podrían evitar que sirvas a Dios incondicionalmente en este momento.

Ora: ¿Estás batallando para estar completamente abierto a la voluntad de Dios para tu vida? Ora para que estés abierto a Él, y para que seas cada vez más sensible a oír su voz y entender su llamado en tu vida.

Parte 2

El vacío se hace más profundo

1. En el siglo XVII A.C., Dios criticó los intentos de los israelitas por regresar a sus buenas virtudes mediante oraciones y ceremonias religiosas (capítulo 4, páginas 58-59). Piensa en las prioridades de tu iglesia y compáralas con el enfoque de los israelitas. ¿De qué modo estaría tu iglesia a la altura de las críticas de Isaías?

2. Piensa en tu experiencia de trabajar con los pobres y los marginados en tu comunidad, o con cualquiera al que hayas ayudado en una época difícil. ¿Ha habido momentos en que tú, como la madre Teresa, viste a «Cristo en su disfraz más inquietante» (capítulo 4, página 64)? Describe esa situación y lo que te está enseñando al pensar en ella. Ora para que Dios te muestre qué requiere Él de ti, y para que tengas un corazón abierto a medida que Él te muestre su voluntad a lo largo de este libro.

3. ¿Es posible amar a Dios y no amar a tu prójimo (capítulo 5, páginas 69-70)? ¿Por qué están los dos mandamientos tan íntimamente conectados?

4. ¿Cuáles son las maneras en las cuales tu iglesia y tú han adoptado la «misión de Dios» mostrando su amor a su prójimo (capítulo 5, página 74)? ¿Qué es más importante: hablar a la gente de Cristo o demostrar su amor mediante actos de bondad, compasión y justicia? ¿Por qué crees eso? ¿Hay momentos en que deberíamos hacer una cosa pero no la otra?

5. ¿Ves una relación entre la difícil niñez de Rich y su posterior resistencia a creer en Cristo (capítulo 6, páginas 78-81)? ¿Cuál fue? ¿De qué maneras tus experiencias de la niñez y la relación con tus padres afectan a tu apertura o tu resistencia a Dios?

6. Las personas como Rich necesitan libros intelectualmente rigurosos para ayudarles a pasar del agnosticismo a la fe (capítulo 6, páginas 84-87). ¿Por qué podrían las personas como él sentirse ofendidas al decirles que tú, u otros, estaban orando por ellas? ¿Cuáles son mejores maneras de compartir tu fe?

7. ¿Crees que es cierto que cada seguidor de Cristo fue creado para un propósito (capítulo 7, página 98)? ¿Incluso tú? Explica por qué o por qué no. ¿Cuál dirías que es el propósito de Dios para tu vida? ¿Qué estás haciendo actualmente para vivir ese propósito? ¿Qué podrías comenzar a hacer esta semana para moverte en esa dirección?

Actúa: Discernir nuestro llamado único no es siempre una tarea fácil. Rich menciona siete cosas que debemos hacer a fin de oír la voz susurrante de Dios (capítulo 7, página 99). ¿Cuáles son? ¿Qué añadirías a la lista? ¿Qué estás haciendo actualmente, y qué podrías comenzar a hacer esta semana?

Ora: Camina por tu barrio, orando por cada casa y pensando en maneras en que podrías mostrar amor a tus vecinos más eficazmente. Examina un atlas o un globo terráqueo, y ora por tus vecinos globales con necesidad y considera qué puedes hacer para ayudarles.

PARTE 3

UN VACÍO EN EL MUNDO

1. Debido a las repetidas imágenes de pobreza y adversidad que nos bombardean en los medios de comunicación, ¿has experimentado «fatiga de compasión» (capítulo 8, páginas 116-119)? Piensa en los desastres globales más recientes de los que hayas sido testigo en las noticias. ¿Respondiste tú o tu iglesia con urgencia? Si no, ¿por qué no? ¿Qué puedes hacer para evitar quedarte aislado e indiferente hacia esas imágenes de sufrimiento?

2. Incluso el presidente de Visión Mundial confiesa que batalla por lamentarse por los niños que mueren en otro continente como por los suyos propios (capítulo 9, página 118). ¿Es esa tendencia algo que podemos vencer? ¿Qué puedes hacer para mantener un sentimiento de urgencia por la terrible situación de los niños en países lejanos?

3. ¿Trae a tu mente la historia del encuentro de Rich con el niño en India (capítulo 9, páginas 121-122) cualquier encuentro personal que hayas tenido con alguien en necesidad? ¿Cuál fue, y cómo respondiste? ¿Cómo desearías haber respondido?

4. ¿Qué podrías hacer ahora para que tus contribuciones económicas fueran más personales (capítulo 9, página 122)? ¿Cuáles son algunas maneras en que tú y tu familia podrían tener algún contacto regular con quienes tienen necesidad? Enumera los tres primeros pasos que podrías dar para hacer que eso suceda.

5. ¿Cuáles fueron tus primeras asociaciones con las palabras *pobre* y *pobreza* (capítulo 10, páginas 124-129)? ¿Con qué prejuicios fuiste educado con respecto a las personas que son pobres? ¿Qué estereotipos sobre las personas que son pobres ves que sigues teniendo en tu mente?

6. En 2 Corintios 8.13-15, Pablo insta a la iglesia en Corinto a que ayude a la iglesia en Jerusalén para que hubiera más igualdad entre ellas (capítulo 10, páginas 132-133). ¿Qué pasos podría tu iglesia —y tú personalmente— dar para luchar hacia una mayor igualdad con los más pobres de entre los pobres?

7. ¿En cuál de estos programas (o programas parecidos) participan tu iglesia y tú?

- Hacer viajes misioneros cortos
- Albergues para quienes no tienen hogar
- Presupuesto para donar regularmente a organizaciones sin fines de lucro locales
- Presupuesto para donar regularmente a organizaciones internacionales de ayuda
- Ayudar a dirigir o servir en una cocina social
- Pasar tiempo cada semana en un programa humanitario
- Apadrinar a un niño (o niños) mediante Visión Mundial u otra organización
- Colaborar con una iglesia en una zona pobre o en un país en desarrollo
- Trabajar con jóvenes en riesgo
- Otras maneras (enumera)

¿Cómo clasificarías la efectividad a largo plazo de cada uno de estos esfuerzos? ¿Cómo podrías reenfocar tus esfuerzos, basándote en lo que has leído en el capítulo 11?

8. Rodrick de Zambia dijo: «Dios ha sido bueno con nosotros, y con sus continuas bendiciones espero construir una escuela» (capítulo 11, página 140). Con este sentimiento de devolver, a la luz de las bendiciones de Dios en tu vida, ¿cómo terminarías esta frase? *Dios ha sido bueno conmigo, y con sus continuas bendiciones espero...*

9. ¿Qué has visto en las noticias en los últimos años acerca de lo que el gobierno de Estados Unidos está gastando para combatir el SIDA en África? Si no lo recuerdas, busca en la Internet. ¿Cuánto más hemos designado para esta causa? ¿Crees que es una cantidad adecuada, demasiado o demasiado poco? ¿En qué basas tu opinión? Consulta el capítulo 12 para obtener más trasfondo sobre cómo el hambre y la enfermedad, el agua contaminada y las enfermedades evitables impactan a las personas que son pobres.

10. En este punto en el libro, puede que te sientas abrumado por los desafíos que los pobres afrontan. Si creemos las dos afirmaciones de que (1) cada uno de los desafíos tiene una solución, y (2) cada uno de nosotros puede marcar una diferencia (capítulo 13, página 164), ¿qué más crees que cristianos comprometidos deberían hacer? ¿Qué cambios podrías hacer en tu vida?

11. Hasta ahora, ¿cuál ha sido tu creencia sobre el poder de la oración como un arma contra el dolor del mundo?

- La oración es el arma más importante.
- Podríamos orar, pero lo que realmente se necesita es nuestro dinero.
- La oración es un arma igualmente importante a ser usada junto con el trabajo de iglesias, organizaciones de ayuda y ayuda del gobierno.

Explica o habla de esto con amigos.

12. Considera repetir el experimento de Reneé Stearns de pasarte sin agua durante un día. Pon una nota adhesiva en cada grifo y aparato relacionado con el agua que diga: «no está disponible para millones de personas». Al final del día escribe tus sentimientos y emociones.

Actúa: Reflexiona en las veces en que tú has sido la respuesta a las oraciones de alguien. Haz una lista que comience con: *Yo soy una respuesta a la oración de alguien cada vez que...*

Ora la oración del fundador de Visión Mundial, Bob Pierce: «Que mi corazón sea quebrantado por las cosas que quebrantan el corazón de Dios». Además, ora por personas que están atrapadas en las redes de la pobreza y piensa en cómo podrías influenciar para que tu iglesia emprenda la acción para satisfacer las necesidades de los pobres.

PARTE 4

UN VACÍO EN LA IGLESIA

1. Rich dice que la iglesia estadounidense en su parábola no se daba cuenta del sufrimiento de la iglesia en África porque estaba preocupada por sus propios programas (capítulo 15, página 192). Enumera los programas, según su prioridad, con los que creas que está preocupada tu iglesia. (Podrías

comenzar mirando el boletín de tu iglesia). ¿Qué cambios sientes que se deberían hacer a sus relativas prioridades?

2. ¿Describirías tu iglesia más como un «capullo espiritual», al que los cristianos se retiran de un mundo hostil, o como «una estación transformadora» cuyo principal objetivo es cambiar el mundo (capítulo 15, página 194)? ¿Por qué? ¿Cómo se manifiesta eso? ¿Qué podrías hacer como individuo o grupo de estudio para ayudar a conducir a tu iglesia a tener una visión hacia el exterior para convertirse en sal y luz en el mundo?

3. Haz un poco de investigación sobre los compromisos de tu iglesia con las misiones. Descubre cuánto dona tu iglesia a programas misioneros (que se enfocan en los pobres) cada año. Después pregunta qué porcentaje de su presupuesto total supone esa cifra. ¿Crees que ese porcentaje es lo bastante alto (capítulo 16, página 200)? ¿Qué se requeriría para añadir uno o más puntos de porcentaje a ese total para las misiones?

4. ¿Apoya o participa tu iglesia con otra iglesia o iglesias en un país en desarrollo (capítulo 16, páginas 203-204)? Si es así, ¿qué puedes hacer para saber más al respecto y aumentar la participación de tus miembros con esa iglesia? Si no, ¿qué puedes hacer para comenzar un programa así en tu iglesia?

5. ¿Cuál fue tu reacción a los resultados de la encuesta del Grupo Barna sobre la disposición de los cristianos a ayudar a personas afectadas por el SIDA (capítulo 17, página 211)? ¿Qué otros «puntos ciegos de justicia» podría tener la iglesia hoy que futuras generaciones verán con claridad?

6. En el debate de «fe contra obras» (capítulo 17, páginas 213-218), ¿de qué lado han estado tradicionalmente tu iglesia y tú? ¿Cuáles fueron sus motivos? ¿Tiene sentido para ti la perspectiva de Rich al respecto? ¿Por qué o por qué no? Si estás en una iglesia que relaciona la acción social con la teología liberal, ¿cómo podrías ahora definir la acción social de una manera que sea coherente con tu teología?

7. Si «dinero es poder, y el poder compite con Dios por la supremacía en nuestras vidas» (capítulo 19, página 228), ¿qué o quién está ganando esa competición en tu vida? ¿En qué tipo de situaciones sientes que ese poder batalla con más firmeza, y cómo lo has manejado?

8. Lee otra vez Malaquías 3.8-12 (capítulo 19, páginas 230-231). ¿Has experimentado a Dios derramando bendiciones sobre ti como resultado de haberle entregado tu dinero a Él y a su iglesia? ¿De qué maneras? ¿Qué peligros hay en apoyarse demasiado en este pasaje como una motivación para dar?

9. Lee la «Carta a la Iglesia en Estados Unidos» de Rich (capítulo 20, páginas 237-241) y subraya las frases a las que creas que tu iglesia y tú necesitan prestar especial atención.

10. Enumera algunas cosas que se sabe que tu iglesia está *en contra* (capítulo 21, páginas 244-245). En otra columna, enumera las cosas que se sabe que tu iglesia está *a favor*. ¿Qué lista es más larga?

11. Lee Marcos 1.40-45 (capítulo 22, páginas 256-257). Ya que la iglesia es el cuerpo vivo de Cristo, lee otra vez el pasaje sustituyendo todas las referencias a Jesús por «mi iglesia». ¿Qué perspectiva te dio esta lectura?

Actúa: Si es cierto que «no es nuestro dinero; todo viene de Dios; no tenemos derecho a él sino que se nos confía; y Dios espera que lo utilicemos en el interés de su reino», ¿entonces qué puedes hacer para pasar de tu actual actitud hacia tu dinero a esta perspectiva bíblica (capítulo 18, páginas 223-224)? Haz una lista de tres o cuatro pasos que podrías dar hacia ese objetivo y ponlos en práctica.

Ora: En tu tiempo de oración, pide a Dios que te muestre qué «grandes omisiones» ve Él en tu vida (capítulo 16). Toma nota de su respuesta en tu diario.

PARTE 5

REPARAR EL VACÍO

1. Reparar el vacío en nuestro propio evangelio exige una «decisión intencional. No sucede porque sí» (capítulo 23, página 263). ¿Qué cambios podrías decidir hacer en tu vida a fin de convertirte en un agente de cambio para Cristo?

2. «Este evangelio que aceptamos y este Jesús al que seguimos son peligrosos» (capítulo 23, página 264). ¿Qué es peligroso sobre Jesús y el evangelio? ¿Qué te asusta en cuanto a este peligro? ¿Qué te alegra?

3. ¿Estás de acuerdo en que la imagen y la identidad de Dios son manchadas por la continuada existencia de pobreza e injusticia en el mundo (capítulo 24, página 273)? ¿Por qué o por qué no?

4. Identifica uno o varios «sueños imposibles» que pudieran lograr tu iglesia o tú para los pobres en tu comunidad y en el mundo, piedra a piedra (capítulo 24, página 274). ¿Eres un líder con las destrezas de organización de Nehemías? Si es así, comienza ahora a escribir planes de acción que podrían conducir al sueño: paso a paso.

5. «Nosotros somos el plan A de Dios... y Él no tiene un plan B» (capítulo 25, página 296). ¿Qué significa esto con respecto a lo que tú, tu grupo pequeño o tu iglesia podrían comprometerse a hacer como resultado de este estudio? Si ustedes no lo hacen, ¿quién lo hará?

Actúa: En tu diario o en una pizarra, resume lo que tú y tu pequeño grupo o iglesia han decidido hacer para llevar el evangelio completo a su comunidad y al mundo como resultado de este libro y este estudio. Después vayan a www.theholeinourgospel.com y compartan sus ideas, acciones y resultados como aliento para otros que estén en este viaje con ustedes.

Ora: Pide a Dios que bendiga y use tu entrega de tiempo, talento y tesoros para llevar esperanza y justicia a un mundo en necesidad.

Notas

Prefacio

1. Nikolái Berdiayev, citado por Gustavo Gutiérrez en Joao Batista Libanio, *Gustavo Gutiérrez* (Madrid: San Pablo, 2006), p. 16.

Introducción

1. Johnny Cash, "No Earthly Good".
2. A lo largo de este libro utilizaré la Biblia de manera autoritativa. Creo que la Biblia es el ancla de verdad que debemos siempre mirar al buscar la voluntad de Dios para nosotros. La verdad no es un concepto relativo sino absoluto. Cuando basamos nuestras creencias en nuestra cultura, nuestra propia perspectiva o incluso las opiniones de la mayoría, nos convertimos en una barca sin ancla, haciendo posible que cualquier cosa sea verdadera.

Prólogo

1. "HIV/AIDS in Uganda", página web oficial de Uganda AIDS Commission: http://www.aidsuganda.org/ (accesado última vez 13 octubre 2008).
2. http://www.avert.org/aidsorphans.htm.
3. United Nations Development Programme, *Human Development Report 2007/2008* (Nueva York: Palgrave MacMillan, 2007), p. 25.
4. Joint United Nations Programme on HIV/AIDS (UNAIDS), *2008 Report on the Global Aids Epidemic* (Geneva: UNAIDS, 2008), p. 163.

Parte I

Capítulo 1

1. *Dictionary.com Unabridged* (v 1.1), s.v., «gospel», http://dictionary.reference.com/browse/gospel (accesado 20 marzo 2008). La definición en inglés de «gospel» profundiza nuestro entendimiento de su equivalente en español, «evangelio».
2. David Kinnaman y Gabe Lyons, *UnChristian: What a New Generation Really Thinks about Christianity . . . and Why It Matters* (Grand Rapids: Baker Books, 2007), p. 72 [*Casi cristiano: Lo que una nueva generación piensa de verdad sobre el cristianismo...y porqué es importante* (Lake Mary, FL: Casa Creación, 2009)].
3. United States Geological Survey, "Earthquake Hazards Program", Department of the Interior, http://neic.usgs.gov/neis/eq_depot/2001/eq_010126/index.html.

4. Atul Tandon, nativo de India, era vicepresidente de Visión Mundial de Participación de Donantes, habiéndose unido recientemente al ministerio después de una distinguida carrera con Citicorp. Con su gorra de béisbol, sus pantalones tejanos y la camiseta con el logo de Visión Mundial, aquellos hombres sin duda le confundieron con uno de «los estadounidenses».

5. Jim Wallis es el fundador de la revista *Sojourners* y orador y autor sobre temas de justicia bíblica.

6. The British and Foreign Bible Society, 2008. Véase http://www.povertyandjusticebible.org/.

7. Jim Wallis, *God's Politics* (Nueva York: HarperSanFrancisco, 2005), pp. 212–213.

8. *The American Heritage Dictionary of the English Language*, 4th ed., s.v., «hole». La definición en inglés de «hole» profundiza nuestro entendimiento de su equivalente en español, «vacío».

Capítulo 2

1. A veces era incluso un poco arriesgado y, desde luego yo habría quedado horrorizado si mis propios hijos hubieran intentado esto. Pero yo crecí en la época en que los niños jugaban en las calles sin pensar en ninguna consecuencia siniestra.

2. Bob fue subsecuentemente nombrado por el presidente Clinton para servir como primer embajador estadounidense para la Libertad Religiosa Internacional, un puesto en el cual sirvió con distinciones durante los siguientes años.

Capítulo 3

1. Bob Buford, hombre de negocios texano, inventó esta frase en su maravilloso libro *Medio Tiempo: Cambiando tu plan de ataque del éxito al significado* (Grand Rapids: Vida, 2005), para describir un objetivo diferente para personas que han tenido éxito en sus carreras seculares.

2. Bruce Wilkinson, *La oración de Jabés: Cómo entrar a una vida de bendición* (Miami: Spanish House, 2001).

3. J. R. R. Tolkien, *The Lord of the Rings: The Fellowship of the Ring* (Nueva York: Houghton Mifflin, 1994), pp. 59–60 [*La comunidad del anillo: El señor de los anillos* (Barcelona: Minotauro, 2006)].

4. Bill me dijo después de mi respuesta que él sabía que yo era la persona correcta para el trabajo porque yo fui el único que había respondido a su pregunta sinceramente. Cualquiera que estuviera «cómodo» con ese tipo de sufrimiento, probablemente era la persona incorrecta para el trabajo.

PARTE 2

Capítulo 4

1. Ha habido un debate sobre la identidad de aquellos a quienes Mateo 25 se refiere como «el más pequeño de estos». Algunos comentaristas argumentan que no se refería

a todos los pobres y necesitados, sino que era una referencia concreta a aquellos que son discípulos de Cristo, y que las ovejas y cabras son juzgadas sobre la base de cómo trataron a los seguidores o discípulos de Cristo. Otros argumentan otra definición aún más estrecha que engloba solamente a los discípulos de Cristo que participan en difundir el evangelio como misioneros. No repetiré esos argumentos aquí. Mi propia creencia es que lo que Cristo quería decir aquí englobaba a cualquiera que fuese pobre o necesitado. Los pasajes que conducen hasta esta escena del juicio final en Mateo 25 pintan un cuadro que apoya la idea de que Dios juzgará a la gente basándose en la autenticidad de su profesión de fe, utilizando la evidencia de un estilo de vida de obediencia. En Mateo 23, Jesús castigó a los fariseos con el más fuerte de los lenguajes como hipócritas cuyos actos y vidas eran incoherentes con su supuesta piedad. Les dijo: «¡Ay de ustedes, maestros de la ley y fariseos, hipócritas! Dan la décima parte de sus especias: la menta, el anís y el comino. Pero han descuidado los asuntos más importantes de la ley, tales como la justicia, la misericordia y la fidelidad. Debían haber practicado esto sin descuidar aquello» (v. 23). Entonces, en Mateo 24 y 25, encontramos una serie de advertencias y parábolas acerca del final de los tiempos, cuyo propósito es exhortar al creyente a estar preparado para el regreso del Maestro. En la parábola de los talentos, que precede a la visión del juicio final, el amo regresa para inspeccionar lo que sus sirvientes han hecho mientras él estaba fuera. Los dos que habían actuado de acuerdo con las expectativas del amo fueron elogiados y recompensados. El sirviente que no había hecho nada con lo que el amo le había confiado fue castigado y lanzado a las tinieblas. Tomados juntos, estos pasajes sugieren que Mateo (y Jesús) querían sugerir que lo genuino de la supuesta fe de una persona finalmente sería juzgado por el «fruto» evidente en un estilo de vida coherente con las enseñanzas y los mandamientos de Cristo. Sin duda, un interés demostrado por los pobres habría estado en lo alto de cualquier lista de las enseñanzas de Cristo.

2. Para más información ver Michael Gerson, "To End a Nightmare: Balancing Peace and Justice in Central Africa", *Washington Post*, 17 octubre 2007, A17, http://www.washingtonpost.com/wp-dyn/content/article/2007/10/16/AR2007101601520.html.

3. Camilla Olson y Melanie Teff, "Northern Uganda: Give Displaced People Real Options", Refugees International, http://www.refugeesinternational.org/policy/field-report/northern-uganda-give-displaced-people-real-options. Los IDPS son personas desplazadas internamente que han huido de sus casas y se trasladan a vivir en campamentos en condiciones deplorables. Batallan para vivir sin higiene, cuidado médico o alimentos adecuados hasta que sea seguro para ellos regresar a sus casas. En Gulu, algunos han vivido en campamentos durante 20 años y han visto a sus hijos y a sus nietos nacer allí.

4. No son sus nombres reales.

CAPÍTULO 5

1. *Poverty and Justice Bible* (Swindon, UK: The British and Foreign Bible Society, 2008).
2. No confundir con el libro de Jeffrey Geoghegan y Michael Homan, *The Bible for

Dummies, publicado en 2003.

3. N. T. Wright, *Surprised by Hope: Rethinking Heaven, the Resurrection, and the Mission of the Church* (Nueva York: HarperCollins, 2008), p. 208, cursivas en el original.

CAPÍTULO 6

1. John R. W. Stott, *Basic Christianity* (Downers Grove, IL: InterVarsity Press, 1958).

CAPÍTULO 7

1. The Internet Movie Database, "Memorable quotes for Chariots of Fire", IMBD.com, http://www.imdb.com/title/tt0082158/quotes.

2. John Ortberg, *Si quieres caminar sobre las aguas tienes que salir de la barca* (Grand Rapids: Vida, 2003).

3. Thinkexist.com, "Mother Teresa of Calcutta Quotes", http://thinkexist.com/quotation/i_am_a_little_pencil_in_the_hand_of_a_writing_god/215428.html.

CAPÍTULO 8

1. Jimmy Carter para la Fundación Nobel, "Text from the Nobel lecture given by the Nobel Peace Prize Laureate for 2002", Jimmy Carter Library and Museum, http://www.jimmycarterlibrary.gov/documents/jec/nobel.phtml.

2. Ibid.

3. Jeffrey D. Sachs, *The End of Poverty: Economic Possibilities for Our Times* (Nueva York: Penguin Press, 2005) [*El fin de la pobreza* (Barcelona: Debate, 2005)] .

4. "Annual Television Set Sales in USA", http://www.tvhistory.tv/Annual_TV_Sales_39-59.JPG.

5. Planned Giving Design Center, LLC, "U.S. Charitable Giving Estimated to Be $306.39 Billion in 2007", http://www.pgdc.com/pgdc/us-charitable-giving-estimated-be-30639-billion-2007.

6. Aunque el término fue probablemente acuñado antes, fue popularizado especialmente por el libro de Susan D. Moeller, *Compassion Fatigue: How the Media Sell Disease, Famine, War and Death* (Nueva York: Routledge, 1999).

7. Oficina del Censo, *Statistical Abstract of the United States 1939* (Washington, DC: United States Government Printing Office, 1939), p. 433.

8. Oficina del Censo, *Statistical Abstract of the United States 1950* (Washington, DC: United States Government Printing Office, 1950), p. 522.

9. Oficina del Censo, *Statistical Abstract of the United States 2008* (Washington, DC: United States Government Printing Office, 2008), tabla 1242.

10. Bono, en Sachs, *The End of Poverty: Economic Possibilities for our Times*, prólogo.

CAPÍTULO 9

1. Global Issues, http://www.globalissues.org/article/715/today-over-26,500-children-died-around-the-world.

2. Moeller, *Compassion Fatigue*, p. 22.

3. Peter Singer, *Practical Ethics*, 2nd ed. (Cambridge, UK: Cambridge UP, 1993), p. 229 [*Ética práctica* (Cambridge, UK: Cambridge UP, 1995)].

4. Ibid.

5. Peter Singer, "Famine, Affluence and Morality", *Philosophy and Public Affairs* 1, no. 1 (primavera 1972).

CAPÍTULO 10

1. Keith Epstein, "Crisis Mentality", *Stanford Social Innovation Review* (primavera 2006).

2. Ibid.

3. Family Care Foundation, "If the World Were a Village of 100 People", http://www.familycare.org/news/if_the_world.htm (accesado 5 agosto 2008).

4. U.S. Department of Commerce, Bureau of Economic Analysis, "Per Capita Personal Income by State", Bureau of Business and Economic Research, University of New Mexico, http://www.unm.edu/~bber/econ/us-pci.htm (accesado 5 agosto 2008).

5. Programa de Desarrollo de las Naciones Unidas, *Human Development Report 2007/2008* (Nueva York: Palgrave MacMillan, 2007), p. 25.

6. "The World's Billionares: A New Count, A New Record", por Sam Pizzigati, http://www.alternet.org/workplace/79993/ (último acceso 20 octubre 2008).

7. Anup Shaw, "Poverty Facts and Stats", Global Issues, http://www.globalissues.org/article/26/poverty-facts-and-stats#src18.

8. Programa de Desarrollo de las Naciones Unidas, *Human Development Report 2007/2008*, p. 25.

9. Ibid.

10. Sachs, *The End of Poverty*, p. 28.

11. Jimmy Carter para la Fundación Nobel, "Text from the Nobel lecture given by the Nobel Peace Prize Laureate for 2002", Jimmy Carter Library and Museum, http://www.jimmycarterlibrary.gov/documents/jec/nobel.phtml.

12. La pobreza no es culpa nuestra en el sentido de que la mayoría de nosotros no nos hemos esforzado de manera activa intencional para perpetuar la pobreza u oprimir a los pobres. Sin embargo, somos cómplices en sostener la pobreza por medio de nuestra apatía y nuestro poco sabio apoyo a sistemas que sí oprimen a los pobres. Cuando compramos ropa fabricada en lugares donde se oprime a obreros que son niños o compramos café de un sistema que no paga adecuadamente a los granjeros que tanto trabajan y que cultivan el café, nos convertimos en parte de los sistemas que perpetúan la explotación y la pobreza. En ese sentido, nuestros pecados, con respecto a los pobres, son más pecados de omisión que de comisión.

CAPÍTULO 11

1. El doctor Jayakumar Christian es el director nacional de Visión Mundial India y autor de *God of the Empty-Handed: Poverty, Power, and the Kingdom of God* (Monrovia, CA: Visión Mundial International, 1999).

Capítulo 12

1. Marc Lacey, "Across Globe, Empty Bellies Bring Rising Anger", *New York Times*, 18 abril 2008.
2. United Nations Children's Fund, *The State of the World's Children 2007* (Nueva York: United Nations, 2006), p. 24.
3. "Hunger Facts", World Food Program, http://www.wfp.org/aboutwfp/facts/hunger_ facts.asp?section=1&sub_section=5 (último acceso 20 octubre 2008).
4. Robert Black, Saul Morris y Jennifer Bryce, "Where and Why Are 10 Million Children Dying Every Year?" *The Lancet* 361:2226–34 (2003).
5. World Food Programme, "What Is Hunger?" http://www.wfp.org/aboutwfp/intro- duction/hunger_what.asp?section=1&sub_section=1.
6. Ibid.
7. ActionAid International USA, "25,000 Empty Plates Mark Daily Hunger Death Toll", http://appablog.wordpress.com/2008/02/22/un-%E2%80%93-25000-empty-plates- mark-daily-hunger-death-toll/.
8. Deepa Narayan, *Voices of the Poor—Can Anyone Hear Us?* (Nueva York: Oxford UP, 2000), p. 45 [La voz de los pobres, ¿hay alguien que nos escuche? (Madrid: Mundi-. Prensa, 2000)].
9. Jan Eliasson y Susan Blumenthal, "Dying for a Drink of Clean Water", *Washington Post*, 20 septiembre 2005, http://www.washingtonpost.com/wp-dyn/content/arti- cle/2005/09/19/AR2005091901295.html.
10. "World Security Depends on Averting Water Wars", Environment News Service, 22 marzo 2002, http://www.ens-newswire.com/ens/mar2002/2002-03-22-01.asp.
11. "Global Water Crisis Basic Facts Sheets", Water Partners International, http:// www.water.org/FileUploads/WPMidCurricFULL.pdf (último acceso 20 octubre 2008).
12. Isha Seshay, "Inside Africa: Marking World Water Day", transcripción de una entrevista con Lucy Liu, 22 marzo 2008, http://transcripts.cnn.com/TRANSCRIPTS/0803/22/i_ if.01.html.
13. Eliasson y Blumenthal, "Dying for a Drink of Clean Water".
14. Donald G. McNeil Jr., "Child Mortality at Record Low; Further Drop Seen", *New York Times*, 13 septiembre 2007, http://www.nytimes.com/2007/09/13/world/13child. html?_r=1&oref=slogin.
15. United Nations Children's Fund, *The State of the World's Children 2008* (Nueva York: United Nations, 2007), pp. 116–17.
16. Bono, en Sachs, *The End of Poverty: Economic Possibilities for our Times*, prólogo.
17. Associated Press, "U.S. life expectancy tops 78 for the first time: Federal report cites decline in heart disease, other major causes of death", 11 junio 2008, http://today. msnbc.msn.com/id/25097931/.
18. CNN, "U.N.: Life expectancy in sub-Sahara Africa hit hard by AIDS", 28 octubre 1998, http://www.cnn.com/HEALTH/9810/28/aids.report.01/index.html.

19. Central Intelligence Agency, "Rank Order: Life Expectancy at Birth", *World Factbook* (Fecha de información, 2008 est.), https://www.cia.gov/library/publications/the-world-factbook/rankorder/2102rank.html.

20. Organización Mundial de la Salud, *World Health Statistics 2007* (Geneva: World Health Organization, 2007), p. 19.

21. United Nations Children's Fund, *The State of the World's Children 2008*, p. 8 (gráfica circular).

22. World Health Organization, "Malaria," http://www.searo.who.int/en/Section10/Section21/Section334_4008.htm (accesado 6 agosto 2008).

23. Michael Finkel, "Stopping a Global Killer", *National Geographic*, julio 2007.

24. Ibid.

25. Roll Back Malaria, "Children and Malaria", World Health Organization, http://www.rbm.who.int/cmc_upload/0/000/015/367/RBMInfosheet_6.htm (accesado 6 agosto 2008).

26. Ibid., http://www.rbm.who.int/cmc_upload/0/000/015/363/RBMInfosheet_10.htm.

27. Melinda Gates, "Malaria Forum Keynote Address", Bill & Melinda Gates Foundation, http://www.gatesfoundation.org/speeches-commentary/Pages/melinda-french-gates-2007-malaria-forum.aspx, octubre 2007.

28. Organización Mundial de la Salud, "Tuberculosis: The Startling Facts", WHO, http://www.searo.who.int/LinkFiles/Tuberculosis_right8.pdf (accesado 6 agosto 2008).

29. Organización Mundial de la Salud, *Global Tuberculosis Control* (Geneva: World Health Organization, 2008), p. 3.

30. Division of Tuberculosis Elimination, "A Global Perspective on Tuberculosis", Centers for Disease Control, http://www.cdc.gov/TB/WorldTBDay/resources_global.htm (accesado 6 agosto 2008).

31. Si no se trata, el VIH será transmitido mediante el nacimiento aproximadamente en una tercera parte de los casos. Sin embargo, hay tratamientos muy eficaces y razonables para las mujeres embarazadas y sus hijos que pueden reducir la transmisión hasta casi cero si se administran en el momento adecuado. Los avances en la terapia con medicamentos antirretrovirales no han «curado» el SIDA pero lo han hecho manejable como enfermedad crónica si el paciente tiene acceso a esas terapias. Los estadounidenses y los europeos, por ejemplo, pueden vivir prácticamente vidas normales tomando fielmente sus medicamentos, pero hasta hace poco tiempo esos medicamentos no habían estado disponibles en general en países pobres.

32. Joint United Nations Programme on HIV/AIDS (UNAIDS), *Report on the Global Aids Epidemic* (Geneva: UNAIDS, 2008), p. 16.

33. Ibid., p. 30.

34. Ibid., p. 15.

35. Ibid., pp. 39–40.

36. "India World's Second in AIDS Crisis", IBN Live, 1 diciembre 2006, http://www.ibn-live.com/news/indias-story-got-aids-dont-know/27443-3.html.

37. OSI, "HIV/AIDS Policy in Ukraine: A Civil Society Perspective", Open Society Institute, octubre 2007, http://www.soros.org/Staging/initiatives/health/focus/phw/articles_publications/publications/ukraine_20071015?skin=printable.

38. UNAIDS, *Report on the Global AIDS Epidemic*, Anexo 1.

39. Ibid., p. 16.

40. Ibid., Anexo 1.

41. *Huérfano* se define como un niño que ha perdido a uno o ambos padres. Normalmente, si uno de los padres ha muerto, el otro lo hará pronto ya que la enfermedad se ha trasmitido de un cónyuge al otro.

42. Edward C. Green, *Rethinking AIDS Prevention* (Westport: Greenwood Publishing Group, 2003), p. 143.

43. Ibid.

44. Ibid.

45. Joint United Nations Programme on HIV/AIDS (UNAIDS), 07 *Aids Epidemic Update* (Geneva: UNAIDS, 2007), p. 11.

Capítulo 13

1. Cuatro años después las visité a las dos. Debido a la intervención del personal de Visión Mundial Zambia, Maggie estaba en una escuela privada. Iba vestida con el uniforme de su escuela limpio, hasta con zapatos. Finedia vivía mucho más cómodamente en una casa nueva construida para ella por Visión Mundial; hasta tenía un sofá y dos sillas acolchadas.

2. Narayan, *Voices of the Poor*, p. 53.

3. 2003 Environmental Scan, un informe para los miembros de OCLC, "Worldwide Education and Library Spending", Online Computer Library, http://www.oclc.org/reports/escan/economic/educationlibraryspending.htm (accesado 7 agosto 2008).

4. United Nations Development Program, *Human Development Report 2003* (Nueva York: Oxford University Press, 2003), p. 92.

5. La servidumbre por deudas es una forma de esclavitud moderna en la que a una familia desesperadamente pobre se le ofrece un préstamo a cambio del trabajo diario de uno de sus hijos. La promesa es que el trabajo del niño devolverá la deuda a lo largo de un período de tiempo y entonces el niño será liberado. Sin embargo, las tasas de interés son tan altas que el niño nunca es liberado. Hay cientos de miles de niños atrapados actualmente en estos inmorales planes de servidumbre por deudas.

6. United Nations Children's Fund, *The State of the World's Children 2008* (Nueva York: United Nations, 2007), p. 147.

7. Ibid., p. 22.

8. Central Intelligence Agency, "The 2008 World Factbook: Niger", CIA, https://www.cia.gov/library/publications/the-world-factbook/print/ng.html (accesado 7 agosto 2008).

9. Ban Ki-Moon, Children and the Millennium Development Goals, United Nations Children Fund (Nueva York: UNICEF, 2007), p. 58.

10. Naciones Unidas, *The Millennium Development Goals Report 2007* (Nueva York: United Nations, 2007), p. 16.

11. CARE, *Women's Empowerment*, http://www.care.org/newsroom/publications/white-papers/woman_and_empowerment.pdf, p. 1. Ver también http://www.minuhemmati.net:80/gender/womenland.htm.

12. International Council on Women's Health Issues, http://www.icowhi.org/.

13. Commission on the Status of Women, "No Tool for Development More Effective than Empowerment of Women, Says Deputy Secretary-General, as Women's Commission Opens 50th Session", Naciones Unidas, http://www.un.org/News/Press/docs/2006/wom1539.doc.htm (accesado 7 agosto 2008).

14. The World Revolution, "Peace, War & Conflict", http://www.worldrevolution.org/projects/globalissuesoverview/overview2/PeaceNew.htm (accesado 7 agosto 2008).

15. The International Rescue Committee, "Special Report: Congo", http://www.theirc.org/special-report/congo-forgotten-crisis.html (accesado 7 agosto 2008).

16. United Nations Development Programme, *Human Development Report 2007/2008*, p. 321.

17. Anup Shah, "World Military Spending", Global Issues, http://www.globalissues.org/Geopolitics/ArmsTrade/Spending.asp#WorldMilitarySpending (accesado 7 agosto 2008).

18. Development Co-operation Directorate, "Debt Relief Is Down: Other ODA Rises Slightly", Organización para la Cooperación y el Desarrollo Económico, http://www.oecd.org/document/8/0,3343,en_2649_33721_40381960_1_1_1_1,00.html (accesado 8 agosto 2008).

19. Sachs, *The End of Poverty*, p. 295.

Capítulo 14

1. Adaptado de Loren Eiseley, *The Star Thrower* (Nueva York: Harvest, 1979).

2. United Nations Development Programme, *Human Development Report 1990* (Nueva York: Oxford UP, 1990), p. 17; and United Nations Development Programme, *Human Development Report 2007/2008*, p. 232.

3. Ibid., p. 264.

4. United Nations Children's Fund, *The State of the World's Children 2008*, prólogo.

5. UN Millennium Project 2005, *Halving Hunger: It Can Be Done*, versión resumida (Nueva York: The Earth Institute at Columbia University, 2005), prefacio.

6. United Nations Development Programme, *Human Development Report 1990*, p. 23; y United Nations Children's Fund, *The State of the World's Children 2008*, p. 14.

7. United Nations Development Programme, Human Development Report 1990, p. 17; y United Nations Development Programme, *Human Development Report 2007/2008*, p. 272.

8. "Objetivos para el Desarrollo del Milenio", Millennium Promise, http://www.millenniumpromise.org/kc_mdg.php. Ver también la página web de UN Millennium Project, Historic site, http://www.unmillenniumproject.org/; y en particular la

página, "About MDGs: What they are", http://www.unmillenniumproject.org/goals/index.htm.

PARTE 4

CAPÍTULO 15
1. Narayan, *Voices of the Poor*, p. 136.

CAPÍTULO 16
1. "Pastor Poll", The Barna Group, Ltd., 1999.

CAPÍTULO 17
1. Dee Alexander Brown, *Bury My Heart at Wounded Knee* (Nueva York: Picador, 1976).
2. Rev. James H. Thornwell, "The Worcester Fanatics—Progress of Socialism, Abolition, and Infidelity", *New York Herald*, 29 octubre 1850.
3. Martin Luther King Jr., "Letter from Birmingham Jail", 16 abril 1963, disponible online en MLK Online, http://www.mlkonline.net/jail.html.
4. Ibid.
5. Ibid.
6. "Omnipoll", The Barna Group, Ltd., 2002.
7. John Stott, *Human Rights and Human Wrongs* (Grand Rapids: Baker Book House, 1999), pp. 83–84.
8. J. Wesley Bready, *England: Before and After Wesley* (Nueva York: Harper, 1938), p. 327.

CAPÍTULO 18
1. LovetoKnow Corp., "American Dream definition", www.yourdictionary.com/american-dream (accesado 11 agosto 2008).
2. Lexico Publishing Group, LLC, "gospel.Dictionary.com Unabridged (vol. 1.1)", basado en el *Random House Dictionary*, Random House, Inc. 2006, http://dictionary.reference.com/browse/american%20dream (accesado 11 agosto 2008).

CAPÍTULO 19
1. Randy Alcorn, *Money, Possessions and Eternity* (Carol Stream, IL: Tyndale House, 2003), pp. 16–17.
2. R. Scott Rodin, *Stewards in the Kingdom* (Downers Grove, IL: InterVarsity Press, 2000), pp. 205–6.
3. Global Rich List, "How Rich Are You?" Poke, http://www.globalrichlist.com/ (accesado 26 agosto 2008). Este sitio basa sus cálculos en cifras del Bank Development Research Group. Al hacer cálculos individuales, Poke supone una población mundial de 6,000 millones y unos ingresos anuales mundiales de cinco mil.

4. The Donella Meadows Archive, Voice of a Global Citizen, "State of the Village Report", theSustainabilityInstitute,http://www.sustainer.org/dhm_archive/index.php?display_article=vn338villageed (accesado 27 agosto 2008). Ver también Joyce Dargay, "Vehicle Ownership and Income Growth, Worldwide: 1960—2030", New York University, http://www.econ.nyu.edu/dept/courses/gately/DGS_Vehicle%20Ownership_2007.pdf (accessado 12 agosto 2008).

5. David B. Barrett y Todd M. Johnson, *World Christian Trends, Ad 30 –Ad 2200: Interpreting the Annual Christian Megacensus* (Pasadena, CA: William Carey Library Publishers 2003), p. 1.

6. Costaría unos $65 mil millones al año según Sachs, *The End of Poverty*, p. 295.

7. Barrett and Johnson, *World Christian Trends*, p. 400.

8. The Barna Group, "New Study Shows Trends in Tithing and Donating", http://www.barna.org/barna-update/article/18-congregations/41-new-study-shows-trends-in-tithing-and-donating?q=study+shows+trends+tithing+donating (accesado 11 agosto 2008).

9. Ibid. Ver este sitio para la definición de «Born Again» (nacidos de nuevo) de Barna.

10. Ibid. El Grupo Barna define «Evangelical Christians» (cristianos evangélicos) como personas que son nacidas de nuevo y además cumplen otras siete condiciones: (1) dicen que su fe es muy importante en su vida actualmente; (2) creen que tienen la responsabilidad personal de compartir sus creencias religiosas sobre Cristo con no cristianos; (3) creen que Satanás existe; (4) creen que es posible la salvación eterna sólo por la gracia, no por obras; (5) creen que Jesucristo vivió una vida sin pecado en la tierra; (6) afirman que la Biblia es precisa en todo lo que enseña; y (7) describen a Dios como la deidad omnisciente, omnipotente y perfecta que creó el universo y sigue gobernándolo hoy. Ser clasificado como evangélicos no depende de la asistencia a la iglesia o de la filiación denominacional de la iglesia. A los encuestados no se les pidió que se describiera a ellos mismos como «evangélicos».

11. State of Church Giving Through 2005, "Giving Research", Empty Tomb, Inc., http://www.emptytomb.org/toc_scg05.html (accesado 11 agosto 2008).

12. Ibid.

13. Bureau of Economic Analysis, "State Personal Income 2007", http://www.bea.gov/newsreleases/regional/spi/spi_newsrelease.htm (accesado 11 agosto 2008). Basado en unos ingresos per cápita en Estados Unidos de $38,611.

14. Quiero reconocer que comprendo a las familias pobres que batallan por diezmar de sus ingresos y seguir sosteniendo a sus familias. Para ellos, este no es un mandamiento fácil de seguir. También quiero añadir que aquellos de nosotros que *hemos* sido bendecidos económicamente podemos y deberíamos dar más del 10 por ciento mínimo.

15. Pam Danziger, "Luxury Consumer Confidence Bounces Back as Affluent Consumers Spend More on Luxury Indulgences", Unity Marketing, http://www.unitymarketingonline.com/events/index.php (accesado 11 agosto 2008).

16. Associated Press, "Wardrobes for Teens Include Luxury Items", *Champaign News-Gazette*, 9 agosto 2007.

17. Ken Gassman y Cheryl Russell, "IDEX Online Research: Americans Haven't Stopped Spending", International Diamond Exchange, http://www.idexonline.com/portal_FullNews.asp?id=30257 (accesado 12 agosto 2008).

18. Tom Tulloch, North American Association of State & Provincial Lotteries, pregunta por correo electrónico.

19. Office of the Director of U.S. Foreign Assistance, "International Affairs FY 2009 Budget", U.S. Department of State, http://2001-2009.state.gov/f/releases/fact-sheets2008/99981.htm (accesado 12 agosto 2008).

20. Joel Stein, "It's a Dog's Life", revista *Time*, 19 mayo 2003.

21. American Society for Aesthetic Plastic Surgery, "11.7 Cosmetic Procedures in 2007", http://www.surgery.org/media/news-releases/117-cosmetic-procedures-in-2007- (accesado 12 agosto 2008).

22. A. Scott Moreau, "Putting the Survey in Perspective", Linda J. Weber y Dotsey Welliver, eds., *Mission Handbook 2007-2009* (Wheaton, IL: Evangelism and Missions Informational Service, 2007), pp. 12–13.

23. Sachs, *The End of Poverty*, p. 295.

24. United Nations Development Programme, *Human Development Report 1998* (Nueva York: Oxford UP, 1998), p. 37.

25. Global Issues, http://www.globalissues.org/article/715/today-over-26,500-children-died-around-the-world.

Capítulo 20

1. Los pasajes utilizados en esta carta se basan en la versión NVI, pero con adiciones y cambios menores para mejorar la legibilidad y el interés. Versículos utilizados: Apocalipsis 2.1–2; Santiago 5.5; Apocalipsis 2.4; Isaías 5.8–9; Hageo 1.5–6; Santiago 5.2–3; Apocalipsis 3.17; Santiago 2.5; Mateo 6.19–21, 33; 2 Corintios 8.9; Lucas 6.46; Santiago 1.22; Juan 14.21; Miqueas 6.8; Gálatas 5.14; Deuteronomio 15.11; Salmo 82.3; Isaías 58.4–7; 1 Juan 3.17; Joel 2.12–13; Efesios 4.1–2; Romanos 12.2; Isaías 55.2; 58.9–11; 1 Corintios 15.58; Apocalipsis 22.12.

Capítulo 21

1. Mi madre era católica no practicante, excomulgada después de casarse con mi padre, un hombre divorciado dos veces. Ella siempre se consideró católica y cristiana a pesar de que ya no iba a la iglesia. Su perspectiva era que las personas nacían en su fe (cristiana, judía, musulmana, etc.), y a menos que la rechazaran más adelante en sus vidas, eran miembros permanentes de esa fe. La fe, en otras palabras, no era algo que uno escogía.

2. Kinnaman and Lyons, *UnChristian*, pp. 24–25.

3. Ibid., p. 26.

4. Ibid., p. 34.

5. Ibid., p. 47.

Capítulo 22

1. Las estadísticas resultaron ser incorrectas. En realidad estaban más cerca del 17 por ciento en ese momento. En 2008 era del 28 por ciento.
2. Eileen W. Lindner, ed., *Yearbooks of American & Canadian Churches 2008* (Nashville: Abington Press, 2008), p. 381.

Parte 5

Capítulo 23

1. Bob y Pam comenzaron International Health Services, que actualmente es creciente y activo. Lee al respecto en www.internationalhealthservices.org.

Capítulo 25

1. El MCA fue establecido por el presidente Bush y aprobado por el Congreso para canalizar la ayuda a países que cumplen ciertos criterios positivos de desarrollo. Básicamente, quiere recompensar a países en desarrollo que actúan con responsabilidad.
2. David Beckmann, presidente de Bread for the World, es amigo mío. Bread for the World es una organización cristiana que se enfoca en influenciar políticas gubernamentales para aliviar el hambre y la pobreza mediante la defensoría y la escritura de cartas.
3. Bread for the World, "Your Letters Make a Difference", *Bread* (boletín), septiembre 2004.
4. J. Wilbur Chapman, *The Life and Work of Dwight Lyman Moody* (Nueva York: Bradley-Garretson, 1900). Nota: Este libro también está disponible online en http://www.biblebelievers.com/moody/index.html.
5. Por ejemplo, pruebe estas páginas web: http://www.umc.org/site/c.lwL4KnN1LtH/b.1355371/k.9501/Spiritual_Gifts.htm; http://www.churchgrowth.org/cgi-cg/gifts.cgi?intro=1; http://www.christianet.com/bible/spiritualgiftstest.htm.
6. Johnathan Sim era un fiel miembro del personal de Visión Mundial que murió trágicamente a los treinta y tres años de edad. Su esposa, Kelly, tenía el sueño de construir una escuela en su nombre. Austin se convirtió en su colaborador en ese sueño.
7. Austin Gutwein, "History", Hoops of Hope, http://www.hoopsofhope.org/index.php?page=history. Ver también Liz Werner, "One: 13-Year-Old Humanitarian", revista *Need*, 11, http://www.hoopsofhope.org/uploads/File/NEED03_ONE.pdf.
8. Basado en perforar un pozo a un costo de $12,500 para abastecer a quinientas personas durante unos veinticinco años.
9. Jeff Raderstrong, "Filtering out a global problem", *Seattle Times*, 14 julio 2008.
10. No es su verdadero nombre.

Índice de Escrituras

ÍNDICE GENERAL

Acerca del autor

Richard Stearns ha sido presidente de Visión Mundial, EUA desde junio de 1998, llevando con él veintitrés años de experiencia empresarial. Después de criarse en un hogar roto con limitados medios económicos y padres que no estudiaron la secundaria, Stearns logró dos becas para escuelas de la Liga Ivy. Alcanzó una exitosa carrera empresarial que le condujo a un viaje por múltiples empresas e industrias, con periodos de trabajo en Gillette, Parker Brothers Games y Lenox, la empresa estadounidense de más fina porcelana y regalos. Fue nombrado presidente de Parker Brothers Games a la edad de treinta y tres años, y posteriormente presidente y director general de Lenox, Inc. Posee una licenciatura en Neurobiología de la universidad Cornell y un máster en Administración de Empresas de la facultad Wharton en la Universidad de Pennsylvania. Siguiendo un llamado de Dios en su vida, renunció a su puesto en Lenox en 1998 para convertirse en presidente de Visión Mundial, EUA. Como portavoz de Visión Mundial, ha aparecido en los canales de televisión CNN, Fox, ABC, NBC y PBS. Rich y su esposa, Reneé, viven en Bellevue, Washington, y han apoyado a Visión Mundial desde 1984. Tienen cinco hijos propios además de millones más en todo el mundo.

Visión Mundial, que sirve en casi cien países, es una organización humanitaria cristiana dedicada a trabajar con niños, familias y sus comunidades en todo el mundo para que alcancen su pleno potencial abordando las causas de la pobreza y la injusticia.

Acerca de Visión Mundial

QUIÉNES SOMOS:

Visión Mundial es una organización humanitaria cristiana dedicada a trabajar con niños, familias y sus comunidades en todo el mundo para que alcancen su pleno potencial abordando las causas de la pobreza y la injusticia.

A QUIÉN SERVIMOS:

Motivados por nuestra fe en Jesucristo, Visión Mundial sirve junto a los pobres y los oprimidos como una demostración del amor incondicional de Dios por todas las personas.

POR QUÉ SERVIMOS:

Nuestra pasión es por los niños más pobres del mundo cuyo sufrimiento quebranta el corazón de Dios. Para ayudar a asegurar un futuro mejor para cada niño, nos enfocamos en una transformación duradera y basada en la comunidad. Colaboramos con individuos y comunidades, capacitándolos para desarrollar un acceso sostenible al agua limpia, alimentos, cuidado médico, educación y oportunidades económicas.

CÓMO SERVIMOS:

Desde 1950, Visión Mundial ha ayudado a millones de niños y familias proporcionando ayuda de emergencia a aquellos afectados por desastres naturales y conflictos civiles, desarrollando soluciones a largo plazo dentro de las comunidades para aliviar la pobreza y defender la justicia por causa de los pobres.

TÚ PUEDES AYUDAR:

Colaborar con Visión Mundial proporciona maneras tangibles de honrar a Dios y poner la fe en acción. Trabajando juntos, podemos marcar una diferencia duradera en las vidas de niños y familias que batallan por vencer la pobreza. Para saber más sobre cómo puedes ayudar, visita

www.visiónmundial.org.